위다푸 郁達夫 산문집

위다푸 郁達夫 산문집

엄영욱 · 남기성 역

전남대학교출판부

육달부 고가

엄자령 낚시터

절강성 노신고가에서

제일 뒤쪽(역자 엄영욱), 우측 첫 번째(역자 남기성), 우측 두 번째 (중국현대문학관 부관장 우푸후이 선생), 중앙(홍재관 사장)

부춘강

욱령관을 지난 민가풍가

황산

■ 머리말

위다푸(郁達夫)의 산문집을 앞에 두고 필자는 여러 번 추억을 넘나들었다. 벌써 10여 년 전, 2000년 여름의 일이었다.

소주(蘇州)대학에서 중국문학 국제세미나를 마친 후, 당시 중국현대문학관 부관장이었던 우푸후이(吳福輝)선생과, 남기성 선생, 홍재관 사장, 이렇게 네 사람은 위다푸의 흔적을 찾아 문화탐방을 나섰다. 늦깎이 나이로 대학에 진학한 남선생이 석사학위논문을 위다푸의 유기문학으로 쓰겠다는 것이 계기가 되었다.

"百聞이 不如一見"이라고, 직접 체험함으로써 작가 위다푸의 입장으로 돌아가 보는 것이니 이 얼마나 즐겁고 유익한 여행인가? 학회가 끝나고 우푸휘 선생과 필자는 소주(蘇州)에서 남선생 일행과 합류했다.

과연 위다푸의 표현 그대로 소주는 "거리의 석조물, 주택의 건축양식, 곳곳의 아치형 다리, 강물과 좁은 다리, 그 어느 것 하나도 과거 중국 민족의 자긍심을 과시하지 않은 것이 없었다." 그러나 그 아름다움을 굳이 '퇴폐미'로 정의하느라 애쓴 작가의 노고를 상기하자 미소가 지어졌다. 우리에게 소주는 전체가 아름다운 정원이자 자연 박물관 같았다. "天上有天堂, 天下有蘇杭."(하늘에는 천당이 있고, 하늘 아래는 소주와 항주가 있다)는 말이 저절로 떠올랐다.

우리는 위다푸 고향을 가기 위해 항주(杭州)로 갔다. 항주 또한 유서 깊은 역사도시로, 그림에서나 볼 듯한 절경이 펼쳐졌다. 서호(西湖)가

도시 전체를 감싸안고 있으며 전당강(錢塘江)이 흐르고 있었다. 우리는 절강성(折江省) 방송국 사장 쭝꾸이쑹(鍾桂松)의 배려로 PD 위리팡(兪櫪芳)과 함께 승용차를 타고 위다푸의 고향이 있는 부춘강(富春江)으로 향했다. 부춘강은 전당강의 중류지역에 속한다. 항주의 문가댐(聞家堰)에서 시작되어 부양(富陽), 동려(桐廬)를 거쳐 건덕(建德)의 매성(梅城, 엄주부[嚴州府]의 옛 명칭)까지 곧바로 이어져 있다.

도로 주변에는 푸른 산과 평평한 계곡 그리고 울긋불긋한 별장 같은 집과 수많은 가로수들이 줄지어 낯선 이방인을 반기고 있는 것 같았다. 우리는 위다푸가 올라갔던 관산(鸛山)과 춘강(春江)의 제1누각에 올라 그가 "모세의 기적"이라고 극찬하였던 아름다운 경치를 감상했다. 우리도 위다푸처럼 느끼고자 돌난간에 한참 앉아 있었다. 우푸휘 선생이 후한의 청절지사로 불리는 은자 엄자릉(嚴子陵)선생(광무제가 간의대부諫議大夫를 맡아 자신을 바르게 인도해주라고 권했지만 단호하게 거절하고 평생 은일하여 살았다)이 낚싯대를 드리우던 곳의 비석과 북송시인 범중엄(范仲淹)선생의 사당을 가리키면서 거기에 얽힌 고사를 들려주었다. 북경대학 출신이자 중국현대문학의 권위자인 우선생의 흥미진지한 문화해설은 우리의 문화탐방을 더욱 즐겁고 유익하게 했다.

우리는 선착장으로 내려와 배를 타고 부춘강을 한 바퀴 돌았다. 산위에서 본 풍경과 배를 타고 본 경치는 또 다른 느낌을 주었다. 산위에서 본 느낌이 산문과 같았다면 배를 타고 본 느낌은 시와 같았다. 절로 시상이 떠오르는 가경이었다. 이 아름다운 경치를 보고나자 위다푸가 낭만적으로 살았던 이유를 새삼 깨달았다. 《타락》에서 나온 하숙집 딸에 대한 연정이 왜 그렇게 적나라하게 묘사되었는지, 그리고 여러 차례의 이혼에 다섯 여인들과 뜨겁게 사랑을 나누었던 그의 자유분방한 사고를 짐작할 수 있었다.

우리는 차를 몰아 중국의 명산 5악 중 하나인 황산에 도착했다. 황제가 등정하여 제사를 지내는 곳이며 유네스코 세계문화유산에 등재된 그 곳! 황산은 기이한 암석과 소나무, 깎아지른 듯한 절벽과 구름으로 화려한 경관을 자랑하고 있는 곳이다. 이 거대하고 아름다운 황산을 다 보려면 4, 5일 정도 걸린다. 그러나 우리는 시간이 없어 1박 2일로 일정을 마치고 북경(北京)으로 갔다.

위다푸가 구경했던 것처럼 우리도 동안(東安)과 서단(西單)시장, 고궁(故宮)과 유리창(琉璃廠), 북해(北海)공원과 이화원(頤和園) 등을 둘러보았다. 위다푸가 묘사했던 북경거리의 모습과 관광지에서 가짜 골동품을 파는 모습 등은 반세기가 지났지만 여전했다. "江山易改, 本性難易"(강산은 쉽게 변하지만 본성은 쉽게 변하지 않는다)라는 속담이 생각났다. 우리는 북경(北京)에서 며칠 더 체류한 후 귀국했다.

그 후 남선생은 위다푸의 유기문학작품으로 학위논문을 썼다. 그가 필자에게 공동으로 이 산문집을 번역하자고 제의해왔을 때 잠시 망설였지만 결국 기쁜 마음으로 응했다. 우리나라에 위다푸의 소설을 번역한 것은 있지만 유기작품을 번역한 것은 아직 없는 까닭이다. 아마도, 남선생의 제의가 아니었다면 이 지난한 작업은 이뤄지지 않았을 것이다. 여기에 본서 출판의 의미가 있다고 본다.

유기문학(遊記文學)이란 용어자체가 아직 우리에게는 생소할지 모르겠다. 한마디로 '기행문'이다. 기행문이어서 문학적 가치가 없다고 생각해서는 안된다. 이것 또한 엄연히 문학의 한 장르이며 산문에 속한다.

반세기 전에 쓰인 이 기행문집이 초고속열차와 가마여행이 공존하고 있는 중국여행의 진수를 엿볼 수 있는 힌트가 되었으면 좋겠다. 촌음을 다퉈 달리는 현대인들이 잠깐 쉬면서 중국문인들의 음풍농월의 세계와 중국산수의 진경을 눈요기하기를 희망한다.

본서는 루진(盧今), 판챠오(范橋)의《위다푸 산문 : 郁達夫散文》, (중국TV방송출판사 : 1992년 1판, 1995년 2판)의 제 2권에 해당하는 '유람의 발자취'(游踪屐痕)를 번역한 것이다. 가독성을 고려하여 1911년 신해혁명이후에 활동한 이들의 이름은 한어병음 발음으로, 그 이전 인물들은 한자음으로 번역하였다. 또한 연호와 지역명은 한자음으로 표기하였다.

본서가 나오는 데에는 많은 분들의 도움이 있었다. 고시부분을 감수해주신 장남희 선생님, 출처와 외래어 부분을 해결해주신 중국 어언대학(語言大學) 이민(李敏)선생님, 오탈자 등을 잡아주신 신의연 선생님께 감사드린다. 그럼에도 불구하고 오류를 피해갈 수는 없을 것이다. 눈밝은 독자들의 질정을 감사히 기다리겠다.

2012. 12. 10.

빛고을에서

■ 발문

위다푸 기행문학의 백미를 한국어로 접하면서

___박재우(한국외대 중국어대학 교수, 학장)

우리나라에서는 기행문을 여행에 대한 기록에 필자의 소감을 가미한 기행수필 정도로 간주할 뿐이지만, 중국에서는 문학의 4대 장르의 하나인 "산문"의 중요한 하위 문학 장르의 하나로 뚜렷하게 자리 잡고 있다.

문화적 기행문이라고 할 수 있는 유홍준의 『나의 문화유산 답사기』를 우리나라에서는 문학작품이라고 보기보다는 그 속에 우리 문화유산을 보는 안목과 지적 내용을 갖춘 인문학적 도서로 보고 있다고 한다면, 이와 비견할 수 있는 중국 위추위(余秋雨)의 『고뇌 속의 문화기행』(원서명은 『文化苦旅』이고, 우리나라에는 『중국 문화유산 답사기』로 번역되어 있다)은 문학서로 평가받고 연구되고 있는 것과 대조적이라고 할 것이다.

중국은 예부터 땅이 넓은데다가 수려하고 기이한 경관과 명승고적이 너무도 많아 일찍부터 많은 시인 묵객들은 천하를 주유하며 빼어난 자연경관과 역사문화가 숨쉬고 있는 인문경관을 감상하고는 이를 시로 남기거나 산문 형식으로 기록해 왔다. 기행시나 기행문이 중요한 문학작품으로 존중받는 소이이다.

10여년 전으로 기억된다. 광양의 한려대학에 재직하던 루쉰학자 엄영욱교수가 나이가 나보다도 많은 한려대 중국어과 졸업생을 우리 외대 대학원 석사과정에 추천하였다. 늦깎이로 학문을 하겠다지만 얼마나 진지하게 할 것인가 의아하게 생각이 되었다. 직접 만나본 남기성 학사의 설명인 즉슨 자신이 철이 늦게 들어 젊은 시절 공부할 기회를 놓쳤다고 했다. 다행히 엄영욱 교수를 만나 중문학에 입문하게 되었고, 이제 다시 독한 마음을 먹고 서울에 있는 한국외국어대 대학원 중어중문과에 진학하고 싶다고 했다.

가장이니 광양에도 내려가 가업도 돌보아야 할 터이고 동시에 공부도 해야 할 터인데, 제대로 할까 의문이 들었지만, 그 뜻이 가상하여 받아들이기로 했다. 남기성 석사생은 정말로 2년간 학업 생활에서 한번도 결석하지 않고 수업에 참가하였고, 레포트를 제 때 써냈다. 늦깎이 공부에 무서운 투혼을 발휘한 것이었다.

세계에서 가장 어려운 문자라는 한자는 그러나 조어력이 무궁무진하기 때문에 가장 문학적인 언어이기도 하고 그를 통해 가장 심오한 내용을 담아 전달하고 있다. 남기성 석사생은 어려웠겠지만 많은 과목을 다 소화해 냈다. 학위논문을 써야 하는 상황이 왔다. 상담하는 과정에서 그가 중국 여행을 좋아한다는 것을 알고 절강(浙江)성 출신의 저명작가 위다푸(郁達夫)의 기행문학을 추천해 보았고, 그는 이를 흔쾌히 받아들였다. 결국 이 제목으로 석사논문을 쓰게 되었고 심사위원들로부터 늦깎이로 쓴 논문이지만, 위다푸 기행문학의 배경인 부춘강(富春江) 등 현장들을 두루 답사하고 확인하며, 작품 원문을 잘 독해하는 등 본격적인 노력이 들어간 것으로 정면 평가를 받아 무사히 석사학위를 취득하게 되었다.

그 뒤 남기성 석사는 고향 광양으로 돌아가 가업을 하면서 계속 책을 읽고 학계와도 교류하고는 했는데, 주로 엄영욱교수의 지도 가운데 격려를 받았다고 할 것이다. 엄교수가 전남대 여수캠퍼스 동아연구소 소장이 되자, 남기성 석사를 객원 연구원으로 초빙하여 이러한 절차탁마의 관계를 더욱 돈독히 했다. 본인은 이렇게 하여 엄선생과 남선생과의 관계로 광양, 나중에는 여수, 순천, 광주 등과 깊은 인연을 맺게 되었다. 남선생과는 타이완에 함께 학술여행을 한 적이 있고, 엄선생과는 후일 인도 뉴델리 등에서 열린 루쉰 관련 해외 학술회의 등에 함께 참가하였다.

필자는 중견 중국학자들이나 제3국 해외학자들과 교류가 많은 편이었는데, 이 분들 역시 문학적 소양과 학적 수준이 있는 손님을 좋아해서 저명 외국 학자들을 모셔갈 데가 마땅치 않으면 언제라도 광양이나 여수, 광주로 모셔오라고 하였다. 광주는 또 이주노교수와 김하림교수가 있어 마음이 편한 곳이었다. 이 분들은 필자의 짐을 얼마나 덜어주었는지 모른다. 이렇게 하여 광양, 여수, 광주를 거쳐 호남 문화체험을 하고 간 중국의 학자와 인사들로는 중국현대문학계의 대표적 학자인 첸리췬(錢理群)과 왕푸런(王富仁), 천쓰허(陳思和), 양이(楊義), 예쯔밍(葉子銘), 딩판(丁帆), 종전전(鍾振振) 교수, 그리고 루쉰 선생의 아드님 저우하이잉(周海嬰) 선생, 장손 저우링페이(周令飛) 선생, 북경루쉰박물관 관장을 역임한 쑨위(孫郁) 선생, 타이완의 천완이(陳萬益) 교수 등 얼마나 많은지 모른다. 저명한 저항시인인 베이다오(北島)도 왔다 갔다. 한번은 홍콩 시인 학자들과 스위스와 이탈리, 핀란드 등의 서양

학자들까지도 왔다 갔는데, 대표적인 홍콩문인인 타오란(陶然)은 기행 수필을 남겨, 광양 불고기를 찬양하였고, 이를 이어 저명한 홍콩시인 예쓰(也斯, 즉 梁秉鈞)는 「광양 불고기(光陽烤肉)」라는 멋진 시를 남겼다. 이제 광양의 음식문화를 대표하는 광양불고기는 예쓰의 시와 더불어 15억 중화권에 점점 알려질 것이다.

엄영욱 교수와 남기성 선생의 남다른 학술교류의 열정과 한중문화교류에의 헌신 정신이 없었다면 어려운 일이었을 것이다.

이제 남기성 연구원의 오랜 위다푸 기행산문 즐겨 읽기에 바탕하여, 엄영욱 교수의 적극적인 인도와 참여로 오랜 번역 작업 끝에 위다푸 기행산문 한국어판이 나오게 되었다. 기꺼운 일이 아닐 수 없다.

이제 나에게 발문을 청탁하니, 지난 10여년 간의 인연과 그들과 함께 한 한중 문학과 학술 교류 과정상의 즐거웠던 일들이 떠올라 여기 몇 자 적어 보았다.

이제 세계화는 개인적인 호오를 떠나 피할 수 없게 되었다. 2012년 우리나라에 출입국한 한국인과 외국인 연인원이 5천만이나 된다 하니, 그 위력이 이미 개인의 호오를 넘어선 것이다. 지금 중국을 나와 세계를 돌아다니는 중국의 화인(華人) 수도 6천만이 넘다고 한다. 이제 세계는 바야흐로 여행의 시대인 것이다.

앞으로 세계인들은 단순한 여행 안내서를 통해 미지의 세계를 이해하는 데 그치지 않을 것이다. 그를 넘어 문학적인 멋과 맛, 깊이가 있고, 나아가 역사적 문화적인 일깨움을 주는 문화기행 문학작품이 창작되고 읽히는 시대가 도래하고 있다고 할 것이다. 위의 한국 유홍준과 중국

위추우위(余秋雨)의 문화기행 문학작품의 판매량이 그를 증명하고도 남는다. 특히 앞으로 중국의 기행문학은 엄청나게 풍부해지고 놀랄만큼 발전할 것이다. 그리고 그들 문학작품의 심미성에는 실용성이 추가되고, 또 실용성에는 문학적인 맛과 깊이가 더해질 것이다.

우리는 20세기 전반부 중국에서 살다간 뛰어난 문인의 하나인 위다푸의 기행문학 작품과 그 속의 작가적 감각을 통해 고향 절강성(浙江省) 각지를 비롯한 중국과 해외 문화기행의 정수를 맛볼 수 있을 것이다.

앞으로도 엄영욱, 남기성 두 분의 번역 작업을 통해 더욱 의미 있는 중국 현대문학 작품들을 접하게 되기를 기대하면서 두 분의 건필을 빈다.

2013년 1월 원단, 서울 수인재(樹人齋)에서 박재우(朴宰雨)

유람의 발자취

■ 목차

01
안개비 속의 소주

1

하늘은 서서히, 그러나 하루가 다르게 높고 멀어져간다. 아침과 저녁에는 어쩐지 좀 추울 것 같아 간편한 옷 하나 더 껴입고 저고리도 갈아입어야 할 것 같다. 기루위에서 멀리 담황색 버드나무를 바라보며 님그리워 애태우는 여인은 비단금침에서 꿈꾸다가 옥문관[1] 밖으로 달려 나가고 싶은 충동을 느낀다. 이럴 때 우리도 집 밖으로 나와 하늘아래 있다면, 마치 무언가 중요한 것을 잊어 먹은 것처럼 느낄 것이다. 그렇지 않겠는가? 바로 삼복의 무더위를 우리는 잊게 될 것이다.

도시의 혼탁한 공기 속에 서식하는 벌레들! 사리사욕의 전쟁터에서 피를 빨고 있는 전사들! 해마다 계절의 변화도 모르고 두더지처럼 도시의 먼지 속에 파묻혀 지내는 청춘남녀들! 당신들은 자신의 총명함을 발견해 보고 싶지 않는가? 당신들은 새로운 도전을 해보고 싶지 않는가? 만약 광활한 대지로 나아가 자유의 공기를 한 모금 마시면서, 한편으로는 취하고 멍든 머리를 식히고 다른 한편으로는 시들어 버릴 나뭇잎과 꽃잎들을 바라보면서 또 다른 기회를 얻고자 한다면 나를 따라오라. Und ich, Schnuere Den Sack and wandere, 나는 오자서(伍子胥)[2]

---

1 감숙성(甘肅省) 안서주(安西州)에 있다. 옥관(玉關)이라고도 칭한다.

가 피리를 불면서 머물던 곳, 진시황이 검으로 팠던 무덤이 있는 곳, 그리고 그 유명한 고소대(姑蘇臺)[3]를 돌아보리라!

“코끼리는 상아 때문에 죽고, 고약은 잘 달여야 쓰인다.”라는 말이 있는데, 사람은 절대로 좋아하는 것에 너무 빠져서는 안 된다. 좋지 않은 취미가 있으면 곧 피곤할 것이기 때문이다. 내가 반년 동안 직업도 없고 바쁜 일도 없이 한가로이 상해에 있을 때, 차비 몇 푼만 들이면 동서남북을 돌아다닐 수 있었지만 실제로는 오히려 그렇게 하지 못했다. 왜냐하면 작년에 우리는 취미가 같은 몇몇 친구들과 함께 우리가 좋아하는 몇 종류의 문학 간행물을 만들었는데 그 후, 우매한 우리는 매일 헤라클레스의 고역을 치러야 했다. 그런 이유로 9월 3일 아침, 친구 천(沈)과 함께 소주로 가기로 결정했을 때 나는 아직 원고 한 편을 미처 완성하지 못해 마음이 편치 않았다.

그 날(9월 3일)은 매우 맑은 가을 날씨였다. 해는 나오지 않았지만 사이사이 연한 청색의 하늘은 서양여자들의 파란 눈과 같았다. 둥둥 떠다니는 하얀 구름은 지상의 가련한 인간들에게 추파를 던지는 것 같았다. 비 오는 날씨는 아니었고, 그렇다고 매우 화창한 날씨도 아니었다. 굳이 날씨를 분류해 본다면 기상대직원들이 비웃든지 말든지 나는 그 날의 날씨를, 구름들이 춤추을 추며 흐림과 개임이 교차하는 초가을의 하루라고 말하고 싶다.

그 날 아침 고향친구 천(沈)이 내 숙소로 달려와 말했다.

“나 오늘 소주(蘇州)로 가려고 하네.”

방안에서 창밖의 하늘을 바라보며 시가지에서 떠드는 소리를 듣고

---

2 춘추시대 오나라의 대부.

3 강소성(江蘇省) 오현(吳縣)에 있는 누각.

있던 나는 갑자기 멀리 떠나고 싶은 충동을 느꼈다. 9시 40분쯤, 나와 천(沈)은 흔들거리는 차의 3등 칸에 서 있었다. 소주로 가는 길에 몸을 싣고 있었다.

"사랑하는 사람과 함께 여행한다." 옛 사람들은 매번 여행을 할 때면 속으로 은근히 여자 복이 있기를 바란다. 사람도 동물이기 때문에 남녀를 막론하고 그런 욕망이 다 있을 것이다. 나도 남자니까 여자를 사랑하는 것은 당연하다. 이번에 나와 천군이 계획 없이 차에 오르긴 했지만 그렇게 많은 사람들로 차 안이 북적댈 줄 몰랐다.

뒤쪽에서 앞쪽으로 가는데 갑자기 사람들 사이에서 경쾌한 웃음소리가 들려왔다. "빛나는 눈동자와 하얀 치아를 가진 여러 아가씨 여러분, 소주로 가시는 길입니까?" 나는 그처럼 활달한 그녀들의 모습을 보고 소주에 가는 길이냐고 꼭 물어보고 싶었다. 그러나 3천년 동안 깊이 뿌리 내린 도덕관념과 사람만 보면 두려워하는 나의 비굴함으로 그저 얼굴만 붉히고 묵묵히 그녀들 옆에 서서 그녀들의 머리, 몸, 입에서 풍겨 나오는 향기를 가만히 맡고 있을 수밖에 없었다. 나는 그녀들의 눈동자를 훔쳐보다 마음속으로 긴 탄식을 하고 말았다.

"아아! 얼굴은 아름다워야 하고, 나이는 젊어야 하며 이와 함께 돈도 있어야 하구나."

2

우리와 같은 차에 탄 선녀 같은 동승자들은 어느 여자학교 학생들인 것 같았다. 그들의 활달한 모습(악마에게 말해보라고 한다면 바로 경망스럽다고 할 것이다), 풍만한 육체(악마에게 말해보라고 한다면 바로 외설이라고 할 것이다), 그리고 성숙한 청춘, 이 모두는 선녀들이면 응당 갖추어야 할 조건들이다. 그러나 단 한 가지, 단 한 가지 일로 인해 나는 절대로 그녀들을 아름답게 봐줄 수 없었다. 뿐만 아니라 이 일로 인해 나는 그녀들을 나의 동포로도 대할 수 없었다.

그것은 무엇이었을까? 바로 그 아가씨들이 잘난 체 하며 고의적으로 사용하는 영어 회화였다. 만일 내가 영어를 모르는 사람이었다면, 그 아가씨들의 빨간 입술에서 튀어나오는 소리를 선녀들의 영험한 말이라고 여겼을 것이며, 그녀들에게 더 한층 경의를 느꼈을 것이다. 또한 내가 영어를 숭배하는 사람이었다면 아가씨들의 대화를 듣고 매우 친근감을 느꼈을 것이다. 그러나 하필이면 나의 영어수준이 그녀들과 엇비슷한데다가 나는 영어를 경시하는 사람이라 그녀들에 대한 나의 열의는 순식간에 싸늘하게 식어 갔다.

세계의 인류가운데 공리주의를 갖고 사리사욕의 최면에 제일 깊이 빠진 민족은 내가 보기에는 영·미 민족을 넘을 민족이 없다고 본다. 그러나 우리의 몇몇 여자 동포들은 『서상기(西廂記)』, 『목단정(牡丹亭)』에 나오는 말로 자기의 사상을 표현하지 않고, 『홍루몽(紅樓夢)』에 나오는 언문 일치한 문자로 그들의 대화를 대신하지 않는다. 굳이 상인들이 사용하는 이런 금전 구린내가 물씬 풍기는 영어로 지껄여 대고 있으니 이 얼마나 분위기를 깨는 일인가! 너희들이 정말로 외국어를 사용하고 싶다면 우아한 프랑스어를 사용하든가, 아니면 더욱 적당한 것은 우아하지도 않고 속되지도 않은 보헤미안어(La langue des Bohemiens)를 사용할 것이지 왜 이 비속한 영어를 사용하는 것인지? 아, 아! 목전의 이 금전만능의 세계에서 모모 여자학교 졸업생들이 떳떳하게 중국사람의 조강지처가 될 생각은 하지 않고, 그런 유태계통의 영·미 하류상인들의 잠자리에 저절로 기어드는 것을 어찌 탓할 수 있으랴!

나의 친구가 언젠가 "우리 중국이 망한다면 크게 애석할 것 없지만, 우리 중국 여성이 망한다면 정말 애석할 것이다. 지금 서양에 거주하는 돈 있고 권세 있는 중국의 인물들, 더욱이 외교·정치계·상공계 인물들의 부인과 딸들 가운데서 외국의 하류 건달한테 모르긴 해도 몸을 빼앗기지 않은 사람이 없을 것이니 이 얼마나 가슴 아픈 일인가!"라고 나에게 말한 적이 있다. 나는 양성(兩性) 문제에 있어서는 국수주의자이기 때문에, 우리나라의 아름다운 여자 동포들이 외국건달에게 짓밟히는 것을 차마 눈뜨고 볼 수 없다. 나의 외국유학시절의 방황도 이러한 복수 심리에서 비롯된 것이다. 만약 나에게 천만금이 있다면 백인 노예들을 사들여 우리 중국의 힘든 노동자들을 즐겁게 해주고 싶다.

아, 아! 바람이 불어 물결이 흔들리니 나의 일이나 하자. 그녀들이 그곳에서 육체를 헐값에 파는 것이 나와 무슨 상관이란 말인가. 나는 머리를 내밀어 창밖의 풍요로운 들판과 푸른 초지, 맑은 물과 초가집 울창한 숲, 넓은 대지를 구경했다.

"아, 아! 저기 한 줄로 어렴풋이 보이는 돛단배, 여기가 바로 소주강(蘇州江)인가 보군!"

나는 한줄기 푸른빛이 도는 긴 강, 그리고 강가의 나무와 떠있는 돛단배를 보면서 동행자 천군에게 물었다. 그가 미처 대답을 하기도 전에 뒤에 있던 한 노신사가 대답을 했다.

"맞네, 바로 소주강이네, 저기 어렴풋한 중간에 한 갈래 긴 둑이 보이지 않나, 그 긴 둑이 없으면 바람이 매우 강해서 배가 다닐 수 없다네."

자세히 보니 과연 한 갈래 긴 둑이 어렴풋이 보였다. 이 때 동쪽 창문아래 앉아 있던 사람들이 너도나도 일어나 창밖을 바라보았다. 다시 머리를 돌려 바라보니 커다란 호수에 무수한 푸른 물결이 넘실대고 있었다. 하늘은 검은 구름으로 가득 메워졌고, 수면 위도 검은색으로 칠해 놓은 것 같았다. 호수 동쪽에는 낮은 나무가 한 줄 있었는데 튀어나온 조각처럼 생긴 것이 음침하고 어두운 하늘을 배경으로 하여 그곳에서 고민하는 모습을 하고 있었다. 나는 무슨 이유가 있어서가 아니라 호숫가에 한 줄로 서있는 그 나무들을 백양나무숲이라 부르기로 했다.

3

차가 양징호수(陽澄湖)를 지나자 승객들은 더 이상 좌우를 살피지 않고 앞만 주시했다. 나는 소주가 멀지 않았음을 알았다. 소주성 안의 뾰쪽한 탑이 보이기 시작할 때 몇몇 여학생들도 그들의 금빛 나는 영어 대화를 멈추고 몇 마디 중국말을 했다.

"소주에 다 왔어!"

"안타깝게도 우린 내려 갈 수가 없구나!"

"But we will come in the winter."(그러나 우리는 겨울에 올 거야.)

그들의 발음은 부드러운 소주 발음이 아니었다. 아마도 남경 학생들인 것 같았다. 혹시 북경으로 가는 길인지도 몰랐다. 나는 그 아가씨들이 나와 함께 내릴 수 없음을 알고는 속으로 좀 실망했다.

"여학생 여러분! 부디 자중하고 또 좋은 신랑감을 얻기를요! 나는 차에서 내려야 합니다." 이렇게 마음속으로 몇 마디 중얼거리는데 차가 멈추었다. 나는 내리는 인파를 따라 이리저리 밀리면서 차에서 내렸다.

역을 나와 길에 잠깐 서있는 동안 나는 장삼을 입은 많은 사람이 길 양옆에 멈추어 있는 인력거와 마차, 마부와 말들과 뿌연 공기 속에서 서로 섞여 다투고 있음을 느꼈다. 이리저리 뛰어다니는 사람들이 외치는 소리, 한 푼 두 푼을 두고 벌이는 흥정, 한적한 길가의 나무,

노란 도로와 멀리에서도 보이는 길고도 낮은 한 갈래 토담 등이 내가 소주에 도착해 얻은 첫 인상이었다.

구름이 낮게 드리워져 있었다. 상해에서 떠날 때 보았던 몇 조각의 푸른 하늘도 회색 뭉게구름에 가리어졌다. 머리를 들어 하늘을 보니 얼굴에 벌써 차가운 빗방울이 두세 방울 떨어졌다.

"위험천만이군, 오늘의 모험도 실패할 것 같군!"

나는 곁에 서있는 천군에게 이렇게 한마디 내던지고 급히 몇몇 마부를 불러 가격을 물었다. 나는 소주 땅을 밟은 것이 이번이 처음이었다. 천군은 한두 번 와 본적이 있지만 그나마 기억이 오래되어 희미하다고 했다. 게다가 이번에 내가 소주에 온 것은 친구 따라 강남 가는 식의 계획에 없었던 여행이다 보니, 어떤 의도나 목적이 없었다.

그래서 마부가 "어디로 모실까요?"하고 물었을 때, 나는 한참 생각하다가 "소주로 갑시다!"하고 대답하고 말았다. 그런 대로 천군은 세상물정에 밝은 사람이었고, 내가 어리둥절해 하는 모습을 보고 "부문(府門)까지 얼마요?"하고 마치 사정을 잘 아는 사람처럼 물었다. 마부는 오히려 공정하게 "3원만 주십시오."하고 말했다. 우리가 너무 비싸다고 하자, 즉시 1원을 깎아주겠다고 했다. 그래도 비싸다고 하자, 그는 또 50전을 깎아 주었다. 좀 더 깎아보려고 시도했지만 더 이상 양보하지 않아, 하는 수 없이 우리는 마차에 올랐다.

처음에는 눈에 보이지도 않을 정도의 가랑비가 갈수록 굵어지고 있었다. 나와 천군은 마차에 타고 야외의 비탈길을 달렸다. 푸른 초원, 엉기고 성긴 수풀, 구불구불한 성벽, 얕은 강들이 이런 저런 모습으로 바뀌면서 우리 앞을 지나갔다. 잠을 깨는 서늘한 바람이 조금 상기된 나의 얼굴에 산들산들 불어와 따가닥 따가닥 하는 말발굽 소리와 함께 교향악을 연주하고 있었다. 나는 잠시 가을비도 잊고, 상해에 남겨두고 온 끝내지 못한 작업도 잊고, 반년동안 실업으로 가난해진 나 자신도 잊었다. 그저 마차 위에서 흥겨운 춤을 추고 싶었다. 입에서는 나도 모르게 흥겨운 노래가 흘러 나왔다.

> 가을은 어디에 있나, 가을은 어디에 있나?
> 귀뚜라미의 보금자리, 생과부 집의 다듬잇돌,
> 만약 가을을 찾으려면, 황량한 들판으로 떠나야 하리,
> 뼈를 에는 찬바람이, 남은 더위를 말끔히 불어 없애고,
> 드넓은 들판은 결실을 맺고 있을 것이네,
> 한바탕 비가 지나간 후, 들길의 소발자국 속에 고여 있는 빗물,
> 아득한 하늘 그 빗물 속을 비추고 있네,
> 달빛 아래, 나무숲에, 낙엽 지는 소리, 바로 가을의 속삭임이리.

나는 사(詞) 같지도 않고, 신시 같지도 않은 이 몇 구절을 한번 부르고는 사방을 다시 한 번 둘러보았다. 좌우는 모두 황량한 들판이고 앞에는 끝이 보이지 않는 길 하나만 있었다. 갑자기 두려워지기 시작했다. 마부가 우리 두 사람을 인적 없는 곳에 끌고 가 해치울 것만 같은 생각에 머리를 내밀고 크게 소리쳤다.

"여보시오! 우리를 어디로 끌고 가는 거요?"

그 교활한 마부는 놀라 갑자기 밑으로 떨어졌다. 말도 한바탕 놀랬으나 다행히 그가 말고삐를 단단히 감아쥐고 놓지 않았기 때문에 도망치지 못했다. 마부는 일어나면서 우리에게 말했다.

"선생님, 솔직히 말해서 부문(府門)까지는 모셔다 드릴 수 없고 다만 양관(洋關)으로 지나는 밀도교(密度橋)까지 모셔다 드릴게요, 밀도교에

서 부문까지는 불과 몇 발자국 사이입니다."

사내다움이 없는 부드러운 소주말투에 나는 마음이 놓였다. 오십 고개가 넘어 보이는 그의 얼굴은 살인범 같지는 않게 보여서 나는 머리를 끄덕거리며 그의 말에 따랐다.

마차가 밀도교에 이르자 우리는 가랑비를 맞으며 천군의 친구가 사는 봉문(葑門)내 엄아전(嚴衙前)으로 갔다.

4

봉건시대의 고성(古城)에 들어선 다음, 좁은 골목을 몇 개 지나고 다리를 여러 번 건너서야 겨우 천군의 친구 스(施)군의 처소에 다다랐다.

봉문에 들어선 후 그 싸늘한 거리에서 얻은 인상은 어떻게 말로 다 표현할 수가 없다. 만약 상하이의 시장을 20세기의 시장이라 한다면 소주의 한 구석은 18세기의 옛 도시라 할 수밖에 없다. 상해의 혼잡한 정경을 만약 번잡한 항구라 한다면, 소주는 고요한 도시라 할 수밖에 없다. 창문(閶門)밖의 번화함을 아직 보지 못했지만, 이 봉문 한 구석의 정황으로 본다면 소주 성은 그래도 낭만적인 옛 도시라고 생각된다. 거리의 석조물, 주택의 건축양식, 곳곳의 아치형 다리, 강물과 좁은 다리, 그 어느 것 하나도 과거 중국민족의 유유한 태도를 과시하지 않는 것이 없다. 그 아름다움을 굳이 근대어로 표현하자면 나는 "퇴폐미" 세 자가 적당하다고 생각한다. 때마침 또 회색구름이 하늘 가득 몰려오고 가을비가 잔잔히 내리고 있었다.

스군이 다행히 집에 있어 우리가 도착하자마자 곧장 마중을 나왔다. 천군이 우리 둘을 소개시키자 스군이 천천히 입을 열었다.

"알고 보니 위(郁)형 이구먼! 정말 어려운 걸음을 했네. 그 작품…,

이미 읽어보았네. 실의에 잠긴 사람들 그 어느 누가 함께 울지 않았겠는가?"

본래 스군은 나와 한 고향 사람이었다. 나는 그의 말에 좀 부끄러워 말머리를 돌리려고 그에게 물었다.

"스군 별일 없지요? 우리 함께 식사하러 갑시다."

실제 나는 그때 아주 배가 고팠었다.

엄아전(嚴衙前) 앞 부근은 모두 호사스런 생활을 하는 동네여서 적당한 음식점을 찾을 수 없었다. 할 수 없이 우리는 금범사(錦帆榭)라는 찻집으로 들어가서 종업원에게 술과 안주를 구해달라고 부탁했다. 그때까지도 잔잔한 비는 그치지 않았고, 배에서는 연속 꼬르륵 소리가 났다. 고픈 배를 안고 뛰어 가기도 뭐해서 우리는 그 찻집에 들어갔다가(한편으로는 이 찻집의 이름이 괜찮기도 했다), 한 두 시간 쉬면서 다음 계획을 세울 생각이었다.

옛말에 이르기를 "뜻 있는 자는 반드시 일을 이룬다"고 우리가 금범사에서 술을 마시고 환담을 하는 사이에 하루 종일 내리던 보슬비가 우리의 의지에 의해 그치고 말았다.

어느 명승지든 처음 가면 누구나 어린애처럼 한가로이 앉아 있고 싶어 하지는 않는다. 나는 비가 멎는 것을 보고 스군과 천군을 재촉하여 찻집을 나와 여러 곳을 돌아보려고 했다. 한적하고 좁은 와룡거리에서 곧바로 내려가 한 굽이를 돌고 또 몇 걸음 가니 거리에 사람과 상점들이 점점 많아지면서 번화해지는 것이 느껴졌다. 소주 성에서 제일 많던 고서와 골동품 파는 점포들이 한집, 한집 줄어들면서, 근대 상품을 파는 상점들이 점점 나의 주의를 불러일으켰다. 스군이 말했다.

"현묘관(玄妙觀)에 곧 도착한다네. 여기가 바로 관전거리이네."

현묘관에 도착하여 사방을 살펴보니, 오늘날 현묘관의 변화는 내가 막연히 생각하던 것과 크게 달랐다. 떠들썩한 것으로 치자면 상해의 오전 채소시장에 미치지 못하고, 기묘한 것으로 치자면 상해 성안의 성황묘와 비교되지도 않았다. 현묘관의 앞뒤를 다 돌아다녀 보아도 내 머리 속에 깊이 남은 인상은 오직 두 가지였다. 하나는 몇몇 여성들이 관전거리의 한 상점에서 피리를 사고 있던 것이다. 나는 그녀들 옆에서 멍하니 한참 쳐다보았는데 그 여자들도 나를 돌아보곤 했다. 다른 하나는 현묘관 입구에 있는 한 서점에서 한 젊은 학생이 나와 내 친구가 함께 편집한 잡지를 사고 있던 장면이다. 이 두 가지 깊은 인상을 제외하고는, 현묘관의 많은 찻집들이 소주사람들의 우아한 취미의 표현이라고 느낄 수밖에 없었다.

아침에 일찍 일어나자마자 곧 찻집으로 달려갔다. 거기에는 날마다 마주치는 얼굴이 있었다. 이런 낯익은 얼굴들에게는, 처자가 있는 사람은 처자보다 더 친근감 있게, 처자가 없는 사람은 당연히 찻집을 자기 집처럼 느끼게, 형제처럼 대해 주어야 했다.

날씨가 무더울 때면 찻집에 앉아 한 모금 한 모금씩 차를 목구멍으로 넘기면서 몸에서 증발하는 땀방울을 보충했다. 찻집 안은 공기는 통하지 않았지만 뜨거운 태양도 없었다. 이 사람 저 사람 가정사와 국내외 시사문제 등을 이야기하면서 사람을 괴롭히는 무더위를 물러가게 할 수 있었다. 날씨가 추울 때 찻집에 앉아 있는 가장 큰 장점은 바로 따끈따끈한 차를 마실 수 있다는 것이다. 차를 많이 마셔서 화장실에 다녀야 하는 불편함 외에는 따끈따끈한 차를 몇 사발 뱃속에 넣으면 한꺼번에 갈증과 추위를 물리칠 수 있다. 좀 가난한 사람들은 거기다가 허기를 면할 수도 있다. 만일 찻집 주인이 진보적인 사람이라면, 몇몇 기이한 이야기꾼들을 불러 이야기를 들려줘 우아한 손님들의 흥미를 곧 배로 증가시킬 것이다.

들리는 말에 의하면 몇몇 찻집의 몇몇 단골손님은 열 살 때부터 오륙십 죽을 때까지 매일 찻집에 나와 동일한 좌석에 앉았는데 1분 1초도 틀리지 않게 시간을 지켰다고 한다. 뿐만 아니라 몇몇 사람은 임종시에 자기가 앉았던 자리를 자랑스럽게 유서에 써넣어 그의 아들로 하여금 매일 그 자리에 가서 앉아 차를 마시게 했다는 것이다.

요즘에는 백화점의 운영방식을 도입하여, 찻집 앞에 향기가 물씬 풍기는 "꼬치구이", "군만두", "찐빵", "토란구이" 외에 술도 있고 반찬도 있어 찻집에 온 손님들이 하루 종일 밖에 나가지 않아도 불편함이 없도록 되어있다. 상해의 청련각(青蓮閣)과 같은 곳은 모든 음식이 갖추어졌을 뿐만 아니라, 인육까지도 팔고 있는데, 중국의 이러한 신식 찻집을 나는 20세기 세계의 산물이라고 생각한다. 그러므로 맹목적인 외국 사람들이여, 당신들이 만약 중국을 조사하려면 찻집에 가서 조사하시오, 만약 당신들이 중국을 관리하고자 한다면 반드시 먼저 찻집에 가서 손님들의 동의를 얻어야 할 것이오. 왜냐하면 중국의 국회가 대표하는 것은 저열한 근성과 파렴치함 그리고 탐욕이며, 이 찻집의 손님들이야말로 오히려 진정한 국민의 뜻을 대표하는 것이기 때문이다.

5

현묘관을 나와서 우리는 또 한참을 걸어 수원(遂園)을 돌아보았다. 수원은 소주에 있는데, 나 같은 상해 사람들 중에도 아직 많은 사람들이 수원의 존재를 모르고 있다.

아주 좁고 낡은 문을 지나, 꼬불꼬불 몇몇 골목을 더 지나서야 수원의 중심부에 다다를 수 있었다. 소주의 건축물을 나의 반나절 경험으로 평한다면, 입구는 모두 좁고 모양이 없으며, 몇 갈래 굽이 길을 지나서야 넓고 화려한 방이 나타난다. 나는 이런 방식이 프랑스 대혁명 전의 민가처럼 세금을 피하기 위해 생각해낸 것인지, 아니면 구경하는 사람들의 감흥을 불러일으키려는, 이른바 수사학에서 말하는 대칭 기법의 효과를 얻으려는 생각인 것인지 모르겠다.

수원은 중국식 정원이다. 인공으로 만든 산과 호수 그리고 정자가 있고, 작은 다리와 나무들도 있다. 그러나 여기저기 무너진 흔적과 수면 위에 피다만 연꽃과 잎사귀가 암담한 날씨와 함께 어울려 가을 기운을 느끼게 하고, 중국의 장래와 내 개인의 시들어 가는 모습을 느끼게 했다. 아! 수원! 수원! 나는 너의 이 의기소침한 분위기를 좋아한다.

연못 위 정자에서 차 한 잔을 마시고 걸어 나오다가, 우리는 화려하게 입은 신사숙녀들을 만났다. 그들은 조용히 앉아서 차를 마시고 해바라기 씨를 까면서 이야기꾼을 기다리고 있었다. 내가 앞에서도 언급했던 중국인의 유유한 태도와 망국의 비장한 아름다움을 이곳에서도 볼 수 있었다. 아! 내가 손님의 신분만 아니었다면 그 피부 결이 뽀얀 부인과 아가씨들 옆으로 가서 조용히 앉아있었을 텐데….

수원을 나와서 우리는 시간이 너무 늦었기에 스군을 먼저 집으로 돌아가라고 했다. 나와 천군은 좁고 긴 거리를 한참이나 떠돌다가 호구(虎丘)로 가기로 했다.

(이 원고는 집필자가 병으로 중지하였다)

02

감상적인 여행

1

유태인의 유랑(流浪)은 하느님이 만들어 놓은 징벌이라 한다. 중부 유럽일대에서 집시들의 여행은 마치 이들 인도차이나 족들의 낭만적인 천성에서 기인한 것 같다. 대개 이 두 가지가 내 몸에 온전히 갖추어진 까닭에 나는 한 곳에 오래 머물면 보따리와 우산을 메고 인적 없는 곳으로 가 우울한 기분을 토해내고만 싶다. 더욱이 단풍이 울긋불긋한 늦가을이고, 쪽빛처럼 푸른 하늘이 매일같이 계속되는데 내가 어찌 가지 않을 수 있겠는가? 아니 내가 왜 떠나지 않겠는가?

그러나 말하기는 쉽지만 실천하기는 힘들다. 가을이 들어선 후 떠나고 싶은 마음은 아주 오래되었는데 정작 떠날 때가 되면 많은 장애가 생겼다. 병 여덟 개에 뚜껑 일곱 개를 이리 저리 맞춰도 잘 맞추어지지 않았다. 특히 배를 빌리고 방을 빌릴 돈도 문제였다. 나는 퉁소를 불 줄 모르니 당연히 걸식할 수도 없었다. 더구나 어쩌다 오두(吳斗)나 초미(楚尾)로 가는 도중 붙잡혀 철창 속에 갇힌 후 모래알 같은 밥을 씹고 붉은 옷을 입게 될지도 모른다. 그래서 기차에 오르기 전 나는 될수록 많은 재물을 지니되 사람들 눈에 돈도 없고 직업도 없는 떠돌이로 보이지 않게 하려고 노력했다.

여행을 시작할 때 그래도 먼저 상해로 가서 각지로 가기 위해 한참 동안 교섭했다. 돈 몇 푼을 손에 쥔 뒤 거리에 나가 여행용품을 살 때 내 영혼은 이미 공중으로 날아가는 듯 했고 "Over the hills and far away!"(언덕을 넘어 저 멀리), 인력거에 앉은 몸은 마치 구름과 안개를 타고 하늘을 날아가듯이 구만리 밖에 떠 있었다. 첫날밤은 상해의 큰 여관에서 보냈다.

달은 어둡고 별이 많은 가을밤, 높은 집에서 내려다보니 보이는 것은 누런 회백색의 희미한 전등불빛 뿐이었다. 공중에는 아직도 벌집에 불이 난 듯 동포들이 떠드는 소리와 신작로 위를 달리는 돈 많은 사람들의 자동차 소리가 한데 어울려 대도시의 밤은 "신종 악마들의 느끼함"이 합주되고 있었다.

그러나 나처럼 감상적인 여행객에게 제일 슬픈 생각을 자아내게 하는 것은 오히려 여관 내 여기저기 화려한 방안에서 들려오는 요염한 신음소리와 처량하게 들리는 현악기 소리들이다. 지붕 위에서 드문드문 에스파냐 음악에서 금속현악기를 두드리는 것보다 더욱 조잡한 북 두드리는 것 같은 소리가 날아들어 왔으나, 그것 역시 이 우울한 사람의 가을밤의 고독을 중단시킬 수는 없었다.

쇠퇴한 집안의 기쁜 일처럼 이러한 절망적이고 요란스러운 소리나, 억지 흥 등은 폐병환자의 얼굴에 피어나는 홍조처럼 느껴졌고 조용히 듣고 있으려니 마치 수난 받는 4억의 인민들이 이 혼란스런 소리 속에서 흐느끼고 있는 것 같았다. "타오르는 쾌락이, 대인에게 고통을 안겨주고 있지 않는가?"

부득불 등불 밑에서 독일 사람의 여행기를 꺼낸 후, 침대에 누워 마구 읽어버렸다.

> 1776년 9월 4일 새벽에 깐쓰빠오(幹思堡)가 왔다. 아침 3시 나는 살금살금 카알스바트를 가만히 도망쳐 나왔다. 그렇지 않으면 그들이 나를 떠나지 못하게 할까봐 두려웠기 때문이었다. 친절하게 8월 28일 나의 생일을 축하해준 그 친구들은 나를 붙잡아둘 권리도 있었다. 그러나 이곳에는 더 이상 머무를 수가 없었다.……

이렇게 용모가 아름답고 다재다능한 주인공과 함께 산천을 유람하면서 달빛 아래 차를 달려 브레너(Vom Brenner)로 부터 베로나(Verona)에 이르렀을 때, 나 역시 처량한 현악기 소리와 복잡한 징, 북소리 그리고 사람을 두렵게 만드는 자동차 소리 속에서 잠에 빠져들어 있었다.

어느 곳인지는 몰라도 나는 거무칙칙한 하늘 아래서 바다 물을 내려다보고 있었는데, 발밑은 위험한 돌산인 것 같았다. 나의 왼쪽에는 사람 키보다 높이 우뚝 솟은 큰 돌이 있었다. 갑자기 파도가 밀려오자 거무스레한 소용돌이가 노르스름한 회색 바닷물 속에서 요동치는 것이 보였고 조수가 점점 높아져 발밑까지 밀려왔다. 나는 한참 고민하였지만 도망갈 길이 없었고 끈적끈적한 조수는 사정없이 내 두발을 적시며 나의 다리와 허리, 끝내는 가슴까지 적시고서야 멈췄다. 삽시간에 파도가 밀려갔고 나의 좌우는 또 다시 돌산인 육지로 변했으며 내 몸의 푸른 도포는 물에 흠뻑 젖었다.

놀라움과 후회 속에서 나는 꿈을 깼다. 베개를 짚고 몸을 일으켜 밖을 내다보았다. 마치 목적도 없고 의식도 없이, 오직 거리에서 한가로이 떠돌며 밀치고 마구 욕하고 고래고래 소리 지르던 동포들은 모두 집으로 가고 큰길에는 자동차 경적소리만이 몇 번 울릴 뿐이었다. 주변의 아름답던 현악기 소리와 요염한 신음소리도 차츰 적어져 정적 속에 잠겨 멀리서 들려오는 듯 했고 오직 대나무 상아패가 서로 부딪치는 소리만이 간간이 들려왔다. 밤이 무르익자 사람들의 유흥도 지쳤나보다. 배에서 꼬르륵 꼬르륵 소리가 들리더니 이내 배가 고팠다.

솜옷을 걸치고 욕실의 대야에 뜨거운 물을 가득 받았다. 양치질을 하고 얼굴을 닦은 후 다시 침대 앞 안락의자에 앉았다. 전등을 멍하니 바라보면서 성냥을 그어 담배를 피울 때 나는 웬일인지 갑자기 일종의 이상한 고독을 느꼈다. 이것은 아마도 대도시 속 깊은 밤의 비애이고 중년의 자연스러운 인생 감각이리라. 어쨌든 나는 이렇게 가만히 여관에 앉아 있다는 것이 견디기 어려웠다. 곧장 문밖으로 나가, 밤새 영업하는 식당을 찾아 간단한 요기를 하고 싶었다.

문을 열고 나와 병원 복도 같이 조용하면서 하얗고 긴 복도를 한참 걸어갔다. 오른쪽으로 꺾인 긴 복도로 들어서려는 순간, 모퉁이 방에서 갑자기 스무 살 전후쯤 된 하얀 얼굴의 아름다운 여인이 검은 머리를 폭포같이 어깨에 드리우고 온몸을 벌거벗은 듯 금황색의 네글리제(Negligee) 잠옷만을 걸치고 걸어 나왔다. 깊은 밤 시각에 나같이 묘한 중년남자와 마주친 것이 놀라웠던지 그녀는 처음에는 흑진주 같은 까만 두 눈을 크게 뜨고 의심스러운 듯이 나를 한번 쳐다보다가 곧 얼굴에 홍조를 띄우고 수줍게 고개를 숙이더니 마침내 대담하게 나를 지나 다른 방으로 들어갔다. 혼자 미소를 지으며 굽이돌아 천천히 승강기에 오를 때까지 내 귓전에는 그녀가 방문을 닫는 소리가 들렸고 눈에는 아직도 그녀의 풍만하고 하얗고 둥근 어깨곡선과 헐렁한 잠옷 사이로 보이는 V형 앞가슴, 그리고 눈처럼 하얀 피부가 어른거렸다.

승강기를 운전하는 종업원과 복도 한구석에 멍하니 앉아있는 차 심부름꾼 몇몇이 모두 몽롱한 상태로 졸고 있었다. 그러나 내가 6층에서 내려와 대문을 나서보니 길에는 예상 외로 그 밤에 많은 사나이들이 이야기꽃을 피우고 있었다. 그들 가운데 어떤 사람은 기생과 함께 온 기생오라비였고, 어떤 사람은 승강기를 운전하는 사람이었다. 어떤 사람은 몸에 아직도 모포를 걸치고 있는 전세버스 기사였고, 어떤 사람은 아마도 이때를 노려 이러한 사람들 틈에 끼어 한 두 개비의 담배를 얻어 피우면서 웃고 떠들며 밤을 보내는 한가한 사람들이리라.

대문 앞의 이 작은 사회에서는 이때가 아직도 시끄러운 황혼 때와 같았지만, 내가 대문을 나서서 동쪽 모서리의 한 찻집에 앉아 벽에 걸린 시계를 자세히 보았을 때는 이미 새벽 세시가 다 되어 있었다.

약간의 술과 안주를 먹고 돌아오는 길에 하늘을 몇 번이나 자세히 쳐다보았다. 서쪽 하늘에는 낫과 같은 하현달이 걸려있었고, 동쪽, 북쪽, 남쪽 삼면의 높은 지붕 위의 전기 불 사이로 암담한 가을 별빛이 하나 둘 엿보여 내일 아침 비가 오지 않으리라 단정 지을 수가 있었다.

나는 휘파람을 길게 한번 불면서 마음속으로 한 가닥 만족을 느꼈다. 이번은 출발이 그리 나쁘지 않다고 생각하면서, 다시 승강기를 타고 방으로 돌아와 두루마기를 벗어 던지고 달콤하게 네다섯 시간을 잤다.

2

몇 시간의 단잠은 오랫동안 나의 몸과 마음을 괴롭히던 피곤을 절반쯤 물러가게 했고, 역전에 다다랐을 때는 마침 상행선 특별열차가 아직 떠나기 전인 9시 이전인지라 차표를 사서 비집고 들어가 자리에 앉았다. 기관차가 바람과 아침 태양 속을 호쾌하게 가르며 내 몸을 북쪽으로 실어갈 때, 언제나 운명이 박하다고 한탄하면서 이 세상에 대해 늘 불만만 토하던 이 시대의 낙오자인 나 역시 가슴 가득한 기쁨을 느꼈다.

"여행은 정말 좋은 거구나" 나는 차창에 비스듬히 기대어 태양과 바람 속에 누워서 쉬고 있는 양옆의 대지를 바라보면서 이렇게 생각했다. "여행은 과연 괜찮은 거구나. 이후로는 여행을 즐기며 남은 여생을 살아야겠구나!"

강남의 풍경은 가는 곳마다 사랑스러운데, 강남의 인간사는 만사가 애도해야 할 것들이다. 보라! 가을이 다 가고 겨울이 오는 이 추위 속에서도 주위의 초목은 아직도 푸르고 싱싱하지 않은가! 운하의 작은 항구에는 아직도 돛단배들이 베틀에 붙여서 실북 드나들 듯이 드나들고 있지 않은가! 그리고 작은 정자와 드문드문 홰나무, 버드나무 숲도 있지 않은가! 평평한 다리와 기와지붕은 평화로운 기운을 대기 속에 내뿜고 있었다.

한 무더기의 건초더미는 백성들이 지난 몇 달 동안 열심히 일하여 수확한 황금 같은 결과이지만, 텅 빈 수레에 말울음소리만 들리니, 이십여 년 간 군벌이 징수하여 빼앗고, 노략질하며 간음한 것을 처음부터 헤아린다면 어찌 다 밝힐 수 있으랴?

강남은 원래 고기와 쌀의 고향이라고 불렸고, 가련한 백성들은 무기로 무장(武裝)한 자들에게만 물고기와 쌀을 공급해왔다. 과거에 이러했으니, 앞으로 닥쳐올 것은 상상하기조차 어렵다. 정부의 어떤 국장을 임명하면 일반 물가도 성난 파도처럼 무섭게 뛰며 인지세, 토지세, 잡세 등의 명목이 증설되는데 이것을 보면 곧 대충 상황을 알 수 있다.

아! 현명한 천자의 조정(朝廷)대사에 너 같은 천민이 무슨 권리로 왈가왈부한단 말인가? 너같이 무지한 짐승은 옛사람들의 교훈을 살려 명철보신하면서 차창 밖 사람의 시선을 끄는 가을풍경이나 자세히 감상하지 남의 일에 간섭해서 무얼 하리!

차창 밖 가을풍경은 이미 무르익을 대로 무르익어 이젠 질 때가 되었고, 얕은 개울가 우거진 갈대숲과 노랗게 물든 버드나무 빛깔은 흐르는 물에 흔들려 늦가을 스산한 정취를 가장 선명하게 비춰주고 있었다. 물론 소태나무, 단풍나무, 오구목의 단풍도 일률적으로 남은 가을의 소식을 전하고 있었지만, 푸른 잎사귀 사이에 붉은 노을을 연출하고 싶다면 봄날인 2월에도 숲 속에 가서 몇 그루의 붉은 꽃을 꺾어다 심어놓으면 이러한 광경을 연출할 수 있다.

서양 꽃의 붉음은 추운 겨울에나 무더운 여름에나 잘 키우기만 하면 언제 어디서나 다른 나뭇잎의 푸름이 그 주홍빛 붉음을 받쳐준다는 것을 가르쳐줄 것이다. 그래서 나는 이 강남 해안의 가을 색깔을 표현하는 것은 단풍나무숲의 붉음과 남아있는 나뭇잎의 푸름이 아니고, 하얀 솜털의 갈대꽃과 강가 늘어진 버드나무의 누런 빛깔이라고 말하고 싶다.

가을의 빛깔에 대해 깊이 상관할 필요가 없듯이, 나도 더는 희고 붉음을 품평하고 이 사회의 치안을 거론하고 싶지 않다. 어쨌든 이러한 대자연의 사계절 풍경들에 대해 조금도 신경을 쓰지 않는 우리의 이 기관차는 이미 긴 다리를 몇 개 건너 양징호(洋澄湖)언덕 모퉁이를 지나 한 걸음 한 걸음 고소대(姑蘇臺)에 가까워지고 있었다.

소주는 본래 내가 늘 유람하는 곳으로, "돛단배는 찬비를 맞으며 소주를 지나가네."라는 정취는 고상한 옛사람들을 찬양하는 듯하다. 그러나 가랑비를 맞으며 나귀를 타고 칠리산(七里山)의 호수를 따라 천천히 진낭(眞娘)(당나라의 명기)의 묘지를 참배하는, 그러한 고상한 정취는 정말로 우리들을 추억 속에 잠기게 한다. 또한 해가 기운 오후 소오헌(小吳軒)으로 가서 차 한 잔을 우려 마시면서 시내의 주택들을 세어보든지, 혹은 냉홍각(冷紅閣)에서 서쪽으로 향한 밝은 창문을 열고 서서히 지는 석양을 조용히 지켜보는 것도 온갖 시름을 가시게 하는 유람의 한 방법이다.

내가 이번 여기에 온 것도 본래는 거칠 것 없는 방랑의 걸음이기에, 이치대로 한다면 오문(吳門)에서 내려 상해를 떠난 첫날 야밤에 한산사의 맑은 종소리를 들어야 했다. 그러나 중양(重陽)을 지난 후 이 근처에서 몇 차례 농민과 노동자들의 폭동이 있었다는 소문을 들었다. 군경(軍警)들은 간담이 서늘하게 매일 여행객들을 조사했다. 주민들을 귀찮게 하는 폭풍우가 금방이라도 닥칠 것 같은 이러한 공포의 순간에 나 역시 다시 군경을 수고스럽게 하고 싶지 않아 차가 잠깐 멈춘 사이 차에서만 호구(虎丘)의 풍경을 보았다.

본래는 높지도 않고 두텁지도 않은 지대가 도대체 어떤 인사들에 의해 파헤쳐졌는지 알아보려고 했다. 그러나 아직은 괜찮았다. 그 한 무더기, 한 무더기의 작은 흙산은 의연히 거기에서 소주의 경치를 장식하고 있었다. 다만, 탑의 형색이 초라하여 마치 근간에 들어 더 야윈 것 같았다. 병든 줄도 모르고 가을을 슬퍼할 줄도 모르는 이 탑이 야윈 것은 대개 해가 하늘중천에 걸리는 연유 때문이리라. 시계를 꺼내보니 과연 이미 11시가 넘어 점심때가 다가오고 있었다.

기차가 소주를 떠난 뒤 길 양쪽에는 몇 개의 푸른 산봉우리가 솟아올랐다. 평범하게 상해에서 오래 산 사람, 혹은 본래는 산수에서 살았지만 생활의 핍박에 못 이겨 부득불 산도 없고 물도 없는 상해에서 오래 거주한 사람들은 대개가 여기 오게 되면 이상한 느낌을 얻을 수 있으리라. 같이 탄 몇몇 상해 여행객들도 동감인 듯 이 서남일대의 잇닿은 산을 보고 머리를 끄덕이며 미소를 짓고 있었다.

아! 인류는 본래 대자연의 일부이기 때문에, 천성이 없어지지 않는 한 이 자연의 평화로운 풍경에 대해 찬미하지 않을 사람은 없을 것이다. 그러나 저들 비열하고 더럽고 탐욕스럽고 포악한 군벌, 위원, 요인들은 아마 틀림없이 인성이란 것을 남김없이 멸해버린 까닭이리라. 그들이 아는 것이란 전쟁과 살인뿐이고, 어떻게 하든 돈을 긁어모아 세력을 쟁취하고 권력을 획득하여 이용하느냐 하는 것뿐이다. 그들의 관심은 어떻게 하면 노동자, 농민, 대중의 것인 자연이 우리에게 선사한 에덴동산을 파괴하느냐 하는 것뿐이다.

아! 이게 아니야! 본래는 산의 경관을 말하려 한 것인데 말 많은 소인배라서 입을 열어 높으신 분들의 흉악한 심보까지 언급하고 말았구나. 말하지 말자. 말하지 않는 게 좋겠다. 12시가 가까워진다. 개리계정(芥莉鷄丁) 안주와 고배(苦配)맥주를 얻어 목구멍이나 적시는 것이 좋겠다.

3

마지막 한 잔의 쓴 술을 다 마셨을 때 기차는 한 작은 역을 지나고 있었다. 듣자하니 무석(無錫)이 바로 코앞에 있다고 했다.

천하 제2샘터 샘물의 감미로움은 사람들에게 전혀 미련을 남게 하지 않았다. 그러나 진택(震澤)호수의 갈대꽃과 가을 풀들은 아주 매혹적이어서 이렇게 쓸쓸할 때 사람을 황홀한 경지로 이끌었다. 왜냐하면 72개 산봉우리 아래에는 곳곳에 옅은 여울이 있고, 삼만 육천 경의 둘레이기 때문에 적게 계산해도 천여 경의 얕고 작은 섬이 있어야 하는데, 이 통계로 태호(太湖)의 갈대를 계산한다면 양자강 강변의 갈대밭보다도 많을 것이다. 나는 일찍이 태평부(太平府) 위쪽에서 구강(九江)아래 양자강 어귀까지 이어지는 거대한 갈대밭의 가을풍경을 본적이 있기에,

이번에 태호에 가서 운이 좋으면 나의 이런 억측이 사실인지 살펴보려고 했었다. 이런 생각 때문에 무석에서 내린 후 앞으로 가야할 몇 리 길이 더욱 멀게 느껴졌고 특별 쾌속열차의 속력도 느리게만 여겨졌다.

무석은 그야말로 대 정치가를 배출해 낸 산업의 중심지였다. 기차가 멈추자 10분의 3, 4할 정도의 사람들이 내렸다. 나는 짐이 많지 않아서 서로 사람을 태우려는 인력거꾼들을 무시하고 그냥 혼자 역을 빠져 나왔다. 황무지에 서서 잠시 원숭이가 가면을 쓰고 재롱을 피우는 것을 보고 있다가 여행객들 대부분 흩어진 다음 인력거를 불러 곧장 태호 강변으로 올라가려고 했다.

이 전략은 본래 내가 여행할 때 자주 쓰는 방법인데 늘 효력이 있었다. 차가 역에 막 도착했을 때 인력거 가격은 평소보다 몇 배 더 비싸기 때문이다. 모두 흩어진 다음 인력거꾼이 다음 차를 기다리지 않으면 안 되겠다고 여길 때, 그 때 가격은 좀 싸져 평소보다 20%~30% 정도 덜 받는 선까지 양보를 해준다. 더욱이 역전에서 호수까지는 어느 길로 가든지 반시간 정도 걸어야 도착할 수 있는데, 만일 급히 인력거를 부르면 좀 양심 있는 인력거꾼은 은전 한 닢을 부르지만, 그렇지 않는 이들은 은전 두 닢, 세 닢을 부를지도 모를 일이었다. 때문에 역전의 그 황무지에서 무석 시민들 사이에 끼어 원숭이와 개의 공연을 구경하는 것도 의미 있는 일이다. 이것은 내가 극을 구경하는 사이에 인력거꾼을 지배하려는 전략이다.

그런데 이번 작전은 크게 실패했다. 본래 이 특별열차의 도착시간은 점심시간인 12시쯤이고, 다음 특별열차의 도착시간은 오후 1시 반 이후였다. 그래서 만약 인력거꾼이 나를 호수 주변까지 실어다 준다면 오후엔 장사를 할 수 없으므로 뭔가 특별한 혜택 없이는 모두 가려 하지 않았다. 더욱이 이 시간은 모두 식사하러 가는 때였다. 내가 사람들 틈을 비집고 나와 역 앞에 다시 돌아가 인력거를 부르려 할 때에는 텅 빈 길에 태양 그림자만 남고 인력거꾼은 한 명도 보이지 않았다.

"등을 돌려 자기 꾀에 넘어간 것을 원망한다."를 흥얼거리며 천천히 다리를 건너가는 수밖에 없었다. 무석호텔 어귀에서 더욱 비싼 가격을 주고서야 인력거 한 대를 불러 영룡교(迎龍橋) 아래로 달려갔다. 영룡교 앞쪽은 넓은 자동차길이고, 매원(梅園)으로 떠나는 두 회사의 공공버스는 10분 간격으로 떠난다.

버스를 타지 않고 영룡교에서 소조회(小照會)로 인력거를 타고가도 매우 좋을 것 같았다. 이곳 역시 나의 세계이지만, 여기서부터는 각종 차를 편리하게 탈 수 있고 배를 불러 태호에서 하루저녁 노를 젓기도 쉽다. 그래서 새로운 버스회사의 터미널 벤치에 앉아있을 때 내 마음은 이미 태호에 도착한 것 같았다.

개원(開原)마을 일대는 그야말로 은거생활을 하기에 제일 좋은 곳이다. 구룡(九龍)산맥이 북쪽으로 가로 누워있고 석산(錫山)의 탑은 동쪽으로부터 날아오는 연기와 가스를 막아주고 있다. 서남쪽을 바라보니 용산(龍山)산맥과 같은 굴곡은 아니지만 태호 호수의 거울 같은 수면에 산맥이 반사되고 있었다. 어디나 비옥한 뽕밭과 마밭이었다. 어느 곳이나 집짓기 좋은 장소였으며, 질서정연한 경작지였다. 폭넓게 건설된 도로와 더불어 일종의 평화로운 기상이 넘쳐흘렀다. 절강(浙江)의 여타 농촌에서 다시 찾아보기 어려운 좋은 지방이었다.

애석하게도 나는 관리가 못되었고 돈을 모아놓지도 못했다. 그렇지만 않았다면 양선(陽羨)의 밭을 사지 않고, 이 개원(開原)마을에 30경의 땅을 장만했을 것이다. 다섯 마지기로 거처를 꾸몄을 것이다. 한 마지기로 집을 짓고, 대나무 울안에 뽕나무와 마를 심고, 닭, 돼지, 양과 개를 조금 길러서 세시, 삼복, 동지 등의 절기에 연회의 재료로 쓸 것이다. 배불리 먹고 술에 취한 후, 집 앞 볕 좋은 양지에 드러누울 것이다. 어린 자식에게 유성기를 틀게 하고 클라이슬러의 바이올린 만조나 혹은 소리 높여 부르는 카르소의 비가를 들었으면!

만약 신간을 읽고 싶다면 기차를 타고 반나절 사이에 상해의 벽항(壁恒), 별발(別髮)에 나가 최근 출판된 책들을 살 수도 있다.

이 미약한 소망. 아! 대인선생들의 눈에는 그야말로 난쟁이의 작은 발가락만한 크기의 이 소망을 나는 도대체 어느 세월에야 누릴 수 있을까? 아, 아! 이렇게 공공버스에 앉아, 스쳐 지나가는 양쪽 언덕의 뽕밭과 용산의 가을 경치를 주시하고, 공짜로 햇빛과 호수풍경을 바라보는 것만으로도 족하지 않은가. 만족하자. 그런 망상을 할 것이 아니라 심심풀이 시나 읊으면서 달래자!

나의 집은 언덕 옆 오두막이면 좋겠네,
꿀벌들의 노래 소리가 귀를 간지럽게 하는 곳,
버드나무 실개천이 물레방아를 돌리고,
물레방아 주위에 많은 폭포가 이어지는 곳.

초가지붕 아래 제비는
진흙으로 빚은 둥지에서 지저귀지,
나그네가 빗장을 여는 날이면,
반가운 손님으로, 나의 식사를 나누어주리.

담쟁이덩굴 현관에 봄이 오면,
이슬을 마시는 향기로운 꽃.
붉은 가운데 푸른 앞치마를 두른 루시(Lucy)는,

자전거를 타고 노래 부르리.

나무들 사이에 있는 마을 교회는,
처음으로 우리가 결혼 서약을 한 곳,
즐거운 교회 종소리는 미풍을 타고,
뾰족탑 꼭대기에서 천국에까지 울려 퍼지리.[1]

이렇게 차창 가에서 시 속의 꿀벌처럼 흥얼거리는 사이에, 공공버스는 벌써 번화한 거리와 작은 산의 산허리를 지나 매원의 문어귀에 도착했다.

4

매원은 우시의 대 실업가 룽(榮)씨의 사원으로, 태호에서 멀지 않은 작은 산 위에 지어진 별장이다. 공공버스에서 상상했던 나의 소망이

1 Mine be a cot beside the hill
A bee-hive's hum shall soothe my ear;
A willowy brook that turns a mill,
With many a fall shall linger near.

The swal'ow, oft, beneath my thatch
Shall twitter from her clay-built nest;
Oft shall the pilgrim lift the latch,
And share my meal, a welcome guest.

Around my ivied porch shall spring
Each fragrant flower that drinks the dew;
And Lucy, at her wheel, shall sing
In russet-gown and apron blue.

The village-church among the trees,
Where first our marriage-vows were given,
With merry peals shall swell the breeze
And point with taper spire to Heaven.

이미 이곳에 아주 잘 실현되어 있었다. 다른 점이 있다면 내가 생각한 것은 자그마한 초가집 한 채였는데, 이곳은 붉은 기와로 된 높고 큰 양옥이었다.

나는 천천히 걸으며 뽕밭과 마밭이 있는 들길을 산책하고 싶었지만 매원에서는 "시간은 곧 황금"인 까닭에 자동차를 타고 오고가지 않으면 안 되었다. 그러나 사람마음이란 다 같은가보다. 가만 보면 돈 많은 사람들도, 우리처럼 돈 없고 직업 없는 한가로운 사람들과 같은 것이다. 나는 이 자리에서 잉(迎)씨가 나의 공상을 실현시켜준 매원을 지어 준데 감사를 드려야겠다. 그가 지은 집을 개방했을 뿐만 아니라 집을 다른 사람에게 세를 주어 유람 온 사람들에게 쉼터를 마련하게 해 준데 대해 감사를 드려야겠다. 우리는 그날 저녁 매원 안에 있는 태호반점(太湖飯店)에서 투숙할 수 있었다.

무석에 왔던 사람들은 다 알 것이다. 이 부근의 별장 위치는 방금 버스가 지나간 산에 있는 별장 하나를 제외하고는 이 매원의 위치가 가장 좋은 것이다.

이 작은 동산 줄기는 용산 서쪽 아래줄기 하나인데 3리가 못되는 노정으로서 남쪽으로 태호에 이른다. 그러나 이 매원의 높은 곳, 예를 들어 초학평(招鶴坪) 앞, 태호반점 2층이나 혹은 더 높은 잉씨의 별장 베란다에서 남쪽 창문을 열면 눈 앞에 태호의 한 면을 볼 수 있는데, 호수의 경치가 시시각각 독산(獨山), 관사산(管社山)의 경치와 서로 어우러진다.

원내에 있는 야원 매화나무나 정자 몇 개와 구불구불한 길, 높고 아름답지 않은 인공 산 따위는 약간만 장식했을 뿐, 정원을 꾸민 장인들의 심혈이 깃들지 않은 듯 했다. 매원의 뛰어난 점은 바로 위치였다.

태호와 닿은 듯 떨어진 듯, 떨어진 듯 닿은 듯한 묘한 위치였다. 내가 수 십리 길을 멀다하지 않고 달려와 여기에서 하룻밤 자려는 이유도 이러한 특징에 있었다.

태호반점 2층에서 방문을 열어놓고 달콤하면서도 쓴 혜천산주(惠泉山酒)를 몇 잔 마시고 나자 해가 벌써 좀 기울어져 보였다. 그러나 시계를 꺼내보니 겨우 2시가 조금 넘어 있었다.

내가 이번에 여기에 온 것은 한 친구가 쓴 태호의 석양을 보기 위해서였고, 그 석양과 갈대가 서로 어우러진 풍경을 보기 위한 것이었다. 지금 호숫가로 달려간다면 너무 이를 것 같았다. 그렇다고 오래 기다리기만 하면 무료한 감상만 떠오를 것 같았다. 그래서 매원을 나와 나는 먼저 차 한 대를 불러 혜산사(惠山寺)로 간 후 거기에서 다른 길로 돌아 호숫가의 석양을 보려고 했다. 석산(錫山)에서 잠시 멈춰 혜산을 한 바퀴 돌았는데, 혜산의 샘물 옆에서 허풍을 떨며 횡포를 부리는 시시껄렁한 속물들과 길가에서 방자하게 큰 웃음소리를 내고 있는 무장한 친구들을 만나게 되어 나는 가슴 가득히 불쾌감이 치밀어 올랐다. 마치 다른 사람에 의해 발밑에 꿇어 앉혀진 듯 또 억지로 흙먼지를 들이킨 듯 나는 화가 치밀었다. 나는 오직 사람들이 오지 않는 높은 산 위로 가서 마음껏 한바탕 울부짖어 뱃속 가득히 쌓인 울분을 깨끗이 토해내고 싶었다.

혜산사 뒤 건물을 지나 한 걸음 한 걸음 걸었다. 석양과 시들어 가는 풀들이 서로 희롱하는 벌거벗은 텅 빈 산을 향해. 어느새 나는 용산 제일봉인 두모봉(斗募篷)밖에 도착했다.

목적을 끝내 달성했다. 혜산사의 그 속물들은 이미 내 발밑에 있고 주위는 텅 비어 머리 위와 주변에는 푸른 하늘빛과 한산한 산등성이 뿐이다. 여기에서 나는 높이 외칠 수 있고 금전과 명예를 위해 몸부림치는 몇 십만의 무석시내의 장병들을 내려다보며 큰소리로 한바탕 욕을 퍼부을 수 있다. 나는 마음대로 입을 크게 벌려, 무릇 내가 미워하는 자는 어느 누구를 막론하고 한 바탕 욕을 퍼부을 수 있다. 욕으로 부족하면 그의 면상에 침을 뱉을 수 있고, 침으로 부족하면 또한 그의 몸에다가 오줌을 갈길 수도 있다. 나는 실컷 울 수도 있고 미친 듯이 노래부를 수도 있다. 나는 산에 올라 가쁜 숨을 한숨 돌린 후 두모봉 앞 산봉우리에 혼자 앉아 한참 동안 광기를 부렸다. 목이 쉬고 땀이 비오듯 흘렀다. 태양이 아주 낮게 저물 때까지 그러고 있었다.

목청껏 지르던 높은 고함소리와 노랫소리가 멎은 후 내가 지른 소리에 먹먹해진 귀에 갑자기 정적이 찾아들었다. 바람이 조용해지고, 해도 조용하고 천지초목도 쥐 죽은 듯 고요했다. 침묵, 침묵, 침묵, 빈터는 모두 침묵이다. 나는 이 깊은 산 속의 정적에 눌려 겁이 났고 머릿속에는 우스꽝스러운 후회가 찾아들었다.

"이 세상이 나의 욕 때문에 가라앉지 않게 하여 주시옵소서." 나는 생각했다. "산귀신 따위들이 내가 울부짖는 소리를 듣고 그들의 염라왕국으로 나를 데려가지 않게 하여 주옵소서." 나는 또 생각했다. "내가 여기에서 밟고 있는 것이 용산정상이고 저승세계의 활유산(滑油山) 따위가 아니었으면"

그래서 나는 주위광경을 주의해 둘러보았다. 내 몸이 아직도 더러운 이승세계에 있는지, 아니면 귀신도 혁명을 위해 염라대왕이 되기를 꾀하는 저 저승세계에 이미 들어왔는지 증명해보고 싶었다.

동쪽을 바라보니 멀리 석산탑 뒤로 무석시내의 수만 민가들과 몇몇 공장의 높고 높은 굴뚝이 보였다. 해가 저물어서인지 오전의 광경에 비해 권태감이 더해진 것 같았다. 머리를 숙여보니 동남쪽 구석의 뽕나무와 마밭의 그림자가 아직도 아주 빽빽하다. 그리고 하얀 선과도 같은 큰 길 위에는 움직이는 차량들의 그림자가 아직도 전진하고 있다. 그렇다면 적어도 사방이 쥐 죽은 듯 고요한 것은 아니었다.

나는 마음 놓고 머리를 서남쪽으로 돌렸다. 석양이 지자 서남쪽은 온통 눈부신 호수 빛뿐이었고, 멀리 은빛과 남색이 몽롱한 호수 한가운데 봉우리에 저녁안개가 있었다. 서쪽의 작은 산 그림자 역시 모두 보라색으로 변해 있었다.

석양과 석양빛 속의 태호를 보았기에 이미 저승세계에 들어섰다는 나의 생각은 차츰 없어졌다. 그러나 날은 저물고 갈 길은 멀어 혼자서 먼 민둥산 꼭대기에 있다는 사실이 실감되었다.

나는 목을 길게 빼들고 사방 길을 둘러보았다. 나는 정말로 가깝고 평탄한 길을 찾아 집으로 돌아가고 싶었다. 내가 서있는 곳은 용산의 북쪽 줄기가 두모봉 아래서 남쪽으로 꺾어지는 한줄기의 높은 곳으로, 동, 서, 남 삼면이 암석과 흙모래로 되어 있어 길이 한 갈래도 없었다. 만약 다시 돌아 두모봉(斗募篷) 앞까지 올 때의 그 돌계단을 따라 혜산사까지 내려간다면 부득불 아주 많은 구불구불한 길을 가게 된다.

대장부는 왔던 길을 다시 돌아가지 않는다고 철부지처럼 생각해보았지만 이미 내 발은 힘이 다 빠져버리고 없었다. "아, 여기에 암자라도 하나 있다면 이렇게 조급해하지 않아도 될 텐데." 나는 사방의 지세를 주의해 보면서도 마음속으로는 무서운 계산을 하고 있었다.

"이곳은 얼마나 좋은가. 동남쪽으로는 무석시내를 모두 볼 수 있고 서쪽으로는 태호의 석양을 볼 수 있고 뒤쪽은 두모봉의 높은 꼭대기이고 앞은 정남을 향한 개원마을 일대이다. 여기는 두모봉에 비해 형세가 몇 십 배나 좋다. 무석사람들은 정말 보는 눈이 없다. 어떻게 용산 남쪽의 이 평탄한 산 고개를 이렇게 방치해두면서 암자 하나도 지어놓지 않았단 말인가? 아, 어쩌면 그들이 이 좋은 곳에 나더러 은거할 집을 지으라고 남겨놓은 것인가. 아니면 수 십 년 후, 어떤 사람이 이곳에 와 오늘 내가 여기서 운 것을 기념해 '통곡'의 정자를 만들어 우리 고향의 그 씨에(謝)씨의 정자와 대립되게 하기 위해서인가? 하하! 하하! 괜찮군, 정말 괜찮아!"

과대망상증에 걸린 광인의 생각을 뒤로 하고 다시 나의 정신은 분발하기 시작했다. 길이 있든 없든 상관 않고 오직 앞을 향해 발걸음을 뗐다. 남쪽으로 비스듬히 내려간 산비탈을 마구 걸어갔다. 이리저리 널린 돌에 몇 번이나 미끄러져 주저앉았고 가시에 옷과 양말이 찢어졌다. 암석을 몇 개 건너뛰었다. 30분도 되지 않아 나는 민둥산 기슭의 공동묘지에 이르렀다.

평지의 공동묘지에 이르러보니 서쪽 하늘 낮은 곳에는 아직 태양이 완전히 지지 않고 있었다. 무덤에서 멀지 않은 한 작은 마을에 이르렀을 때 시계를 보니 벌써 5시가 넘어 있었다. 마을 사람들은 저녁 식사준비를 마치고 문 앞에 널어놓았던 마른풀과 콩깍지를 이미 거둬들인 상태였다.

늙은 농부와 부인들이 어둑어둑한 하늘 아래서 그들의 손자 손녀와 놀고 있었다. 나는 다가가 공손하게 매원으로 가는 길을 물었다. 그들은 나를 차가 통하는 큰길까지 데려다주었다. 나는 인력거를 한 대 구해 타고 머리를 돌려 그들에게 감사를 표했는데, 어느새 눈에서는 감격의 눈물이 두 방울 굴러 떨어지고 있었다.

5

산 속에 있으니 너무 조용했다. 매원의 저녁은 그야말로 스산하기 그지없었다. 저녁밥을 먹고 마당을 걷고 있는데, 주위는 온통 희미한 밤안개와 늘 그렇듯 황량한 밭만 있을 뿐, 아무런 인가도 볼 수 없다. 등불이 휘황찬란한 밤거리는 더 말할 나위도 없다.

피곤한 두 발을 끌고 남쪽 밭으로 나가려던 참에 나는 희미한 황혼빛 속에서 문 옆에 큰 글자가 몇 자 적혀있는 백지 한 장을 보았다. 앞으로 더듬어 가보니 중화예술대학 수학여행단의 공고문이었다. 이 중화예술대학에는 안면이 있는 화가 C가 주임을 맡고 있었다.

나는 급히 여관으로 돌아와 찻집주인에게 부탁하여 모셔오라 했다. 과연 C였다. 우리는 전등불빛 아래에서 한 차례 얘기를 나누었다. 또 마당 가운데 있는 높은 정자에 오랫동안 함께 서 있었다. 유행을 타지 않고 자신의 그림 그리기에만 정진하는 이 화가는 평소 말수가 아주 적었지만, 오늘 타향에서 나와의 만남이 그를 변화시켜 버린 것 같았다.

우리는 예술을 내세워, 결사적으로 관리가 되고 위원이 되려는 예술가의 행위에 대해 논하자는 좋은 명목을 내걸었지만, 실제로는 청년학자들의 학비를 갈취하는 예술교육가의 속마음에 대해 논했다. 우리는 또 예술의 진수, 중국예술의 앞날, 혁명의 의의, 사회의 험악한 인심에 대해서도 논했다.

한숨이 연이어 터지고 차마 더 논할 수가 없게 되었을 때는 이미 정자 밖이 완전히 어두워졌다. 우리 두 사람은 머리를 내밀고 묵묵히 오래 전에 하늘에서 보았던 몇 개의 밝은 별들을 바라보았다. 우리는 다음에 다시 상해에서 만나기로 했다. 강만(江湾)에 있는 그의 화실을 구경할 날을 기약하고 각자 어둠 속으로 헤어졌다.

아마도 하루에 너무 많은 길을 걸었기 때문이리라. 여관에 돌아와 몸 한번 뒤척이지 않고 달콤하게 잠이 들었다.

새벽 두세 시쯤 되었을 때, 난간 밖 어느 절에서 들려오는지 알 수 없는 종소리가 댕 댕 댕 하고 울려 퍼졌다. 잠에서 깬 나는 화재경보 종소리인줄 알고 옷을 걸치고 복도로 나갔다. 불빛이 보이지 않을뿐더러 화재현장에 늘 있게 마련인 사람들의 조급한 외침소리나 개 짖는 소리도 전혀 들리지 않았다. 밖에는 구름 같기도 하고 안개 같기도 한 것이 새벽달의 맑은 달빛 속에 조용히 잠겨 있었고, 조용한 복도에는 곤히 잠든 손님들의 숨소리가 가득 차 있었다.

나는 이 종소리의 유혹에 나도 모르는 사이 옷을 여미고 마루로 나왔다. 나의 고독한 몸은 곧 몸에 묻어날 것만 같은 달빛바다 속에 잠겼다. 밤안개가 태호에서 증발하기 시작하여 부근의 하늘을 온통 하얗게 만들고 있었다. 모퉁이에 버티고 선 매화나무숲을 바라보니 꼭 누가 서있는 것 같았다.

나는 다시 천천히 여관 뒷문으로 갔다. 매원에서 제일 높은 곳에 있는 초학평(招鶴坪)에 올랐다. 남쪽의 태호를 바라보니 무슨 형상인지 분별할 수가 없었고, 오직 그 넓은 곳이 천 가닥, 만 가닥의 은실로 짜놓은 것만 같았다. 달빛이 비춰 밝은 빛이 있었고, 호수물결이 반사되어 은빛화살이 있었다. 엷은듯하면서도 진하고, 투명하면서도 축축한 호수의 안개가 있었다. 만일 당신이 남쪽을 향해 힘껏 뛴다면 그 투명한 흰 그물은 당신을 들어 올려 왕후가 계시는 후궁 깊은 곳으로 보내버릴 것이다. 이것은 내가 처음 그 호수 한구석의 경치를 봤을 때의 감상이었다.

그러나 삼라만상이 깊이 잠든 달 밝은 깊은 밤, 유유히 그리고 서서히 먼 사찰의 종소리가 댕 댕 몇 번이나 연이어 음률을 재촉하는 바람에 내 감각은 점점 마비되어 가는 것 같았다. 끝내는 아무 것도 생각할 수 없고, 아무 일도 할 수 없게 되면서, 두 다리에 힘이 빠져 꿇어앉게 되었다. 눈도 멍해지면서 슬픔 어린 희미한 달을 바라보며 움직이지 않았다. 종교의 신비, 인생의 공허함이란 대개 이러한 때, 이러한 심리 상태를 두고 이르는 말이리라. 이렇게 나는 예수교회의 임마누엘 성상처럼 그 유연하고 부드러운 종소리에 한동안 매료되어 있었다. 종소리가 그치고 목탁소리가 울리면서 스님(아마도 비구니일 것이다)의 경 읽는 소리가 유유히 내 귓전에 들릴 때에야 비로소 몸을 일으켜 여관의 거실로 돌아왔다. 벌써 동틀 무렵이 다 되어가고 있었다.

숙소로 돌아와 또 몇 시간을 잤는지. 두 번째로 깨어났을 때는 앞창문의 커튼 사이로 몇 가닥 햇빛이 새어들고 있었다. 시간이 그리 이른 것 같지 않아 급히 일어나 준비했다. 가벼운 식사를 마친 후, 곧 태호로 출발했다.

하늘에는 여기저기 구름이 떠다녔지만 그 사이로 맑은 하늘의 끝을 볼 수 있어서 나는 날씨가 며칠은 개일 것이라는 걸 알았다. 그러나 태양광선이 너무 강하고 공기 중에 수증기가 너무 많아서 높은 곳에 올라가 먼 곳의 경치를 보려 한다면 이런 날씨는 좋지가 않다. 비록 맑기는 하지만 상쾌하지 않아 두꺼운 공기층을 뚫고 먼 곳의 차갑고 검은 숲을 분별해 낼 수가 없기 때문이다.

그러나 호수의 풍광만 보려면 이렇게 개인 날도 괜찮다. 더욱이 어제 저녁에 석양을 보지 못해서, 나는 오늘 하루 시간을 더 희생하더라도 태호로의 원정을 시도하기로 했다. 먼저 온 사람들이 미처 보지 못한

섬의 색다른 경치를 찾아내고 싶었다. 이것은 처음에 숙소를 나온 후, 타양장(打楊莊)의 후문을 지나서 남쪽 밭두렁 길을 이용해 태호로를 걸어 갈 때 생겨난 결의였다.

태양이 높이 솟아오르자 경지정리가 잘 되어 있는 밭에서는 일찍 일어난 농부들이 벌써 밭갈이를 하고 있었다. 뽕나무밭을 지날 때, 나는 아름답고 고운 두 처녀가 머리에 흰색 천을 쓰고, 긴 장대를 가지고 이미 누렇게 시들은 나무의 뽕잎을 털고 있는 것을 보았다. 그녀들의 말에 의하면 마른 뽕잎이 나무에 오래 붙어 있으면 늙은 나무의 양분을 빼앗아가기 때문에 그 잎들을 떨궈 버리는 것은 아주 중요한 일이었다. 더욱이 누런 잎이 마르면 가져다 땔감으로 사용할 수가 있어 일거양득이라 했다.

밭에서 호숫가로 통하는 길 위에 잔잔한 갑각류의 껍데기들이 펼쳐져 있었다. 햇빛이 비치면 몇 곳은 밝은 흰빛을 발하지만 몇 곳은 그야말로 오색영롱한 빛깔을 내뿜었다.

이처럼 아침 해가 비추는 들길을, 이처럼 수풀과 작은 산이 둘러싼 공간을, 머리 위는 푸른 하늘이며 발밑은 오색의 땅인 이곳을, 맑은 공기 양껏 들이마시며 느릿느릿 걸어 남쪽 태호 주변으로 간다는 것은 정말로 얼마나 아름다운가. 한 폭의 청아한 가을여행 모습이 아닌가!

그러나 급변하는 상황은 예측할 수 없다더니, 상황이 변했다. 관사산(管社山) 기슭에 이르러 새로 만든 길을 따라 태호 옆의 일명 오리호(五里湖)라는 작은 호수로 가려할 때, 산길 동쪽에 가죽띠를 맨 무장동지 두 명과 긴 도포에 마고자를 입은 선생 한 분이 호수의 조그만 배를 바라보고 있었다. 태양광선이 그들의 몸에 내리비쳐 가죽띠에 니켈 도금을 한 금속이 이상한 섬광을 내고 있었다.

나는 주의하지 않고 앞으로 걸어갔다. 내 발자국소리를 듣고 머리를 돌린 그들 중무장을 한 사람들 중 하나가 갑자기 나를 불렀다. 깜짝 놀라 두 눈을 크게 뜨고 바라보니 내가 전에 글을 가르쳤던 학생이었다.

학교 다닐 때 아주 주제넘게 나서곤 했던 그는 요 몇 년 사이 기회를 잘 만나 한 걸음 한 걸음 당국의 요직으로 승진했다. 그의 이름을 신문에서 몇 번 본적이 있었는데, 지금 갑자기 여기에서 그가 나를 부르자 나는 놀랐다. 얼굴빛이 흙색으로 변했다. 지난 2, 3년 동안 강호를 떠돌아다니면서 얼굴을 내밀지 못했기에 나는 아는 사람을 만날 때마다 가슴이 놀라 후둘후둘 뛰는 버릇이 생겼다. 더욱이 최근에 몇몇 악의를 품은 신문기자들이 내가 당을 배신하고 나라를 배반했다는 기사를 쓴 후, 나는 더욱 더 친척이나 친구들에게 다가갈 수가 없었다. 그런데 오늘 이 친구는 당국의 요인이자, 지금 중앙위원회에 상무위원으로 있었다. 만약 죄를 묻는다면 그의 손에서 파멸 당하게 될 것이었다.

원수는 외나무다리에서 만난다고 이 위기를 어떻게 모면할까? 나는 처음에 한참 떨면서 멍하니 섰다가 생각하기를 아무래도 못 빠져나갈 바엔 용감히 맞받아치자고 작심을 하고 아무 일도 없다는 듯 몇 걸음 나아가 그와 악수를 했다.

"아, 자네도 여기 있었는가?"

나는 아주 놀랍고 기쁜 듯이 웃음을 지으며 물었다.

"선생님을 여기에서 만날 줄은 정말 생각 못했습니다. 건강은 어떠십니까? 안색이 안 좋으시군요?"

그도 아주 기쁘게 나에게 물었다. 그의 이러한 태도를 보고 나도 담이 커져 아주 그럴듯한 이야기를 지어냈다.

나는 몸이 좋지 않아 태호 주변에 와 요양한지 이미 2년이 넘었고, 작년 여름부터 하도 심심해 몇몇 초등학생을 모아 놓고 글을 가르치는데 오늘은 일요일이라 바람을 쐬러 나왔으며, 점심시간에는 돌아가지 않으면 안된다했다. 그리고 내 서재는 성 밖 ××다리 ××골목의 제 ××호에 있다고 했다. 나는 또 그를 청해 서재로 가서 헤어진 뒤의 날들에 대해 자세히 이야기하자고 했다. 내가 이렇게 대담하게 거짓말을 한 것은 그가 이번에 무석에 온 임무가 무엇인가를 들었기 때문이었다. 그는 이번에 중대한 당무를 처리하러 왔는데, 태호를 한번 돌아본 후, 오후에는 소주로 올라가야 하므로 다음에 다시 무석에 올 기회가 있으면 방문하겠다고 했다.

그는 다른 두 동지를 나한테 소개해주었다. 우리는 함께 만경당(萬頃堂)과 관사산에 올랐는데 차 한 잔 마실 겨를도 없이 그들과 작별했다. 이렇게 나는 놀라움과 공포 속에서 태호를 돌아보고 무석을 구경했다.

점심시간인 12시가 되었을 때 나는 이미 탈옥수처럼 상행 차의 한쪽 구석에서 놀란 마음을 달래려고 고배맥주를 마시고 있었다. 이번 무석을 여행한 뒷맛이란 실로 이 맥주 맛이랑 별로 다를 바 없었다.

1928년 11월 작가가 여행 중에 기록함

봄날의 조어대

너무 가까우면 아무 때나 마음만 먹으면 갈 수 있다고 생각하기 때문에, 오히려 우리는 본고장의 명승지에 자주 놀러갈 기회가 없다. 심지어 한 차례 놀러가기도 그리 쉽지 않다. 이러한 이유로 나는 부춘강(富春江) 위쪽의 엄릉(嚴陵)을 20년 동안 늘 가슴에 품고 있었지만 한 번도 그쪽으로 발걸음을 옮기지 못했었다.

1931년 신미 년 늦은 봄 3월, 봄옷을 미처 만들지도 못했을 때, 진시황의 농간처럼 나는 중앙당의 우두머리로부터 경고를 받고 황망히 집을 떠났다. 절강(浙江) 근처 어느 가난한 시골마을에서 며칠 쉬고 있던 중 우연히 어느 무덤을 보고 향수가 치밀어 고향으로 돌아가기로 결심했다.

큰 굽이를 돌아서 고향에 당도했는데 마침 아직 청명한 식전이었다. 가족들과 함께 몇 곳의 묘소를 돌아보고, 오랫동안 얼굴을 보지 못했던 친척과 친구들을 만나 며칠 떠들썩하게 지내다보니 고향집에 머무는 권태가 갑자기 가슴속에 밀려왔다. 나는 조대(釣臺)에 가서 엄자릉(嚴子陵)의 고요한 거처를 방문하기로 마음먹었다.

조대에서 동려현(桐廬縣)의 성까지 이십여 리 동려현에서 부양현(富陽縣)까지는 구십 리가 채 못 되는데, 부양에서 강을 거슬러 오르는데 작은 동력선을 타고 세 시간쯤 가야 동려현에 도착할 수 있고, 다시 더 올라가려면 범선을 타야 했다.

내가 도착한 그 날은 흐렸다가 개었다가 비가 올 것만 같아 꽃을 가꾸기 좋은 날씨였다고 기억된다. 저녁 배로 갔기 때문에 배가 동려현에 도착하니 벌써 등불이 어렴풋한 밤이었다. 부두 가까이 있는 한 여관에서 하룻밤을 머물 수밖에 없었다.

동려현 성은 대략 3리 쯤 되는 신작로 가에 삼천여 가구가 모여 있고, 일 이만 명의 인구가 모여 살고 있는 곳이다. 부춘강 서북쪽에 자리 잡고 있어 전에는 안휘성과 절강성을 잇는 교통의 길목이었는데, 지금은 항강철로[1]가 개통되어 일이십 년 전보다 오히려 번화하지 못하다. 더욱이 여행객들에게 소외감을 느끼게 한 것은 동군산 기슭의 그 배들이 자취를 감춘 것이다.

동군산으로 말하자면 본래는 동려현의 한 인접도시의 명산으로, 산은 비록 높지 않지만 신선이 살았기에 영험이 있는 산이라고 했다. 형세로 보면 이 동군산의 정기는 확실히 말투는 어색하면서 유난히도 자태를 뽐내려 하는 수많은 이 고장 아주머니들의 혈기를 왕성하게 했다.

또 동계(桐溪)의 동쪽에 자리 잡고 있는데, 바로 동계와 부춘강이 합류하는 지점이다. 물살이 느린 이 물은 서쪽에 있는 동려현 시내의 인가를 바라보고 흐른다. 남쪽에 강을 마주하고 있는 곳이 바로 십리장주(十里長洲)이다. 당나라 시인 방간(方干)의 옛 집이 바로 이 십리 동주(桐洲)에 구리(九里)가 꽃이라는 꽃밭의 깊숙한 곳에 있다. 서쪽으로 동려현 성을 넘어가면 더욱 더 높고 낮은 푸른 산들을 마주하게 되는데 이것이 바로 부춘산의 줄기들이다. 동북쪽의 산 아래에는 비옥한 뽕밭

---

1 절강(浙江) 항현(杭縣)의 서흥진(西興鎭)에서 옥산현(玉山縣)까지의 철로를 말한다(총 336km).

과 삼밭이 있는데, 마치 긴 뱀과 같은 도로는 구불구불 복숭아 꽃, 버드나무, 회나무, 느릅나무 사이에 도사리고 있는 것 같다. 작은 산 고개를 하나 돌아가면 곧 부양현의 경계인데, 정명도(程明道)의 묘지까지 가려면 일이십 리를 더 가야한다. 내가 묘소와 도교의 사원을 참배한 그날, 동려현의 저녁은 옅은 구름에 희미한 달이 떴고, 마침 비가 오는 때였다.

어양(魚梁) 나루터는 밤에 강을 건너는 사람이 없기 때문에 배를 동쪽의 동군산 아래에다 정박해 두고 있었다. 나는 여관에서 나와 먼저 선착장에서 멀지 않은 나루터로 걸어가 몇 분 동안 서서 있다가, 조금 후 나루터로 쌀을 씻으려 나온 젊은 여인에게 공손히 물어서야 겨우 강을 건너는 비결을 알게 되었다.

"두서너 번 큰 소리로 배를 부르면 곧 배가 올 것입니다."

나는 그녀의 호의에 감사하고 나서, 두 손을 나팔처럼 만들어 입에 대고 "여보시오, 여보시오! 사공, 이리 오시게!" 하고 외쳤다. 정말로 강의 검은 그림자 속에서 배가 움직이기 시작했다. 점점 가까워져왔다. 5분쯤 지나자 내가 있는 나루터에서도 철썩철썩 하는 소리를 들을 수가 있었다.

시간은 벌써 7시가 가까워지고 있었는데, 작은 도시를 오고가던 사람들은 이 때 모두 조용히 휴식을 취하고 있었다. 나루터의 젊은 여인이 어둠 속으로 둥글고 하얀 모습을 감추고 나자 강변에 홀로 선 나는 나도 모르는 사이에 타향 저녁의 비애가 가슴 가득 밀려왔다. 나룻배가 나루터에 닿았는데, 뱃머리에서 약하나마 파도 부딪치는 소리가 몇 번 들리자 나는 배로 뛰어 올랐고, 사공도 이내 뱃머리를 돌렸다.

어둠침침한 뱃머리에 앉아 처음에는 노 젓는 소리를 조용히 듣고 있었다. 잠시 후 검은 그림자의 뱃사공이 피우는 긴 담뱃대의 불꽃을 보고 있다가, 끝내 침묵을 참지 못하고 말문을 열었다. "사공 아저씨! 이런 시간에 건너갈 때는 뱃삯을 얼마 드리면 되지요?"

"선생님 마음대로 몇 닢 주시면 됩니다."

뱃사공의 대답은 힘없이 늘어진 말투로 이미 잠이 온 것 같았다. 나는 주머니에서 20전을 꺼내 건네주며 말했다.

"여기 20전입니다. 이 정도면 되겠습니까? 조금만 기다려 주시면 올라가 향을 피우고 다시 강을 건너올 겁니다."

뱃사공의 대답은 우우 소 울음소리 같은 콧소리였는데, 이 콧소리에 이은 두서너 번의 경쾌한 기침 소리로 보아 그가 이미 만족하고 있다는 것을 알았다. 나도 항간에서 배 삯이 많아봐야 동전 두서너 개에 불과하다는 소리를 들었기 때문이다.

나는 뭍에 올라 몇 걸음도 옮기지 못하고 돌멩이에 걸려 넘어지고 말았다. 동군산 아래에 도착한 후 산 그림자와 나무 그림자가 서로 가리고 있는 구불구불한 길에서였다. 뱃사공이 측은한 생각이 들었는지 말 한마디 없이 달려와 성냥 한 갑을 나에게 건네주었다. 나는 그의 성의에 감사 표시를 하고 나서 다시 발걸음을 옮겼다.

산을 더듬어 올랐다. 처음에는 성냥 한가치를 다 태우고서야 서너 걸음을 옮겼는데, 산 중턱 정도 올라가니 길이 익숙해지고 구름더미에 가렸던 달빛도 흐릿하게 비춰주었다. 한 갈래 길이 보이기에 손에 반쯤 남은 성냥을 주머니에 넣어 버렸다.

길은 산의 서북쪽으로 구불구불 뻗어 오르고 있었다. 오르면 오를수록 산은 높아만 갔고, 산을 반쯤 올라갔을 때 하늘이 약간 밝아지기 시작했다. 동려현 시내의 불빛도 하나하나 셀 수가 있었다. 또 눈을 들어 강을 바라보니 부춘강 양 기슭의 배 위와 동계가 합류하는 곳에 정박해 있는 배의 선두와 선미에서도 반짝반짝 빛나는 불빛을 볼 수 있었다.

산중턱을 지나자 동군관(東君觀)의 저녁 예배 종소리가 아직 그치지 않은 것처럼 귓가에 목탁의 가느다란 여음이 들리는 것 같았다. 산 정상에 오르는데 도중에 한 겹 한 겹 동군관을 에워싼 담을 만났는데 그 담의 문은 이미 닫혀있었다. 울타리 문 밖에서 서성거리는 순간 이 곳을 들어갈 수 없다는 것을 알았다. 이번 야간 모험은 나의 호기심과 괴상한 취미를 충족시킬 수는 없을 것이라고 느꼈다.

몇 번 더 곰곰이 생각한 후 그래도 들어가기로 결심했다. 들어가지 않으면 안 된다고 생각했다. 손으로 가볍게 안쪽으로 밀어보니 울타리 문이 삐거덕 하는 소리를 내며 벌써 미는 쪽으로 열리고 있었다. 이 문은 슬며시 그냥 닫아 놓은 문이었다. 문을 지나 달빛이 비추고 있는 돌판 길을 밟으며 동남쪽으로 오륙십 걸음을 옮기니 어느덧 도관(道觀)의 대문에 이르렀다. 주홍색의 대문 두 짝은 굳게 닫혀있었다.

이곳에 이르자 나는 오히려 문을 박차고 들어가기가 싫었다. 이 대문은 남쪽방향으로 큰 강을 향해 열게 되어있었기 때문이다. 문 밖에는 열 자 넓이의 돌을 깐 보도가 있었는데, 보도의 한 쪽은 도관의 벽이고 다른 한 쪽은 산비탈이었다. 산비탈이 인접한 면에는 두자 높이의 돌담이 있었는데 아마도 난간을 대신하여 사람들이 산 아래로 미끄러지는 것을 방지하기 위한 의도 같았다. 돌담 위는 두세 자 넓이의 푸른 돌로 덮였는데 마치 난간 같기도 하고 의자 같기도 했다. 돌담 위에서 마음대로 앉았다 누웠다하면서 휴식할 수 있었다. 동강(桐江)과 맞은 편 기슭의 풍경을 마음껏 구경하면서 이렇게 하룻밤을 앉아 있어도 무방한데 구태여 문을 열고 들어가 도관의 악몽을 놀라게 할 필요가 있겠는가?

드넓은 빈 하늘에 흐르는 것은 단지 회백색 구름 뿐, 구름층이 없는 곳에서는 역시 반 조각의 하늘과 한 두 개의 별을 볼 수 있었다. 그러나 제일 재미있는 것은 보일 듯 하다가 이내 사라지는 반원의 달빛이었다. 이때 강물 위로 바람이 일더니 구름 이동이 더욱 빨라졌다. 머리를 숙여 강을 보니 몇몇 흩어져 있는 배 안의 불빛이 깜박깜박하면서 위치를 바꾸기 시작했다.

도관 대문 밖의 경치는 실로 신기하기 그지없었다. 십여 년 전 나는 과주경구(瓜州京口) 일대에서 적지 않은 방랑생활을 하면서 감로사(甘露寺) 밖 강산의 이름이 정말 헛소문이 아니구나 하고 느꼈었다. 오늘 동려에 와서, 늦은 밤 이 동군산에 와보니 또 한 번 이 강산의 아름다움과 조용함 그리고 전체적으로 흐트러짐이 없는 풍경이 천하제일의 강산이라고 불리는 북고산(北固山)과 가히 그 아름다움을 비교할 수 있음을 느꼈다. 엄자릉(嚴子陵)이나 대미사(戴微士)도 정말 비교할만하다고 생각되었다.

만약 내가 집 짓고 독서하며 이런 곳에서 향년을 누릴 수 있다면, 그 무슨 높은 관직과 녹봉 그리고 명예를 탐하리오. 여기 동군관 앞 돌담 위에 혼자 앉아서 산을 보고, 물을 보고, 성내의 불빛과 하늘의 구름을 보고, 끝없이 무료한 꿈을 꾸면서 나는 시간을 잊고 나 자신도 잊었다.

강 건너 딱따기 때리는 소리가 들려와서야 서쪽을 보니 성내의 전등빛이 갑자기 희미하게 변하고 있었다. 나는 뛰는 듯이 산을 내려와 강을 건너 숙소로 돌아왔다.

이튿날 동이 틀 무렵, 동군관 앞에서 꾸었던 꿈들이 아직 끝나지 않았는데 갑자기 창 밖에서 피리 부는 소리가 들려왔다. 느낌이 좋은 꿈은 깨졌지만, 피리 부는 것 같은 슬픈 흐느낌 소리가 황량한 적막감을 느끼게 했다. 새벽바람과 희미한 달빛 비추고 버드나무 양 언덕에 줄지어 있었다, 마침 엄릉(嚴陵)으로 가는 배가 출발을 기다리고 있었다. 속으로는 원망을 품고서 얼굴에는 한 가닥 미소를 지을 수밖에 없었다. 세수하고 옷을 갈아입은 후 사람을 시켜 배편을 알아보게 했다.

노가 두 개 달린 고깃배를 빌리고 술과 안주, 요깃거리를 산 다음, 여관 앞 부두에서 배에 올랐다. 강을 향해 가볍게 노를 저어 가는데 동쪽 구름사이로 몇 갈래 붉은 빛이 비추었다. 시간은 이미 8시가 넘었다.

"어젯밤에 미리 예약을 했으면 좀 일찍 출발할 수 있었을 텐데."

사공은 몹시 조급한 듯 여관의 심부름꾼 아이를 원망했다. 지금 가는 뱃길이 7리 길인데, 바람이 없으면 7리 길이지만 바람이 불면 70리 길이 되기 때문이었다. 한번 유람하는 제한된 거리라 해도 요 며칠 날씨가 좋지 않아 혹시 밤에나 돌아오게 되지 않을까 걱정되는 모양이었다.

동려를 지나자 강이 좁아지면서 당연히 얕은 여울이 많아졌다. 뱃길에서 오가며 만나는 배들도 적어졌다. 아침에 들리던 피리소리는 바로 건덕(建德)으로 가는 쾌속선의 출발신호였고, 일단 쾌속선이 떠나고 나면 두 부두사이를 오가는 배들이 그리 많지 않았다. 강의 양안은 온통 푸른 산이고 중간에는 한 줄기 얕고 깨끗한 물이 이어졌다. 때로는 모래톱을 지났는데 모래톱 위에서는 복사꽃과 채소 꽃들, 이름 모를 수많은 백색의 꽃들이 한창 봄의 노을 속에 서로 뽐내며 벌과 나비를 끌어들이고 있었다.

나는 뱃머리에서 엄동관(嚴東關)의 약주를 한 모금 한 모금 마시면서, 이것저것 뱃사공에게 물었다. 이 산은 무슨 산이요? 저것은 무슨 포구요? 놀라움과 칭송을 반나절 거듭하다 보니 피곤했다. 어느새 몸은 강변의 한 술집으로 향했고, 수년 동안 보지 못한 사이에 이미 관직에 오른 친구들을 만나 장광설을 늘어놓게 되었다. 대화를 나누던 막간에 비슷한 경험을 겪을 때 지었던 시 한 수를 읊었다.

술잔 앞에서 몸을 아끼는 것이 아니라, 미쳐버리면 가짜가 진짜로 되어버리기 때문에 예전에 술 취해 명마를 채찍질한 것은, 살며 정이 많아 미인과 엮일까 걱정해서였지.

죄 많은 인생살이 여기저기서 죄만 짓고, 날마다 풍파 이는 세상에 먼지만 일으켰지.

슬픈 노래에 통곡해보나 어찌 채우랴, 의인은 수선스럽게 진시황을 거들먹거리네.

술자리가 거의 끝날 무렵, 나는 술을 더 마시고 싶지 않았다. 몇몇 친구들과 소란을 피우다 서로 마음이 난감하게 되어 옆에 앉아 술시중을 드는 두 명의 아가씨와도 말을 나누기가 싫었다. 이 난처한 판국에 뱃사공이 큰소리로 불렀다.

"선생님! 라지(羅芷)를 지났으니 조대(釣臺)가 바로 눈앞이에요, 정신 차리세요, 그래야 산에 올라가 밥을 지어먹지요!"

눈을 비비고 옷도 잘 여미고 나서 고개를 들어보니 주위 사방의 물빛과 산색은 다시금 홀연히 모양을 바꾸었다. 푸르고 푸른 한줄기 얕은 물은 전보다 조금 좁아졌고, 주위 사면의 산은 더욱 바짝 감싸들었다. 게다가 산 자태가 깎아지른 듯 험준하여 보기에 특별히 가파르고 높게 생각되었다. 하늘과 땅, 위아래 사방을 둘러보아도 조용하기만 하고 사람은 그림자도 보이지 않았다. 차마 노 젓는 소리마저도 함부로 낼 수가 없을 것 같았다. 한 번 저으면 한참 만에 조용히 메아리가 들려온다.

고요. 고요. 고요. 주변의 물 위나 산 아래 바위에도 태고의 정적이 깃들어 있는 것 같다. 죽은 듯 조용한 협곡에는 날아다니는 새의 그림자조차 보이지 않았다. 다만 전면의 조대라고 부르는 산 위에서 돌로 쌓은 두 개의 보루와 기우뚱한 정자, 그리고 좌우로 무성한 초목들만 보였다. 산 중턱에 있는 그 사당은 폐허처럼 보였고, 지붕 위에 밥 짓는 연기 한 자락 보이지 않는 것이 아마도 오랫동안 사람이 살지 않은 것 같았다.

그리고 날씨가 또 음산해졌다. 아침에 조금 얼굴을 내밀었던 태양이 이미 구름더미 속으로 깊이 숨어버렸고, 음산한 바람만 간간이 측면에서 불어올 뿐이었다. 배를 산기슭에 붙이고, 먹을거리를 메고 앞서가는 뱃사공을 따라 엄(嚴)선생의 사당을 향해 걸어가는데 갑자기 겁이 덜컥 났다. 이 황폐한 산에서 늙어 말라빠진 수세미 같은 엄선생의 영혼을 만날까봐 두려웠다.

사당서원의 거실에 앉아 엄선생의 몇 대 후손인지 모르는 사람과 가뭄에 대해 몇 마디 이야기를 나누었다. 뛰던 가슴이 점점 진정되기 시작했다. 그에게 밥 준비를 부탁하고 난 후, 나와 뱃사공은 깨어진 비석과 돌들이 널려있는 곳에 자리 잡은 조대로 올라갔다.

동서로 두 개의 돌 성벽은 높이가 이삼백 자 정도이고, 강에서는 2리 정도 떨어져 있다. 동서대의 길이는 이삼백 걸음이지만 사이에 깊은 골짜기를 끼고 있다. 동대에 서있으면 나지(羅芷)의 민가를 볼 수 있고,

머리를 돌려 올라온 길 쪽을 바라보면 풍경이 좀 산만해 보인다. 그러나 씨에(謝)씨의 서대(西臺)에 가서 서쪽을 바라보면, 깊은 계곡의 경치가 정말 인간세상 같지가 않다. 내가 비록 스위스에 가본 적은 없지만, 서대에 올라 서쪽을 바라보니 언젠가 사진에서 보았던 빌헬름 텔 성당이 떠올랐다. 이 사방의 고요, 강물의 푸름은 그야말로 그림 속의 콜로타입(collo type) 색채와 똑같았다. 한 가지 색이 두 가지 모양을 한 것도 없다. 같지 않은 것이 있다면 이곳의 변화가 좀 더 많고 주위의 환경이 정리되지 않아 난잡한 것뿐이다. 그러나 이것이 도리어 장점이기도하다. 동방민족성의 의기소침하고 황량한 미를 충분히 대표할 수 있기 때문이다.

조대에서 내려와 엄선생의 사당으로 돌아왔다.—홍양(洪楊) 이후 엄주지부(嚴州知府)가 다시 지은 사당이라고 기억된다.—서원에서 술과 고기를 배불리 먹고 나니 약간 취기가 느껴졌다.

손에 성냥개비로 만든 이쑤시개를 들고, 엄선생의 영정을 모셔놓은 동쪽 작은 방 앞으로 걸어갔다. 사면이 갈라진 벽을 쳐다보니 호방하게 쓴 글씨가 있었다. 거기에 쓰여 있는 많은 글들은 지나가던 고관들의 속되고 단아하지 못한 수필들이었다. 마지막에 나는 남쪽의 흰 벽 모퉁이의 처마 밑 높은 곳에서, 세상을 떠난 지 얼마 안 되는 동향사람 샤링펑(夏靈峰)선생의 시 네 구절[2]을 보았다. 마치 소요부(邵堯夫)[3]같기도 하면서 또 약간 감동이 있는 시였다.

샤링펑선생은 옛것만 숭배하고 지금 것은 잘 모르지만, 50년 동안

---

2 백정일신도시골(伯定一身都是骨), 곤륜압정강불절(崑崙壓頂强不折). 백정일신도시혈(伯定一身都是血), 쇄편사해수개열(洒遍四海水皆熱).

3 소옹(邵雍, 1011-1077) 북송철학가, 역학가, 자 요부(堯夫).

그 분 같이 완고하고 자존심 강한 청말(淸末)의 노인은 오직 한 사람밖에 없었다. 요즘같이 관직과 재물에 눈이 멀어 있는 남만(南滿)의 상서(尙書)나 동양(東洋)의 환비(宦婢)에 비하면 그의 경학과 언행은 굳이 논하지 않더라도 뼛속 깊이 느낄 수 있을 것이다. 무슨 루어싼랑(羅三郎)이니 쩡타이랑(鄭太郎)이니 하는 무리들과 비교하더라도 몇 백 배는 더 무겁다고 나는 생각한다. 현명함을 흠모하는 마음이 동하자, 자연히 코를 찌르는 구린내를 참을 수 없었다. 책상과 의자를 몇 개 쌓아놓고, 낡은 붓을 하나 빌려 높은 벽에 써져있는 샤링펑선생의 글귀 밑에 나도 선창의 꿈속에서 읊었던 그 시를 한바탕 갈겨 놓았다.

담에서 뛰어내렸다. 작은 방 앞의 우물을 한 번 돌고 나니, 술을 마신 뒤여서 갈증을 느꼈다. 서원(西院)으로 돌아와 조용히 앉아 차 두 사발을 마셨다. 사방이 고요하여 훌쩍거리며 차를 마시는 혀 소리가 쓰러져 간 담벼락의 고요함과 부딪쳐 뇌성처럼 울리더니, 뒤뜰 대나무 밭 속에서는 오히려 길고도 율동적인 닭울음 소리 같은 것이 들려왔다. 동시에 밖에서 쉬고 있던 뱃사공이 마당으로 들어와 큰 소리로 말했다.

"선생님! 우리 돌아갑시다. 벌써 새참 먹을 시간입니다."

"뒷산에서 수탉이 우는 소리가 들리지 않습니까?"

"우리 그만 돌아갑시다!"

1933년 8월 상해에서 쓰다.

04

반나절의 여행

작년 어느 맑은 가을날 오후, 나는 날씨가 너무 좋아 한참 열을 내어 쓰고 있던 단편소설을 한 쪽에 제쳐놓은 채, 호(湖)에서 기차를 타고 장간(江干)으로 달렸다. 어릴 때부터 익숙한 해월교(海月橋), 화패루(花牌樓) 등을 한가로이 돌아다니면서 푸른 하늘을 바라보고, 강변도 바라보다가 혼자서는 좀 적적한 것 같아 아예 서쪽으로 바로 올라가 단숨에 20여 년 전에 반년동안 학창생활을 했던 지강대학(之江大學)이 있는 산속에 이르렀다.

20년 세월의 흔적은 어디서나 볼 수 있었다. 예전의 황폐한 산과 몇 갈래의 진흙탕 길, 여기저기 널려 있던 돌과 시냇물, 초가집 울타리와 변소 등이 지금은 모두 보이지 않았다. 내가 늙어 간다는 것을 더욱 견딜 수 없게 만든 것은 산길 양옆에 한 줄로 서있는 푸르른 겨울나무였다. 그때는 콩 묘목 같은 몇 그루의 아주 작은 나무였는데, 지금은 비바람을 막아주고 뜨거운 햇빛도 피하게 해주는 울창한 숲으로 자라 있었다. 말할 필요도 없이 산중턱의 좀 평평한 곳에는 여기저기 아담하고 경제적인 주택들이 많이 지어져 있었다.

그림 같은 산천부근은 여전하지만 학교 근처의 변화는 적지 않았다. 첫째, 예전 예배당 앞의 공터는 본래 산길이었다. 그런데 지금은 앞의 깊은 골짜기를 메워버려 큰 운동장으로 변했다. 예배당 서북쪽의 좀 높은 곳에는 본래 북풍에 허리가 휘고 등이 굽은 늙은 나무 몇 그루가 고독하게 서 있었는데 지금은 3층 높이의 도서관이 새로 세워져 있었다.

20년의 세월, 삼천 육백 일의 두 배인 칠천 이백 일의 날들! 이 짧고 짧은 시절을 세월의 유구함에 비한다면 흰 천리마가 쏜살같이 빈틈을 지나간데 불과하다. 그러나 시간의 위력은 결국 절대적인 폭군이다. 세월의 흐름에 따라 이 황량한 산에서 뛰어 놀던 어린아이가 이젠 벌써 늙어버렸다.

길을 걸으며 구경도 하고 또 한탄도 하며 산기슭에서 산중턱까지 나는 30분의 시간을 허비했다. 산중턱에는 교사들의 사택이 늘어서 있었다. 내가 이번에 여기에 온 것은 호수에서, 강변에서의 고독이 두려워서이기도 했지만, 미국에서 돌아와 모교에서 교편을 잡고 있는 고향친구이자 동창생인 후(胡)를 만나고자함이었다. 회포도 풀고, 푸른 가을도 감상하며, 그로부터 고향소식을 좀 들을 수 있지 않을까 해서였다.

우리 두 사람은 나이가 엇비슷한 초등학교 동창생이었다. 비록 이십여 년 간 만날 기회는 많지 않았지만, 여름방학이나 타향에서 우연히 만났을 때 억누를 길 없는 따뜻함이 서로의 가슴에 치밀어 오르곤 했다. 내가 이번에 갑자기 방문한 것도 그를 놀라게 하여 친밀감을 한층 높이기 위한 시도였다. 만나자 그는 과연 깜짝 놀랐다.

"아! 정말 만나기 어렵네, 자네 언제 항주에 왔는가?"

그는 놀라 웃으면서 물었다.

"온지 며칠 되었네, 조용히 글 좀 쓰려고, 그래서 아직 친구들도 찾아보지 않았네. 오늘은 날씨가 하도 좋아 도저히 집에 앉아 있을 수가 없었네. 그래서 단숨에 여기까지 달려왔네."

"잘했어, 아주 잘했어! 나도 막 나가려든 참인데, 우리 함께 계곡으로 가서 차를 마시세. 전당강(錢塘江)을 따라 계곡으로 가는 도로의 풍경이 정말 볼만하다네!"

계곡을 따라 골짜기에 들어서니, 바람이 잔잔하고 날씨는 따뜻했으며 산은 가깝고 하늘은 높았다. 우리는 밭두렁 길을 천천히 걸으며 이야기를 나누었다.

구계십팔간(九溪十八澗) 입구에 이르렀을 때 태양은 이미 비스듬히 산허리에 걸려 있었다. 찻집 노인이 물을 끓여 차를 준비하는 사이에, 계곡 앞 바위에 앉아 푸른빛이 아직 초봄과도 같은 주위의 산을 둘러보는 내 가슴속에는 뭐라고 표현할 수 없는 시원한 맑은 기운이 치솟았다. 우리 두 사람은 길에서 너무 말을 많이 했기 때문에, 찻집에 이르러서는 더 말을 하기가 싫었다. 그저 눈을 크게 뜨고 앉아서 주위의 산과 발밑의 물을 바라보고 있었다.

한참이 지난 후 갑자기 푸드득거리는 소리와 함께 독수리 한 마리가 창공으로 날아가는데 마치 천둥소리처럼 들렸다. 두 산의 메아리도 오랫동안 진동으로 이어졌다. 우리는 머리도 들지 못하고 귀를 조아리면서 이 울음소리를 조용히 듣고 있었다. 메아리가 멈추자 약속이나 한 듯 우리 둘은 시선을 모았고 굳어진 얼굴을 펴고 미소를 지었다. 동시에 외쳤다.

"정말 조용하구나!"

"정말 조용해!"

노인이 차 주전자를 가지고 왔다. 곁에 앉아 잠깐 담소를 나누었다. 나는 노인에게 물었다.

"사람 구경도 못하는 이렇게 조용한 산중에 오랫동안 사시는 것 같은데 무섭지 않으세요?"

"무엇이 무서워요! 우리는 돈도 없는데 도둑놈들이 먼 이곳까지 와서 밥을 빌어먹으려고 하겠어요? 그리고 춘삼월이 되면 밖이 맑고 깨끗하여 유람객이 하루에도 몇 천 명이 넘죠. 썰렁할 때는 요즈음 몇 개월뿐입니다."

우리는 녹차를 마시면서 태고의 음산함과 같은 산중의 고요함을 탐미했다. 하다보니 나도 모르는 사이에 상위에 놓인 과자 네 접시를 모두 먹어 치웠다. 노인은 우리의 식욕이 왕성한 것을 보고 자기가 만든 서호의 연뿌리 전분과 계화(桂花) 사탕을 권했다.

"우리 토산품은 성내에서 칭송이 자자할 뿐 아니라 외지에서도 우편 주문이 종종 오고 있습니다. 두 분 선생님께서도 한 사발 타 드릴 테니 맛을 보시겠어요?"

아마 산중의 맑은 기운과 십 몇 리 길을 걸어온 것 때문인지 모르겠지만, 보기에 콧물 같기도 하고, 마실 때 진흙모래 같기도 한, 전분 한 사발이 우리로 하여금 일종의 색다른 신선한 맛을 느끼게 했다.

용정차(龍井茶) 한 주전자를 더 이상 차 맛이 우러나오지 않을 때까지 우려 마시고, 몸에 지니고 있던 양담배가 두 서너 개비 남게 되었을 때는, 오늘은 유달리 시간이 빨리 가는구나 하고 느끼던 그 가을 해님이 이미 서산 봉우리 뒤편으로 숨어 버린 뒤였다. 골짜기에는 어두운 그림자가 깔리기 시작했지만, 맞은 편 동쪽 산은 아직 옅은 황금색으로 물들어 있어 마치 산신령이 저녁 연회에 참석하려고 짙은 화장을 하고 있는 것 같았다.

고개를 들어, 한 폭의 푸른 하늘을 배경 삼은 석양의 가을 산을 감상하고 있는데, 갑자기 귓가에 노인이 항주의 토박이 사투리로 계산을 하는 소리가 들렸다.

"차 한 잔, 네 접시, 두 사발, 오천 원!"

나는 이 말들이 시적인 감정이 가득 넘치는 것 같아 머리를 돌려 한 마디 했다.

"노인장! 지금 시 짓는 법을 가르치시는 겁니까? 아니면 시를 짓고 계시는 겁니까?"

그는 도리어 깜짝 놀라며 두 눈을 크게 뜨고 나를 멍하니 바라보면서 말했다.

"선생님께서 지금 무슨 말씀을 하고 계시는 겁니까?"

"지금 시 짓는 법을 가르치지 않았나요? 삼축육교(三竺六橋), 구계십팔간(九溪十八澗)에 '일차사접(一茶四蝶) 이분오천문(二粉五千文)'이라고 대구하지 않았습니까?"

여기까지 이야기하자 노인은 그제야 뜻을 알아차리고 수염을 흔들며 하! 하! 하고 크게 웃기 시작했고 우리도 같이 웃었다.

계산을 마치고 일어나 오른쪽 이안사(理安寺)로 가는 돌이 깔린 오솔길을 걸었다. 산허리의 굽이진 길을 걷고 있는데 아직도 세 사람이 하! 하! 하! 하고 웃는 웃음소리의 여운이 조용한 산허리에, 그리고 조용한 시냇가에 끝없이 메아리치고 있는 것 같았다.

1933年 5月 21日

05

항강여행기

1933년 11월 9일, 목요일, 상쾌함.

며칠 전 항강철도(杭江鐵道) 운수주임 쩡인치엔(曾蔭千)씨가 친구의 소개로 찾아왔다. 그는 절동(浙東)을 한번 유람한 후 보고들은 풍물을 국내의 여행객들에게 상세히 소개하고, 또 옥산(玉山)까지 통하는 노선이 이미 완전하게 연결되어 12월에 개통되는데 철도국에서 여행지침서 같은 것을 만들 것이므로 그 자금으로 베데케(Baedeker)식의 여행안내문을 제작하고 싶다는 뜻을 제시하였다. 마침 나는 항주에 머무른 지도 오래 되었고, 하늘도 높고 공기도 상쾌한 가을을 맞이하여 시간을 좀 내어 머리를 식힐까 생각하고 있었던 참이었다. 이런 좋은 기회를 당연히 놓칠 수가 없었다. 11월 9일 강을 건너 밤차를 타고 떠나기로 약속을 했다.

오후 5시 삼랑묘(三廊廟)강변에 이르렀을 때, 석양이 이미 저물어 어둠이 드리워지고 있었다. 부두에서 약속했던 천완리(陳萬里), 랑징산(郎靜山) 두 선생을 잠시 기다렸는데, 일 때문인지 아직 도착하지 않았다.

배를 타고 강을 건너가는데 저무는 석양빛이 물결에 비친 산꼭대기에서 넘실거리는 것을 보았다. "석양이 강에서 반쯤 저물어 붉다 못해 보라색으로 변했고, 몇 개의 등불이 서쪽을 밝히네." 나도 모르게 두 구절의 통속시를 읊었다. 중류쯤 가다가 나는 큰 강의 위 아래를 바라보았는데 알 수 없는 쾌감이 느껴졌다. 아마도 물은 가깝고 산은 멀어 시야가 넓어진 때문이리라. "마음이 후련하다"는 이 한 마디가 잘 어울리는 것 같았다. 저물어 가는 전당강 위의 풍경도 미련을 가지게 했다.

강변에 이르러 쩡(曾)주임을 만나고 나서야 천, 랑 두 선생이 17일 금화(金華)에서 우리와 합류하기로 했다는 것을 알게 되었다. 오설, 북산(五泄, 北山) 등은 천선생이 이미 가본 곳이라 이번에 다시 가서 돌아다니고 싶지는 않다는 것이었다. 그래서 저녁식사를 마치고 차를 탄 사람은 나와 쩡주임 두 사람뿐이었다.

두 사람은 마주 앉아 이야기를 나누었다. 대화 내용은 항강철도의 역사와 경영의 애로 등이었다.

본래 이 철도의 개통은 절동을 개발하려는데 그 본뜻이 있었다. 처음 노선은 항주로부터 서남으로 꺾어져 전당강 왼쪽 강 언덕을 따라 부양(富陽), 동려(桐廬), 건덕(建德), 난계(蘭溪), 용유(龍游), 구현(衢縣), 강산(江山)을 지나 강서성(江西省) 옥산(玉山)에 이르러 신강(信江)과 통하는 것이었다. 전 노선이 총 305km에 달했다.

그러나 큰 강을 넘기 어렵고 터널을 뚫기 어려워 지금의 노선으로 바꿨다. 전당강 오른쪽 강 언덕을 따라 서흥(西興)에서부터 소산(蕭山)을 거쳐 제기(諸暨), 의오(義烏), 금화(金華), 탕계(湯溪), 용유(龍游), 구현(衢縣), 강산(江山)을 지나 강서성의 옥산에 이르는 그 길이가 333km나 된다. 또 금화에서 갈라져 난계(蘭契)까지 가는데 22km이다.

건설경비는 중앙재정이 어려워 잠시 성(省)에서 직접 경영하는 방법을 선택했다. 성의 재정도 어려웠기 때문에 중영경관동사회(中英庚款董事會)[1]와 호항(滬杭)은 행단을 관리하는 상인들에게 돈을 융통하여 사용

1 1900년 의화단사건(義和團事件)의 배상금을 관리하는 이사회.

하기로 했다. 자금을 모으기가 어려워 건설경비를 최소한 아껴서 겨우 준공했다. 민국 18년에 기획을 시작한 이래 성정부의 장관이 바뀌는 바람에 중단한 날까지 계산하면 겨우 2, 3년 만에 이 길을 건설한 것이다. 매 ㎞에 든 평균비용이 3만여 원 밖에 들지 않아 여러 나라의 철도 건설비용에 비하면 절반밖에 들지 않은 것이다. 도로공사 사람들이 고심한 계획이 탄복할 만 하였다.

강변에서 7시가 넘어 차를 몰아 제기(諸暨)에 도착하니 밤 10시 전후였다. 정거장이 시내의 북쪽으로 2, 3리쯤 떨어져 있었다. 첫날밤은 제기 시내에서 숙박했다.

제기(諸暨) 오설(五泄)

11월 10일 금요일 맑고 상쾌함.

어제는 어둠이 깔린 다음 제기(諸暨)에 도착하게 되어 텅 빈 논밭과 점 같은 등불 그리고 검은 산 그림자만 보았다.

아침 6시에 일어나 여관 문을 나와 인력거를 타고 오설(五泄)로 갈 때 비록 새벽빛이 희미하긴 했지만 제기현성(諸暨縣城)의 윤곽은 대충 알아볼 수 있었다.

성의 서쪽에는 큰 산봉우리가 남쪽으로 수십 리에 걸쳐 끊임없이 뻗어있었다. 실제로 호공대(胡公臺)라는 것은 장산(長山)을 말하는 것이다. 장산을 소위 호공대라 하는 것은 장산의 도주(陶朱)산봉우리에 호공묘(胡公廟)가 있어 명초(明初) 호대장군(胡大) 대해(大海)를 제사지내던 곳이다. 오설(五泄)은 현의 서쪽으로 육십 리 거리에 있는데 영천향(靈泉鄉)에 속하여 우리는 차를 몰고 북문을 나와 호공대(胡公臺)의 산

기슭을 끼고 돌아 다시 서쪽으로 가야만 했다.

성을 나와 겨우 10리 길인 도산향(陶山鄉)의 십리정(十里亭)에 도착했다. 인력거는 관례대로 표 검사를 했다. 이것도 제기(諸暨) 특유의 한 조직이다. 인력거회사는 민영으로 운영되고 모든 시골의 도로를 이 회사가 맡아 유지 보수한다. 인력거꾼은 끌기만 하면서 차비를 회사와 나누는데 휴식하는 동안은 임대료를 물지 않는다. 인력거를 탈 사람이 먼저 표를 산 후 구간을 지날 때마다 검사를 받는데 시간이 다소 지체되기는 하지만 상해나 항주에서 값을 흥정하는 것보다는 매우 간편하다고 하겠다.

도산향을 지나자 태양이 높이 솟아올라 오색으로 물든 큰 평원을 비추고 있었다. 오구수(烏桕樹)는 막 서리를 맞아 붉은 색으로 변하고 있었다. 밭에는 이모작 벼(거의가 찰벼이다)를 심었는데 어떤 밭은 아직 가을걷이를 하지 않아 금빛으로 물들어 있었다. 작은 부락들은 아침밥을 짓는 연기가 분주했다. 위쪽은 하늘색보다 좀 연한 푸른빛 연기다. 아래쪽은 햇빛에 물들어 약간 붉은 빛깔을 띤 하얗고 높은 담이 보인다.

장산(長山)의 봉우리들은 서남쪽으로 감아 도는데 북쪽을 바라보니 푸른 산이 끝없이 이어지고 있었다. 현지(縣志)의 서술에 의하면 분명 항오산의 줄기여야 하는데 인력거꾼은 최고봉인 계관산(鷄冠山)에서 내려온 줄기라고 말했다.

십리정(十里亭)에서부터 8리 거리의 대당묘(大唐廟)를 지나고 또 4리 거리의 복록교(福綠橋)를 지나자 다리 어귀에 합계정(合溪亭)이 있었다. 한 갈래는 오설의 서쪽에서부터 흘러오고 또 한 갈래는 남쪽으로부터 흘러와 이곳에서 합류한다. 또 3리를 더 가 초탑(草塔)에 이르면 큰 시

가지가 있는데 신등(新登)과 같은 작은 현성과 맞먹는다.

시내 중심가에는 낮은 집들이 몇 줄 들어서 있는데 이 고장 사람들의 상설시장이다. 형태는 대도시의 신식 야채시장과 비슷하다.

초탑에는 쟈오(趙)씨 성을 가진 사람이 대부분이어서 쟈오씨들의 사당이 크게 지어져 있었고, 시내에는 당연하게 검표소가 있었다. 여기를 지나면 오천암(五泉庵)이고 멀리 양가루탑(楊家漊塔)이 보인다. 또 몇 리 길을 더 지나면 피수령(避水嶺)에 도착하는데 이미 오설의 경계에 들어선 것이다.

피수령 위에는 절이 하나 있는데 절 밖의 정자에 "제일봉"이라는 세 글자가 걸려 있다. 산마루 아래 북쪽이 바로 오설계(五泄溪)이다. 산마루에서 서쪽을 바라보면 움푹 들어간 곳 또한 계곡을 이루고 있다. 오설의 절경이 여기서부터 비로소 그 면모를 드러내기 시작하는 것 같다. 왜냐하면 고개를 넘는 길이 산기슭을 지나는데 오른손 아래 계곡을 바라보니 붉은 나무가 푸른 시냇물과 어울려 마치 작은 공원과도 같았기 때문이다.

산마루의 서산기슭 아래에 암석이 하나 우뚝 솟아 있는데 사람의 형상과 비슷하였다. 인력거꾼이 설명했다.

"이것이 바로 '돌중'인데, 이전에 가까운 마을사람들이 장가를 들면 언제나 먼저 와서 첫날밤을 자고 갔답니다. 후에 마을사람들이 돌중의 머리에 구멍을 뚫고 나서야 다시는 이상한 짓을 하지 않았다하네요."

아마도 현지(縣志)에서 말하는 유선석(留仙石) 위에 사원경결모처(謝元卿結茅處)라는 여섯 글자가 새겨져 있다는 곳이 이 암벽 가까이에 있는 것 같다.

제1봉 피수령에서부터 서쪽으로는 작은 산들이 많아 한 구간을 지나면 또 산이 나타나고 또 한 구간을 지나면 비탈이 나타난다. 드문드문 보이는 인가, 겹겹이 겹쳐있는 산 그림자, 또 늘 밑바닥까지 보이는 맑은 물이 흐르는 오설계가 가까워졌다 멀어졌다하며 마치 낯익은 사람을 다시 만나는 것 같은 느낌을 주었다.

서장농(西牆弄)을 지나는 다리에서부터 이오하주(里塢下朱)까지는 또 시야가 넓어진다. 쉬(徐)씨 집안의 산 아래를 지나 청구진(青口鎭)에 도착하니 더 이상 인력거를 타고 갈 수가 없었다. 청구에서부터 오설로 가는 10여 리 길은 시냇물이 가로 세로로 흐를 뿐만 아니라 산길이 좁아 차도로 만들기가 용이하지 않은 곳이다. 그래서 더 가려면 걸어서 가든지 아니면 가마를 타지 않으면 안 되었다.

청구에서 시냇물을 건너고 한 굽이를 돌아서야 협암(夾巖)에 이르렀다. 백장(百丈) 정도로 높아 보이는 양 벽이 계곡의 남북으로 우뚝 솟아 있고, 한 줄기 맑은 물이 이 절벽 아래로 흐르고 있다. 고개를 들어 암벽을 보면 하늘이 조그맣게 느껴졌다. 고개를 숙여 물을 보니 계곡빛깔이 약간 푸른색 속에 검은 빛을 띠고 있는 것 같이 느껴졌는데 아마도 암벽이 너무 높고 또 암벽 그림자가 물위를 덮고 있는 것 때문일 것이다.

나는 라인(Rhein)강변과 다뉴브(Danube)강변을 가본 적이 없다. 그러나 협암(夾巖) 중간에 서서 주위를 살펴보니 독일어를 배울 때 하이네(Heine)의 명시 《로렐라이》편 아래에 인쇄되어 있던 그 미국교과서의 삽화가 자연스럽게 생각이 났다.

협암 북쪽 절벽에 큰 동굴이 하나 있는데 그 동굴 안에 절이 하나 지어져 있다. 그 절로 가는 길은 협암사 뒤편의 절벽 가운데로 뚫어져 있는데 우리는 반나절을 기어올랐다. 몇 번이나 미끄러져 손에 식은땀이 흠뻑 고였다. 가쁜 숨을 헐떡거리며 겨우 동굴어구에 도착했다.

막상 동굴에 이르러 주위를 바라고 나서야 이번 산행이 너무 가치 없다는 것을 깨달았다. 골짜기 아래에서 바라볼 때는 이 동굴이 아주 높은 것 같았는데 막상 실제로 와보니 머리 위는 아직도 아주 높은 절벽이고, 맞은편의 높은 암석도 여전히 시야를 가리고 있어 전망이 전혀 좋지 않았다. 다만 골짜기 밑에서는 볼 수 없었던 몇 줄기 햇빛만 볼 수 있었다.

협암 서북쪽으로부터 들어오는 2, 3리 길의 중간이 오설의 본줄기이다. 한 걸음 지나면 한 봉우리가 나타나고, 한 굽이를 돌면 또 한 계곡이 나타났다. 산봉우리의 뾰족함과 기이함 그리고 고요함과 교묘함 등, 내가 겪어본 산수와 비교한다면 광동(廣東) 조경(肇慶)의 서쪽에 있는 여러 봉우리와 암석들을 이곳과 비교할 수 있겠지만 아름다움은 그에 미치지 못할 것 같다.

참견하기를 좋아하는 문인들이 오설의 기암괴석에 하나하나 이름을 지어주었다. 무슨 석불암(石佛巖)이니, 단향굴(檀香窟)이니, 조양봉(朝陽峰), 벽옥봉(碧玉峰), 적취봉(滴翠峰), 동자봉(童子峰), 노인봉(老人峰), 사자봉(獅子峰), 탁필봉(卓筆峰), 천주봉(天柱峰), 기반봉(棋盤峰), …… 봉하고 부르고, 더 적는다면 칠십이봉, 이십오암, 일동(一洞), 삼곡(三谷), 십석(十石) 등등 그야말로 초등학생의 수학 교과서 같아서 나는 똑똑하게 분별할 수도, 다 베낄 수도 없었다. 다만 이전 서문장(徐文長)의 비석에 칠십이봉심처(七十二峰深處)라는 여섯 글자가 오설의 영안선사(永安禪寺)의 벽에 새겨져 있었다는 것만 기억하고(지금 이 비석은 당연히 없다) 나머지는 유람을 와서 직접 찾아 대조해 보시라!

오설사는 바로 영안선사이다. 서지(志書)에서 말하는 바에 의하면 당

(唐)나라 원화(元和) 3년에 영모선사(靈默禪師)에 의해 건설된 것이다. 이후 여러 차례 흥망을 거듭했고 이름도 몇 번 바뀌었다.

이러한 고고학자의 전문적인 학문에 대해 우리는 관여할 필요가 없다. 그러나 현재 절의 조직에는 정말로 이상한 점이 있다. 절에 스님은 그리 많지 않는데 고기를 먹으며 종이를 만들고 밭을 가꾸면서 생계를 꾸린다. 속세 사람들과 조금도 다른 점이 없다. 다만 처자식이 없고 동자승을 사다가 자신들의 직업을 계승케 하는 것이 일반 사람들과 좀 다르다.

주지스님을 경리라고 불렀다. 우리들을 안내하는 스님에게 경리스님이 어디에 계시냐고 물으니 그는 시내에 업무를 처리하기 위해 출타했다고 대답했다. 절의 규모는 비교적 웅장했다. 그러나 이미 다 허물어져 대웅보전(大雄寶殿)과 대문 종류만이 약간의 형태를 갖추고 있었고, 관청이라 부르는 그 거실 한 칸만이 좀 깨끗했다. 상면에 유용(劉墉)이 쓴 쌍룡추실(雙龍湫室)이라는 낡은 편액이 걸려 있었고 네 벽에도 글씨와 그림들이 많이 걸려 있었다.

거실 서쪽의 작은 방에서 식사를 끝내자 스님은 우리를 오설로 안내했다. 오설이라 하는 것은 다섯 폭포를 말하는 것이다. 원주민들이 폭포를 설이라 불렀기에 이런 이름이 붙여진 것이다.

제일 아래에 있다는 제 5설이 바로 절 뒤 서북쪽 산기슭에 있는데 절과는 약 삼백여 걸음 정도 떨어져 있었다. 높이가 일이백 척쯤 되고 넓이가 일이십 척쯤 되었다. 날씨가 계속 좋았기 때문인지 폭포의 폭이 그리 넓지 않아 그저 평범한 폭포로 보일 뿐이었다.

이상한 것은 제 5설의 위쪽에 있는 제 1, 2, 3, 4의 각 설은 한 갈래의 시냇물이 북쪽과 서쪽에서 곧장 흘러와 몇 개의 바위를 지나면서 모양과 수량 그리고 방향이 각기 다른 다섯 개의 폭포를 이루고 있었다. 우리는 산을 오르고 재를 넘어 반나절이 걸려서야 제 1, 2, 3폭포를 볼 수 있었다. 그러나 제 4폭포는 끝내 보지 못했다.

쉽게 볼 수 없는 것들이 언제나 좋게 느껴지는 법이다. 때문에 여행객들은 제 4폭포를 칭찬했으며, 서하객(徐霞客), 왕사임(王思任) 등이 지은 여행기에도 제 4폭포가 가장 아름답지만 오르기가 쉽지 않다고 적혀 있다. 결론적으로 오설은 기묘하게 생겼다. 그러나 오설의 전후와 위아래로 연결되는 도로 주변의 풍경에 나는 더 애착을 가진다.

서용담(西龍潭)(우리가 간 곳, 즉 오설이 있는 곳은 동용담이다)은 더욱 깊고 험하다. 제일 폭포에서 유용지(劉龍子) 사당 앞까지 북쪽으로 산에 오른 후, 향철령(響鐵岭) 마루에 서서 바라보는 부양자랑(富陽紫閬)의 소산고랑(疏散高朗)은 그 또한 금상첨화(錦上添花)요 현외지음(弦外之音)이라 할 수 있다. 더욱이 절 앞에서 서용담으로 이어지는 이 한 줄기 포강(浦江) 길에서 바라보는 풍경들은 그야말로 그림을 그린다 해도 다 그려낼 수 없을 것이고 글로 쓴다 해도 다 써낼 수가 없을 것이다.

위에서 이미 유룡자의 이름을 거론했었다. 소위 유용평(劉龍坪)이란 오설산 중 특이한 세상 밖 도원이다. 평지는 십여 무(畝) 정도로 넓으나 주위가 온통 높은 산으로 산 위에 또 산이 빽빽하게 둘러싸여 있다. 한 줄기 시냇물이 산 뒤의 자랑(紫閬)으로부터 흘러와 북쪽에서 서쪽과 남쪽을 향해 굽이치다가 평지 아래를 지나면서 제 1폭포의 깊은 연못을 만들었다. 여기에 이르러 옛사람들의 상상력이 작용을 하여 신화를 창조해 내는데, 만력(萬曆)시기의 《소흥부지(紹興府志)》에 다음과 같이 적고 있다.

진(晋)나라 때 성이 유(劉)씨인 한 남자가 오설계에서 낚시를 하다가 검은 구슬을 하나 얻었다. 이 구슬을 삼키자 그는 용으로 변하여 하늘로 올라갔는데 이를 유룡자라 불렀다. 그의 어머니의 묘가 당강석산(撞江石山)에 있는데 매년 청명에 유룡자가 찾아와 성묘를 하면 그 때마다 반드시 폭풍우가 휘몰아쳐 주위가 어두컴컴하였다. 묘에는 지금도 멋있는 소나무 두 그루가 있는데 전하는 말에 의하면 유룡자가 직접 심은 것이라 한다.

해변이나 폭포 그리고 크고 깊은 호수나 강들은 모두 이와 같은 전설들을 가지고 있다. 조금 다른 점이 있다면 이름과 성, 년대 그리고 용이 된 원인 등이 조금씩 다를 뿐이다.

우리는 그 날로 현성에 도착했다. 이후에 민변(閩邊)과 영변(嬴邊)에 갈 약속이 있었기 때문에 오설에서 밤을 보낼 수가 없어 그저 말 타고 꽃구경하는 식으로 황망히 대충 돌아보고 말았다. 대략 기이한 명승지나 아름다운 풍경을 보는 것은 사나흘 시간이 소요되었고 오설사에서 관방행(館方行)까지 이런 식으로 돌아볼 수밖에 없었으니 오설의 좋은 점을 다 알아낼 수가 없었다.

절을 나와 왔던 길을 되돌아오다가 청구(靑口)에서 다시 인력거를 타고 현치(縣治)까지 달려왔는데도 이미 7시가 넘어 어두워져 있었다. 이날 밤은 원래 투숙했던 여관에서 하루를 더 묵었다.

제기(諸暨) 저몽촌(苧夢村)

11월 11일 토요일 전처럼 맑음.

어젯밤에는 피곤한데다가 또 제기성(諸暨城)에 있는 황묘국화상점(隍

廟國貨商場)의 공연장에서 연극을 보다보니 좀 늦게 일어났다. 금화로 가는 열차는 점심때가 거의 다 돼서야 떠나기 때문에 8시에 일어나 남문 밖의 저몽산(苧蘿山)을 잠시 돌아보기로 했다.

성을 나와 1, 2리를 가면 오호갑(五湖閘) 아래에 작은 산이 하나 있는데 여기가 부양강(富陽江)의 서쪽 언덕이고 바로 백양산(白陽山) 줄기인 저라산(苧蘿山)이다. 산의 서북쪽에 저몽촌(苧蘿村)이 있는데 예로부터 이름난 미인 서시(西施)의 고향이다.

어떤 사람들은 말하기를 시스가 강 동쪽 금계산(金鷄山) 아래의 정씨 집에서 태어났는데 소산(蕭山)에서 이사를 온 타 지역 사람의 딸이었다. 강 서쪽에 서씨 성을 가진 외조모가 살고 있어 시스서시를 외조모집에 맡겼으므로 저라촌에서 자라게 된 것이다. 어릴 때 늘 강변에서 빨래를 했는데 지금도 저라산 아래 강변의 돌에는 진나라 왕희지(王羲之)가 쓴 《"완사(浣紗)"》라는 두 글자가 있다. 때문에 이 구간의 강을 완사계(浣紗溪)라 부르고 있다. 예로부터 문인과 묵객들이 시를 짓는 사람은 시를 짓고, 고증을 하는 사람은 고증을 하면서 의견이 분분했다. 그렇지만 지금까지도 결론을 얻지 못했다. 서시가 나라의 운명과 관계있다는 것은 시비를 일으킬 성 싶지만 대체로 다음과 같다.

저몽산은 완사계의 작은 산 중 하나이다. 시냇물이 남쪽에서 서쪽으로 휘어져 포강(浦江)으로 흘러가는데 동쪽으로는 금계산과 마주하고 있으며 강을 사이에 두고 대화를 나눌 수도 있다.

저라산으로 들어가는 입구에 "고저몽촌(古苧夢村)"이란 네 글자의 작은 나무 팻말이 있는데 들어가 보니 서시묘(西施墓)였다. 동쪽 강을 향하고 있고 남쪽에 북각(北閣)이라고 부르는 정자를 새로 지었는데 시스의 돌상이 모셔져 있었다.

이 묘를 관리하는 사람은 읍내 사람으로 효성스럽고 청렴한 천웨이원(陳蔚文)선생이었다. 사당 높이 걸려있는 편액과 주렴, 돌 조각 등은 모두 천선생의 솜씨이다. 제일 기이한 것은 몇 장의 탁본 내용이다. 그것은 일단 서시의 자백으로, 어떻게 충성과 절개라는 두 아름다움을 지니게 되었는가, 남편 범여(范蠡)가 서시를 바친 후 3년이 지나 아들을 낳고 오호(五湖)로 돌아가게 된 일 등 중상모략에 대한 변론이었다. 절 앞에는 세 채의 양옥집이 있다. 본래는 도서관인데 지금은 문을 잠그고 개관하지 않는다.

서시의 묘를 관리하는 초로(初老)의 이 어른은 천(陳)씨의 친척으로 경영을 아주 잘했다. 우리와 함께 앉은 후 차와 술을 권하는 태도가 공손하기 그지없었다. 마지막에는 종이 몇 장을 꺼내더니 우리들에게 글을 몇 자 남기라고 하였다.

나는 앞산에 있는 아직 완성되지 않은 열사 묘와 강변에 "완사"라는 두 글자가 새겨져 있는 완사석을 보고 난 후 그를 위하여 한 폭의 대련과 한 장의 족자를 써 주었다. 대련의 상반 구절에는 정(定)공의 시 "백년의 걱정거리가 사라지게 된다."[2]를, 대련의 하반 구절에는 류아쯔(柳亞子)선생이 나에게 준 《미궐집(薇厥集)》에 있는 구절로 "십몇 년의 이름으로 저몽을 바꾼다."[3]을 썼다. 아시아 사람들은 평생토록 오직 공(龔), 정(定), 엄(庵)씨들의 빼어난 구절만 사모하였다. 그러나 나는 거기에서 적당한 대구를 생각해낼 수가 없어 억지로 짜 맞추어 버린 것이다. 족자에 쓴 것은 즉흥적으로 쓴 것이다.

2 백년심사귀평담(百年心事歸平談)

3 십재광명환저라(十載狂名換苧蘿)

오설(五泄)에서 돌아와 계곡을 다시 보고,
완사(浣紗)의 유적을 다시 짓네.
천(陳)선생은 문헌을 뒤지느라 정신이 없고,
시(施) 여인은 왜 성이 서(西)씨로 바뀌었는가?

암암리에 고의로 천군을 놀려보려는 뜻이 숨겨져 있었다.

저뭉산에서 돌아와 11시쯤 항강선(杭江線) 기차를 탄 후 오후 3시 이전에 의오(義烏)를 통과했다. 길 양 옆에 보이는 푸른 산과 비옥한 들판은 너무나 아름다워 말로 다 표현할 수 없을 것 같았다. 의오의 구간이 석양에 물드니 붉은 잎이 꽃처럼 보였고, 농부들이 황소를 몰고 밭을 가는 풍경 또한 목가풍화(牧歌風畵)의 화의(畵意)를 담고 있었다.

창문에 기대어 멍하니 바라보면서 콧노래를 부르다가 나는 다음 같은 28자의 시를 읊었다.

낙빈왕(駱賓王)이 초안한 격문의 정기 당당하며,
적을 무찌른 종택(宗澤)의 호방함은 더욱 격앙되네,
색다른 풍취가 있어 잊기 어렵고,
나무를 붉게 물들인 석양 의오(義烏)를 비추네.

낙빈왕과 종택은 모두 의오 사람이다. 그리고 의오, 금화 일대는 옛 오상(烏傷)으로 진나라 효자 안오(顔烏)의 전설에서 따온 이름이다.

오후 3시가 지나서야 금화에 도착하였다. 쌍계(雙溪) 근처의 여관에 자리를 잡고 옛 친구를 찾아가 내일 함께 북산에 오르기로 약속을 했다.

금화(金華) 북산(北山)

11월 12일 월요일 맑음.

금화의 지세는 그야말로 훌륭했다. 절강으로 말한다면 거의 중앙에 위치한다. 산맥으로 보면 동쪽은 동양의오(東陽義烏)인 대분산(大盆山)의 줄기로 동산(東山) 구역이다. 남쪽으로는 많은 산들이 잇달아 있는데 통틀어 남산(南山)이라고 부른다. 서쪽으로는 여러 항구로 갈 수 있는 전당강(錢塘江)의 물줄기가 가까이 있어 지세가 낮다.

금화강은 구불구불 서쪽으로 흘러 난계(蘭契)와 합류하는데 금화의 유일한 출구이다. 예전에 철로가 없었을 때 난계는 7개성 통상의 중심지였다. 북쪽으로는 한 폭의 병풍이 동양(東陽) 대분산에서부터 삼백여리나 길게 이어져 있고, 웅진(雄鎭) 북쪽의 교외는 성안의 인가와 멀리 이어져 있는데 바로 소위 금화산의 북산산맥이라 말하는 것이다.

북산의 이름은 일찍부터 나의 머릿속에 익숙하게 맴돌고 있었다. 더욱이 《송학사승(宋學師承)》, 《학안(學案)》 등 여러 책을 읽을 때, 멀리 북산의 그윽하고 고요한 경치를 생각했으며 그것이 세상물정을 모르는 우리네 책벌레들의 입맛에 꼭 맞을 것 같았다. 그래서 금화에 도착하자마자 북산정리위원회를 찾아가 오늘 새벽에 출발하기로 약속을 했다. 밧줄, 가스등, 횃불, 손전등, 식품 등은 모두 중국여행사의 장(姜)선생에게 준비를 부탁했다. 오늘 아침 일찍 영은문(迎恩門)을 나와 북쪽으로 갈 때는 아직 7시가 되지 않았다.

북산의 남쪽 봉우리는 성에서 20여 리 정도 떨어져 있으니 추측해 보건대 북산 북쪽의 산기슭은 대략 7, 80여 리 정도 거리에 있다고 하겠다. 우리가 북쪽 교외를 벗어나자 아침안개로 허리를 감싼 북산의 많은 봉우리들이 정면에서 마중을 나왔다. 마치 우리의 행동을 감시하고 있는 것 같았다.

부용봉(芙蓉峰)은 송곳처럼 뾰족하게 우리와 북산 사이에 꽂혀 있는데, 듣기에 현 소재지의 주맥(主脉)이라고 한다. 10리 거리의 나점(羅店)은 금화와 북산의 중간에 있는 큰 마을이다. 마을 사람들은 농사 이외에 꽃을 재배하고 사슴을 사육하는 것을 좋아했다. 반은 취미로 반은 부업으로, 그야말로 아주 유익한 삶이라 하겠다. 주란(株蘭), 말리(茉莉), 건란(建蘭)꽃이 많았고 불수(佛手)도 재배했다. 시골사람들의 말에 의하면 이 식물들은 나점의 토양이 아니면 자라지 않고, 쌍용의 샘물이 아니면 싹이 트지 않으며, 불수는 다른 곳에 옮겨 심으면 줄기와 가지를 분별하기 어려워진다고 했다.

나점에서 북산까지는 아직 10리가 남았다. 산이 가까워지자 때때로 쌍용동굴에서 흘러나오는 냇물을 따라 걷는다. 길은 비록 울퉁불퉁하지만 풍경은 오히려 사탕수수줄기를 씹는 것처럼 점점 달콤한 맛이 더해갔다.

화계교(華溪橋)에 이르자 이미 산 입구를 들어선 셈이다. 오른편의 봉우리 하나는 대나무 잎과 단풍나무사이로 하얀 벽과 검은 기와가 언뜻언뜻 보이는 것이 산 정상에 인가가 있는 모양이다. 안내를 하는 북산정리위원회의 직원인 황즈슝(黃志雄)군이 손으로 가리키며 말했다.

"이것이 바로 백망봉(白望峰)입니다. 동쪽 아래는 사슴농장인데 전하는 말에 의하면 송(宋)나라 때 옥녀가 이 근처에서 농사를 지으며 사슴을 길렀습니다. 그 후 도시 사람들의 요구로 시골사람들이 사슴을 자주 죽이자 사슴이 나타나지 않게 되었고 옥녀가 봉우리에 올라 바라보고 있었기에 이러한 이름이 지어졌습니다. 옥녀의 무덤이 지금도 남아 있습니다."

실로 얼마나 아름다운 전설인가! 꽃처럼 아름다운 한 소녀, 온순한 꽃사슴 한 마리가 명을 받아 성으로 들어간다. 봉우리에 올라 바라보고 있지만 날이 어두워지는데도 꽃사슴은 돌아오지 않는다. 애수에 젖은 한탄, 방울방울 눈물 흘리다가 끝내 우울해져 비애를 품고 죽음에 이른다!

백망봉을 지나자 길은 더욱 좁아졌고 올라갈수록 경사가 심했다. 한쪽 면은 만길 낭떠러지이고 몇 군데는 물거품이 사방으로 흩날리어 마치 6월의 얼음 꽃을 보는 것 같았다. 냇물 속의 돌멩이도 기이한 형상을 하고 있었다. 둥글고 매끄러운 것, 납작하고 편평한 것 등 여러 가지가 있었다. 만약 그것을 성안으로 옮겨간다면 큰 것은 세워 병풍을 만들고 작은 것들은 어린이들의 장난감으로 쓸 수 있을 것이란 생각이 들었다. 그러나 부근의 주민들은 이미 익숙해져 희귀하게 여기지 않는 것 같았다.

시냇물을 따라 산에 이르러 1, 2리 길을 더 걷고 나니 평지가 한 곳이 나타났는데 바로 시냇물이 굽이진 곳이었다. 이곳에서 동, 서, 북 삼면의 북산은 푸르러 자연이 바로 목전에 펼쳐져 있고, 멀리 남쪽을 바라보면 남산의 푸른 그림자가 보였다. 북산정리위원회가 이곳에 불수정(佛壽亭)을 짓는 것은 정말 안목이 높다고 하겠다. 다만 정자가 아직 완성되지 않아 잠시 휴식을 취하지 못한 것이 한스러울 뿐이다.

다시 전진하는데 산길이 더욱 좁아지고 구불구불해지더니 곧 2리도 못 가서 쌍용 동굴 입구의 작은 마을에 이르렀다. 쌍용동은 이 마을에서 불과 백여 걸음 정도 떨어져 있었으니 우리는 겨우 목적지에 도착한 셈이었다.

북산은 길이가 삼백여리로 동서로 수십 개의 봉우리가 있으며 계곡, 샘물, 폭포, 동굴 등이 부지기수로 많다. 그러나 일반인들이 칭찬을 하고 또 여행객이라면 반드시 가 보아야 하는 곳은 북산정리위원회가 맨 처음 개발을 착수한 곳, 즉 책에 설명되어 있는 제36동천(第三十六洞天)이라는 조진(朝眞), 빙호, 쌍용의 동굴들이다. 세 개의 동굴 중 조진이 제일 크고 높은데 동굴이 위로 경사져 있어 사다리를 사용하지 않고는 그 깊이를 가늠할 수 없다. 중간 크기가 빙호이고 제일 작은 것이 쌍용이다.

우리가 쌍용동에 이르니 거의 11시가 되어가고 있었다. 바깥동굴은 높이가 20여 장(丈)에, 넓이와 깊이가 각각 10여 장이나 되었다. 동굴의 입구가 동서로 아주 크게 두 개가 나있기 때문에 동굴 안의 밝기가 바깥과 거의 같았다. 정리위원회가 마침 수리를 하면서 동굴 근처에 금화관(金華觀)을 또 짓고 있었는데 아마도 동굴 안을 작업장으로 쓸 생각인 것 같았다. 비문과 석각들을 보고 좀 위대하다고 느끼기는 했지만 기묘하고 특이하다고 말할 수는 없을 것 같다.

동굴 가운데로 한 줄기 맑은 물이 흐르는데 아무리 가물어도 마르지 않는 것이 바로 이 쌍용의 샘물이다. 이 샘물을 거슬러 올라가면 바로 안쪽 동굴로 가는 것이다.

본래 이 샘물은 처음 보기에는 마치 땅 속에서 솟아 나오는 것처럼 수량이 아주 많다. 그러나 다시 자세히 보면 샘물 위로 밑이 평평한 커다란 암석이 덮여 있는데 수면과 불과 서너 척(尺)쯤 벌어져 있었다. 목욕대야 같은 작은 나무배 바닥에 사람이 반듯이 누워 있으면 도우미가 물 속 암석 아래로 밧줄을 밀고 당기고 하면서 암석을 통과하게 한다.

암석이 거의 코에 닿을 듯 말 듯 1, 2장(丈) 거리를 밀고 들어가니 큰 동굴이 나타났다. 동굴 안은 아주 어두워 야광시계의 글자를 읽을 수 있는데 이곳이 바로 안쪽동굴인 것이다.

안쪽동굴은 높이와 크기가 바깥동굴과 별 차이가 없는데 사면은 모두 아름다운 종유석이었다. 가스등을 켜고 동굴 꼭대기를 비추니 한 줄기 푸른 줄과 노란 줄의 암석무늬가 선명한데 평소 그림에서 본 용과 똑같았다. 머리, 발, 몸통은 그림과 조금도 틀림없는데 청룡은 동북쪽에서 춤을 추며 날아오고 황룡은 서북쪽에서 꿈틀꿈틀 다가오는 형상이다.

서쪽의 종유석으로 이루어진 병풍 같은 벽 사이의 작은 문을 지나 안쪽으로 들어가면 길이가 구불구불 1리가 넘는다. 양옆의 돌 벽은 청색과 황색으로 여러 가지 다양한 형태를 연출하고 있다. 코끼리 모양을 한 것, 사자, 봉황의 꼬리, 여인의 주름치마, 거북이 모양 등 안내를 하는 황(黃)이 일일이 이름을 알려주었지만 안타깝게도 지금 똑똑히 기억을 하지 못하겠다.

이 동굴 속에는 1리나 되는 길고 깊은 곳이 있고 넓은 곳은 3, 5장, 좁은 곳은 1, 2장이 되었다. 외벽을 따라가니 한 줄기 시냇물이 마치 연주를 하듯 졸졸 흐르고 있었다. 더욱이 3척 정도 높이의 암석 옆 바닥에서 샘물이 쏟아져 내려와 분재 속의 작은 폭포를 연출하고 있었다. 동굴 바닥 한 곳에 높고 둥근 석실이 하나 있는데 꼭대기를 쳐다보니 종유석 양산 같았고, 양산 중앙은 공 모양으로 주름이 잡혀 있었다.

이 동굴의 암벽에는 당송사람들의 글을 새겨 놓은 곳이 아주 많았다. 내가 본 것 중에는 경력(慶曆) 4년에 새긴 것이 제일 오래된 것 같았다. 석실 내의 암석에는 명나라 만력(萬曆) 년간에 유람객이 먹으로 썼다는 와운(臥雲)이라는 두 글자가 있는데 검은 색이 너무나 선명하여 모두들 진짜로 그렇게 오래되었을까 하고 의심했다. 동굴 내부는 공기가 유통되지 않아 풍화작용이 더딜 것 같기도 하나 진짜라고 말하기 어려웠다. 청나라 사람들이 벽에 글을 남겼지만 건륭(乾隆) 이후에는 절대로 없었다. 그때부터 이 안쪽동굴이 흙, 모래, 진흙 등으로 막혀버렸기 때문이다.

이번에 막힌 동굴을 새로 파내었으니 우리는 서하객(徐霞客)의 발자취를 답습해야 했다. 여기에 온 유람객들은 그야말로 북산정리위원회 각 위원들이 고심한 노고에 감사를 드려야 할 것이다. 황즈숭군이 고생을 마다하지 않고 앞장서서 동굴에 들어온 것도 오늘에 이르러 생각해보면 그 공이 적지 않다고 하겠다.

동굴 속에서 한 시간 남짓 시간을 보내고 나서 경력(慶歷) 4년의 글이 있는 돌 조각 두 개를 탁본한 다음 동굴 바깥에서 점심을 먹었다. 식사 후 다시 이삼백 걸음을 더 걸어서 중간 동굴인 빙호동굴 입구에 도착했다.

빙호동굴의 입구는 매우 작았다. 고개를 숙여 내려다보니 어둠 속으로 한 갈래 경사진 절벽과 어지럽게 널려있는 돌과 흙모래가 보일 뿐이었다. 몸을 구부려 동굴입구를 기어 들어가 긴 밧줄을 허리에 감고 미끄러지듯 앞으로 나아가는데 내려가면 내려갈수록 걷기 힘들고 동굴도 점점 높고 커졌다.

앞으로 오륙십 걸음을 나아가니 물소리를 들을 수 있었고 다시 삼사십 걸음을 더 내려가니 방울방울 물거품이 얼굴에 떨어지는 것을 느낄 수 있었다. 다시 아래로 삼사십 걸음을 더 내려가니 동굴이 갑자기 높아지면서 크게 모양이 변했고 폭포의 물소리가 진동을 하는데 귀가 아플 정도였다.

폭포의 높이는 대략 10장쯤 되는데 공중에 매달려 동굴 꼭대기에서 곧장 아래로 떨어지고 있었다. 폭포의 폭은 아래 부분이 더 넓었다. 그러나 폭포 밑에는 깊은 못도 없고 물도 고이지 않아 사람들이 사방을 걸어 다닐 수 있었다. 폭포 뒤로 걸어가 폭포를 뚫고 밖을 바라보면 동굴 입구의 바깥 광선이 바로 폭포를 비추어 마치 수정으로 된 발 같았다. 그야말로 천하에 둘도 없는 기이한 풍경이라 하겠다. 다만 동굴로 내려가는 길이 불편하여 유람 온 사람들이 모두 끝까지 내려가 이 수정 발의 절경을 보지 못하는 것이 애석할 따름이다.

결론적으로 빙호동굴은 평소 담배를 피우는 담뱃대처럼 입구는 작지만 아래로 내려가면서 점점 커진다. 아래쪽 담배를 담는 담배통 한 가운데로 석벽을 타고 흐르지 않는 폭포 하나가 공중에 걸려 있다. 사람들은 큰 담뱃대 안에서 폭포 뒤로 걸어 올라가면 담뱃대 밖의 바깥 광선을 볼 수 있게 된다. 폭포는 아래로 떨어진 후 모래와 자갈층에 곧바로 흡수되는데 이 물이 아래쪽의 쌍용동굴 밑으로 흘러나와 쌍용샘의 수원이 되는 것이다.

빙호동굴에서 넘어지는 바람에 온 몸이 흙과 모래로 범벅이 되었고 발에 힘도 빠져 제일 위에 있는 조진동굴은 가보지 못했다. 듣기에 세 개의 동굴 중 조진동굴이 가장 큰데 한 층 한 층 위로 올라가야 하기 때문에 사다리가 없으면 힘들다고 한다. 내 생각에 산의 기묘하고 웅장함은 빙호, 쌍용 두 동굴만 보아도 전체를 설명할 수 있기에 조진동굴을 포기한 것에 대해 별 유감이 없었다.

북산에서 돌아오는 길에 우리는 또 동쪽으로 방향을 바꿔 부용봉 서쪽의 봉황산 지자사(智者寺)를 들러 육방옹(陸放翁)이 쓴 《절을 다시 세운 지자광복선사 비문(重修智者廣福禪寺碑記)》를 보았다. 비석은 풍화에 의해 글씨가 이미 반이나 떨어져 나갔고 단지 뒷면에 육무관(陸務觀)이 지자(智者) 기공선사(玘公禪師)에게 드림이라는 서신만 몇 조각 남아 있는데 그것은 똑똑히 알아볼 수 있었다. 사찰이 쇠퇴하여 무너지고 훼손된 것이 서하객이 《유기(游記)》에서 말한 정황과 똑 같았다. 삼백 년 동안 이 사찰은 또 한 번 큰 변화를 겪은 것이다.

북산의 명승고적을 우리는 10분의 1도 보지 못했다. 그러나 이 10분의 1만 가지고도 기묘하고 독특하기가 이루 말할 수 없다. 바라건데, 천하가 태평하고 신체만 건강하다면 북산정리위원회 여러분들이 개발에 힘쓰고 있으니 해마다 봄 가을로 다시 찾아와 녹전(鹿田), 반천(盤泉), 강당동(講堂洞), 나한간(羅漢洞), 와양산(臥羊山), 적송산(赤松山), 동약산(洞籥山), 백난산(白蘭山) 등의 명승지를 돌아보았으면 좋겠다.

난계(蘭溪) 횡산(橫山)

11월 3일 월요일 맑고 상쾌함.

북산을 유람하느라 피곤하여 일찍 잠자리에 들었는데 한 밤중 꿈에서 깨어보니 동굴 속에서 자고 있는 듯한 느낌이 들었다. 동굴이 나에게 준 인상이 얼마나 심각했는가를 증명할 수 있는 것이다.

아침에 일어나 서둘러 역으로 나가 기차를 타고 난계(蘭溪)로 갔다. 한 시간을 넘게 달렸다. 기차는 북산을 따라 계속 전진하는데 금화산(金華山)의 서쪽 끝은 난계에 이르러야 끝이 난다. 동쪽의 금화산은 어제 제기에서 금화로 올 때 기차를 타고 돌아보았고, 이번에는 남쪽으로 내려오니 금화산을 한 바퀴 돌아본 셈이다. 평범한 일이겠지만 처음으로 절동(浙東)을 유람하는 나 같은 야인(野人)에겐 마치 어린애들처럼 이것도 자랑거리가 되었다.

난계에서 점심을 먹은 후 서문(西門) 강변에서 배 한 척을 빌려 타고 강 서남쪽에 있는 횡산(橫山) 난음사(蘭陰寺)로 갔다.

이 횡산은 높지도 않고 길지도 않은 마름모꼴 같이 생겼는데 동쪽의 난계시에서 바라보면 아무것도 볼 것이 없다. 그러나 이 산에 도착해서 동쪽의 운원묘(靈源廟) 앞에서 배를 타고 남쪽에 강을 끼고 도는 산길을 따라가다가 난음사 앞 작은 봉우리에 올라 바라보면 풍경의 수려함이 시원스럽다. 부춘강의 원대하고 고요한 풍경과 비할 바가 못 된다. 먼저 이 횡산(橫山)의 지세(地勢)를 말하고 나서 좋은 점을 이야기하기로 하자.

구강(衢港)은 멀리 남쪽에서 흘러오다가 난계에 이르러 굽이치는데 횡산에서 불쑥 튀어나온 암석이 구항의 급류를 막아주고 있다. 동쪽은 또 한 갈래 금화 강물이 서쪽으로 구불구불 이어오다가 난계의 남쪽에 이르러 현성(縣城)을 감돌고 구항과 자연스럽게 직각을 이룬다. 두 물줄기가 합류하여 북쪽으로 흐르는 것이 난계강인데 건덕강(建德江), 구항과 다시 합류하여 동북쪽으로 흐르면서 부춘전당대강(富春錢塘大江)을 이루고 있다. 때문에 횡산은 세 강이 합류하는 요충지에 우뚝 솟아 있다. 삼면은 산이고 발밑은 맑은 물이 흐르는 계곡이다. 동남쪽은 강을 사이에 두고 단풍나무들이 있고 동쪽에서 약간 북쪽 방향으로 난계 시내의 인가들을 한 눈에 볼 수 있어 마치 사면이 유리로 된 집 밖에 걸려 있는 한 폭의 수채화 같다.

그런데 수채화로도 표현할 수 없는 묘한 풍경이 있다. 푸른 하늘과 맑은 물 가운데에서 때때로 위 아래로 이동하고 있는 백조 같은 돛단배를 보라! 영화 속의 전원풍경과 비교해본들 어느 장면이 이보다 나을 수가 있겠는가?

또 하나 좋은 점은 횡산에서 난계로 가는 데 거리가 멀지 않다는 것이다. 거리가 대략 3, 5리 정도이고 이곳을 구경하는데 두어 시간이면 족하기 때문에 난계 시내와 부근의 경치를 짧은 시간에 모두 볼 수 있는 것이다.

횡산 동쪽 산기슭에 영원묘(靈源墓)가 있다는 것을 앞에 이미 설명하였다. 남쪽으로 향하고 있는 산기슭에 또 난음사가 있다. 설명을 하자면 정덕(正德)황제(黃帝)가 다녀간 곳으로 지금도 절 앞의 돌 벽에 황제의 친필 '난음심처(蘭陰深處)' 네 글자가 새겨져 있다. 절위에는 관음각(觀音閣)이 있는데 비구니들이 있는 곳이라 한다. 그리고 제일 위의 산 정상에 종각을 짓고 있는데 아직 공사가 끝나지 않았다.

대개 유람객들은 항강로를 통해 난계로와 하루를 투숙하면서 꽃배를 구경하고 이튿날 급히 건덕의 동려(桐廬)로 가서 부춘강의 산수를 구경하게 된다. 눈앞에 있는 횡강(橫江)은 강 너머에서 한번보고 마는데 이는 정말 애석한 일이다. 아마도 횡산이 아름답지 못하여 사람들의 주의를 끌지 못하는 것 같다. "봉문미식기라향(蓬門未識綺羅香) 가난한 집 출신, 비단 의상 본적 없었다.", 가난한 여인의 탄식은 산수에도 적용되는 것 같다.

저녁에 어떤 이의 초대를 받아 삼각주 근처 배 위에서 저녁을 먹었다. 난계 사람들은 접대를 할 때 대부분이 배로 초대를 하는데 식당과 비교해보면 값도 싸고 맛도 좋다. 아마도 강변의 장사가 오래도록 잘 될 것 같다.

전에는 건덕, 동려, 부양, 문가언(聞家堰) 일대에서부터 항주까지 각

부두에 모두 꽃배가 있었는데 지금은 난계, 구주(衢州) 등 몇 곳만이 남아 있다. 이 어선들은 아마도 생계를 이어가기가 곤란할 것 같다.

난계(蘭溪) 동원(洞源)

11월 14일 화요일 맑음.

난계의 동쪽에 있는 동원산(洞源山)을 구경갔다.

난계 시내를 벗어나 동쪽의 대운산(大雲山) 기슭을 지나 북쪽으로 10리 거리에 있는 양청교(楊清橋)를 지났다. 시냇물을 따라 북동쪽으로 5리를 가니 산 입구에 도달했다. 3리를 더 가니 바로 동원산의 서진사(栖眞寺)가 있었다. 절은 오래된 고찰로 절 아래에 조태사(趙太史)가 독서를 하던 사당이 있는데 사당 뒤편에 천지(天池)라 부르는 샘물이 있었다. 절의 오른쪽에 비래봉(飛來峰)이라 부르는 커다란 바위가 하나 서 있는데 이런 풍경은 흔히 볼 수 있는 것들이었다. 동원산이 유명한 것은 북산과 마찬가지로 동굴 때문이다.

이 산도 당연히 북산의 줄기이다. 석질(石質)도 모두 북산과 마찬가지인 석회수성암이기 때문에 동굴이 아주 많았다. 절 앞 산 밑에 석회석 동굴인 용설(涌雪)동굴에는 샘물이 솟아나와 돌에 부딪치면서 물거품을 만들고 이것이 얼어 용설과도 같은 기이한 형상을 이루고 있다는데 안내인이 없어 가보지를 못했다.

절 뒤의 민둥산에 가가(呵呵)라는 동굴이 있는데 동굴 안의 폭포소리와 비슷하게 이름을 지은 것이다. 다시 2리를 더 올라가면 무저(無底)동굴이 있는데 끝이 보이질 않는다. 서쪽으로 1리쯤 가면 백운동굴이 있다.

우리는 북산에서 이미 동굴의 기이하고 웅장함을 보았기에 여러 동굴을 다 들어가지 않고 제일 위에 있는 백운동굴만 들어가 보았다. 백운동굴의 입구는 그리 작지 않았다. 그러나 큰 돌이 입구를 가로막고 있어 보기에 아주 작아 보였다. 이 돌은 높이가 3, 4장(丈)이고 넓이는 1, 2장 정도인데 비스듬히 동굴 입구의 한 복판에 덮여 있었다. 마치 둥지에 돌아온 한 마리의 제비와도 같았다.

동굴에 들어서서 수십 걸음을 걸어 들어가니 경사가 심해졌다. 횃불을 비추지 않으면 전진을 할 수가 없었다. 약간 비스듬히 아래로 내려가니 바닥까지 1리쯤 되었다. 동굴은 그다지 넓지 않았다. 제일 넓은 곳이 2, 3장 정도 되었다. 그러나 동굴이 좁기 때문에 고개를 들어 천장을 쳐다보면 매우 높아 보이는데 대략 2, 30장은 될 것 같았다. 동굴의 천장과 벽은 모두 백색의 종유석인데 중간에 드문드문 화석(化石)도 박혀 있었다. 종유석의 무늬가 구름 같고 안개와도 같아서 백운이라는 이름이 지어진 것이다. 이 동굴이 북산에 있는 세 개의 동굴보다는 규모가 크지 않지만 모양이 달라 난계에서 하루를 머무르며 이 동굴을 구경한 것이 조금도 아깝지 않았다.

서진사 뒤편에 장경루(藏經樓)가 있다. 명나라 《대장경(大藏經)》의 절반이 있는데 색깔과 장식이 새것처럼 보관되어 있었다. 나머지 반은 태평천국(太平天國) 때 훼손되어 버렸다. 대전의 불상아래 명나라 때 여러 성현들의 시가 새겨진 둥근 돌비석이 있었다. 엽상고(葉向高)의 시비(詩碑) 몇 개를 반나절의 시간을 소비하며 탁본을 떴다.

식사를 마치고 절의 처마 밑을 걸으면서 벽에 전증상(傳增湘)선생이 붉은 글씨로 써 놓은 몇 줄의 시를 보았다. 벽 사이로 많은 사람들이 글을 쓴 것을 보고 나도 명승지와 더불어 영원히 남고 싶은 비열한 심리가 발동되었다. 어제 밤 난계에서 지은 조야한 글귀 두 수를 벽에 다 갈겨 놓았다.

단풍나무 사이로 맑은 계곡 물 급히 흐르니,
난강(蘭江)의 풍경은 가을이 제격이구나.
달 밝은 모래섬에 비파소리 울리니,
마치 심양(潯陽)에 밤배가 정박한 것 같구나.

원래 두 수를 지었다. 또 다른 하나는,

아누(阿奴)는 어려서부터 몸단장을 즐기고,
난주(蘭舟)에 머물면서 꿈 또한 달콤하구나.
장랑(江郎)의 세 바위를 바라보고,
구고(九姑)는 동쪽으로 간 후 돌아오지 않는구나.

문강산(聞江山)의 강랑산(江郎山)에는 천 길이나 되는 큰 돌 세 개가 산머리에 곱게 서 있는데 전해오는 말에 의하면 강랑(江郎) 세 형제가 산에 들어가 신선이 된 후 돌로 변한 것이라 한다. 화선(花船)은 강산선(江山船)이라 통칭한다. 세상에 망부석의 전설은 전해오는데 망처자(望妻者)라는 말은 지금까지 들어보지 못했다. 나는 이 두 이야기를 한데 이어 간단한 시를 만들었는데 스스로는 괜찮다고 여겼지만 서진사의 벽에 써놓기에는 너무 어울리지 않을 것 같아 쓰지 않았다.

용유(龍游) 소남해(小南海)

11월 15일 수요일 여전히 맑음.

아침에 여관을 나와 난계 동성(東城)의 대운산 람성정(攬胜亭)을 한 바퀴 뛰어 돌았다. 산 위 아래에 탑이 하나씩 있는데 위의 탑은 창성묘(倉聖廟) 앞에, 아래 탑은 강변의 동인사(同仁寺) 안에 있었다. 남쪽으로 산을 내려가면 바로 난계의 의도(義渡)이고 강을 건너면 마공취(馬公嘴)로 가는 길이다. 난계에서 용유(龍游)로 가는 버스정류장이 바로 강의 남쪽에 있다.

오전 10시 차를 타고 용유로 갔다(그 날 나는 난계에서 구불구불 버스를 타고 용유로 갔다. 만일 항주에서 간다면 차를 갈아탈 필요 없는 직통기차가 있다). 점심 때 도착하여 여관에서 밥을 먹은 후 곧바로 성에서 5리쯤 떨어진 소남해(小南海)로 가 죽림선사(竹林禪寺)를 구경했다.

절은 봉황산 위에 있는데 속칭 동단산(童檀山)이라고도 한다. 아래로는 다우촌(茶圩村)이 곡수(瀔水)를 사이에 두고 동쪽 언덕의 관음전촌(觀音前村)과 마주하고 있다. 호수의 서쪽 계곡 물과 용유강 상류의 많은 물이 빙빙 돌며 여기 봉황산 아래에서 합류하기 때문에 강을 따라 1, 2리 더 올라가 돌출 된 암석 위에서(대략 옛날 곡파정(瀔波亭)의 자리) 남쪽을 멀리 바라보면 구주(衢州)의 첩첩 산과 골짜기가 있다. 그리고 가까이에는 마을의 밥 짓는 연기와 시냇물들이 어우러져 있는데 이 또한 왕마힐(왕유)(王摩詰)의 산수화 한 폭이 가로 걸려 있는 것 같다.

물속에는 암석이 아주 많아 심심찮게 돌출 되어있는 돌을 볼 수가 있다. 때문에 가끔 물결이 출렁일 때면 언덕의 하얀 모래와 푸른 나무가 물속에 거꾸로 비치면서 물결과 함께 어우러지는데 이 또한 오릉촉(吳綾蜀)이 비단 위에 가로세로 수를 놓은 것 같았다.

소남해의 기세는 그리 크지 않다. 죽림선사의 역사도 오래지 않다(광서 27년 신축 승려 묘수(妙壽)가 지은 것으로 신구(新舊)의 《용유현지(龍游縣志)》에 모두 등록되어 있지 않았다). 그러나 섬세하고 아름다운 부분은 오히려 육조 사람들의 소품문자와도 같았다.

명나라 때 탕현조(湯顯祖)가 봉황산을 지날 때 지었다는 시 한 수가 현지(縣志)에 적혀 있었다 :

배를 타고 봉황산에서 망설이다가,
이제서야 천리 서강(西江)에 돌아왔네.
오늘밤은 어디에서 넋 달래볼까?
옥잠동(玉岑東) 아래는 굽이굽이 물굽이 뿐이네.

나는 이 글에 보잘 것 없는 댓글을 적어 보았다 :

곡수(瀔水)의 자갈밭을 반나절 유람하고,
난산(亂山)의 높은 곳에서 구주(衢州)를 바라본다.
서강(西江) 양 언덕의 모래는 눈 같은데,
글쓴이는 여기에서 배를 타노라.

제목은 《봉황산에서 탕현조(湯顯祖)를 그리며》이다.

밤에는 용유에서 투숙하기로 했다. 게다가 한밤중에 성황묘(城隍廟)에서 의연금을 모으기 위해 공연하는 연극을 보았다. 용유 지방은행의 우(吳), 쟝(姜) 제씨들과 내일 점심때 용유의 토속음식을 먹으러 약속을 했기 때문에 삼첩석(三疊石), 오석산(烏石山) 등 먼 곳은 갈 수가 없게 되었다.

절동 풍물여행기

방암기정(方巖紀靜)

방암(方巖)은 용강현(永康縣) 동북쪽 50리에 위치해 있다. 금화에서 용강에 이르는 백 여리 길은 버스를 탈 수 있으나 용강에서 방암에 이르는 길은 가마를 타거나 아니면 도보로 가야만 한다. 우리가 떠나던 그 날은 하늘이 어두워지면서 금방이라도 비가 내릴 것 같았다. 하는 수 없이 우리는 용강에 도착한 후 모두 가마를 타고 동쪽으로 향했다.

15리 밖의 금산촌(金山村)을 통과한 후, 또 15리를 지나 지영(芝英)에 도착했다. 지영에는 큰 시가지가 있었고 주민도 약 천 가구가 되었는데 대부분 잉(應)씨들이 많았다. 가마를 멈추고 잠시 쉬고 있노라니 비가 점점 더 세차게 내렸다. 즉시 약간의 기름종이를 사서 비를 막는데 사용했다.

다시 10여 리를 더 나가니 양쪽으로 산이 치솟아 올랐다. 봉우리와 암석이 특이했고, 여기저기 서있는 노송들을 빗방울 사이로 쳐다보니 그 형상이 하나같지 않았다. 가마꾼이 일일이 지적을 하면서 "이것은 부부바위(公婆巖)이고, 저것은 호랑이 바위(老虎巖)입니다. …생쥐다리" 등등 한 차례 설명을 마치고 다시 몇 리를 더 가서 곧 바위 길에 접어들었는데 이미 방암의 기슭에 도착한 것이었다.

금화를 다녀간 사람들은 언제나 이런 경험을 한다. 여관에 여장을 풀고 나면 매번 푸른 장삼을 걸친 점잖은 시골 선비가 찾아와 당신에게 물을 것이다.

"방암에 향을 피우러 오셨나요?"

"이번이 몇 번째로 향을 피우시는 겁니까?"

"이전에는 어떤 집에서 묵으셨습니까?"

당신이 만약 처음으로 방암에 가노라고 대답한다면 그는 곧 한 장의 명함을 건네주며 방암에 도착하거든 그 집에서 묵으라고 할 것이다. 이 사람들은 모두 바위아래 거리에 있는 마치 여인숙 같은 집의 특이한 호객꾼들이다. 멀리 수백 리 밖으로 대리인을 보내 장사를 하는 것이다. 한편으로는 일 년 내내 향을 파는 방암의 흥성한 시장을 상상할 수 있고 또 한편으로는 바위아래 4, 5백 가구의 생존경쟁의 치열함을 추측할 수 있다.

바위아래에 있는 집들은 소위 호공묘(胡公廟)에 의지하여 여관업으로 밥을 먹는 사람들로 약 3천에서, 5천명이나 된다. 태반이 청(程)씨와 잉(應)씨들의 문풍(文風)으로 성행했고 재산도 볼만한데 집들은 모두 3층 건물이다.

그 풍경을 보자면 아래층은 계곡 속에 지어졌고 1층은 도로 가에, 2층은 누각으로 삼았다. 한 집에 약 30칸에서 50칸의 객실을 가지고 있는데, 소문에 향시장(香市場)이 번성할 때는 아픈 사람들로 만원이 된다고 한다. 향을 피우려고 온 사람들은 소흥(紹興), 외주(外州), 항주(杭州) 그 외 가까운 성에서 온 사람들이 대부분인데 제일 멀리서 온 사람들로는 복건성에서 온 사람도 있다고 한다.

바위아래의 길에서부터 구불구불한 길을 다시 3리에서 5리를 올라가니 곧 산 위에 오를 수 있었다. 산 위에 있는 돌계단은 몇 계단인지 그 숫자를 정확하게 셀 수가 없었으나 빽빽하고 험난하여 한 시간을 걸어서야 겨우 호공묘(胡公廟) 문에 도착할 수 있었다.

호공의 이름은 측(則)이고, 자를 자정(子正)이라 하며 용강사람이다. 송나라 때 병부시랑을 지냈는데 늘 구(衢)와 무(婺) 두 곳 주민들의 주민세를 감면해 달라고 상소를 올렸다. 주민들은 이를 감사하게 생각하고 묘를 세웠다. 호공은 어렸을 때 방암에서 공부를 했다. 때문에 묘가 있는 방암 사람들은 이를 매우 소중하게 생각한다. 때때로 영험함을 드러내기도 하는데 가장 유명한 이야기는 다음과 같은 것들이다.

송나라 휘종(徽宗) 때, 왜적이 영강(永康)을 침략하였다. 주민들은 왜적을 피해 방암(方巖)으로 갔는데 약 천여 명이 들어갈 수 있는 동굴에 등나무가 걸려 있었다. 왜적이 이 파란 등나무를 오르려고 하면 갑자기 붉은 뱀이 나타나 이 등나무 가지를 물어 잘라버렸고 왜적은 모두 떨어져 죽었다.

청계(淸溪)에서 도둑이 일어나 방암을 점거하였다. 두목이 꿈에 연못에서 말에게 물을 먹였는데 새벽에 일어나 보니 연못에 물이 말라버렸다. 무리들이 놀라 흩어져 버렸다.

태평천국 때 홍수전(洪秀全)과 양수청(楊秀淸)이 일어나 가까운 마을이 모두 약탈을 당했지만 오직 방암만이 화를 면했다.

민국 3년 승현(嵊縣)의 주민들이 호공(胡公)의 영험함을 사모하여 묘를 세워 그를 기리고자 했다. 밤이 되면 방암으로 가서 호공의 머리를 도둑질하여 조각상을 만들고자 했다. 호공이 꿈에 이 일을 마을사람에게 알렸다. 조각상을 만들려던 무리들이 체포되었고, 도둑들도 모두 체포되었다. 그 해 겨울 승현에 큰불이나 훔쳐간 호공의 머리가 불에 탔다고 한다. 다음해 8월 마을사람 두 명이 향을 피우려고 들어오다가 길에서 죽었다고 한다.

이처럼 기적적인 영험함은 셀 수 없이 많다. 일 년 사계절 내내 방암의 향불은 꺼지질 않는다. 특히 봄과 가을이 가장 홍성하다. 아침에 향을 피우려 산으로 가는 사람의 행렬이 사방 수백 리 길에 끊이질 않는다. 멀리 타향에 사는 금화사람들은 각기 그 고장에 호공의 사당을 짓고 제사를 모시고 있는데 비록 미신이기는 하지만 감화된 위력이 커서 우리들이 추측한 것을 벗어나는 정도다. 이것이 바로 방암의 위대한 이름이 각지로 전파될 수 있었던 이유이자 설명이다. 우리들이 천리 길을 마다하지 않고 반드시 이 방암을 보려는 이유는 방암지역 산수의 수려함이 다른 곳의 산봉우리와 완전히 다르기 때문이다.

방암지역의 산은 모두 절벽이 가파르다. 높이가 2, 3백 장에다 면적은 3-5리에서 6, 7리 되는 것도 있다. 그리고 산봉우리와 기슭은 별 차이가 없는데 다만 사각형 또는 원형의 형상이 절묘하게 천지를 떠받들고 있는 것 같다. 산봉우리에 있는 바위들은 모두 평평하고 나무들이 빽빽하게 우거져 있는 것이 마치 머리털 같다. 봉우리의 허리부분은 층층이 사석(沙石)이라 바라만 볼 수 있을 뿐 오를 수가 없다. 그 사이로 폭포가 쏟아져 흐르고, 신기한 나무들도 보이는데 아침부터 저녁까지 햇빛과 비바람의 변화 때문에 형태와 풍경의 모습이 수천 가지로 변해 추측하기가 어렵다. 산의 위대한 경관은 이쯤에서 최정상에 오르는 것으로 끝낼 수 있지 않을까?

예전에 중국 그림 속에 보이는 기암절벽은 주름이 겹치는 준법으로 웅장함이 상상할 수 없었던 모습이었다. 지금 방암에 이르러 여러 산을 한눈에 보니 비로소 남종북파(南宗北派)가 그린 산의 암석을 모두 아직 가보지 못했다는 것을 알게 되었다. 학교에서 처음으로 영어를 배울 때 미국인 청교도 작가인 나다니엘 호돈(Nathaniel Hawthorne)의 단편 《큰 바위 얼굴》처럼 꽤나 이상한 생각이 들었다. 내가 이집트에 가본 적이 없기 때문에 사막 속의 스핑크스(Sphinx)와 이 바위들을 비교해 누가 형이고 아우인지 알 수가 없다. 특히 자연적으로 만들어져 수려하면서도 적막하여 사람으로 하여금 머리털이 곤두서게 하는 이런 광경은 바로 방암 북쪽으로 대략 2, 3리에 있는 수산(壽山) 아래 오봉서원(五峰書院)이 있는 곳이다.

북쪽에 여러 개의 봉우리가 둘러싸고 있는데 서쪽 면이 남쪽으로 치우쳐 있었다. 절벽은 길이가 천 장이나 되며, 위로는 돌출 되었고 아래로는 움츠리고 있어 넘어질 것 같은 위태로운 부담감을 주고 있었다. 위험한 담의 허리 아래, 땅에서 약 2, 3장 떨어진 곳에 담의 다리부분이 갑자기 보이지 않으면서 커다란 동굴을 형성하고 있다. 마치 커다란 괴물의 주둥이 같다. 주둥이의 위아래는 모두 암석이다. 그리고 오봉서원, 여택사(麗澤祠), 학익재(學易齋) 등이 이 거대한 주둥이 위 아래 입천장 사이에 건축되어 있다. 서까래를 올리지 않아도 비바람을 막을 수 있어 겨울은 따뜻하고 여름은 시원한 것이 속세와는 달랐다.

더욱 가파른 곳은 바로 이 절벽이 갑자기 동쪽으로 꺾어진 곳으로 고후(固厚), 폭포(瀑布), 도화(桃花), 복부(覆釜), 계명(鷄鳴) 등 다섯 봉우리가 차례로 돌출되어 있다. 매 봉우리마다 컸고 높이가 마치 방암과 같으나 모양과 색상이 각기 달랐다.

오봉서원의 마루에 서있으니, 단지 주위에 떨어지고 있는 폭포의 맑은소리만 들렸다. 작은 하늘을 바라보니 새도 날아 넘지 못할 것 같고,

다섯 봉우리를 대하니 푸른 자태는 말이 없었다. 동쪽을 바라보니 멀리 수목과 하얀 구름이 쐐기모양(楔形)의 광활한 하늘에 떠오르고 있는 것만 보일 뿐이었다.

이렇듯 고요하고, 청신하고, 위대한 느낌은 자연스럽게 인간에게 엄습해 온다. 주회옹(朱晦翁), 여동채(呂東萊), 진용천(陳龍川) 등 매번 여러 도학자들은 필히 이곳을 선택해 강의하기를 좋아했으며, 또 일반적인 송나라 유학자들도 산의 동굴이나 경치가 수려한 곳을 골라 글방으로 이용하기를 좋아했다. 그 뜻을 추측해보면 아마도 자연의 위력을 빌어 인간의 욕심을 컨트롤 해보려는 속셈이었을 것이다. 금화의 산수를 보지 못했다면 이 송나라 유학자들의 고심을 짐작할 수 없다.

처음 방암에 도착한 그 날 가는 가랑비 속에 오봉서원의 주위와 호공묘 전체를 다 돌아보았다. 사당은 바위 꼭대기에 있는데 규모가 매우 크고 전후로 양 갈래 길이 있었으며 방이 많았다.

호공의 축복을 받으면 사람은 부처가 되고, 닭이나 개도 모두 신선이 된다는 것은 본시 중국에서 오래된 이야기이다. 호공의 초상화에는 붉은 얼굴에 긴 수염을 한 온화한 모습이 그려져 있다. 사당 앞뒤로 각기 초상화 하나씩이 있는데 모양과 장식이 모두 똑 같았다. 아마도 하나는 행사를 할 때 쓰는 예비용인 것 같았다.

우리들이 갔던 그 날이 우연하게도 음력 시월 초하루인 것 같았다. 사당 앞쪽에 있는 전의 무대에서 지신제를 하고 있었다. 무대의 앞쪽에는 많은 남녀노소들이 모여 있었는데 모두 감동을 받아 환희의 눈물을 흘리고 있었다. 그러나 지신제 때 하던 연극의 줄거리나 대사에 대해서 우리들은 조금도 알 수가 없었다. 우리들 근처에 서있는 이 고장 출신인 듯한 표준어를 구사하는 노신사에게 물어보니 이 극단은 이 지역의 것이라 했다. 공연한 것은《살구권처(殺狗勸妻)》종류인 효부를 주제로 한 잡극임을 알 수 있었다.

호공묘에서 내려와 숙소인 정××점(程××店)으로 돌아오자 식당에는 이미 두 개의 붉은 양초가 타고 있었고, 돼지고기와 닭고기 등 술안주가 많이 놓여 있었다. 우리는 저녁을 먹기 위해 기다렸다. 반찬의 풍성함이 극에 달했다. 그러나 생선이나 해산물이 없었고, 음식 맛도 입에 맞지 않았다.

이튿날 새벽에 일어나 여전히 가마를 타고 영암의 복선사(福善寺)를 돌아 용강으로 돌아왔는데 길가의 풍경이 매우 이채로웠다.

첫째, 영암 역시 방암과 마찬가지로 우뚝 솟은 기이한 봉우리들이 있었다. 봉우리의 중천에 가슴을 찌르는 듯 한 커다란 동굴이 있었다. 길이는 대략 2, 30장 정도인데, 넓이가 5, 6장은 족히 되었다. 소위 복선사(福善寺)라는 것은 이 커다란 동굴 안에 지어진 것이다.

우리들은 동쪽으로부터 산을 올라 동굴의 뒤쪽으로 들어가 동굴에서 떨어진 장롱(長弄)을 통과하여 동굴 남쪽의 입구로 나오면서 절에 이르게 되었다. 의외로 천왕전(天王殿), 위태전(韋馱殿), 관음당(觀音堂) 등이 지어져 있어서, 동굴이 크다는 것을 가늠할 수 있었다.

남쪽에 있는 네 개의 산은 서로 에워싸고 있는데, 붉은 잎과 푸른 가지가 사랑스럽게 빛나고 있었다. 하늘이 맑았기 때문에 공기가 신선했고, 산을 내려가는 구부러진 돌계단을 위에서 내려다보니 더욱 요원하여 끝을 볼 수 없을 정도였다.

영암을 내려와 서북으로 향하는 길을 돌아오는데, 오는 길 내내 높고 낮은 고개와 구불구불 선회하는 계곡뿐이었다. 원(園)내에 수백 년 묵은 두 그루의 측백나무가 있는 주씨의 사당을 지나 곧 속칭 이타령(耳朵

嶺)이라 불리는 오목령(五木嶺) 입구의 중간에 이르렀는데, 계곡물의 반짝임과 산 그림자 등의 풍경이 정말 그림 같았다. 서남쪽 여러 곳에 있는 산들을 향해 큰소리로 불러보고 싶은 욕망을 참고, 고개를 들어 사방을 둘러보니 청신함이 폐부로 들어오는 것 같았다.

오목령을 지나니 곧 널따란 평원이었다. 북쪽의 산이 희미했다. 이미 하늘 끝에 걸려있는 한줄기 선을 볼 수 있었다. 15리 밖의 영강에 도착하여 버스를 타고 금화로 돌아 왔을 때 아직 오후 3, 4시가 못되는 것 같았다.

난가기몽(爛柯紀夢)

진나라 왕질(王質)이 나무를 베고 있다가, 석실(石室)에서 동자(童子) 네 명이 거문고를 켜면서 노래 부르는 것을 보았다. 질(質)은 자루를 몸을 기대고 그것을 들었다. 소년이 대추씨 같은 것을 질에게 주었다. 질이 그것을 머금자 더 이상 배가 고프지 않았다.

일순간 소년이 말했다. "돌아가라!"

명령을 받들고 돌아가려는데 도끼자루가 썩어 꺾어져버렸다. 그 후 질이 집으로 돌아오니 이미 수십 년이 흘러버려 부부의 정이 식어버렸고, 본래의 모습으로 회복되지 않았다.

이 전설은 어렸을 때 들은 것으로, 대개 염불을 좋아하시는 할머니께서 늘 우리 아이들에게 들려주시던 신선고사이다. 또 이 이야기와 함께 묶어서 글자를 배울 때 사용했던 격자 주홍 글씨에는 "왕자가 신선을 구하려고 붉은 구천으로 들어가 바야흐로 칠일을 지냈는데 세상은 이미 천년이 지났더라."라고 써져 있었다.

내가 이런 기억들을 새롭게 환기시키는 이유는 이야기의 보편적인 유행을 말하고 싶어서이다. 나무꾼이 산에 들어갔다가 신선을 만나 바둑을 두었다는 이야기는 깊은 산이 있는 곳이면 모두 낄 수 있는 이야기로, 중국 도처에 난가(爛柯)의 고사가 십여 군데 있다는 것은 그리 이상한 일이 아니다. 그러나 구주의 난가산은 오히려 도서(道書)에서 말하는 청하제팔동천(青霞第八洞天), 혹은 경화동천(景華洞天)이 있는 곳이다. 대가들이 인정한 난가(爛柯)라는 고사의 발원지이기 때문에 금화에서 구주를 여행하는 사람이라면 반드시 가야하는 곳이다.

구주에 도착한 다음날 우리는 가산(柯山)에 놀러 갔다.(구주사람들은 난가산을 하산이라고 부른다)

10월의 화창한 봄 날씨라는 것은 본시 음력 10월의 날씨를 말한다. 그러나 우리들이 난가에 도착한 그 날은 평소의 10월에 비해 몇 배나 더 따뜻했다. 우리는 구주의 남문(南門)을 나와 뽕나무와 측백나무가 많이 심어진 들판을 지나는 길에 산과 물을 구경하면서 16, 17리를 걸은 다음, 선수정(仙壽亭) 앞에서 사보계(沙步溪)를 건넜다. 곧 석교사(石橋寺) 즉 보암사(寶巖寺)의 기슭에 도착했다.

절 뒤편 산 위에 하늘과 통하는 거대한 동굴을 슬쩍 보았을 때, 막 꿈에서 깨어난 사람처럼 정신을 가다듬었다. 난가산의 이 돌기둥은 정말로 위대했고 실제로 기괴하였다.

구주의 남문을 나올 때, 눈에 보이는 것은 다만 은은한 푸른 산뿐이었다. 남문 밖의 뽕나무와 대마가 심어져 있는 들길, 들길 근처의 연못과 계곡, 그리고 소와 양이 모여 있는 마을, 초가집과 수수밭 등 풍경은 수려했다. 특이한 점을 느낄 수 없었다. 그러나 선수정 앞에서 계곡을 넘는 순간 맑게 흐르고 있는 마치 큰 강과 같은 계곡의 물은 마음속에서 이미 소리를 지르고 싶은 충동을 느끼게 했다.

산을 3리 정도 들어갔을 즈음 짙은 푸름에 둘러싸인 깊고 오묘한 지역에 거인이 발을 지탱하며 서있는 듯한 커다란 동굴이 있었다. 산 아래에 서서 멀리 바라보니 거인의 사타구니 아래로 뒤편의 푸르고 푸른 하늘과 가물가물한 구름과 연기들을 볼 수 있다. 산은 한가롭고 맑고 깨끗했다. 그 수려함이 별천지에 와있는 느낌을 주었다. 도시에 오래도록 거주한 한 속인이 홀연히 이런 별천지에 들어오면 멍하니 바라만 보지 말고 신선이나 부처가 될 방법을 생각해보라고 은근히 생각해 본다.

석교사는 곧 보암사로, 난가산의 남쪽 기슭에 있다. 양(梁)나라 때 지은 고찰이라고는 하나 건물이 상당히 훼손되어 있었다. 절 뒤편의 산을 돌계단을 밟으며 걸어 오르니 석량(石梁 혹은 석교(石橋))이라 부르는 그 동굴 아래에 도착할 수 있었다.

동굴은 높이가 20여장이고, 넓이가 30여장이며, 남북으로 깊이가 35장이나 되었다. 정말로 산 사이에 끼워진 석교가 우뚝 솟은 듯 했다. 평상적인 교량이라면 결코 이렇게 높고 크게 만들지 않았을 것이다. 석교의 상면은 예전처럼 층층이 암석이었다.

동굴에서 한층 더 높은 곳에 돌이 갈라진 틈이 있는데 기어 올라가 몸을 기대고 보면 하늘을 바라볼 수가 있다. 소위 한 줄기 하늘이라는 것은 바로 이 작은 틈을 보고 말하는 것이다. 다시 위로 올라가면 석교의 정상으로, 평탄하여 집을 지을 수도 있었다. 이전에 이곳에 탑이 하나 최고봉에 있었는데 지금은 높이 솟아있는 기와만 볼 수 있을 뿐, 탑은 이미 다 쓰러져 버렸다.

석교아래 남쪽 동굴입구에 원형의 암석이 쭈그리고 있는데, 돌 오른쪽에 있는 팔각정이 바로 지일정(遲日亭)이다. 이 정자의 고도 역시 마찬가지로 3장이나 5장(丈)되는 모습이다. 당신이 만약 북쪽을 향해 달려 멀리 떨어진 작은 산의 정상에 올라가 바라본다면, 오른쪽으로는 명나라 때 군수 양자신(楊子臣)이 쓴 "난가산동(爛柯山洞))"이란 네 글자를 보고 있을 것이고, 왼쪽으로는 명나라 때 군수인 이수(李遂)가 쓴 "천생석량(天生石梁)"이라는 네 글자를 보고 있을 것이다. 그밖에 또 수많은 작은 글자들로 제명(題名)을 기재한 석각이 있었으나 모두 사석암이라 풍화가 용이하기 때문에 이미 알아볼 수 없을 정도로 깎여버렸다.

석교 동굴아래 10여 개의 깨진 비석들이 종횡으로 쌓여 있었다. 세 개의 송대 비석 조각은 필적이 춤추듯 웅장했다. 황산곡(黃山谷)과 비교하니 더욱 힘이 있었다. 그러나 애석하게도 중국 사람들에게는 변란이 너무 많았다. 이기심도 매우 많아 이런 종류의 오래된 명패는 수습할 수 없을 정도로 파손되어 버렸다. 《난가산지(爛柯山志)》의 저자가 금석부(金石部)아래에 사건을 기록하며 말하기를 :

> 오래된 명패는 동란으로 훼손되기 쉽다. 그러나 난가산의 금석은 불행하게도 세 차례나 문인에 의해 훼손되었는데 이 어찌 괴이한 일이 아니겠는가? 소위 문인들이 비석을 훼손한 일은 두 번 있었다. 이 사건은 절을 지으면서 일부 비석을 옮겨 부지로 사용했기 때문이다. 또 한 번은 이름을 알 수 없는 사람이 절에 와 비석의 탁본을 뜨고 남몰래 오래된 비석을 깨버려 다시는 후인들이 볼 수 없게 만들어버린 것이다.

난가산의 남쪽기슭에서 산으로 올라가는 돌계단 근처에 또 수많은 석상과 석마(石馬)가 있는데 황량하게 자라고 있는 풀 위에 어지럽게 쓰러져 있었다. 《난가산지》를 읽어보고서야 명나라 사천지방을 순시하던 대신 서충렬공(徐忠烈公)이 이곳에 묻혀 있으며, 속칭 서천관(徐天官) 묘소라고 부르는 것이 바로 이것이라는 것을 알게 되었다.

가산사(柯山寺)의 앞뒤를 세 시간 정도 둘러본 후, 다시 절에 와서 점심을 먹었다. 우리들은 따뜻한 날씨 속에 꿈을 꾸듯 구주로 돌아왔다. 구주에도 몇 곳을 꼭 더 가보아야 했기 때문이다.

첫째는, 두부공장 뒤편에 있는 천왕탑(天王塔).

둘째는, 성의 동북쪽 모퉁이에 있는 오나라 정로장군(征虜將軍) 정(鄭)공의 사택인 고찰 상부사(祥符寺).

셋째는, 공자집안의 사당 및 사당에서 소장하고 있는 자공(子貢)이 조각한 공목공자(孔木孔子) 및 부인 지관(丌官)씨의 초상.

이 세 곳 중에 당연히 공자사당과 공목공자의 상(像)을 제일로 치는데 이는 일반사람들도 알고 있듯이 수천 년을 내려온 보물이며, 진실로 쉽게 볼 수 없는 진귀한 것들이다.

우리를 공자(孔子)의 사당으로 안내한 사람은 삼구의원(三衢醫院)의 원장인 콩슝루이(孔熊瑞)선생으로 공자의 73대 손자이다.

공목상(孔木像)은 공자 사당 서쪽 입구에 있는 건물에 소장되어 있다. 유달리 높고 치수도 넉넉한 공자상은 조복(朝服)을 입고 명패를 쥐고 앉아 있는 좌상이다. 지관부인의 상 역시 같은 모양이다. 그러나 손에 명패를 들지 않았다.

두 상의 안색은 검은 색인데 조각에 힘이 있는 것이 결코 근대 사람의 칼 솜씨가 아닌 것 같았다. 공선생이 우리들에게 설명한 말에 의하면, 두 상은 원래 단목자공(端木子貢)이 조각한 것이라 한다. 송이 남쪽으로 내려올 때, 연성공(衍聖公) 단(端)이 친구의 도움으로 구주로 와 집안의 사당인 사로각(思魯閣)에 제물을 바쳤다. 즉, 구주로 온 햇수를 말한다면 이미 8, 9백년의 역사이다.

공자상의 용모는 일반적인 화상과는 전혀 다르다. 두 눈 및 코는 매우 크지만 광대뼈는 그렇게 튀어나오지 않았고, 수염은 세 갈래로 걸려 있었다. 귀 역시 보통사람들보다 좀 컸다. 공자의 명패와 수염 그리고 귀는 이미 훼손되어 근래에 사람들이 다시 만든 것으로, 칼을 사용한 방법과 새겨진 무늬가 원래 조각한 것과 비교하여 후인들의 솜씨가 더 서투름을 드러내고 있었다.

공자 사당의 정중전(正中殿)에는 여전히 공자의 조각상이 하나 있었고, 동서 양쪽의 행랑에는 각기 구주의 시조, 연성공(衍聖公)[1], 공단우(孔端友)[2] 등이 있었다. 또 오도자(吳道子)의 그림을 돌에 조각한 비석 하나, 가묘 한 분, 등 형식과 격식에 있어 지극히 성스러운 선사(先師)의 유택다웠다.

내가 비록 곡부(曲阜)에 가보지는 못했지만, 이번 구주에서 공자의 성전을 순시하고 나니 눈을 감고도 성스러운 전당을 충분히 짐작하고 상상할 수 있을 것 같다.

구주 서안문 밖 신하연(新河沿) 아래의 부교(浮橋)근처에는 원래 강간(江干)의 꽃시장이 있었다. 그러나 난계의 강산선(江山船)보다 크게 나은 것이 없어서 기록하지 않았다.

---

1 송대 인종(仁宗) 때 하사된 공자의 봉호.

2 자교(子交), 숭녕(崇寧) 삼년 수승봉랑(授承奉郎), 습봉연성공(襲封衍聖公).

선하기험(仙霞紀險)

구주(衢州)에서 남쪽으로 내려오는 길가에는 부단히 이어지는 푸른 산이 반기고 있었다. 몇 줄기 코발트 빛 강물을 건너고, 커다란 평원과 쌍둥이 탑이 있는 곳을 지나면 사방이 산으로 둘러싸인 강성(江城)에 이르게 되는데, 이곳이 바로 강산현(江山縣)이다.

강산은 세 개의 돌로 이루어진 강랑산(江郎山)으로 유명해진 곳이다. 남쪽으로 선하관(仙霞關)을 넘으면 민월(閩粵)까지 직통으로 연결되고, 서쪽 옥산(玉山)으로 가면 곧 강서(江西)이다. 소위 일곱 개의 성이 구주로 통하는 강산은 실제로 매우 중요한 요지이다. 세상이 어지럽고 흉년이 든지라 이 고장 사람들도 매사에 조심조심하는 모양이 역력했다.

우리가 남쪽으로 내려온 것은 선하관의 험준한 모습을 한번 보고 싶었기 때문이다. 이렇게 어수선한 시절에 풍습을 탐구한다든가 산수를 즐긴다든가 하는 고상한 일이 아니었기에 강산에 도착한 이튿날 아침, 서둘러 자동차 한 대를 전세내어 선하관을 향해 달렸다.

남문 밖의 정거장에서 차를 타고 3리를 가니 속칭 동악산(東岳山)에 이르렀다. 이곳에는 늙은 호랑이 바위와 명나라 가정(嘉靖)년간에 세운 탑이 있었다.

남쪽으로 20여 리를 달리자 멀리 하늘을 찌를 듯한 세 개의 거대한 봉우리가 있는 강랑산이 보였다. 이 봉우리들은 이어졌다 떨어졌다하며 여러 산 가운데 두드러지게 높았다. 다시 어두(淤頭), 협구(峡口)를 지나 선하령 지역에 다다랐다. 강산에서 8, 90리 길인데 차로 2, 3시간이 소요되었다.

선하령의 풍경은 실로 웅대하였다. 멀리서 보면 그렇게도 높고 커다란 100리 길이나 되는 선하산맥이요, 가까이 보면 하늘도 보이지 않을 만큼 빽빽했다. 사방에는 굽이굽이 물줄기가 돌아가고 산 위에 또 산이 첩첩하며, 기암절벽과 고목들 역시 그 수를 헤아리기 어려웠다. 새롭게 관외 28도(關外28都)로부터 용계(龍溪)의 커다란 물줄기를 따라 강산으로 통하는 도로가 구불구불 끝도 없이 만들어져 방향조차 분간할 수 없었다.

다섯 걸음을 걸으면 물굽이고 세 걸음을 걸으면 고갯마루인데 한편으로는 흐르는 물이 소용돌이치다가 깊이가 만장이나 되는 웅덩이를 만들었고, 또 다른 한편은 새도 날아오를 수 없는 천리나 되는 절벽이다. 한 굽이를 돌면 풍경이 한 번 바뀌고, 한 고개를 오르면 천지가 열리는 것 같다.

오르고 내리고, 가고 돌고, 우리는 선하산의 용계에서 남으로 가는데 선하관을 빙 돌아가야 했기 때문에 자동차로도 족히 1시간이나 산길을 달렸다. 산은 높고 물도 깊었으며 물굽이도 많아 길이 험준한 것이 항주의 구계십팔간(九溪十八澗)보다 최소한 300배는 넘을 것 같았다. 산수의 곡선을 감상하고, 울퉁불퉁한 산길을 시험해보며, 목숨을 걸고, 생사의 고비를 맛보며 아슬아슬한 모험의 묘미를 즐기고자 하는 사람이라면 반드시 이곳을 와보지 않으면 안 될 것이다. 특히 선하관의 북쪽 기슭을 돌아 나오면 관남 28도(關南28都)로 가는 새로 건설한 이 도로도 한번 일주해 보아야 할 것이다.

차가 관남(關南)에 이르러 소간령(小竿岭)이 있는 요충지를 지나면 28도(28都)의 계곡 속 인가를 가까이서 굽어볼 수 있다. 골짜기에서 멀리 포성풍령(浦城楓岭)과 기타 여러 고개의 푸른 그림자를 바라보고 있을 때, 나는 기쁘기도 하고 두렵기도 하여 말할 수 없는 기분이 교차했다.

기쁜 것은 그토록 길고 험난한 길을 내가 지나왔다는 것이다. 공포스러운 것은 산기슭 아래 곧바로 보이는 목적지가 28도(28都)라 가파른 길을 내려가는데 아직 고도가 2, 3천척 남은 것 같아서였다. 이때 고개를 돌려 선하관을 바라보니 뱀이 기어가는 것 같은 예전에 만든 산길의 돌계단이 구름안개와 나무 사이로 잠겨있었다.

소간령의 요충지에서 내려와 선회하여 다시 3, 40분을 더 가니 선하관 밖의 첫 번째 입구인 28도에 이르렀는데 이를 보자마자 우리 모두는 갑자기 온몸에 닭살이 돋는 전율을 느꼈다.

태양은 분명 높이 떠 있고, 하늘도 푸르고, 커다란 집들은 줄줄이 늘어서 있는데, 살아 움직이는 사람들은 도대체 어디로 간 것일까?

깨끗이 정돈된 수많은 집들은 창문이 모두 가려져 있는데, 문은 오히려 반쯤 열린 듯 닫힌 듯 혹은 죽은 물고기 마냥 입을 벌리고 있었다.

집으로 들어가 보니 바닥에는 지푸라기가 잔뜩 깔려있었다. 빈집에서 반사되는 나의 발자국소리에 스스로 소스라치게 놀랐다. 갑자기 어두컴컴한 귀퉁이에서 지푸라기 소리가 났다. 한 사람이 일어나 눈을 크게 뜨고 우리를 쳐다보다가 조용히 몸을 숨겼다. 당신이 한번 그를 좇아 물어보시라. 그는 가만히 일어나 반짝이는 눈으로 당신을 한 번 쳐다보고는 쓴웃음을 지으며 고개를 흔들 것이다. 한마디 대답도 하지 않고 곧장 가버릴 것이다.

우리는 이렇게 빈집을 찾아낸 것처럼 여러 곳을 뒤져서야 비로소 그곳에 주둔하고 있는 기간부대의 초소를 찾아냈다. 보초가 처음에는 우리들에게 의심을 품더니 많은 설명을 들은 후 비로소 입을 열었다.

"어젯밤에 또 헛소문이 돌았거든요. 주민들이 작년 9월부터 이사를 하기 시작했어요. 여기서 밥 한 끼를 먹기가 쉽지 않아요. 두부나 채소를 만드는 사람이 없기 때문이에요. 대장이 이미 강산(江山)의 후(胡)역장으로부터 연락을 받았으니 밥은 아마도 준비를 했겠지요?"

이렇게 말하고 우리들에게 대청으로 올라가 쉬라고 했다. 그러나 이런 상황에서 그런 말까지 들으니 식욕은 도망가고 무서운 생각까지 들었다. 우리는 대장에게 고맙다는 말을 남기고 차에 뛰어올라 곧장 떠나고 말았다.

다시 소간령의 요충지로 돌아왔다. 몇 시간 전에 천완리(陳萬里)선생의 휘장증명을 보고서야 우리를 통과시켜주었던 큰칼 찬 보초가 웃으면서 "돌아가시는 겁니까?"하고 인사를 했다. 이곳에 오니 안전지대에 들어온 것 같아 우리의 담도 커지기 시작했다.

용계부근에 있는 대오(大塢)계곡의 다리 근처에 이르러 우리는 차에서 내렸다. 산으로 올라가려고 살펴보니 과연 '한 사람이 관문을 지키면, 만 사람이 붙어도 열지 못한다.'라는 송나라 사호방(史浩方)의 글처럼 선하관입구의 도로는 돌로 포장되어 있었다. 이곳에서 5리 떨어진 보안촌(保安村)에서 빈 차를 기다리게 했다. 우리는 남쪽에서 고개를 오르기 시작해 북으로 내려오면서 그곳의 경치를 감상했다.

서적의 기록에 의하면 선하령은 높이가 350고지이고, 24곳의 골짜기와 수십 개의 봉우리가 있다고 하는데, 우리는 중간에서부터 올라갔으니 관문에 있는 한 부분만 본 셈이다.

선하관은 앞뒤로 네 개의 관문이 있다. 두 번째 관문 가까이에 새로 만든 돌 망루가 있다. 우리를 안내한 후(胡) 역장이 강산 근방에 40여 개의 돌로 만든 망루가 있는데 최근에 지은 것이라고 말했다. 그러나 찻길이 열리니 이런 망루나 웅장한 관문이 장차 유명무실한 고적으로 변하지 않을까 걱정되었다.

선하관의 내령(內嶺) 꼭대기에는 하령정(霞嶺亭)이 있고, 정자 근처에 집이 하나 있었다. 아마도 예전에 관문을 지키던 관리의 사택인 것 같은데 지금은 노인 한 분이 남아 지나가는 길손에게 차를 팔고 있었다.

북쪽으로 관문을 나와 몇 리를 내려오면 관제묘(關帝廟)가 있다. 규모가 매우 크고 관음각(觀音閣), 완하지정(浣霞池亭) 등이 건축된 것으로 보아 아마도 옛날 민과 절강의 관리들이 왕래할 때 이곳에서 기숙하지 않았을까 생각되었다. 현재 동쪽의 완하지(浣霞池)의 정자에는 아직도 주양공(周亮工)[3]이 관(關)을 넘는 시와 청나라 초 여러 이름 있는 환관들의 노래와 시가 벽에 새겨져 있었다.

관제묘에서 차 한 사발을 마시고, 그 유명한 선하관의 녹차 찻잎을 사고 나니 어느덧 저녁노을이 산허리를 감싸고 있었고, 손과 얼굴이 눅눅해지는 것을 느꼈다. 모두들 약속이나 한 듯이 함께 소리를 질렀다.

아! 알고 보니 이것이 바로 신선이 노니는 노을이구나! 여기에 오지 않았다면 정말 선하(仙霞)라는 관명(關名)의 기묘한 의미를 몰랐을 거야!

고개를 내려와 계곡근처 보안촌(保安村)에서 차를 탄 후, 다시 머리를 내밀고 우리들이 걸어온 고개를 바라보니, 이 동남의 요충지가 오히려 머뭇머뭇 부끄러운 듯 망망한 노을의 품안으로 숨어들고 있었다.

빙천기수(冰川紀秀)

빙천(氷川)은 옥산 동남쪽 밖으로 성을 둘러싸고 있는 큰 계곡이다. 우리들이 옥산에 올라 계곡에 이르렀을 때는 항강철로(杭江鐵路)가 아

3 주양공(周亮工)(1612～1672) 明末淸初文學家, 篆刻家, 收藏家.

직 개통되지 않았기 때문에 강산에서 차를 타고 광례(廣豊)를 돌아 2, 3백 리 길을 달려서야 겨우 도착할 수 있었다.

빙계(冰溪)의 남쪽 기슭에 올라 바라다보니, 구주에서 색깔이 두 가지였던 성의 담을 보았을 때처럼 그런 이상한 느낌이 들었다. 긴장된 공기는 더욱 절박했다. 차에서 내려 걸어가는데 손에 큰 칼을 쥐고 부교근처에서 지나가는 행인을 검사하는 병사들이 우리를 몰래 몇 번 흘겨보았다. 우리는 어쩔 수없이 성에 들어가지 않기로 결정했다. 빙천 근처를 걷다가 곧바로 차를 타고 강산(江山)으로 돌아왔다.

옥산 성 밖에는 자연적으로 하천과 계곡이 성(城)을 포위하고 있었고, 동남쪽에는 기러기 이빨 같은 부교가 여러 개 있었다. 부교 위에는 번쩍이는 큰 칼을 손에 들고 어깨에 총을 멘 병사들이 출입증과 주민증을 검사하고 있었다. 보기에 상당히 무섭게 느껴졌다.

빙천 제일루(第一樓) 아래를 돌아 둑을 따라 동남쪽으로 가면 커다란 공터와 큰 수풀이 있는데, 바로 곽가주(郭家洲)이다. 무안산(武安山)이 남쪽을 막고 있고, 보영사(普寧寺), 관령사(鸛岭寺)가 동쪽 첫머리에 있다.

이 일대의 풍경에 대해 말한다면, 산과 물이 있고, 또 수차, 마방(磨房), 어량(漁梁), 수갑(水閘), 장제(長堤) 등 무릇 중국화 혹은 수채화에 그려지는 각종 자료들이 모두 준비되어 있었다. 이런 작은 배경 속에 이렇게 수려한 곳을 갖추고 있었으니, 내가 강서와 절강 두 곳을 다 걸어본다는 것은 흔한 일이 아니다. 특히 생각 밖인 것은 곽가주(郭家洲)라는 삼각주(三角洲) 위에 듬성듬성 난 수풀의 운치이다.

곽가주는 예전에 빙계의 물이 흐르던 곳이다. 그러나 세월이 흘러 지금은 뽕나무밭으로 변해버렸다. 듬성듬성한 수풀은 그림 속에 나오는 오래된 외국 고궁의 큰 나무와 같이 어림잡아도 대략 수백 살은 먹어 보였다.

이번에 처음으로 절강성 동부를 여행하면서 보았던 산은 정말 많았다. 그러나 매번 아름다움에 부족함을 느꼈는데 그것은 나무가 아주 적어서이다. 생각지도 않게 강서의 경계를 넘다가 현성근처에서 의외로 자연스럽게 형성된 공원 같은 수풀을 볼 수 있었다.

성안으로 들어갈 수는 없으니 산을 오르는데 시간이 모자라지 않을까 두려웠다. 더욱이 현성(縣城)에서 서쪽과 북쪽으로 십 리 떨어진 땅의 경계까지 걸어가기에는 너무 위험할 것 같았다. 만부득이 곽가주를 횡단하여 관령사(鸛岭寺) 산 위의 북쪽에 있는 빈 정자에 올라 옥산의 성안을 바라보았다.

옥산 성안의 인가들은 실제로 매우 청결해 보였다. 성안을 흐르는 시냇물을 따라 일렬로 늘어선 주택들은 매우 아담스러웠고, 시냇물에 비친 그 그림자를 멀리서 보니 마치 베니스의 큰 도로 같았다. 태양이 기울자 성안에서는 밥 짓는 연기가 피어올랐고, 물위의 작은 파도 역시 점점 붉은 그림자를 드리웠다. 서북쪽의 높은 산 일대는 뾰쪽한 봉우리들이 우뚝 솟아 있는데, 마치 거꾸로 꽂아진 붓끝 같았다. 아마도 옥산을 에워싸고 있지 않을까?

항강철로 서남쪽을 따라 돌아오는 천리 길 여정은 옥산 성 밖에서 끝이 났다. '빙(冰)은 계곡 물이요, 옥(玉)은 산이다!' 왔던 길로 돌아가는 차에 앉아 나는 대숙론(戴叔論)이 이제 막 지은 것 같은 시를 읽었다. 이번 여행의 대미가 마치 독일 낭만파 시인의 소설 같다고 느꼈다.

1943년 12월 고(稿)

서쪽 유람기

1934년 갑술(甲戌) 3월 28일(음 2월 4일) 수요일 큰비가 내려 한겨울처럼 춥다.

새벽 4시, 빗소리에 어지러운 꿈에서 깨어 다시 잠을 이루기가 쉽지 않았다. 자리에서 일어나 흡현(歙縣)의 황추의(黃秋宜) 소위(少尉)의 《황산기유(黃山紀游)》라는 한 권의 책을 읽었다. 이 책은 이전 신보관(申報館) 송취(宋聚)의 원본을 모방한 인쇄본으로 《설옥총담(屑玉叢談)》과 같은 종류 중 하나이다.

이 여행기는 모두 25페이지로, 함풍(咸豐) 9년 기미(己未) 8월 28일 담도(潭渡)를 출발하여 황산으로 갔다가 같은 해 9월 11일 담도로 돌아오는 사이에 있었던 일들을 기록한 것이다. 문필은 그다지 아름답지 못하지만 황산의 위대함, 산이 높아 오르기 힘들었던 사연, 그리고 일출, 운해, 송규(松虬), 암벽, 동굴, 계곡, 폭포, 온천 등 기묘한 풍경들을 대체적으로 상세하게 기록해 놓았다. 만약 황산을 가게 된다면 가이드북으로 쓰려고 작은 상자 안에 넣어두었다.

어제 상해에서 온 편지를 통해서 이번에 황산에 같이 갈 사람이 네다섯 더 있고 숙박비와 여비 등을 건설청에서 부담하고 동반하는 사람들도 도로국(道路局)에서 파견한다는 것을 알았다. 법을 받들어 산천을 유람한다는 것이 비웃음(산신령이 갑자기 입을 열고 "보잘 것 없는 청산이

나리들을 알현하옵니다."라고 말할 것이다)을 살 수도 있지만 길은 멀고 산은 깊어 나같이 벼슬도 없고 돈도 없는 사람이 유람 한 번 하기란 그야말로 쉬운 일이 아니다. 더욱이 다리 힘도 없고 체력도 좋지 않으며 서하객 같은 담력도, 완보병(역자주—죽림칠현중 한명인 완적이 보병교위를 지냈기에 완보병이라 함)(阮步兵) 같은 난폭함도 없으니 린위탕(林語堂), 판꽝딴(潘光旦) 등 당신들도 벼슬의 힘을 좀 빌리지 않으면 안 될 것이오.

오후 4시, 비가 쏟아지고 있는데 건설청에서 연락이 왔다. 츄위안(秋原), 쩡구(增嘏), 위탕(語堂) 등이 항주에 도착하여 지금 서호호텔에 투숙하고 있다는 내용이었다. 비를 무릅쓰고 서호호텔 로비에서 함께 출발할 품위 있는 여행 동반자와 얼굴이 익은 사람들을 만났다. 취엔(全), 이예(葉), 판(潘), 린(林) 등은 벌써 흥이 일어 서냉인사(西泠印社)[1]와 산색이 희미하게 단장된 서호(西湖)를 감상하러 갔다.

한참동안 그들을 기다리면서 우리는 날씨에 대해, 그리고 이미 돌아본 곳에 대해서 서로 이야기를 나누었다. 다섯 시가 거의 다 되어서야 네 사람은 돌아왔다. 한참을 떠들면서 이유도 없이 몇 차례 깔깔대고 웃다가 우리는 먼저 요기를 좀 하고 다시 공식 회식에 참석하기로 했다. 간식을 먹은 곳은 환녕(寰寧)에서 이름난 왕반인(王飯儿)이었고 공식 연회는 호숫가에 있는 중행별업(中行別業)의 대 연회장에서 있었다.

요기를 마치고 호숫가에 도착하니 중행별업의 대 연회장에 등불이 휘황찬란했고 여섯 개의 상에는 따끈따끈한 음식이 가득 차려져 있었다. 떠들썩하게 웃어대는 가운데 40여명을 다섯 팀으로 나누어 출발하기로 다시 결정했다. 한 팀은 남경의 무호(蕪湖)로, 다른 한 팀은 천대안

1 항주 서호에 있는 유명한 인주(印朱).

탕(天臺雁蕩), 또 한 팀은 소흥의 영파(寧波)로 가기로 했다. 나머지 두 팀 중 한 팀은 항강을 따라가고, 마지막 한 팀은 휘주로 해서 황산까지 가기로 했다.

위탕(語堂), 쩡쌰(增嘏), 꽝딴(光旦), 추위엔(秋原), 신보관(申報館)의 쉬티엔장(徐天章), 시사신보관(時事新報館)의 우빠오지(吳寶基) 두 선생, 그리고 나까지 황산으로 가기로 했다. 같이 동행할 도로국 사람은 총검사원 찐지엔푸(金籛甫)선생이었다.

임안현 영롱산과 전왕묘 유람기

3월 29일 목요일 맑음.

어제 저녁 술에 취해 눈비를 맞으며 돌아오는 길에 속으로 좀 망설였다. 만약 내일 눈비가 그치지 않는다면 출발 전에 도망을 하여 배반자(Renegade)가 되기로 마음먹었다. 다행이 신병으로 모집되어 온 것이 아니므로 죄명은 없었다.

오늘 새벽 커튼 사이로 머리를 내밀고 밖을 보니 하늘이 생각 밖으로 푸르게 개어 있었다. 하품을 하면서 할 수 없이 일어나 세수하고 옷도 갈아입고 가방을 정리한 뒤 호수가로 나오니 8시 정각이었다. 많은 사람들이 벌써부터 서둘러 도로변에 서서 차가 오기를 기다리고 있었다. 차가 무림문(武林門)을 나와 보숙탑(保俶塔)을 지난 후 진정산(秦亭山) 기슭을 향해 달릴 때 비로소 태양이 비쳐 노하산(老和山)을 황색의 벽으로 만들었다.

비가 갠 도로는 맑고 깨끗했다. 길 양 옆의 인도에는 머리에 은비녀를 꼽고 손에 바구니를 든 농촌의 수많은 선남선녀들이 하나하나 모두 웃음을 지으며 먼지가 나는데도 우리들을 바라보고 있었다. 그래서 산을 유람하는 어르신들은 입을 열게 되었다.

"중국의 백성들은 정말 사랑스러워!"

린위탕(林語堂)의 감탄이었다.

"봄가을 두 계절에 사원에 공양을 드리는데 그녀들의 유일한 오락이지요. 이것을 구실 삼아 산수를 감상하고 성욕을 발산하기도 합니다. 순례여행의 위용이 정말 대단하군요!"

이는 정신분석학자 꽝딴의 해석이었다.

"그녀들이 한 번 향을 피우고 치성을 드리는 것이 실제로 쉽지가 않습니다. 지금 하고 있는 이 일을 작년부터 계획하고 돈을 조금씩 모아 온 것인지도 모를 일입니다. 지금까지 몇 개월 동안 특별한 사고가 발생하지 않았기 때문에 보살님의 은덕에 감사를 드리려고 이렇게 불원천리를 걸어와 향을 피우는 겁니다."

이는 또 린위탕의 문학작품이다.

쩡꾸와 치우위엔은 좋은 앞자리에 앉았기 때문인지 토론에 참여하지 않았다. 길에서의 대화를 만약 이런 식으로 기록한다면 켄터베리 이야기(Canterbury Tales)처럼 2, 3부 분량의 지루하고 긴 이야기가 될 것이나 지금은 중세도 아니고 나 또한 영문학자의 선조가 아닌 이상 다음 기회에 다시 써도 늦지 않을 것 같다.

차가 임안(臨按)에 도착하기 전, 강변의 산기슭에서 대나무 울타리를 한 초가집 몇 채를 보았다. 앞산과 뒷산에서는 차 잎이 드문드문 태양 속에서 기를 내뿜고 있었다. 문 앞에 복숭아나무 한 그루가 꽃을 구름처럼 활짝 피우고 있는데 솔로몬의 영화에 비하면 당연히 과분한 점이 있다하겠다. 장난기(이 글자는 음이 비록 우아하지는 않지만 의미가 두 가지이다)가 발동하여 나는 일기책에 구불구불 지렁이 같은 두 줄의 글을 적어 놓았다.

> 흙벽 초가집 네다섯 채, 막 돋은 야생차 두세 잎.
> 맑은 날 남녀는 농사일에 바쁘고, 한가한 문 앞에 꽃나무 한 그루.

농촌 봄날의 이 같은 자유로운 풍경을 길에서 얼마나 자주 보았는지 모른다. 나에게는 쓰우깡(史梧岡)만한 재주가 없으니 그들을 대신해 생동감 있게 묘사하여 일 년 내내 도시를 벗어나지 못하는 많은 노동자선생들에게 보여주지 못하는 것이 안타까울 따름이다.

임안현은 여항(餘杭)의 서쪽에 있다. 항주까지의 거리는 약 백여 리이고 전무숙왕(錢武肅王 역자주—오대 오월국의 창시자 錢鏐의 시호가 武肅王이다)의 고향이다. 지금도 무숙왕(武肅王)의 묘지 맞은편 대공산(大功山)에는 전(錢)씨를 기념하는 공신탑이 세워져 있다. 도로국에서 계획한 일정에 의하면 서쪽에 도착한 후 첫 번째로 등산을 시작할 곳은 임안현에서 서쪽으로 10리쯤 떨어진 영롱산(玲龍山)이었다.

오전 10시 무렵, 차가 임안현 정거장에 도착했다. 먼저 역에 점심을 준비하게 하고는 다시 차를 타고 영롱 정거장에 도착한 후 걷기 시작했다. 논두렁길, 시냇가의 자갈밭 등 대략 2, 3리 길을 더듬어 겨우 영롱산 입구에 이르렀다.

현지(縣志)에 의하면 영롱산의 이름은 "두 봉우리가 우뚝 공중으로 휘감아 올라갔기에 영롱이라 부른다."고 했다. 실제로 이 산의 묘한 점은 돌과 샘물이 있다는 것, 그리고 수(蘇), 황(黃), 포인(佛印)이 남겨 놓은 여행의 흔적과 명기(名妓) 금조(琴操 역자주—북송시대 전당지역 유명한 예인)의 묘가 있다는 데 있다. 생각해 보시라! 산이 있고, 물이 있고, 미인도 있고 또 이름난 명사도 있으니 중국의 명승지가 갖추어야 할 조건들을 두루 갖춘 것이 아니겠는가? 영룡산이 경산(徑山)과 구선산(九仙山)에 비해 유명하고 사람들도 많이 놀러오는 원인이 여기에 있다고 본다. 또 한 가지 이 산은 현에서 가까워 등산을 하는데 불편하지 않으며, 역대 임안(臨按)의 관리와 유지들이 이 산을 잘 가꾸었기 때문에 비록 보잘것없는 작은 마을이지만 이 산의 규모와 기개는 대도시의 명산들과도 비교할 만하다. 지명이 전해지고 전해지지 않고는 운이 따른다.

산에 들어서서 1, 2리를 더 가니 산세가 점점 높아지기 시작했다. 산길은 구불구불 두 봉우리 사이로 흐르는 시냇물을 따라 올라갔다. 한쪽은 맑은 시냇물이고 다른 한쪽은 계곡이다. 절벽이 험준한 산 중턱에 '냉용승경(泠龍胜境)'이라는 네 글자가 새겨져 있었다. 더 위로 올라가면 동파(東坡)의 취면석(醉眠石)과 구절암(九折巖)이 있다. 삼휴정(三休亭)의 유적도 아마 이 산 중턱에 있을 것이다. 절벽 위에 글을 새긴 돌이 부지기수이지만 애석하게도 이 산이 모두 사석암이라 풍화가 심해 대부분의 조각들은 이미 글자를 똑똑히 알아볼 수가 없었다.

제일 기이한 일은 소동파(蘇東坡)의 그 취면석(醉眠石)으로, 시냇가 서쪽 절벽 아래에 있는 길의 동쪽에 기다란 네모의 돌이 놓여 있는데 크기가 한 사람이 누워있기에 충분했다. 정말로 돌로 만든 소파 같았다. 동파가 실제로 이 돌 위에서 취해 잠을 잤는지는 신경 쓸 일이 아니지만 돌 위에 새겨진 세 글자와 이 돌에서 멀리 떨어지지 않은 암벽 위에 새겨진 "구절암" 및 "언제 두 마리의 용이 강립했는가"(何年僵立兩蒼龍)란 한 수의 시는 동파(東坡)의 필체라 한다. 나는 고고학자는 아니지만 이 고적들을 진짜라고 인정하기로 했다. 거짓으로라도 고상한 것이 거문고를 태워 학을 삶는 것보다는 좀 재미있지 않은가. 또 "취면석"(醉眠石)의 동쪽 시냇물 옆에 돌 하나가 가로 서 있는데 '거문고 소리'란 두 글자 '금성(琴聲)'이 새겨져 있다. 생각해보니 시냇물이 졸졸 흐르는 소리가 거문고소리와 비슷하였을 뿐만 아니라 금조묘(琴操墓)가 바로 위에 있다는 두 가지 의미의 작품인 것 같아 심혈을 기울인 작자의 정성을 묻어버릴 수 없어 여기에 한 줄 언급하였다.

시냇물을 따라 벽을 더듬으며 다시 오륙십 걸음을 더 올라가다 합동천(合洞泉)을 지나 산 정상아래 평평한 곳에 이르면 한 갈래 길이 남쪽으로 돌아 서쪽의 봉우리 밑으로 나 있다. 길을 따라 남쪽으로 가다보면 돌출되어 있는 평탄한 지역에 이르게 되는데 아마도 수춘정(收春亭)의 옛터인 듯하다. 이곳에 앉아 남쪽을 바라보면 멀고 가까운 산봉우리들과 벌판이 모두 눈앞에 있는데 평지 한 곳은 3, 4백 명을 수용할 만하였다. 평지 북쪽의 산봉우리 떨어져 나간 곳에 석실 하나가 남아 있는데 오래된 돌 석상 세 개가 넘어져 있었다. 전하는 말에 의하면 동파(東坡), 불인(佛印), 산곡(山谷) 세 사람의 석상이라 한다. 명나라 저동(褚棟)이 꿈에서 영감을 얻어 조각상을 세운 곳이 아마 이곳인 것 같으며 명나라 황정상(黃鼎象)이 기록한 승차정(乘借亭) 유적지가 이곳일 것이다. 이곳을 삼휴정(三休亭) 또는 삼현사(三賢祠)로 부르는 것은 모두 오해임에 틀림없다.

석실 아래에서 한참을 바라보다가 오던 길을 따라 북동으로 채소밭 사이에 있는 비정(碑亭)을 지나 영룡산사에 도착한 후 휴식을 취했다. 잠깐 앉아 차 한 잔을 마시고 다시 노스님을 따라 동쪽 봉우리를 벗어나 종루(鐘樓)를 거쳐 금조의 묘에 도착했다. 황토 한 움큼, 비석 하나가 있었고 "금조묘"라는 세 글자가 쓰여 있었는데 신구 《임안현지》 어느 곳에도 금조에 관한 사적은 없었고 단지 묘만 절 동쪽에 있다고 했다. 풍몽정(馮夢禎)의 《금조묘》라는 시 한 수를 여기에 적어서 《임안현지》를 편찬한 사람의 부끄러움을 감추고자 한다.

거문고소리 조용히 영롱한 이슬에 적시고,
흰 구름 깊은 곳에 가사(袈裟)는 차갑구나.
깊은 곳에 묻힌 사리 어디에 있는지,
한밤의 서풍에 낙화만 흩날리네.

동행자 판꽝딴선생은 풍소청(馮小青)을 연구하는 사람이고 린위탕선생은 도화선《桃花扇》에 나오는 이상군(李香君)[2]을 매우 좋아했기 때문에 금조(琴操)의 묘지 앞에 이르자 흥분하여 《임안현지》의 편집자가 견식이 하나도 없다고 말했다. 더욱이 린위탕은 《야수폭언(野叟曝言)》 한 권을 움켜지고서 격양된 어조로 말했다.

"꽝딴! 자네는 지금부터 풍소청의 묘를 손질하게나. 나는 즉시 이상군의 묘를 손질하겠네, 그리고 이 금조의 묘는 자네들이 수고를 좀 해야되겠구먼!"

그의 눈은 우리를 주시하고 있었다. 소위 자네들이란 우리를 가리킨다는 뜻이리라. 이 쓸데없는 말에 나는 오히려 네 구절의 개소리를 적기 시작했다.

산은 영롱하고 물은 맑은데,
소동파는 여기에서 흰 구름을 만나는구나.
어찌하여 8권의 임안지에,
금조(琴操)의 순정을 쓰지 않았는가.

---

2 명말(明末) 남경(南京)의 명기(名妓).

소동파가 임안에 와서 금조를 방문했다는 사실을 채소발의 비문에서 본적이 있다. 모자진(毛子晋)이 쓴 《동파필기(東坡筆記)》에서도 (양정남(梁廷楠)이 쓴 《동파사류(東坡事類)》에 기재되어 있는 것도 똑같다) 친차오 금조와 관련된 기록이 있다.

> 소자첨(소동파)(蘇子瞻)이 항주에 머물 때 금조(琴操)라는 기생이 불서(佛書)에도 능통하고 언변이 능숙하여 자첨이 이를 좋아하였다. 하루는 서호를 유람하면서 금조에게 농을 걸었다. "만일 내가 큰스님이라고 한다면 너는 참선하려 오겠느냐?" 금조는 공손하게 승낙을 하였다. 자첨이 다시 묻기를 "무엇을 호수의 풍경이라 하는 것이냐?" 그녀는 "저녁노을 속에 오리가 날고, 가을 하늘의 빛깔과 물 색깔이 같은 것을 말하는 것입니다"라고 대답했다. "무엇을 호수의 풍경 속의 사람이라 하는 것이냐?" 그녀는 "치마로 6폭의 상강 물을 잡아끌고, 댕기머리로 무산의 구름을 잡아당기겠소"라고 대답했다.
>
> "그럼 무엇을 마음에 꼭 맞는다 하겠는가?" "양(楊)학사[3]를 따르고 포(鮑)참군[4]을 멀리하겠습니다." "그렇게 하면 도대체 어떻게 될까?" 물으니 금조는 대답하지 못했다. 자첨이 탁자를 치며 말하기를 "문앞이 한산하여 수레와 말이 드물고 큰애는 시집가 상인의 아내가 되었노라" 금조는 이 말에 크게 깨달아 머리를 깎고 비구니가 되었다.

동파에 관한 이 유명한 이야기가 만약 당시 호기심 많은 사람에 의해 만들어지지 않았다면, 금조에 대해 앞에서 기록한 풍몽정(馮夢禎)의 시에 합당한 두 가지 가설을 정할 수 있다. 하나는 친차오가 혹시 임안사람이 아닐까? 둘째로 금조는 비구니로서 혹시 임안 영룡산 부근의 암자에 있었지 않았을까?

3 양일엄(楊日嚴) 자는 수훈(垂訓), 하남인(河南人), 진사급제(進士及第).

4 포조(鮑照) 남조송문학가(南朝宋文學家), 가세빈천(家世貧賤), 임전군참군(任前軍參軍).

우리들 이 한 무리 색정광들은 금조의 묘 앞에서 한참 더 논쟁을 하고서야 산을 내려왔다. 다시 영룡역에서 차에 올라 동쪽으로 달렸다. 임안에 도착하여 점심을 먹을 때 거의 12시가 되었다. 식사 후 현성 동쪽의 안국산(安國山)(속칭 태묘산(太廟山)) 아래에 가서 전무숙왕(錢武肅王)의 능을 참배하였다.

무숙왕의 위대한 업적은 사록에 기록되어 있다. 오월비사(吳越備史) 이외에도 신구(新旧)의 《임안현지》, 《항주부지》 등의 책에도 전씨의 공적을 기린 내용이 절반을 차지한다. 본래 내가 여기에서 더 쓸 필요는 없지만 두세 가지 사소한 일을 임의로 적어 혹시 역사를 연구하는 일반인들에게 고증으로 제공하고자 한다.

무숙왕은 시정(市井)에서 태어났는데 성격이 엄격한 것은 두말할 나위도 없다. 그러므로 당나라 승려 관휴정(貫休呈)의 시에는 '일검상한십사주(一劍霜寒十四州)', 즉 "한 칼에 14주에 서리발이 내린다."는 글귀가 있다. 금의환향하여 큰 연회를 베풀어 어른들을 초대할 때는 "오월지역에 혼란이 없어지고 백성들 사이에 속임이 없어진다."는 말을 높이 외쳤다 한다.

얼큰하게 술에 취하자 왕은 또 오나라 노래를 어른들에게 친히 불러드렸다. "그대들은 나의 기쁨을 보았으니 오나라 사람들을 친히 불러들이노라. 그대들은 나의 기쁨을 보았고 오나라 사람과 나는 똑같으니 자장(子長)이 나의 마음속에 있노라." 그가 터무니없이 무거운 세금을 징수, 독재하고, 냉혹하면서 잔인한 것도 역시 백성들을 위한 것이지 공금으로 제 주머니를 채우려는 경향은 없었다.

그의 마지막 대의 충이왕(忠懿王) 전홍숙(錢弘俶)에 이르러서도 역시 백성들에게 세금을 거둬들이는 것이 적었다. 황무지를 개간하게 하면서 세금을 징수하지 않았으며 혹 세금을 부과한 사람이 있으면 성문아래서 몽둥이로 쳤다. 절강의 백성들이 그를 그리어 보숙탑을 지어 기념하는 것은 이상한 일이 아니다.

다른 한 가지 사실은 무숙(武肅)왕비가 매년 봄이면 임안으로 돌아왔다는 것이다. 왕유비서(王遺妃書)에 "논두렁길에 꽃이 피니 천천히 돌아오노라."라고 쓰여 있다. 오나라 사람들은 이것을 가사로 해서 노래를 불렀다. 나는 이 책이 왕의 서기인 수재 나은(羅隱)의 작품이라 생각된다. 그것은 어조가 조용하여 확실히 시인의 입에서 나온 말이기 때문이다.

전왕묘(錢王墓)에서 내려와 또 차를 타고 조계(藻溪)에 도착하였다. 가마로 갈아타고 북으로 40리를 가니 서천목(西天目)에 이르렀다. 이미 너무 늦었기에 서천목 산 아래 선원사(禪源寺)에서 잠을 자게 되었다.

서천목에서 노닐다

3월 30일 금요일 흐렸다 개임.

서천목의 산은 잠현(潛縣)에 속한다. 어제는 조계라는 작은 역에서 내려 가마를 타고 북으로 삼사십리 가다가 중도에 교구령(敎口嶺)을 지났는데 험준하면서 높이가 1, 20장량은 되었다.

교구령(敎口嶺)을 지나자 사면의 풍경이 금세 달라졌다. 작은 산과 메마른 땅은 쓸쓸하기 그지없었고, 북쪽으로는 천목이 눈앞에 높이 있었다. 길옆으로 흐르는 맑고 푸른 시냇물은 서천목 남쪽 기슭에서 흘러내려 왔다. 두 갈래의 맑은 시냇물이 서로 합쳐졌다 떨어졌다 하면서 때로는 길 가까이 흐르기도 했다. 마을이 아주 컸으며 밭이 비옥하고 교량과 정자가 많음은 더 말할 필요가 없다.

백학(白鶴)계곡의 백학교(白鶴橋)와 월량교(月亮橋)를 지나자 길은 갈수록 경사져 높아만 간다. 대유촌(大有村)에 들어서자 이미 산길에 접어들었다. 날씨가 음침한데다 수풀이 어둡고 빽빽하였다. 산에 도착하니 밤의 어둠과 나무그림자가 서로 경쟁한 듯했고 어둠의 그물 속에 멀리서 최면을 암시하는 은은한 종소리가 몇 번 들려왔다.

일종의 두려움, 적멸감, 귀의감, 출세의 느낌 등이 갑자기 번개처럼 머릿속에 엄습해왔다. 종교의 신비스런 작용과 기적의 가능성을 우리는 여기에서 충분히 느낄 수 있었다. 절반은 시간이 이미 어둠을 드리운 관계일 것이고 나머지 절반은 내가 생각하기에도 하루 동안 피곤하게 유람하여 체력이 모두 떨어져버린 것 때문이리라.

서천목을 처음 발견한 시조는 원나라 가희(嘉熙)년간에 태어난 오강(吳江)사람인 고봉선사(高峰禪師)이다. 앉아서 수행하던 곳은 서쪽 봉우리인 사자암(獅子巖) 꼭대기였는데 지금까지도 서천목에 사관(死關)이라는 이름의 수도(修道) 장소가 있다. 바로 당시 고봉선사가 쓰던 방의 이름이다.

선사의 사리탑은 현재 사자봉 아래 사자의 입 속에 있다. 원나라로부터 명나라에 이르기까지 서천목 도장(道場)의 사당은 모두 산중턱에 건축되어 있는데 이 사자봉 부근 일대에 소위 사자정종선사(獅子正宗禪師)의 사당이 있다.

서천목이라는 산 이름은 원나라 이전의 경전에는 확실히 보이지 않았다. 동파가 다녀갔다는 것도 여기에 있지 않았으며 사태전(謝太傳)이 산을 유람했다는 흔적도 적히지 않았다.

원나라와 명나라 두 조대에 걸쳐 절은 흥망성쇠를 거듭하다가 청나라 강희(康熙)년간에 이르러 옥림국사(玉林國師)가 처음으로 지금의 선원사(禪源寺)에 고봉도장(高峰道場)의 기초를 건축하였다. 실제로는 원조(元朝)의 홍교조(洪喬祖)가 땅을 보시하여 지은 쌍청장(雙淸庄)의 유적이었다.

음침한 어둠 속에 가마가 절의 대문에 도착하였다. 가마에 내려서서 주위를 살펴보니 규모가 아주 큰 팔자를 그리고 있는 누런 벽이 보일 뿐이었다. 벽의 안과 밖으로 나무선반이 비스듬히 가로로 있었는데 이 천목영산(天目靈山)의 대문은 한참 수리중인 것 같았다.

대문에 1, 2리 정도 들어서서 한 층계 더 높이 올라가니 천왕전이 있었고, 또 한 층계를 올라가니 위타보전(韋馱寶殿)이 있었다. 또 한 층계를 더 올라가니 행도(行道)라는 편액이 걸려있는 법당이 있었다. 여기로부터 한 층계 한 층계 높아지면서 대웅보전(大雄寶殿)과 방장거실을 지나 구불구불 돌아 십 몇 분을 더 가서야 동쪽의 그 다섯 칸으로 된 청실이라는 이름의 객당(客堂)에 이르렀다.

객실이 깨끗이 잘 정돈되어 있었다. 창문도 깨끗하고 등불도 밝고 방에 진열된 가구들도 마치 상해의 제일 좋은 여관 같았다. 다만 전등 몇 개와 몸 파는 보살들이 부족했다.

바로 음력 2월 15일 저녁, 편안하게 야채 요리로 저녁식사를 한 후 구름사이로 달이 얼굴을 내밀고 있어 복도에 서서도 절 앞뒤의 많은 푸른 봉우리들의 검은 그림자와 구불구불 감돌고 있는 괴석이 아주 많은 한 줄기 시냇물까지 볼 수 있었다. 시냇물 소리 낭랑하고 달빛은 희미한데 이제 막 제 28회 《야수폭언(野叟曝言)》을 다 읽은 위탕대사는 담배를 입에 물고 복도로 가서 뒷짐을 지고 주변의 풍경을 바라보고 있더니 난로가로 돌아와서는 큰 소리로 외쳐댔다.

"절호의 문학작품이구나!!"

안타깝게도 산허리에 눈이 가득 쌓이고 밖의 날씨도 아주 추웠기 때문에 우리는 이 청허(淸虛)한 야경에 대해 미련을 버릴 수밖에 없었다. 천왕전 앞 노점 상인한테서 사온 땅콩과 독특한 맛이 나는 토속주를 마신 후 다른 몇몇 시인들도 아쉬운 마음을 갖고 각자 침대에 올라 꿈속으로 갔다.

아침 7시 시인들의 꿈은 산새들의 지저귐 소리에 깨어났다. 모두 일어나 씻고 아침을 먹은 후 가마를 타고 산에 올라갈 준비를 했다. 위탕은 감기기운 때문에 움직이기 싫어했다. 그는 선원사(禪源寺)의 침대에 누워 《야수폭언》이나 읽고 싶다면서 가지 않았다.

산길이 구불구불 가파르다는 것은 이미 예상한 일이었다. 그렇지만 이 서천목의 산길은 그야말로 너무 좁았다. 한 면은 굽이굽이 감도는 푸른 시냇물이고 다른 한 면은 기이한 암석이 우뚝 솟은 절벽이기 때문에 양쪽 모두 길을 낼 수가 없었다. 때문에 작은 돌멩이와 큰 암석으로 쌓여진 양의 뿔처럼 구불구불한 이 산길은 나뭇가지 끝을 에돌아 산부리를 뚫고 지나갈 수밖에 없었다.

가마에 앉아 가다가는 세 목숨이 위험하므로 우리는 가마를 메고 있는 사람들에게 기어이 가마를 내리게 했다. 우리는 시인의 행위를 본받아 늦은 걸음으로 시를 읊으면서 천천히 산을 올라갔다. 그러나 이 읊조림은 시간이 흐르면서 끝내 급한 호흡으로 변했는데 설명을 하자니 약간 쑥스럽다.

벽을 잡고 시냇물을 따라 힘들게 올라 마침내 오리정(五里亭)과 칠리정(七里亭)을 지났다.

산을 오르면 오를수록 나무는 더욱 크고 빽빽했고 암석도 더욱 높고 기이했으며 날씨는 아주 추웠다. 서천목산에서 제일 많이 자생하는 버드나무, 삼나무 가지와 침엽수들 위에 아직 적설이 남아 있었고 암석 위에는 수정모양의 얼음천지였다. 더욱이 사자봉 아래 사자구(獅子口)의 고봉선사탑으로 가는 길에는 너비와 폭이 대략 2, 30장(丈)이나 되는 큰 암석 하나가 있었는데 이 암석에 매달려있는 한 줄의 고드름은 그야말로 천하일품이었다.

사자구에 도착하여 한참을 휴식한 다음 초가집의 작은 창문을 통해 남쪽을 한번 바라보고 나서야 우리는 산에 오를 자신감이 생겼다. 이 사자구는 산중턱에 있어서 서천목의 최고봉인 "천하절경"의 천주봉(天柱峰) 정상으로 가려면 아직도 십여 리 길을 더 가야 하지만 사자구에서 남쪽을 바라보니 이미 가물가물 공중에 떠있는 듯한 큰 암석과 작은 언덕, 나무와 시냇물이 모두 발밑에 있었다.

취미암(翠微巖), 화석봉(華石峰), 욱일봉(旭日峰) 아래에 있는 선원대선사(禪源大禪寺)는 단지 그림 속에 있는 몇 점의 작은 방과 같았다. 나도 모르는 사이에 벌써 천길 높이의 지역에 머물고 있었던 것이다. 산에서 나는 차는 맑고 진했으며 산의 기온이 얼어붙을 정도로 차가웠는데, 스님 말투는 더욱 더 조용하고 정숙해서 특이했다.

이 사자구에 와서 고봉선사의 무덤에 큰절도 하고 서천목 조산지에 쓰여 있는 내용들을 읽어본 후 여기저기 책의 지도와 대조를 해보는 등 우리들은 모두 즐거움에 빠져 돌아가야 한다는 사실을 잊고 있었다. 이 천목산 전설에서 가장 오래된 분인 소명태자(昭明太子)는 부친을 따라 배우고자 하여 몸을 불문(佛門)에 바치려고 작정하고 있었다.

나는 그동안 천목산에서 제일 오래된 전설을 잊고 있었는데 마침 여기에서 소명태자에 대해 말하게 되니 보충설명을 하겠다.

본래 천목산의 이름은 만력(萬曆)의 《임안현구지(臨安縣旧志)》에 의하면 현의 서북쪽으로 50리 떨어진 곳으로 즉 '부옥산(浮玉山)'이다. 대장경에 이르기를 모두 서른 네 분의 신선이 살았는데 이름은 태미원개지천(太微元盖之天)이라고 기재된 것에 근거하여 지어졌다고 했다. 또 《태평환우기(太平寰宇記)》에 말하기를 수연산(水緣山)은 구불구불하며 동서로 거대한 수원지가 있는데 마치 두 눈과 비슷하여 천목(天目)이라 이름을 지었다고 한다. 서목(西目)은 잠진(潛鎭)에 속하고 동목(東目)은 임안(臨安)에 속한다.

양나라의 소명(昭明) 태자가 어머니 귀빈 정(丁)씨를 매장했다고 하는데, 궁내성(宮內省) 태감 포막(鮑邈)의 모함을 당한 것인지 어쩐지는 자명하지 않다. 무제(武帝)를 뵙지 못한 것을 점점 번민하다가 임안(臨按) 동천목에 와서 도를 닦았다.

그는 육조 문자를 신중하게 골라 문선 20권을 만들고 금강경을 32절로 나누었는데, 심혈이 고갈되어 두 눈이 실명하게 되었다. 선사지공(禪師志公)이 석지수(石池水)를 가져와 눈을 씻어주니 한쪽 눈이 밝아졌고 서천목산으로 다시 와서 연못의 물로 씻으니 두 눈이 모두 밝아졌다.

몇 년이 지나지 않아 황제가 사람을 파견해 그를 맞이하였는데 병마가 서천목 산기슭에서 기다렸기에 절을 지어 등자원(等慈院)이라 했다.

이 짧은 전설은 그야말로 시적 정취가 가득 넘치는 한 편의 궁중소설이다. 아마 너무 서정이 풍부하기 때문이리라. 때문에 《임안지(臨安志)》, 《어잠지(於潛志)》에는 이 일들을 모두 상세하게 기재하여 꾸며졌다. 그 결과 동천목(東天目)에 세안지(洗眼池), 소명사(昭明寺), 태자전(太子殿), 분경대(分經臺)가 있는데, 서천목에도 똑같이 세안지, 소명사,

태자전, 분경대가 있다.

글을 쓰는 사람이 살아있으면 문장은 왕왕 반 푼 어치도 값이 나가지 않아 거의 굶어죽게 된다. 그러나 육신과 뼈가 타서 재로 변했을 때는 오히려 그를 따라 배우려고 모두가 서로 싸움을 한다.

이것이 문학의 영구적인 효력이 아니겠는가? 분석하여 보자면 유물주의적 원인도 적지 않다고 나는 생각한다. 왜냐하면 문인들도 살아있을 때는 마찬가지로 밥 먹고 옷 입고 자식을 낳는다. 그러나 죽은 다음 몇 백 년이 지나면 물질적인 공급을 당연히 요구하지 않는다. 누가 여기에 묵었었고, 누가 여기를 다녀갔다고 하면 산사람은 오히려 여행객을 끌 수 있어 문장의 덕을 볼 수 있다. 중과 도사들은 더욱 더 이것으로 헌금을 거두고 사기를 쳐서 장엄하고 찬란한 사찰을 지을 수 있는데 이것이 유물주의적 원인이 아니고 또 무엇인가?

사자구에서 나와 천장암, 사자암, 연산경(緣山經)을 구경하면서 동쪽으로 가다보면 나무 아래로 깊고 넓은 물이 있는 세발지(洗鉢池)를 지나게 된다. 여기에 소위 "나무의 왕"이라 불리는 큰 삼나무가 있는데 열대 여섯 사람이라야 안을 수 있는 커다란 나무이다.

이 나무 밑을 돌아 1, 2리 길을 더 가면 한층 더 높은 곳에 있는 개산노전(開山老殿)에 이른다. 이 사자구로부터 개산전(開山殿)에 이르는 산허리까지의 구간은 길이 모두 편안하고 늙은 나무와 기이한 돌이 특히 많다. 또 넓고 평평한 공터도 얼마나 많은지 모른다. 앞에서 말한 서천목에 있는 고대의 사원은 이 일대에 있었음이 틀림없으며, 어쩌면 개산노전이나 혹은 사자정중선사(獅子正宗禪寺)가 그것인지도 모를 일이다.

개산전 뒤 작은 방에는 쉬스창(徐世昌)이 쓴 대수당(大樹堂)이라는 큰 편액이 하나 걸려 있었는데 "나무의 왕"을 가리켜 말한 것 같았다. 사실 이곳에는 큰 나무들이 아주 많아 유일하게 희귀한 경치라고 할 수도 없었다.

서천목의 절경은 개산노전에서 멀지 않은 곳 남쪽으로 불쑥 튀어나온 두 암석에 펼쳐있다. 이 두 암석에서 내려다본 산골짜기의 전경이야말로 서천목의 유일한 큰 볼거리이다. 린위탕대사가 서천목까지 와서 부근의 산골짜기 전경과 곧추선 가파른 절벽과 기이한 암석을 감상하지 못하였으니 이야말로 천하에 큰 실수이다. 문학작품(Dichtung)에 진실(Wahrheit)이 없어진 것이라 했다.

바위 하나는 개산전 앞 끝에서 남쪽으로 공중으로 뻗어나갔는데 대략 1리나 되는 우뚝 솟은 별개의 봉우리이다. 즉 스님들이 말하는 "거꾸로 걸린 연꽃"이 바로 그 곳이다. 소위 "거꾸로 걸린 연꽃"이라 하는 것은 백장이나 되는 높은 암석이 하늘을 가르고 우뚝 서 있어 보기에 연꽃 한 송이와 같다는 것이다. 이 연꽃의 등 뒤에는 또 대략 이 백장 높이의 절벽이 연꽃의 잎사귀 하나와 서로 대치하고 있다. 절벽아래에서서 위로 쳐다보면 이 두서너 자 넓이밖에 안 되는 하늘이 온통 끝없이 하얗게 위를 비추고 있다.

연화석(蓮花石) 옆으로 몇 자 떨어진 곳에는 또 석대(石臺)가 있는데 평탄한 곳에 8각 정자가 지어져 있다. 이 정자 길 동쪽에는 기암(奇巖) 한 무더기가 마치 하늘을 향한 부처님 손처럼 마냥 깊은 골짜기의 높은 곳에 우뚝 서있다.

이 부처님 손가락 끝에 올라가 남쪽을 바라보니 몇 백 리 길 안의 계곡, 초가집, 작은 산, 밭들을 모두 똑똑히 볼 수가 있었다. 한 갈래 한 갈래의 골짜기, 한줄기 한줄기의 시냇가, 한 이랑 한 이랑의 밭들,

비유하여 말하면 거꾸로 내리 드리운 부채와 매우 흡사했다.

부채 살은 바로 서천목에서 갈라져 나온 산맥이고 부채 살 사이의 흰 종이는 바로 두 산맥 사이의 계곡과 향촌이다. 그리고 이 부채 위에 그려진 명화는 바로 한 폭의 유채꽃, 노란 복숭아꽃, 붉은 자두 꽃, 하얀 산과 푸른 수목 등이 그려진 아주 세밀한 동양화였다.

기타 다른 암석은 바로 사면불정(四面佛亭)이 지어져 있는 절벽으로 "거꾸로 걸린 연꽃"에 비교하면 위치가 조금 동쪽에 있었다. 또한, "거꾸로 걸린 연꽃"과는 만장 깊이의 골짜기를 사이에 두고 멀리 마주하고 있다. 사면불정에서 동쪽이나 남쪽으로 내려다본 풍경은 "거꾸로 걸린 연꽃"에서 본 것과 대체적으로 같다. 그러나 이 암석에서 서쪽 아래로 서천목산 경내의 산과 사원을 바라볼 수 있는데 이 또한 장점이다.

사면불의 암석으로부터 되돌아와 다시 동쪽으로 조금 올라가면 반월지(半月池)에 이른다. 다시 동쪽으로 1리를 가면 용담(龍潭)(혹은 용지(龍池)라 부른다), 동쪽 성문 앞 망부석이 있는 곳이다. 우리는 배도 고프고 계속 걷기가 힘들어 반월지까지만 가기로 했다.

개산전에서 점심밥을 먹고 천천히 산을 내려와 3리에서 5리 길을 걸었다. 산허리에서 동쪽으로 굽어 돌아가니 사면불 절벽 아래 평지가 나타났다. 이곳의 이름은 동오평(東塢坪)인데 선원사(禪源寺)를 처음 건설한 옥림(玉林)(또는 작림(作琳))국사(國師)의 사리탑이 여기 있고, 비석에는 "31세 옥림수법사의 탑원(三十一世玉林琇法師之塔院)"이라고 새겨져 있었다.

동오평으로부터 다시 서남쪽으로 산을 내려와 오리정에 이르러 올라왔던 길을 따라 어제 저녁에 묵었던 선원사로 돌아오니 이미 오후 4시가 넘었다.

다시 린위탕을 만나자 모두들 산 위의 풍경이 이렇게 저렇게 아름답다면서 수 백 배 과장했다. 진실(Wahrheit) 위에 문학작품(Dichtung)과 같은 과장을 얼마나 많이 가했는지 두말할 필요도 없다. 목적은 린위탕이 약간 후회를 하게 하려는 것인데 이 또한 인성이란 악하다는 사실의 한 증거일 것이다. 그러나 린위탕은 큰 시인(Dichter)인지라 자신의 약함을 드러내려고 하겠는가? 이리하여 그도 자신의 체면을 지킬 수 있었다.

저녁에도 당연히 선원사의 객방에서 잠을 잤다.

서천목 선원사에서 이틀 밤과 하루 낮을 허비하고 나서야 서천목의 대체적인 면모를 알 수 있었다. 물론 명승지의 깊은 맛을 탐구하는 것은 아직 완전하다고 말할 수 없다. 그러나 원중랑(袁中郎)이 말한 비천(飛泉), 기석(奇石), 암우(庵宇), 운봉(雲峰), 대수(大樹), 다순(茶荈) 등 천목의 여섯 가지 절묘한 풍경들은 우리도 이미 맛보았다. 다만 우레가 울리지 않아 어린이 울음소리 같은 우렛소리를 듣지 못한 것이 아쉬움으로 남았다.

꽝딴(光旦), 쩡꾸(增嘏) 등은 남한테 뒤지기 싫어하는 사람들이라 "원중랑은 끝내 얼음기둥을 보지 못하였구먼!"하고 말했다. 이 말은 틀림없는 말이다.

서천목 선원사는 밭이 아주 많아 매년 수입도 적지 않았다. 단씨 집안(檀家)의 시주로 산해진미를 만드는 것을 수입으로 친다면 적게 쳐도 1년에 십 여 만원은 될 것이다. 산 전체의 초가집 절에 있는 이삼백 명 승려들의 의식주는 문제도 되지 않는다. 절 내의 조직과 스님들의 성욕문제 등은 아마도 꽝딴이 제일 잘 알 것이다. 나는 여기에서 생략할 수밖에 없다.

동천목에서 노닐다

3월 31일 토요일 맑은 후 흐림.

아침 8시에 일어나 아침을 먹은 후 가마를 타고 선원사를 나와 동쪽으로 갔다. 반룡교(蟠龍橋)를 건너 주두타령(朱頭陀嶺)을 넘고 욱일봉(旭日峰)을 지나 골짜기로 내려가 시냇물을 따라 갔다. 이것이 바로 이령(泥嶺)의 북쪽 동굴에서 발원하는 동관계(東關溪)의 지류였다. 어제 "거꾸로 걸린 연꽃"에서 내려다본 부채모양의 골짜기가 바로 이곳의 가덕(嘉德), 전향(前鄕) 등이다. 여기에 이르니 우리 일행은 이미 부채 그림 위의 인물이 되어있었다.

두 천목산(天目山)의 거리는 대략 30여 리 떨어져 있다. 서쪽에서 동쪽으로 가면서 육각령(六角嶺)(속칭), 문령(門嶺) 등 험준한 돌산을 지난 다음 동천목(東天目) 서쪽의 새로운 계곡에 이른다. 동쪽 산 아래에는 소명암(昭明庵)이 있었다. 가마에서 내려 조금 쉬면서 고문에 소개된 편액 하나와 조그마한 태자탑(太子塔)을 보았다. 다시 산에 올라 10리를 가니 동천목 조명선원(昭明禪院)의 종루와 분경대(分經臺)를 볼 수 있었다.

이번 코스는 조계에서 내려 먼저 서천목을 갔다가 다시 동천목으로 오는 것이다. 만일 먼저 동천목으로 가려고 한다면 화용역에서 내려 북으로 30리를 가면 곧 도착한다. 결론적으로 동쪽으로부터 서쪽으로 가든지 아니면 서쪽으로부터 동쪽으로 가든지.

만일 이 두 명산을 다 돌아본 후 절서(浙西)를 유람하고자 하는 사람이라면 이 두 산 사이의 큰 골짜기와 세 개의 고개, 몇 갈래의 시냇물, 네다섯 개의 마을을 반드시 통과해야 한다. 복숭아나무, 자두나무, 소나무, 삼나무 사이에 대나무가 섞여 있고, 네모반듯한 밭 사이로 시냇물이 에돌아 흐르고, 삼면의 높은 산들은 남쪽으로 기울고 있다. 남쪽 산은 어렴풋한데 신하와 종이 북쪽의 대궐을 향해 큰절을 하는 것 같았다. 이 동서 두 천목(天目) 사이의 마을풍경으로 말하자면 확실히 좀 멋이 있는 것 같다.

소명암 동쪽 위의 천목산 기슭은 속칭 호랑이 꼬리라고 한다. 오리정에 이르러서야 작은 산의 등성이에 이른다. 여기로부터 1리에 정자 하나씩을 감돌아 올라간다. 병호석(拼虎石)과 쇄옥파(碎玉坡)를 지나 우렁이 껍질처럼 빙빙 돌아가는 길옆에 이르면 동쪽으로 백용지(白龍池) 밑에 있는 동애(東崖)폭포를 볼 수 있다. 이 폭포는 두 봉우리 사이에 걸려 멀리서 보면 몇 장 높이나 되고 폭포소리는 어렴풋이 우레가 울리는 소리 같은데 바라만 볼 뿐 가볼 수 없었다. 우리는 날짜가 제한되어 있기 때문에 천천히 탐험을 즐길 수가 없어 이 동애폭포에 대해 길에서 멀리 경례를 할 수밖에 없었다.

나선형의 길을 다 걷고 모퉁이를 하나 꺾어들어 동천목 산문 밖 서령수홍(西岭垂虹)에 이르렀는데, 그야말로 한 폭의 그림 같이 아름다운 경치였다. 여행객들은 이곳에 이르러 은하가 구천으로 떨어지는 것 같은 이 폭포와 폭포 좌우의 절벽 그리고 폭포가 흐르는 곳에 걸려있는 다리와 정자(수홍교정(垂虹橋亭))를 보고, 이렇게 높은 산 속에 어떻게 이처럼 수려하고 청신한 폭포에 건축물이 함께 어울려 있을 수 있을까 하고 깜짝 놀랄 것이다.

피난민 같은 우리 유람객들은 폭포 옆에 이르니 배고픔도 피곤함도 다 잊어버렸다. 점잖은 시인처럼 행동하던 것도 벗어 던졌다. 꿇어앉기도 하고 뛰어 다니기도 하면서 모두들 개구쟁이 같은 어린이로 변해 천성적인 야성미를 완전히 회복했다. 먼저 절에 갔던 몇몇 사람들이 빨리 가서 점심밥을 먹으라고 불러서야 우리는 자꾸 뒤돌아보면서 겨우 그 산문(山門) 서쪽에 있는 현애(懸崖)폭포를 떠나게 되었다.

폭포를 떠나 수홍(垂虹)을 지났다. 한 계단 한 계단 큰 나무들 사이의 산문 안길을 따라 1리 길을 걸었다. 한 층을 더 높이 올라가 굽이를 하나 돌아가니 조명선원의 내전이 나타났다. 우리가 머무는 객당(客堂)은 바로 주지스님이 좌선하고 휴식하는 방으로써 절 뒤편의 동쪽 절벽을 따라 지은 방이었다. 방은 청결하고 넓었지만 속세의 분위기를 느낄 수 없었고 때로 안개구름이 밀려들어 왔다. 서천목에 비하여 규모는 비록 작지만 높은 곳에 자리 잡고 있어 조용한 것이 더 좋았다. 동천목은 또 발전기가 있어 절에 전용 전등이 있는데 이 점은 보타(普陀)의 그 큰 여관 같은 문창각(文昌閣)과 좀 비슷했다.

주지스님 떠밍(德明)은 젊고 용모와 지혜가 뛰어났으며 경영도 잘하고 사교적이었다. 같이 밥을 먹고 산을 유람했는데, 이야기를 나누는 과정에서 우리는 그가 충분히 이 명산의 주지스님이 될 재능이 있음을 알 수 있었다.

이 소명선원의 역사를 살펴보면(《동산지(東山志)》를 보라) 당연히 소명태자로부터 유래한다. 양(梁) 대동(大同)년간에 스님 보지(寶志, 즉 志公)가 머물던 곳이다. 원나라 말기에 훼손되었다가 명나라 홍무(洪武) 20년에 다시 건설되었고, 만력(萬曆) 초에 또 훼손되었다가 청나라 강희(康熙)년간에 임안 황창연(黃倡緣)이 새로 지었는데 홍양(洪楊) 때 다시 훼손되었다. 그 후에 수리를 한 사람은 명확치 않은데 만약 현존해 있는 비석의 기록을 살펴보면 알 수 있을 것이다.

절의 규모는 서천목의 선원사처럼 웅대하지는 않지만 천왕전, 우타

각, 대중보전, 장격각 등 있을 것은 다 있었다. 안타깝게도 장격각에 경전을 저장하지 않았다. 네 벽을 금색으로 칠한 천불각(千佛閣)을 촌사람들은 백자당(百子堂)이라 부르는데 절의 서쪽에 있었다.

스님이 거처하는 방은 그리 많지 않았고 산의 움막에 누워서 먹을 것을 축내는 자들도 몇 명에 불과했다. 이로 미루어 이 절의 재산은 서천목보다 부유하지 못함을 알 수 있었다. 그러나 단월(檀越)의 시주와 선남선녀들의 의연금이 1년 사이 꽤나 되는 것 같다. 그렇지 않다면 전등을 시설해서 운영하고 수리하는 비용이 어디에서 나올 것인가?

점심을 먹고 나서 주지스님과 함께 서쪽 높은 곳에 위치한 분경대에 올랐다. 분경대는 황폐해져서 지금은 조그마한 움막으로 변해 있었다. 분경대 서쪽으로 50여 걸음을 걸어가면 갈치천(葛稚川)의 연단지(煉丹池)가 있는데 그 연못 위에도 움막이 하나 있었고 수도승 한 명이 있었다.

분경대에 이르자 모두들 유흥이 끝난 것 같았는데 나와 찐지엔푸(金籛甫), 우빠오지(吳寶基), 쉬청장(徐成章) 세 사람은 더욱 더 나쁜 버릇이 발동했다. 우리는 끝까지 탐구해보고자 동천목의 정상에 오르기로 했다. 지서(志書)에 말하기를 서천목은 높이가 3천 5백 장이고 동천목은 높이가 3천 9백장이라 동천목 꼭대기에 있으면 절강성 반의 산천형세를 똑똑히 볼 수 있다고 했다. 그러니 기왕 산 높이의 10분의 8인 분경대에 오른 바에야 누가 조그마한 공을 아끼겠는가!

주지스님과 같이 온 다른 여러 선생들과 갈라진 후 우리는 절에서 일하는 일꾼만 가이드로 청해 가시덤불 길을 헤치기 시작했다. 절벽을 지나 황량한 풀숲 속과 흙탕길을 두 시간을 걸어서야 동천목의 최정상인 대선봉(大仙峰)에 다다랐다.

우리를 안내했던 사람의 말에 의하면 대선봉 정상에는 안개가 낄 때가 많아 1년 중 맑게 갠 날이 며칠 없다고 한다. 몇 년 전만 해도 나무가 산꼭대기까지 울창하여 호랑이, 표범, 원숭이 등 동물들이 서식하고 있었는데 산불이 나서 산이 초토화 되어버렸다 한다. 그 뒤로 호랑이와 표범이 종적을 감추었고 나무도 다 죽어버렸다고 한다.

우리는 그의 말을 듣고 마음속으로 좀 두려웠다. 불에 타버린 큰 나무들은 나뭇가지만 앙상하게 서 있지만, 채 타지 않은 풀과 대나무 등은 이미 사람 키만큼 자라서 호랑이나 표범 등이 얼마든지 몸을 숨길 수 있었기 때문이다.

이선봉(二仙峰)을 지나자 땅에 온통 물이 흘러 수풀 속이 마치 강변에 있는 것처럼 습했다. 안내자가 이것은 위의 용담(龍潭)에서 흘러나오는 물인데 큰 가뭄이 들어도 마르지 않는다고 했다. 높이 올라갈수록 공기는 희박해져 모두들 숨을 헐떡거렸다. 선연석(仙緣石)에 도착하니 사면의 경치가 갑자기 변해 우리 네 사람의 흥은 더욱 높아만 갔다.

이 선연석은 대선봉 용담 밑에 있는 수백 장 크기의 큰 돌이다. 부근에 또 기이한 형태와 이상한 모양의 암벽과 동굴이 부지기수였다. 선연석 꼭대기의 절벽 아래가 바로 용담인데 비록 암석에 둘러싸인 자그마한 네모난 물이지만 넘쳐흘러서 동서 두 폭포의 물줄기를 만드니 촌사람들이 그를 신으로 모시는 것도 그리 괴이한 일이 아니었다. 더욱이 《동산지(東山志)》에 옛 사람들이 이 돌 위에서 신선을 만났다는 이야기가 기재되어있기 때문에 후세사람들이 시를 지어 이 돌을 유안(劉阮)의 천석(天石)에 비유하였다.

그러나 우리는 용을 보지도 못했고 신선도 만나지 못했다. 다만 선연석 동쪽의 사자처럼 생긴 암석 위의 그 늙은 소나무(이 소나무는 정말

이상하다. 큰불이 났을 때 타지 않았다) 아래 오랫동안 앉아 있었다. 산바람은 쌀쌀하고 산은 고요한데 이 한 그루 밖에 없는 소나무 아래 앉아서 쉬면서 하늘과 지는 해 그리고 주위의 천석만학(天石萬壑)을 바라보고 있으니 비록 신선은 못 되었지만 각자의 배 안에서 울리는 심금이 마치 술에 취한 것처럼 둥실둥실 떠가는 것 같았다.

선연석에서 다시 백여 걸음을 올라가면 대선봉의 최정상인데 동쪽으로 바라보면 수많은 산 아래 한 갈래 누런 물결이 어렴풋이 저녁놀에 물들어 있다. 등 뒤쪽의 북쪽은 효풍(孝豊)의 경계이다. 산색은 짙은 자색인데 산머리에 때때로 인가처럼 흰 벽이 한 줄, 한 줄 눈길을 끄는 것은 아직 채 녹지 않은 적설이었다. 대선봉 정상은 남쪽을 향하고 있어 햇빛을 많이 받으므로 눈은 이미 녹았고 이날은 바람이 크게 불어 증기를 날려버렸기에 안개도 없었다. 서쪽으로 서천목산을 바라보니 온통 거무스레할 뿐이다.

멀리 바라보니 대선봉보다 그리 낮지 않은 것으로 보아 지서(志書)에 동천목이 서천목보다 사백 장이나 더 높다는 말이 틀렸음을 알 수 있다. 그러나 대선봉에 와 보니 모든 산들의 맥락을 똑똑히 볼 수 있었고 곽경순(곽박)(郭景純)이 쓴 “천목산 앞의 두 젖줄기가 자유분방하고 웅장한 기세로 전당까지 뻗었는데, 해문(海門)에 덕이 있는 봉우리가 있어 5백 년 동안 제왕을 배출했노라”라는 이 시의 수수께끼를 대충 어렴풋이 이해할 것 같다.

대선봉 남쪽에는 돌들을 쌓아 만든 제단 위에 조각한 용왕상이 놓여 있었다. 우리가 여기에 온 것은 기우제를 올리기 위한 것은 아니었다. 그러나 아마 다시 오기가 힘든 연고이리라. 구경을 한 뒤 모두 공손하게 꿇어앉아 아홉 번 절을 올렸고 떠날 때에는 용왕에게 조심하라고 인사를 하고 후에 다시 만나기를 약속했다.

하산길에 우리는 천천히 걸으며 이야기를 나누었다. 한편, 동천목에서 남쪽으로 갈라져 나간 많은 봉우리들을 보면서 나는 홀로 몇 구절의 즉흥시를 만들었다. 항주에 돌아가면 답안지를 제출하여 임무를 마칠 준비를 했다.

매서운 2월의 봄날 온 산 눈 덮이고,
높은 봉에 올라 멀리 환동관(皖東關)을 바라보노라.
서쪽의 선원사(禪源寺)에서 이틀이나 머무른 것은,
수풀 속 굽이도는 물을 보기 위함이라.

이것은 서천목 선원사에 머물 때의 시이다.

무제(武帝)는 정이 깊고 태자는 어지니,
분경대(分經臺)에서 하늘을 바라보노라.
병마가 맞이하고 돌아간 후,
적막한 인간세상 몇 백 년이 지났는지.

이것은 오늘 분경대에 올라갔을 때의 시이다.

선봉꼭대기에서 전당강(錢塘江)을 바라보니,
자유분방하고 웅장한 기세로 두 줄기 뻗었네.
금빛 가루 같은 노을빛에 수많은 산은 짙은 자색으로,
긴 강은 누런빛으로 물들었구나.

이것은 대선봉 정상에서 전당강을 바라볼 때의 시이다.

저녁때 소명선원(昭明禪院)의 객당(客堂)에서 쩡꾸(增嘏)는 동산지(東山志)를 읽으면서 서문장(서위)(徐文長)이 쓴 시를 베끼고 있었다.

천목산(天目山) 높이 솟아 650척,
밤에 누워보니 수많은 봉우리 에워쌓네.
긴 등나무에 걸린 조각달 어떻게 매달려 있고,
깎아지른 바위에 차가운 담수 얼마나 깊은지?
토란잎의 붉음이 붉게 타오는 단풍잎 같고
연꽃은 꿋꿋이 큰 강 한복판을 바라보네.
내일 공중에 가로 걸려있는 지팡이를 빌려,
서산에 날아올라 다시 명산대천의 명승지를 유람하리.

나는 다만 동천목 팔경의 명목(名目)만 베꼈다.

1. 선봉원조(仙峰遠眺)
2. 운해기관(雲海奇觀)
3. 경대추풍(經臺秋風)
4. 평계야월(平溪夜月)
5. 연화석좌(蓮花石座)
6. 옥검비교(玉劍飛橋)
7. 현애폭포(懸崖瀑布)
8. 고전서운(古殿栖雲)

항주

항주가 이름이 난 것은 대부분 서호 때문이다. 이곳을 일컬어 흔히들 인간의 손으로 만들어낼 수 있는 것은 모두 갖추었다고 하는데 그 배경을 여러 역사적 사실에서 찾아 볼 수 있다.

맨 처음 당말 오대 시기(서력 10세기 초기) 무숙왕 전류(錢鏐)가 동남쪽을 할거했을 때 "수왕조가 각별히 공을 들여 이 지역을 세웠으나 당시는 겨우 36리에 아홉 보를 더한 정도였다. 그 후 전무숙왕 때 일반 백성과 열 세 군데 병영에서 군졸들을 뽑아 나성을 증축하여 사방 70여 리에 이르게 되었다."고 전한다. (오자목(吳自牧) 《몽량록(夢粱彔)》 제7권)

다음으로 남송 건담(建炎) 3년(1129년) 고종이 임안(臨安)의 행궁을 지었는데 수도의 덕을 봤다고도 할 수 있다. 물론 당나라 백낙천(백거이)(白樂天)과 송나라의 소동파가 제방을 쌓아 물길을 정돈하는데 항주 군민들의 공도 있었겠지만 술에 취해 계집을 끼고 앉아 시나 읊어대던 일개 군수의 지휘 능력만으로는 어쨌든 제왕의 그것에 필적할 수 없었을 것이다.

자호신(柴虎臣)이 지은 《항주연혁대사고(杭州沿革大事考)》에 보면 항주의 '항'자의 내원에 대해 "우왕(禹王)이 말년에 여러 곳을 두루 돌아보다가 이곳에 이르렀다. 뱃길을 버리고 뭍으로 오르는데, 이 때 처음이 '항(杭)'이란 글자가 보인다."고 설명해 놓았다. 이것을 근거로 우왕

이전에는 분명 항주가 물이 풍부한 나라였음을 추측해낼 수 있겠다.

4천 여 년 전 이 물의 나라가 뒤에 와서는 월(越)나라와 오(吳)나라의 영토가 되었다가 또 이 두 나라의 전쟁터가 되기도 했다. 그러다가 동한(東漢)의 절강, 삼국 시대 오나라의 부춘(富春), 진나라의 우군(吳郡) 등으로 변모해갔고, 수당의 항주에 이르러서는 중원을 잃고 지방으로 밀려난 국도의 모습으로 정치 중심지로 떠올랐다. 지금에 와서도 동남부 5개 성의 교통의 요지로 중시되고 있을 뿐 아니라 노랫가락과 춤이 울려 퍼지고 다채로운 풍경이 도처에 가득하니 그야말로 남송시절 최고로 손꼽힐 때의 그 모습을 회복하고 싶어진다.

내가 항주에 와 살게 된 것은 서호를 찾아 꿈을 좇아보려는 것도 아니요, 그렇다고 내 개인의 감상을 대중에게 강요하려는 것은 더욱 아니다. 아내가 항주인이다 보니 평소 항주 말에 익숙하며 아버지와 할아버지 역시 부춘 태생이라 이곳에서 울고 웃으며 터를 닦아왔기 때문이다. 만물이 흙에서 태어나 다시 흙으로 돌아가고 사람이 궁지에 몰리면 결국 고향을 찾는 이치일 것이다.

내 고향은 물고기와 쌀이 풍부하고 돈을 융통하기도 쉬우며—올해는 어떨지 모르겠지만—무엇보다 방세가 싼 편이라 객지에서 지친 몸을 이곳으로 옮겨 생을 마칠까 한다. 여기서 지낸 후로는 세월이 유수같이 흘러 눈 깜짝하는 사이 벌써 1년하고도 반년이 더 흘렀다.

내가 항주에 와 사는 것을 아는 친구들은 날이 좋을 때면 찾아와 함께 서호를 둘러보기도 하고, 개중엔 자신들의 널찍한 집으로 초대하기도 한다. 나 역시 누추한 집에 적막하고 쓸쓸히 지내고 있는 형편이라 혹 멀리서 친구라도 찾아올 때면 그들과 옛일에 대해 담소하거나 항주에 대해 이것저것 얘기하는 것이 여간 기쁘지 않다. 그렇다 보니 어느새 모두들 나를 마치 무슨 항주의 터줏대감이나 산수를 거느리는 사람쯤으로 안다. 《중학생》이라는 잡지 편집자가 내게 항주에 관한 글을 한 편 써달라고 특별히 편지를 보내온 것도 아마 이 때문일 것이다.

항주의 일반적인 홍망성사 연혁에 관해서는 《절강통지(浙江通志)》, 《항주부지(杭州府志)》, 《인전현지(仁錢縣志)》 등을 통해 알 수 있다. 또한 항주의 역사, 호수와 산천의 서적 등에 대해서도 일찍이 광서(光緒) 년간의 전당(錢塘)의 정신(丁申), 정병(丁丙) 두 사람이 펴낸 《무림장고총편(武林掌故叢編)》과 《서호집람(西湖集覽)》, 《서호지(西湖志)》와 《호산편람(湖山便覽)》의 원판과 재판, 그 밖에 규모 있는 여러 서적회사의 대 문호들이 지은 서호 유람기나 서호(西湖)유람 안내책자들이 있으니 참고할 수 있을 것이다. 따라서 이들에 관해 여기서 다시 언급함으로써 지면과 독자들의 귀중한 시간을 낭비하고 싶지는 않다.

내 생각에 그래도 써 볼만한 가치가 있고 또 독자들의 최소한의 관심이라도 이끌어낼 수 있는 주제는 항주 사람들의 성격인 듯싶다. 때문에 여기서는 먼저 '항주 사람들'에 대해 이야기하고자 한다.

최초의 항주 사람은 도대체 어디서 왔을까? 항주 사람들의 기원 문제는 아마도 닭이 먼저냐 달걀이 먼저냐 하는 논쟁과 같아서 설사 다윈이 저승에서 살아 돌아온다고 해도 답을 내지 못할 것이다. 다행히도 이 문제는 여기서 다루고자 하는 주제가 아니다. 그러므로 일단 항주라는 이 지역에 물이 생기고 얼마 안 되어 바로 어로와 수렵에 능한 몇몇 미개한 사람들이 이주해 와 살았다고 가정하고 이들을 잠시 항주 사람들의 조상으로 보기로 하자.

오나라나 월나라 사람들은 항상 전쟁을 좋아하고 참을성이 강하며 독한 면이 있고 질투심도 강하다. 반면 재주도 있고 지혜롭기도 하다.

이들이 미인계를 사용하여 고소(姑蘇)를 정복한 이래 비록 군사적으로는 승리했다고 할 수 있으나 풍속적인 면에서는 오히려 대단한 손해를 본 셈이다. 그들의 호전성과 인내심, 강인함은 점차 사라지고 오히려 시기심과 계략적인 기회주의만이 발달하기 시작했다.

세월이 흘러 초나라 위왕(威王), 진(秦)나라 시황(始皇), 한(漢)나라 고종 등의 토벌로 항주 사람들은 그만 영원한 피정복민의 신세로 전락하여 북방 사람들에게 예속되고 말았다. 그러다가 삼국의 난세에 손(孫)씨 집안의 두 부자가 궐기하여 국호를 '오'라 칭하면서 항주 사람들이 겨우 숨통을 트게 되었다. 그 상태로 수와 당 두 왕조를 꾹 참고 버티다가 전무숙왕 때 이르러 인내의 정점이 되었고 얼마 안가 남송으로 도읍을 옮기면서 고유한 항주 사람들의 기질에 변경(汴京, 현 개봉) 사람들의 문약한 성질이 가미되어 지금의 항주 사람들의 성격이 만들어진 것이다.

의지가 약하고 매사에 논쟁이 분분한 점, 겉으로 보기에 강해 보여도 속이 대차지 못하고 겉치레하기 좋아하는 점, 작은 일에는 약삭빠르면서도 큰일을 앞에 두고는 제대로 갈피를 잡지 못하는 점, 글 잘 짓고 우아하다고 스스로 잘난 체하며 청빈함을 최고의 덕목으로 꼽는 점, 즐거움만 찾고 분발할 줄 모르는 점 등등 이것이 바로 오늘날 항주 사람들의 특징이다. 물론 일반 중국 사람들에게도 이러한 병폐가 보이기는 하나 아무리 봐도 내 생각엔 항주 사람들이 유독 심한 것 같다. 그래서인지 외지 사람들은 항주 사람이 상해탄(上海灘)에 돌아다니는 사기꾼들보다 훨씬 교활하다고까지 말한다.

하지만 알고 보면 항주 사람들이 눈앞의 작은 이익만을 좇을 줄 알지 실제로 자기들이 큰 불이익을 당하고 있는지는 미처 깨닫지 못한다.

게다가 그들은 자신들이 큰 손해를 봤다는 사실을 알고 난 후에도 여전히 제가 옳고 바르다고 우긴다. 이런 것을 뭐라 표현해야 할지 모르겠지만 어쨌든 '항주 쇠대가리[항철두(杭鐵頭)]'라면서 스스로 위로하고 또 스스로를 속인다.

태생은 원래 부지런하고 검소하지만 근면을 오히려 재수 없는 것으로 여기고, 가난을 드러내는 것은 체면과 관계가 있다고 여긴다. 그래서 부모들이 아이들을 가르칠 때 강조하는 첫 번째 원칙이 바로 고생 않고 편안하게 살며 대갓집 도련님처럼 행세하라는 것이다. 이렇게 해서 대갓집 도련님의 허세를 다 배우고 나면 부모는 이미 늙고 가산은 탕진해 버린 상태인데도 이 도련님들은 대낮에 서호(西湖)에 들러 어슬렁거리며 일은 하지 않고 도포자락 휘날리며 폼을 내야 하는 신세니 그야말로 냉수 마시고 이빨 쑤시는 격이다. 그러다가도 저녁때가 되면 어두운 곳에 가 엎드려 구걸하거나 아니면 물건을 훔치는데 자신들이 이러한 행동을 하는 것에 대해 조금도 부끄러워하지 않는다. 왜냐하면 어두운 곳에서는 잘 보이지 않기 때문에 체면이 손상될 위험이 전혀 없기 때문이다. 어쨌든 대갓집 도련님 행세는 해야 하지 않겠는가! 하지만 큰 도적이나 강도짓은 오히려, 아니 절대 하지 않는다. 그렇다고 항주 사람들이 담이 적은 것도 아니다. 다만 형을 집행할 때 뒷결박 당해서 거리로 내몰려 사람들의 눈총을 받는 것이 체면에 손상을 주기 때문이다. 그래서 그토록 용감하다는 항주 사람들도 좀도둑질만 할 뿐이다.

바로 이 점 때문에 지금의 항주 사람들은 영원히 피정복민으로 살아갈 수밖에 없다. 고상한 것은 오히려 매우 고상하다고 할 수 있고, 천박한 지식도 없다고 말할 수 없지만, 작은 이익이라도 있으면 한 치의 양보가 없다. 가장 무서운 것이 입이다. 외지의 정복자가 항주 사람들을 정복한지 3대도 못 지나서 바로 항주 사람이 되어 버린다. 이발사의 머리 역시 다른 누군가에 의해 깎이듯 수 십 년이 지나면 또다시 새로운 정복자에게 정복당하고 만다. 이런 식으로 한 해 한 해가 거듭된다. 현재 남아있는 항주 토박이는 거의 열 손가락도 못 넘길 듯하다.

사람들은 이것이 항주의 산수가 너무 빼어나기 때문이라고 말한다. 서호가 바로 28 가인의 매끈한 몸매 같은 요녀의 모습을 하고 있기 때문에 항주에서는 절대로 훌륭한 인물이 나올 수 없다. 물론 이 말에는 약간의 진실이 몇 프로 들어있다. 하지만 일본의 산수도 수려함으로 치자면 항주 빰친다. 스위스는 내가 잘 모르겠다. 이태리의 풍경을 담은 그림은 우리가 자주 보아 알 수 있듯이 어째서 외국 사람들은 지리적인 영향을 받지 않는데 유독 항주 사람들만 이 절경의 수렁에 빠져드는 것일까? 내 생각엔 아무래도 교육이 부실한 탓이다. 항주의 가정교육과 사회교육 그리고 학교교육까지 모두 철저히 개혁하지 않으면 안 된다.

이번엔 항주의 풍속에 대해 얘기해 보자. 세시 풍속은 주로 연중행사를 통해 그 모습을 드러내는데 대체로 강남의 여러 성들과 비슷하다. 그러나 항주의 혼례나 상가 등의 행사는 다른 지역보다 훨씬 겉치레가 심하다. 이 방면에 관해서는 동치(同治)년간 전당(錢塘)에 사는 범월교(范月橋)씨가 《항속유풍(杭俗遺風)》이라는 책을 지어 상세하게 설명해 놓은 바 있으나 지금의 항주 풍속을 자세히 살펴보면 역시 남송(南宋)의 오자목(吳自目)이 《몽양록(夢粱彔)》에서 말한 내용과 비슷하다. 왜냐하면 항주 사람들은 원래 그 시대를 통해 이어온 바로 그 시대에 개편된 사람들이기 때문이다. 도시 문화의 영향은 실제로 그리 크지 않다.

사시사철 항주 사람들은 바쁘다. 살고 죽는 두 가지 대 사건 외에 대부분 허례 의식으로 채워져 있다. 그러니까 혼례나 상례 죽고 사는 것의 반 이상은 의식에 치중하는 것이다. 상주는 돈으로 사람을 고용하여 곡을 시키면 된다. 경사가 있을 때도 직업적으로 덕담하는 사람을 사서 대신 애쓰도록 하면 된다. 천지나 조상, 귀신에게 제사지내는 것도 오직 체면 차리기 위한 것이다. 심지어 사철 노니는 것도 전부 의식의 범위에 들어있을 정도여서 제 때에 일정한 지역을 유람하지 않으면 마치 무슨 큰 체면 손상거리라도 되는 것처럼 남이 비웃을까봐 겁낸다. 그래서 명나라 고렴(高濂)은 《사시유상록(四時幽賞彔)》을 지어 항주 사람들이 각 계절마다 반드시 해야 할 소일거리에 대해 자세히 설명해 놓았다.

여기에, 이들을 각 계절별로 간략하게 베껴 오자무가 말한 "임안의 풍속은 사시사철이 모두 사치스러워 보이며 즐기느라 거의 쉴 날이 없다."고 한 대목이 빈 말이 아니었음을 모두에게 보여주고자 한다.

1. 봄날의 유희 ; 고적한 산 달 빛 아래에서 매화꽃을 감상하고 팔괘전(八卦田)에서 유채꽃을 감상하며 호포천(虎跑泉)에서 몸소 차를 시음한다. 서계루(西溪樓)에서 구운 죽순을 맛보고 보탑(保塔)에서 새벽 산을 바라보며 소제(蘇堤)에서 복숭아꽃을 감상한다. 등등.

2. 여름날의 유희 ; 소제(蘇堤)에서 신록을 감상하고 삼생석(三生石)에서 달을 노래하며 비래동(飛來洞)에서 더위를 식히고 호심정(湖心亭)에서 순채를 뜯는다. 등등.

3. 가을날의 유희 ; 만가항(滿家巷)에서 계화(桂花)를 감상하고 승과사(勝果寺)에서 달을 바라보며 수악동(水樂洞)에서 비 온 후의 샘 소리를 듣고 한 밤에 육화탑(六和塔)에서 바람을 쐬며 조수를 즐긴다. 등등.

4. 겨울날의 유희 ; 삼모산(三茅山) 정상에서 강 위로 눈이 멎고 날이 개는 모습을 바라보고 서계로 가는 길 가운데서 눈 놀이를 즐기며 눈 덮인 진해루(鎭海樓)에서 저녁 짓느라 피어오르는 연기를 바라보고 섣달 그믐날 밤 오산(吳山)에 올라 소나무 분재를 감상한다. 등등.

앞에서 이처럼 항주 사람들의 단점을 들추고 나니 아무래도 항주의 산수에 대해 한 두 마디 더 거들어야 할 것 같다.

서호의 경관은 분재로 치자면 훌륭한 구석이 없는 것은 아니어서 분재보다 약간 크다는 점이 매력이다. 만약 서호 가까이에 있는 산을 보고 싶다면 일단 오르는 것을 멈추고 서쪽과 남쪽으로 20, 30리를 걸어가야 한다. 여항(餘杭)의 소화산에서 무호산 정상까지 오른 후 사방을 둘러보면 절강성 서부 산맥의 위력을 어느 정도 실감할 수 있을 것이다. 날이 맑으면 서북쪽으로 천목까지 볼 수 있고 남쪽으로는 발아래에 가로지르는 물길이 동으로 해문(海門)에 흘러내리니 이것이 바로 전당강의 길목이 된다.

감(龕)과 자(赭) 두 산은 천체 망원경 속으로 보이는 유성처럼 조그만하다. 만약 시간이 너무 촉박하고 다리 힘이 끝까지 버텨줄까 걱정된다면 일단 차를 타고 강가까지 내려오고 나서 범촌(范村)을 지나 오운산(五雲山)봉우리에 올라 건너편 해안가의 월산(越山)과 전당강 상류의 여러 봉우리들이 끊임없이 어우러진 장관을 감상해야 할 것이다. 더군다나 오운산 밑 서쪽의 운서(雲栖)는 검푸른 대나무가 무성하니 자연 경관은 썩 괜찮은 편이다.

오운산에서 북쪽으로 낭당령(郎當嶺)을 타고 천축(天竺)으로 내려가다 보면 고개 마루에서 눈이 번쩍 뜨일 곳을 발견하게 된다. 하나는 서로 뻗은 고개 밑의 매가오(梅家塢)라는 별천지요, 또 다른 하나는 동으로 난 고개 발치에서 서호가 발산하는 거울 같은 물빛이다.

좀 더 가까이 다가가 서호를 둘러보면서 항상 느끼는 사실이지만 남산이 북산보다 빼어난 것 같다. 봉황산 승과사(勝果寺)는 너무도 황량한 탓에 영은(靈隱)이나 갈령(葛嶺)에 비해 오히려 여운이 깊다.

또 북쪽의 진정산(秦亭山)과 법화산(法華山) 아래 서계(西溪) 일대는 마치 화오(花塢)의 추설암(秋雪庵)과 교로암(茭蘆庵)처럼 품고 있는 우아함과 수려함은 본래부터 존재하고 있었다. 그러나 남종화(南宗畫)를 모르고 왕유(王維)[1]와 위응물(韋應物)[2]의 그림과 시를 이해할 줄 모르는 사람이라면 비록 코앞에서 쳐다본들 무엇을 얻어갈 수 있겠는가!

서호에서 10여 리 떨어진 곳 공신교(拱宸橋) 동쪽 첫머리쯤, 위치로 보자면 항주의 동북쪽에 해당하는 이곳에도 여러 산맥들이 한 곳에 모여든다. 속칭 반산(半山)이라 불리는 고정산(皐亭山)은 시내에서 가깝다고 해서 이름이 났을 뿐 경치로는 그보다 약간 동쪽에 위치한 황학봉(黃鶴峰)이나 북쪽으로 나있는 초산(超山)에는 미치지 못한다. 게다가 초산 밑에 사는 사람들은 과수를 심어 생계를 유지하고 있는데 음력 2월 초와 정월 말경 대명당(大明堂) 밖(오창수어(吳昌碩)의 무덤 옆)에서 볼 수 있는 매화는 그야말로 장관이다. 이를 두고 세간에서는 '향설해(香雪海)'라고 부르는데 이 이름이 기막히게 딱 들어맞는다.

이 밖에도 항주의 음식 및 주거에 관한 이야기 거리도 있지만 필자가 서호의 관광 가이드도 아니고 하니 여기서 그만 끝을 맺는 것이 좋을 것 같다.

1934년 3월

1 699～759 당대 화가

2 737～786? 당대 시인

옥황산

항주 서호 주위에 제일 많은 것이 모기라 한다면, 두 번째로 많은 것은 사찰의 스님과 비구니 등 출가한 사람들이라 할 수 있다. 만약 오대산(五臺山), 보타산(普陀山) 등 불교 명승지가 본래 출가한 사람들이 독점한 공화국이라 한다면, 자연히 정황을 별도로 논의해야겠다. 만약 당신이 호반으로 산책을 나가 주의 깊게 세어본다면 대략 평균 매 5분마다 승복차림에 대머리를 한 불문의 제자들이 한가로이 활보하면서 많은 현대 신사숙녀들 사이를 누비고 다니는 것을 볼 수 있을 것이다. 이것을 호산의 장식이라 한다 해도 무방할 것이다.

항주는 스님과 비구니들이 이렇게 많지만 도사들은 다른 곳에 비해 그리 눈길을 끌지 못한다. 다시 말하면 숫자가 다른 곳에 비해 특별히 많지 않다. 건담(建炎)년간에 임안으로 천도한 후 도교를 추앙하여 심지어는 관청이 사원 안에 있는 것도 보인다. 그리고 황제, 태후, 궁비 제후 등이 은퇴하여 은거한 곳은 대체로 모두 사원이었다. 다시 말하면 항주는 응당 도교의 중심지가 되었어야 했는데 사실은 그렇지 못하다. 《서호유람지(西湖游覽志)》에서 언급한 성 내외의 이름난 사원들이 지금은 모두 이름만 남아있고 건물이 존재하지 않은데 어디에서 도사가 찾아오겠는가?

서호 주변에 도사가 기거하고 있는 대 사원은 일반 사람들에게도 잘 알려져 수시로 갈 수가 있다. 북산에는 다만 황용동(黃龍洞)만 남아 있고, 남산에는 당연히 옥황산(玉皇山)을 꼽을 수 있다.

옥황산은 서호와 전당강 사이에 우뚝 솟아 있다. 지세는 남북의 높은 봉우리와 정립한다고 할 수 있다. 높이 올라 바라보면 서북쪽으로는 안개 자욱한 수면과 구름의 그림자가 이 호수의 산봉우리를 감돌고 있는 것을 만끽할 수 있고, 서남쪽은 강인데 돛단배들이 부르면 바로 오고 가라고 하면 바로 갈 것 같은 기세이다. 동쪽으로 바다어구를 바라보면 한 점의 봉우리가 보이고 두 갈래로 갈라진 물길은 기상이 웅장하다. 건너편 기슭의 월산, 강변의 큰 탑에 대해서는, 높은 데서 내려다보기 때문에 오히려 말할 가치조차 없다. 옥황산은 성의 남쪽에서 가까운 거리에 있다. 성내의 사람들과 호수가 매일 옥황산을 지켜보고 있다. 일반상식으로 판단한다면 당연히 호수를 제일의 명승지로 꼽아야 한다. 그러나 영은불가(靈隱佛家)처럼 향불이 번성하지 못한다는 것을 알고 나는 개인적으로 좀 불공평하다고 느꼈다.

자세히 생각해보면 옥황산이 영은불가처럼 흥성하지 못한 이유는 분명히 있다. 그것은 바로 옥황산이 높게 홀로 우뚝 서서 다른 낮은 산이나 언덕과 연결되지 않은데 있다. 독불장군이나 시건방 떠는 더러운 무리들이 대다수 환영받지 못하고 끝내 한을 품고 세상을 뜨는 사례들을 이 옥황산이 푸대접받는 것으로 증명할 수 있겠다.

너무 높고 고독하여 옥황산 위에는 예로부터 지금에 이르기까지 끝내 조용한 사원 하나 밖에 없다. 유명인사의 찬양 비석도 없고, 돈 많은 사람들의 시주도 없이 천여 년을 내려오면서 장강(長江)과 서호를 끼고 있는 옥기둥 같은 높은 봉우리는 안내책자 한 권도 없다. 전하는 말에 의하면 광서(光緒) 년간에 사원을 돌보는 도사 한 분(월중자(月中子)인지 모르겠다)이 어떤 사람에게 부탁하여 얇디얇은 "옥황산지(玉皇山志)"를 편찬하였는데, 그 목적은 공문서를 수집하기 위한 것이었고, 건설이나 개혁의 기록 또는 산천을 묘사한 글은 없었다. 안내서라고 부르기보다 계약서라고 부르는 편이 낫겠다.

나는 한가할 때 산에 올라 먼 곳을 바라보면서 매번, 몇 개월 시간을 내어 이 산과 이 사원을 위해 지서(志書)의 재료를 모아야겠다고 생각했었다. 그러나 몇 년째 안내서를 모으고, 읽은 책도 적지 않았지만 얻은 소득은 적었다.

당나라 때에는 옥주봉이라 불렸고, 이 산에 옥룡도원(玉龍道院)이 지어졌다. 송나라 때에는 옥룡산(玉龍山) 혹은 용산이라 불러 동쪽의 봉황산과 상대케 하였는데, 곽박(郭璞)의 "용과 봉황의 전당까지"란 글귀에 어울리게 되었다. 명나라에 들어서서 복성관(福星觀)을 창건하고 옥황상제를 봉양하면서 옥황산이란 이 이름을 처음 사용하였다.

청나라 강희(康熙) 년간에 절강성 동부와 절강성 서부의 총독 이민달(李敏達)이 풍수지리설을 믿었는데 용이 떠나버린 것 때문에, 성안에 화재와 병환이 끊이질 않는 것이라 생각했다. 그래서 일(日), 월(月)의 두 연못을 파고 산허리에 철 항아리 일곱 개로 북두칠성의 모양을 만들고, 자양산(紫陽山)의 감괘석(坎卦石)과 북성(北城)의 수성각(水星閣)을 합하여 불화를 진압하는 속임수를 쓰게 되었다. 이 때문에 옥황산 위의 칠성 항아리도 유명해졌다. 홍수전(洪秀全)과 양수청(楊秀淸)의 태평천국 때 파손되었는데, 양창준(楊昌浚)총독이 다시 한 번 수리하였다.

지금의 사원은 최근에 사원을 관리하는 쯔둥리(紫東李)도사가 중홍한 업적이다. 그러나 들리는 말에 의하면 이미 십여 만의 돈을 투자했지만 아직 완공되지 않았다 한다.

이와 같은 내용은 옥황산에 있는 사원의 흥망에 관한 대략적인 과정으로 도사가 나에게 말해준 역사이다. 그런데 전여성(田汝成)의《유람지(游覽志)》에 기재되어 있는 것과는 좀 다른 점이 있다. 거기에는 다음과 같이 기록되어 있다.

"용산(龍山)은 와룡산(臥龍山)이라고도 하고 용화산(龍華山)이라고도 하는데, 상하 석용(石龍)이 서로 연결되어 있다. 산의 북쪽에는 홍안지(鴻雁池)가 있고, 그 동쪽은 백탑령(白塔嶺)이다. 위로는 천진선사(天眞禪寺)가 있는데, 양나라 용덕(龍德) 년간에 전왕(錢王)이 절을 건설하였는데 지금은 암자 하나가 유일하게 보존되어 있다. 산허리에는 등운대(登雲臺) 또는 배교대(拜郊臺)라고도 부르는 누각이 있는데, 전왕이 천지에 제사를 지내던 곳이다. 송의 적전(籍田)(제전(祭田))은 산기슭 천룡사(天龍寺) 아래에 있다. 가운데 언덕의 동그란 도랑이 팔괘모양을 에워싸고 있어 구궁팔괘전이라 불렸는데 지금도 잘 보존되어 있다. 산옆에는 송교단(宋郊壇)이 있다."

옥황산의 역사에 대해서는 대략 여기까지이다. 팔괘전(八卦田) 밖에 있는 구련당(九連塘)(혹은 구련당(九蓮塘)이라 함)과 자운(慈雲)(동쪽), 정파(丁婆)(서쪽) 두 봉우리의 건축물, 고적 등에 대해서는 당연히 따로 가서 고찰해야 한다. 동면산(東面山) 위쪽 백화공주(百花公主)가 명령을 내리던 점장대(点將臺)와 해녕(海寧) 진각로(陳閣老)의 조상 무덤이 팔괘전 밑에 있다는 전설은 조리에 맞지 않는 터무니없는 말들이다.

옥황산의 단점은 곧 옥황산의 장점이기도 하다. 평소에 사람들이 많이 가지 않기 때문에, 또 산이 높아 쉽게 오르기가 어렵기 때문에, 한번 유람하러 가서 많은 등산객, 즉 오산(吳山)의 오랑팔표(五狼八豹) 같은 무리들을 만나기는 어려울 것이다. 다행히 자래동(紫來洞) 길이 준공되어 동쪽의 긴 다리에서부터 등산로가 새로 열려있다. 관심 있고 3리 길을 걸을 힘만 있다면 능히 올라가, 온종일 장강과 호수의 수면을 바라보며 모든 세속의 번뇌를 말끔히 씻을 수 있을 것이다.

나는 평소 오산을 좋아하여 높이 올라 먼 곳을 바라봄으로써 가슴속의 응어리를 씻을 수 있었다. 그러나 응어리가 너무 커서 몇 잔 술과 작디작은 오산으로는 해소할 수 없을 때 옥황산에 올라갈 수밖에 없었다. 작년 가을에 쩡구(增嘏) 등의 친구들과 함께 간 적이 있는데 모두들 항주의 새로운 발견이라고 경탄했다. 올해에도 두 번 갔는데 매번 새로운 장점을 발견할 수 있었다. 때문에 나는 말한다. 옥황산이 항주에 있는 것은 마치 내가 비밀리에 숨겨둔 책과도 같다고! 소동파(蘇東坡)가 굴을 먹는 것도 사심이 있다고 나는 여기에서 마음속의 충정을 토로하고 싶다.

1935년 10월

10

임평산 등산기

예전에 호항용(滬杭甬)[1] 직행열차를 타고 항주로 갔던 사람이라면 아마 누구든 임평산(臨平山) 봉우리를 보았을 것이다. 차가 협석(峽石)에 이르게 되면 평지에 나지막한 석산들이 보이기는 하지만 가까울 때는 너무 가까워서 멀면 또 너무 작아서 사람들에게 산이라는 별다른 느낌을 갖지 못하게 한다. 그러다가 임평(臨平)에 도착하면 북쪽 유리창을 통해 마치 잠을 자고 있는 소 같은 산 그림자를 보게 되는데, 그제야 산수를 감상할 채비를 하느라 마음이 갑자기 동요하기 시작한다. 곧 항주에 도착하는 것이다.

항주가 멀지 않다고 느꼈을 때 호녕로(滬寧路)의 남쪽과 호항용로 동쪽의 주변 환경이 평원에서 바라보았던 시냇물, 초가집 등 여러 곳들의 단조로운 풍경과는 확실히 달랐다. 이 임평산의 정상을 금년에서야 겨우 올라가보게 되었는데 생각할수록 또 다시 가벼운 흥취가 솟는다.

임평은 항주 한 작은 읍으로(아마도 예전에는 인하현(仁和縣)의 관할 구역이었을 것이다) 항주와 해녕(海寧) 두 현 가운데에 끼어있다. 항주에서 동쪽으로 기껏 해봐야 60리나 70리 길밖에 안 된다. 읍의 서쪽을 강이 감싸고 흐르는데 호주(湖州)로 갈 수도 있고 화군(禾君)으로 갈

---

1 호항용철도(滬杭甬鐵道) : 상해에서 출발하여 절강성 항주를 경유하여 은현에 이르는 철도.

수도 있으며 송강(松江)과 상해에서 곧바로 천변(天邊)까지 이를 수도 있다. 그러므로 자연히 강의 양 언덕과(동서방향) 강을 가로지르는 국도의(남북방향) 가장자리에 마을이 형성되어 있다.

주민들은 모두 800에서 900호 정도 되는데 버드나무 늘어진 연못, 뽕밭과 어시장, 마대자루, 말린 두부, 절인 오리와 살찐 닭, 고치와 연근 가게 등 헤아려 보니 사시사철 농산물이 풍부했다. 게다가 어느 한 삼거리 골목 입구에는 '행화촌(杏花村)(술집의 아호인 듯한데 본명은 아마 취현루(聚賢樓)일 것이다)'이라 쓴 주막의 청색 깃발이 나부끼고 있었다. 마을 사람들은 소박했고 여관마저도 보이지 않았다. 또 금주령이 삼엄했기 때문에 기생집은 당연히 없을 것이라 생각되었다. 그러나 곤란하게 살지라도 감히 죽을 수도 없는 것이 세상인지라 나는 기생집의 유무에 대해서는 단언할 수가 없다.

우리는 그 날 항주에서 10시간정도 걸리는 완행차를 탔다. 출발의 동기는 첫째, 집 가까이에 사는 친구 3명이 그 날 마침 쉬는 날이었다. 둘째는, 임평에서 지방 행정을 담당하고 있는 고향 사람이 몇 분 있었는데 그들은 내가 요즘 들어 기운도 없고 무료하여 글도 쓰지 않고 있다는 것을 알고 있었다. 그래서 나는 이웃에 사는 세 친구들과 함께 임평을 돌아보면서 기분 전환을 하자고 하였다. 기력을 북돋아 중국 농촌이 모조리 파산하여 그저 몇 사람만 살고 대부분은 죽게 되어 살길이 없다는 생각들을 버리도록 해달라고 부탁했다. 이윽고 뜻을 받들어 임평에 도착했고 더욱이 그 취현루에 가서 햇빛을 등지고 묵은 술을 두 동이나 들이켰더니 과연 흥이 솟구치기 시작했다. 모두들 겉옷을 벗어 제치고 힘주어 말했다.

"가세! 어서 산으로 올라가세!"

느린 걸음으로 읍을 나와 서쪽으로 향했다. 왼편에 있는 교각 사이를 빠져나가니 뱀처럼 구불구불한 길이 나왔다. 멀리 은을 가공하는 상점의 간판 같이 보이는 탑이 하나 보였고 길 양쪽으로 이름도 알 수 없는 나무들이 드문드문 꽤 많이 심어져있었다.

이곳 지리에 대해서는 그리 상세하게 보고하지 않아도 될 듯 싶다. 다만 북쪽에 바로 그 임평산이 있는데 남쪽에 어찌 작은 시냇물이 없겠는가? 우리가 임평산의 동쪽에서부터 오르지 않고 구태여 읍을 통해(臨平市는 산의 동쪽 기슭에 위치해 있다) 임평산 서쪽 기슭으로 간 까닭은 안은사(安隱寺)에 있는 매화나무 때문이었다.

안은사는 소문에 의하면 당나라 선종(宣宗)때 영흥원(永興園)이라 불렀다가 오(吳), 월(越) 때 다시 안평원(安平園)으로 개명되었으며 현재의 이름은 송나라 치평(治平) 2년에 하사 받은 것이라 한다. 명말청초 때의 서령십자(西泠十子) 가운데 침거금(沈去矜)(자는 겸(謙))이라는 임평사람이 있었는데 한가로이 글짓기를 좋아하더니 임평기(臨平記)를 지었다 한다. 후대의 임평 사람들도 많은 글을 남겼다. 그 가운데 가장 우수한 글이 바로 안은사에 있는 소위 '당매(唐梅)'라는 매화나무에 대해 쓴 것이다.

안은사는 임평산의 서쪽 기슭에 위치해있는데 사찰 밖에 네모난 작은 우물이 하나 있다. 그리고 그 우물 난간에는 '안평천(安平泉)'이라는 세 글자가 적당한 크기로 새겨져 있다.

만약 이 안평천에 관한 위대한 과거와 임평산 일대에 있는 많은 사찰들의 흥망성쇠, 정호(鼎湖)라는 명칭의 유래, 손호(孫晧)의 멸망원인(내가 말하는 것은 연호를 천새(天璽)로 개원할 때의 고사) 등 세세한 것들을 알고자 한다면 침거금의 임평기나 장다창(張大昌)의 임평기보유(臨平記

補遺) 또는 전여성(田汝成)의 서호지여(西湖志餘) 같은 글들을 한 번 읽어보기 바란다.

내가 여기서 확실히 말할 수 있는 것은 그 날 우리가 보았던 안은사가 정말 많이 망가졌다는 사실이다. 사찰내의 그 유명한 '당매'나무도 원래는 몸집이 꽤 컸던 것 같은데 어쩐지 내 눈에는 천 몇 백 년이라는 세월을 겪은 괴이한 신통력의 나무로는 보이지 않았다.

한번 생각해 보시라. 남송이 망할 때 승상 백안(伯顔)이 임평을 거쳐 고정(臯亭)으로 진입하지 않았겠는가? 양 노린내가 진동하는 원나라 몽고인들이 과연 중국인들을 위해 이 귀한 나무를 그대로 남겨두었겠는가? 훗날 청 왕조도 그렇고 홍양(洪楊)도 그렇고 여기서 치이고 저기서 치이는 동안 사찰도 거의 망가져 버렸는데 나무라고 견딜 수 있었겠는가? 이 당매나무의 존재가 사실이라면 그야말로 온갖 자연재해와 인화를 두려워하지 않는 살아있는 보배일 텐데 중국은 무엇 때문에 다른 무기를 만들어내는가? 외국과 전쟁을 치를 때 그저 이 신령스런 매화나무만 떠받들고 있으면 될 것 아닌가?

냉기가 엄습해 들어오는 안은사의 객실에서 차를 한 잔 마시고 나서 사방 벽에 걸려 있는 곰팡이 핀 족자들을 보면서 경의를 표했다. 찻값을 치른 후 우리는 언제 이렇게 훼손되었는지 알 수 없는 서쪽의 정전터를 지나 산으로 올라갔다. 산기슭에는 많은 인부들이 뙤약볕에 셔츠 한 장 걸친 채 땔감을 하기 위해 나무를 배고 있었다.

약간 화가 치밀어 올라 나는 걸음을 멈추고 그들에게 물었다.

"누가 당신들더러 이 나무들을 베라고 했소?"

"산 임자 말고 또 누가 허락했소?"

사실 틀린 말이 아니다. 나는 눈을 부릅뜨고 주먹만 한 굵은 나무 조각들이 여기저기 널브러져 있는 것을 바라보았다. 매년 식목일마다 각 기관이나 유지들이 울긋불긋한 전단지에 표어를 써 붙이는 것을 생각하니 목구멍에 무언가 꽉 막힌 듯한 느낌이 들었다. 한동안 멍하니 서있다 보니 동행들은 이미 멀리 앞서 가고 있었다. 하는 수 없이 방귀 뀔 새도 없이 걸음을 재촉하여 산허리로 좇아 올라갔다. 얼마나 세차게 땅바닥을 밟아댔는지 마치 땅바닥의 흙과 돌이 내게 잘못을 저질러 혼이라도 나는 것 같았다.

인부들이 산에서 마구잡이로 나무를 베어대는 모습에 답답하던 가슴은 산 정상을 오르고 나자 당장 뚫렸다. 안평산은 사실 그리 높지는 않았다. 그러나 올라가기가 꽤 힘이 들었고 호흡이 가빠지면서 자연 뱃속이 맑게 걸러지는 듯 했다.

산 정상에 올라앉는 순간 멀리 전당강(錢塘江) 줄기와 월산 옆 해안의 무수한 푸른 봉우리들 그리고 발밑으로 임평 일대의 담배농가들까지 한 눈에 들어왔다. 상해와 항주를 잇는 길 위에는 마치 어린애 장난감 같은 차량과 앞머리에서 쉴 새 없이 하얀 연기를 내뿜는 기차가 달리고 있었다. 그러나 이러한 것들은 그저 어차피 죽어가는 풍경에 약간의 생기를 덧붙여줄 뿐이다. 마치 마이크(麥克)부부가 살인을 저지를 때 주정뱅이의 노크소리를 무시해버린 것과 마찬가지로. 그 소리가 있었다면 훨씬 좋았겠지만 설사 없다 해도 그다지 유감스럽지 않다.

임평산 정상에서 내려다보는 풍경은 확실히 볼만했다. 예전에 난계에 갔을 때 난계시에서 강서 옆 횡산(橫山)을 바라보면서 이 낮고 낮은 난양산(蘭陽山)은 어쩌면 이리도 무미건조할까, 그야말로 조물주가 낭비를 했구나하는 느낌을 받았다. 하지만 다음날 산 정상에 올라 동서남북 사방을 둘러보고 나서야 난계를 여행하는 사람이라면 누구라도 이 횡산을 오르지 않고는 못 견딜 것이라는 생각이 들었다.

임평산의 경치가 바로 횡산과 비슷했다. 멀리서 지나는 길에 바라보면 임평산은 그저 나지막한 민둥산에 불과할 뿐 특이한 점이 없다고 느낄 것이다. 하지만 직접 산 정상에 올라 아래를 내려다보면 그제야 비로소 이 산이 있음으로 해서 항주 동쪽의 풍경에 결점이 없다는 사실을 알 수 있다.

내가 이렇게 극찬하는 것은 결코 임평의 관계자에게 뇌물을 받아서도 아니고 풍수선생(소위 지관이라고도 한다)들의 밥그릇을 차지하려는 것도 아니다. 실제로 항주의 동쪽은 너무 황망하다. 그런데 이 임평산과 고정 그리고 황학(黃鶴)일대의 산들이 있어 그 삭막함을 보완하고 있는 것이다. 이것들은 모두 풍경에 대해 얘기하는 것이지 임평의 호수가 막히면 천하가 다스려지고 호수가 열리면 천하가 어지러워진다는 원인을 결과로 잘못 아는 헛된 억측을 하는 것과 다르다.

임평산 정상은 서에서 동으로 이르는 동안 높고 낮은 굴곡진 등성이로 되어있는데 이 등성이들을 곧게 펴면 대략 1리 길 정도는 될 것이다. 그 길의 중간에서 동쪽으로 아래를 바라보면 노란색 담장이 보이는데 마치 거대한 코끼리의 몸 위에 매달려 있는 나무됫박처럼 생긴 곳이 있다. 이곳이 바로 임평사람들이 가장 자랑스러워하는 용동(龍洞)의 도교사원이다. 이곳 용동은 임평사람이라면 누구나 아는 곳으로서 소강(小康)왕이 일찍이 이 동굴에서 난을 피한 적이 있다고 한다. 사실, 이것은 와전된 헛소문에 불과하다. 한 번 상상해 보시라.

임평산 정상 중간 부분에 원래 큰 동굴이 있었다. 동굴의 석 벽과 지면이 맞닿는 부분에 "이공(翼拱)이 새벽에 이곳을 노닐다. 강정(康定) 원년 4월 8일"이라는 글이 두 줄로 새겨져 있다. 소강왕도 '강(康)'자를 쓰고 있고 강정원년(康定元年) 역시 같은 '강(康)'자를 쓰고 있으니 이 두 글자를 혼동하여 소강왕이 여기서 피난한 것으로 와전된 것이다. 아마도 이 때문에 도교사원이 생겼을 것이고, 용동 도교사원이 지금의 모습으로 거듭나 행인들의 발길을 묶어놓을 수 있었던 것도 따지고 보면 소강왕의 덕이 반 이상을 차지한다 할 것이다.

그러나 심겸(沈謙)의 임평기에서는 약간 달리 말하고 있다. 여기서 심겸의 글 일부를 옮기면서 본《임평등산기》의 결말로 삼을까 한다. 왜냐하면 용산에서부터 출발해야 하는데 벌써 날도 저물어가고 있고, 우리는 얼른 차 시간에 맞추어 산을 내려가야 했다. 그 날로 다시 4등 칸에 올라 항주로 돌아가야 하기 때문이다.

> 인종(仁宗)황제 강정 1년 음력 4월에 이공이 임평산 세려(細礪)동굴에 왔다.
>
> 심겸 왈 : 제 고향 임평산 정상에 세려라는 동굴이 있다. 깊이가 10여 장이나 되고, 넓이는 2장 5척이고 높이는 1장 5척이나 된다. 숫돌이 많이 나와 '숫돌하면 임평'이라는 말이 생긴 바로 그곳이다. 이곳에 온 사람이라면 누구라도 한 번 가보지 않은 사람이 없다. 송나라 이후로 지금까지 이곳에 이름을 남긴 사람은 몇 안될 뿐 아니라 그마저도 희미해져 이제는 읽을 수 없게 되어 버렸다. 그러나 지금 어느 한 분이 올라 적막한 계곡에 발소리를 울리니 그 기쁨이 오죽하겠는가.
>
> 심겸이 또 말하길 : 본인이 듣기에 동굴에 이름을 남긴지 오래되었다고 하나 아직까지 보지 못했다. 갑신년 4월 8일 마을에 풍년을 기원하는 제사가 있어 본인이 친구들과 그곳을 찾아갔는데 정말로 그 흔적이 남아 있었다. 글씨는 동굴 중앙의 동북쪽 벽에 새겨져있었는데 유독 익(翼)자가 가장 컸었다. 아래 두 줄로 나누어 새겨져

있었고 붉은 색이 칠해져 있었다. 마을 사람인 곽백읍(郭伯邑)이 윤색했지만 지금은 많이 희미해졌다. 그 필치의 기세는 마치 안진경(顔眞卿)의 필체와 같으니 정말 기적적인 일이다. 동굴의 서남쪽에 또 '두함(竇緘)'이라는 두 글자가 있는데 새긴 날짜나 그 의미가 모두 가늠하기 어렵다. 혹시 여행자의 성이 '두(竇)'씨가 아닐까? 동굴에 가득 새겨진 불상이나 아니면 양곤영취(楊髡靈鷲)[2]의 여파가 아닐까.

《臨平記》 卷一 · 十九

1934년 3월

2 양곤(楊髡)은 강남불교총독관(江南佛教總管)이고 영취(靈鷲)는 봉우리의 이름.

11

육령관(昱岭關)기행

1934년 3월 말일 밤, 우리 일행은 동천목 조명선원의 선방(禪房)에서 묵었다. 그리고 4월 1일 새벽에 진젠푸(金錢甫), 우바오지(吳寶基) 등 동행인들끼리 5시전에 일어나 종루봉(鐘樓峰)에서 일출과 운해(雲海)를 보기로 약속했다.

이튿날 새벽 4시쯤 목이 말라 일어나서 차를 마시고 있다가 창밖으로 고개를 내밀어 살펴보니 뿌옇게 깔린 구름 사이로 가랑비가 부슬부슬 날리고 있었다. 오늘 일출과 운해 구경은 보나마나 물 건너갔구나 싶어 아예 다시 잠을 청했다. 그리고 눈을 떠보니 이미 아침 8시가 되어 있었다.

아침을 먹은 후 가마를 타고 산을 내려왔다. 절 문을 나서자마자 뜻밖에도 운해 속으로 빠져드는 것을 느꼈다. 가마에 앉아 있으면서도 앞쪽 가마꾼의 등도 분간할 수 없었다. 그저 사람들의 말소리와 새의 지저귐, 가마꾼들이 어깨를 옮기면서 외쳐대는 소리, 폭포가 곤두박질치며 밑 물을 깨뜨리는 소리 등만 아득한 구름 안개 속에서 전해올 뿐이었다.

구름층이 꽤 두터운지 때때로 가마까지 몰려와 얼굴을 뒤덮었다. 으슬으슬한 것이 맛이 묘했다. 손을 뻗어 잡아보려고 몇 번을 휘저어 봤지만 모두 헛수고였다. 가랑비가 구름이 되고 수증기는 안개가 되어 동천목의 산머리 절반을 감싸버렸다. 비록 전날 약속한 일출은 보지 못했지만 그래도 운해 속을 떠도는 재미는 실컷 누린 셈이다.

산을 절반쯤 탔을 때 동쪽 산머리에 걸려있는 안개 속으로 마치 달처럼 새하얀 공간이 보였다. 아마도 날이 맑은 것 같아 오늘 서쪽의 욱령관(昱岭關)을 나서는 여정에 분명 많은 절경들을 만날 수 있을 것 같은 예감이 들었다.

당초 계획대로 산을 내려와 노호미파(老虎尾巴)를 지나 신계(新溪)를 넘어 서쪽으로 또 남쪽으로 가는 동안 구름 안개는 완전히 걷혔다. 그러자 동서 두 천목 사이에 있는 계곡의 청아한 경치가 한 폭의 그림처럼 눈앞에 펼쳐졌다.

나지막한 고개를 오른 후 다시 20여 리를 가니 우잠(于潛)의 조계(藻溪)에 이르렀다. 여기가 바로 3일 전 차에서 내려 서천목을 오르던 곳으로 서천목에서 30여리 떨어져 있고 동천목에서도 40리 길쯤 된다. 가마가 이곳에 도착했을 때는 이미 오후 1시쯤이었다. 몹시 시장한 탓인지 그 유명하다던 절강성 서부의 명산에 대한 미련도 약간 시들해졌다.

점심 식사를 마치고 다시 차에 올라 서쪽으로 70여리를 달려 창화경(昌化境)에 들어서니 지세가 점차 높아졌다.

욱령관을 지나자 바로 욱령산맥이 자리를 틀고 있는 곳에 이르렀다. 한 쪽은 산이 막고 또 다른 한 쪽은 물길이 나있어 차로는 더 이상 갈 수 없었다. 산은 험준한 사석(沙石)이 깔린 바위산이었고 물은 산속 샘물에서 흘러내려와 맑다 못해 바닥이 훤히 드러난다. 어쩌다 평평한 계곡을 지날 때면 온갖 꽃과 푸른 나무들 사이에 인가가 너 댓 채 보이기도 한다. 노인은 문 앞에 윗몸을 드러내놓고 있고 아이들은 자동차를 가리키며 좋아라 입을 벌리고 손을 흔들며 함성을 지르는 듯 했다. 마을의 살찐 개가 때때로 자동차와 경주하듯 한참 달려와 우리 일행을 전송했다.

육령관에 아직 도착하기 전에 만난 도로 양쪽 언덕의 푸른 산과 옥빛 냇물도 너무 사랑스러웠다. 위탕(語堂)은 피서할 생각이 났는지 처자를 데리고 무릉도원으로 들어와 며칠 묵으면서 신문도 보지 않고 외부 세상과 왕래하지도 않았다. 배고프면 작은 산의 고사리와 마을의 소나 양을 잡아먹고 목마르면 곧 맑은 담수를 마셨다. 해가 중천에 이르면 모두 옷을 벗고 알몸으로 냇가에 뛰어들어 물놀이를 했다. 저녁에는 피곤하면 달 아래 노숙을 했다. 문 또한 잠글 필요가 없다. 전등도 필요 없이 그저 맛좋은 담배 한 대와 행군용 침대 그리고 얇은 이불에 좋아하는 책 몇 권만 주어지면 그만이었다.

"이런 생활이 익숙해지면 다시 도시 공기나 영화가 그리워질까 모르겠구먼?"

위탕이 감개무량한 듯 중얼거렸다. 물론 이것은 그의 시(詩)(Dichtung)에서 나온 괴벽이다.

예전에 위탕, 쩡구(增嘏), 광단(光旦) 등과 부춘강 일대를 여행한 적이 있었다. 그 때 도중에 뭔가 자연스럽지 않게 와 닿는 느낌이 있어 위탕이 "이것은 진실(Wahrheit)이다!"라고 말했는데, 의미인 즉 "현실과 이상이 서로 어우러질 수 없다"는 것이다. 칸트의 서명을 빌어 새로운 해석을 덧붙인 것이다. 그래서 우리는 이번 서쪽 여행을 놓고 즐거운 일이든 혐오스러운 일이든 상관없이 무조건 진(眞)(Wahrheit)과 시(詩)(Dichtung) 두 자로 섭렵해버렸다. 낱말은 지극히 단순하지만 그 속에 담긴 뜻은 실로 무한하다. 게다가 일단 한 번 입에 올리면 모두들 한 바탕 웃어 제치고 여러 번 반복해도 싫증을 모르니 마치 고시(古詩)

의 반복구와 같다고나 할까.

우리 일행을 태운 자동차가 욱령관 입구에 도착했다. 관문은 마침 새로 지은 상태였다. 차를 멈추고 잠시 내려 주위의 여러 산을 우러러 보는 동안 모두들 말을 잃고 서로 눈빛만 주고받을 뿐이다. 날이 저물고 갈 길은 아직 먼데 갑작스레 이렇게 위엄 있는 요새에 이르니 그 인상이 무척 깊었던 모양일까, 충격을 받아 감탄이나 놀라움, 찬양 소리 같은 것이 미처 입 밖으로 새어나오지 못했다. 이미 모두의 공통어가 되어버린 시(Dichtung)와 진(Wahrheit) 두 글자마저 놀라 꼬리를 감추어버렸다.

모두들 관 앞뒤를 빙 돌아 살피면서 숨을 돌렸고 우(吳)선생과 쉬(徐)선생은 관문 사진을 몇 장 찍은 후에야 긴장이 좀 풀린 듯 했다. 그제야 말소리도 나오고 웃음소리도 들렸다. 일행 중 한 사람은 아예 관문 옆에 소변을 보아 관문을 지나 간 기념비물을 남기기까지 했다.

관을 나서자 벌써 안휘성(安徽省)의 적계(績溪)와 흡현(歙縣)의 경계에 들어섰다. 제일 먼저 눈에 띈 것이 화분처럼 생긴 마을 삼양갱(三陽坑)이다.

사방이 산으로 겹겹이 에워싸여 있고 한 줄기 냇물이 중심을 가로질러 동쪽으로 흘러가고 있다. 인가는 300-500호 정도인데 대부분 양쪽 냇가나 산허리 부분 및 마을 앞의 굴곡진 도로 위아래에 집중되어있다. 냇가에서 멀리 떨어진 산속의 여러 흰 담과 산비탈에서 풀을 뜯고 있는 양떼는 이 한 폭의 중국 고화에 약간 서구의 멋을 더해준다.

"스위스의 산간 마을이 그야말로 여기랑 똑같네. 다만 인가가 약간 가지런하고 산 속의 초목들이 조금 많을 뿐이지"

위탕이 말했다. 우리 일행은 삼양갱 정류장 앞에 푸른 냇물을 안고 돌아가는 물레방아 옆에 서서 서녘으로 저물어가는 태양과 동녘의 산 그림자를 감상했다. 한 30분간을 그대로 서 있다가 그래도 아쉬워 발길을 돌리지 못하고 배회하고 있었다. 이러한 우리의 행동이 삼양갱 주민들에게는 관군이 나와 부지 측량을 하고 자연 경관을 해치려는 것으로 보였는지 우리 주위로 몰려와 둘러싸고 눈을 부릅뜨며 맞섰다.

삼양갱에서 기재리(屺梓里)까지는 2, 30리 길인데 자동차로 가자면 육령산맥의 상하좌우로 우회하여 갈 수밖에 없다. 산허리를 하나 돌아서면 또다시 산허리가 나오고 산허리를 빙빙 돌아 올라가다가 또다시 산허리를 빙빙 돌아 내려간다. 서쪽으로 가는가 싶더니 또 어느새 동쪽으로 향하고 있다.

정상에 이르러 지나온 길과 석란을 한 번 둘러보니 그야말로 농촌 사람들이 정월 대보름날을 지내면서 매달아 늘어뜨린 등불 같다. 굽이굽이 정말 길기도 하고 휘기도 제법 깊게 휘었을 뿐 아니라 수도 많다. 한 번은 어느 한 구비를 도는데 눈을 들어 보니 깎아지른 듯한 절벽이요 아래로는 가파른 골짜기라 눈앞이 아찔하여 아무 생각도 나지 않았다. 이 차가 기왕 이렇게 산을 가로질러 가야 할 바엔 산등성이를 통과하는 법, 도사의 토둔법(土遁法)을 배워야 비로소 휘주(徽州)에 도달할 수 있을 것 같았다.

하지만 누가 알았으랴! 돌아보면 그 또한 분명 별천지와 절경인 것을. 처음 나는 차안에서 속으로 구비를 몇 개 돌고 고개를 몇 개 넘어야 휘주에 도착하는지 세어 보았다. 하지만 주위의 험한 경치에 놀란 나머지 그만 셈을 놓치고 말았다. 손가락을 구부렸다 폈다 한 것이 한 열일곱, 여덟 정도 되는 것 같은데 대충 2, 30개 가량 된다고 해도 크게 틀리지는 않을 듯싶다.

여기 이렇게 굽이굽이 나있는 도로 맞은편에도 절경이 펼쳐져 있는데 바로 지금의 도로를 놓기 이전에 안휘와 절강 사이의 교통을 책임졌던 국도이다. 지금의 도로는 계곡 북쪽의 산허리로 뚫려 있지만 이 옛날의 도로는 계곡 남쪽의 산기슭을 덮고 있다.

이 길에서 차창 밖을 바라보니 은실 같은 긴 뱀의 형상을 한 좁은 도로가 건너편 언덕에서 때로는 산을 오르다가 때로는 계곡으로 내리뻗어있으며 때로는 작은 다리를 건너기도 한다. 때로는 도로가 정자로 들어가나 싶더니 사라졌고, 다시 모습을 드러내나 싶더니 끊어졌다가 어느새 다시 이어져 있다. 수많은 나귀와 말떼가 등에 잔뜩 물건을 싣고 사막의 낙타를 대신하여 바로 이 길을 걸었을 것이다. 저 멀리 떨어져 있는 녀석들에게는 방울 소리가 제대로 들리지 않아 채찍을 거머쥐고 나귀의 앞뒤에서 함께 걷고 있는 상인이 있는데, 이 역시 그림 속의 행인처럼 보였다. 어렸을 적 보았던 종규(鍾馗)의 송매도(送妹圖)나 장강행려도(長江行旅圖)를 생각나게 했다.

기재리(屺梓里)를 지나자 길이 점차 수월해졌다. 날도 뉘엿뉘엿 저물어 가니 비록 산수 경치는 변함없이 제멋을 다해 행인을 유혹하나 욱령관 밖을 지나오면서 감정을 너무 헤프게 쏟아버린 것일까? 이제는 차창 밖의 경치에 나도 모르게 무심해져 버렸다. 실제로 적계와 흡현의 산수는 이미 빼어나기로 명성이 자자하여 가히 절서(浙西)에 대적할 만하다.

해질 녘 아득한 노을 속에서 차에 몸을 맡긴 채 졸기도 했지만 한편으로는 나 역시 몇 자 모아 시 흉내라도 내어볼까 하는 생각이 들었다. 흥얼흥얼 내뱉다 보니 60리, 70리를 달리는 동안 그래도 웬만큼 모양새를 갖추게 되었다.

굽이돌기 몇 고개요, 지나온 산이 몇 채인가,
여러 날 아쉬움 채 가시기도 전에,
서쪽으로 또 다시 관문을 넘는구나.
수수(洙水) 사수(泗水) 다투어 흘러내리고,
장강과 회수를 이웃하니 말씨가 조금 투박하구나.
먼 길 가는 객은 애달프게도 머물지 못하니,
대신하여 아름다운 시절 누리기 바라네.

제목은 《출욱령관기》이다. 삼양갱(三陽坑)을 지난 후에는 경치가 이루 말할 수 없을 정도로 아름다웠다.

저녁 6시경에 휘주성 밖 흡현역에 도착했다. 휘주성 안으로 들어가 저녁은 잘 먹었는데 잠잘 곳이 마땅치 않았다. 그래서 할 수 없이 다시 차를 몰아 밤길로 6, 70리를 더 달려 간신히 둔계(屯溪)에 도착했다. 이곳은 귀휴녕현(歸休寧縣) 관할의 제법 규모 있는 읍이다.

둔계는 '작은 상해'라는 별명을 가지고 있으며 공창(公娼), 사창(私娼), 극장, 찻집 등의 문화 시설을 갖추고 있기는 하나 여관은 의외로 많지 않았다. 우리 일행 7, 8명은 여기저기 옮겨 다니다가 위탕과 꽝단의 제안으로 간신히 둔계 공안당국의 소개를 받아 큰 선박 한 채를 빌려 쉴 수 있었다. 이 때 이미 자정이었다.

그 날 밤은 달리 기억에 남을 만한 일이 없었고 단지 예꿍(葉公) 츄위안(秋原)이 늘 문언체로 대화하는 것을 즐겼기 때문에 모두에게서 "글을 쓸 때는 백화를 사용하고 말할 때는 문언을 사용하자"는 제의가 나왔다. 이 원칙이 통과된 후 모두들 말끝마다 '지라, 는고' 등 옛날 글 읽던 샌님들 말투를 쓰기 시작하더니, 뜻밖에 위탕의 시(Dictung)와 진실(Wahrheit)이 밀려나 버렸다. 예꿍의 태도는 특히 공문을 작성할 때,

화장실에서 짜낸 안건처럼 익살스럽다.

1934년 4월 18일

욱령관

12

백악제운기행

1934년 3월 29일, 동남5성 주람(周覽)회의 약속에 응해 서쪽 여행을 시작했다.

임안(臨安)과 우잠(于潛)을 거쳐 동서에서 이틀을 머문 후, 옥령관을 출발하여 안휘의 휴녕현(休寧縣)에 속하는 둔계의 배에서 숙박을 했다. 둔포교(屯浦橋) 아래 수상가옥의 손님이 된 것이다.

6, 7백 리 길을 걸어 절강성 서부와 안휘성 동부의 산수를 다 보았는데 우연히 회고해 보니 마치 집을 떠난 지 오래된 듯했지만 손가락을 세면서 여정을 계산해 보니 4월 3일에 백악(白岳)에 간 것을 끝으로 5, 6일이 지났을 뿐이었다. "산에서 칠 일이면 세상에서 천년을 지난 것 같다"고, 확실히 시인의 느낌은 우리네 보통사람보다 약간 더 민감한 것 같다.

함께 온 사람은 모두 8명이었는데, 취안쩡구(全增嘏), 린위탕(林語堂), 판광단(潘光旦), 예추위안(葉秋原) 네 사람은 이미 여행의 피로 때문에 급히 돌아간다고 해서 4월 3일 아침, 휴녕현의 북문 밖에서 헤어졌다. 그들은 우리일행이 둔계에서 휴녕으로 타고 온 차를 타고 항주로 돌아갔다. 우리는 곧 가마를 타고 성에서 3, 40리 떨어진 백악제운의 여행길에 올랐다.

휴녕은 진한시대(秦漢時代)에는 흡현(歙縣)에 부속되었고, 진(晋)나라 때 해양해녕(海洋海寧)으로 개명되었다가 수나라 때 휴녕이라 불렸는데 그 기간 동안 주(州)를 관장했기 때문에 성의 규모가 비교적 크다. 우리는 성의 북문인 몽녕문(夢寧門)으로 들어가 시가지의 중심지를 돌아 서문인 휴녕문으로 나왔다. 성내의 수박을 네 개로 쪼갠 듯 한 직각 도로를 걸으면서 4, 50분의 시간을 소비했다. 통계적으로 성을 통과하는데 성의 직경이 대략 7, 8리라는 것을 의심하지 않았다.

서문을 나서면 바로 큰 다리가 나오는데 낭목령(榔木岭), 송몽산(松夢山), 제운산(齊雲山)에서 흐르는 시냇물 위에 세워진 것이다. 세차게 흐르는 맑은 시냇물은 동쪽으로 흐르면서 절강 수원의 상류 중 하나가 된다. 다리 위에서 내려다보다가 안부편지를 보내는 것을 핑계 삼아 절중(浙中)에 있는 친구에게 모년 모월 모시에 휴녕성 밖의 제운산(齊雲山) 모모장소에서 마작이나 하자는 뜻을 전하고 싶었다.

오리정을 지난 후, 남도(藍渡)를 지나니 길가의 작은 산 밑 시냇가에는 물이 매우 많이 흐르고 있었고, 땅의 형세 역시 서쪽이 점점 높아지고 있었다.

11시 반에 제운산 기슭에 도착했다. 제운산 참배객들은 구월이 제일 성황을 이루고 가을에서 겨울까지 이어지다가 정월이 되어서야 발길이 끊어진다. 그런 연유로 산에 있는 사당의 분가 및 점포가 비록 백여 가구가 있지만 참배객이 끊어지면 모두 아무도 살지 않은 빈집이 된다.

우리는 본래 산을 오른 후에 점심식사를 하러 갈 계획이었으나 갑자기 산기슭에 있는 작은 마을의 식당에서 한 끼를 먹을 수 있겠다는 예감이 떠올라 산에서 먹기로 결정을 보았다. 후에 산 위에 도착하여 수많은 빈집들을 보고서야 비로소 이 예감은 왕령관(王靈官)이 영험을 발휘한 것이란 걸 알게 되었다.

우리는 황산, 백악산을 안휘성 남부의 명산이라고 늘 말한다. 그러나 휴녕사람들 중, 책을 읽어 옛일을 아는 사람을 제외한 일반 백성들은 모두 백악을 모르고 다만 제운산만 안다. 실지로 백월산과 제운산은 연이어 있는 많은 산 중 두 개의 산 이름이다. 백월산중 한 곳에 제운암이란 이름이 있다. 후에 도관을 건립하라는 칙명이 있었고 또 이 제운암 아래가 적합하여 명청(明清) 5, 6백년 이래로 향을 피우는 사람이 줄곧 지금까지 끊이질 않는다. 일반 백성들이 다만 제운산만 알고 백악산(白岳山)을 모르는 연유가 여기에 있다. 강희(康熙)년간의 《휴녕현지(休寧縣志)》에 다음과 같이 적혀 있다.

"백악산은 현 서쪽으로 30리 밖에 있는데 높이가 3백 인(仞)이고 둘레가 25리이니 제운암을 유람하려면 반드시 먼저 이곳을 올라가야 한다."

"제운암은 백악산 서북쪽에 있으며 높이가 350인이고 둘레가 수십 리이다."

"명(明) 가정(嘉靖)년간 병진년 세종(世宗)이 기도를 올림으로서 영험을 얻어 제운산이라 개칭하였고, 태소궁(太素宮)을 지으라는 칙명이…"

이러한 내용으로는 백악제운의 설명이 뚜렷하지 않으니 아직 와보지 못한 사람들은 이글에서 보이는 의혹을 반드시 풀어야 하지 않겠는가?

식사를 한 후, 북쪽 기슭에서 산을 오르는데 돌계단이 구불구불했다. 오십보를 지나니 보운정(步雲亭)이라는 정자가 있었고 정자 뒤편에 오륙장 높이의 큰 비석이 우뚝 솟아 있었는데 "제운선경(齊雲仙境)"이라는 커다란 네 글자가 새겨져 있었다. 누구의 글씨인지는 알 수가 없었다.

산길 양편에 복숭아나무와 잡목들이 많았고 중도에 있는 노송군락은 매우 기이하고도 아름다웠다. 조용한 정오의 햇빛아래 한 걸음 한 걸음 위로 올라가는데 노송군락을 지나 선등정(仙等亭)을 바라보니 마치 꽃

향기에 취해 세찬 흐름의 꿈을 꾸는 듯 했다. 다만 미풍이 일으키는 솔바람소리와 꽃을 찾아다니는 벌들의 울음소리가 가끔씩 낮잠을 깨웠다. 그리고는 태고의 정적 같은 고요가 지금이 어느 시대인지 알지 못하게 했고 나 자신의 몸도 어느 곳에 와있는지 알 수가 없었다.

작은 고갯마루에 있는 중화정(中和亭)(혹은 진기정(眞氣亭)) 뒤편에 이르러 꿈을 깨지 않으면 안 되었다. 왜냐하면 이 정자 앞에서 북쪽을 향해 바라보니 걸어왔던 구불구불한 길이 바로 눈 아래 있었다. 좀 멀리 넓은 평지에는 유채꽃이 가득했고, 더 먼 곳에는 몇 갈래 시냇물이 모여 수원과 시냇물이 섞여있었다. 진한 남색의 물과 시골의 꽃나무들은 아름다움이 없는 잡색과 대칭을 이루고 있었다.

정자의 남쪽 처마를 걸어 나와 앞을 바라보니 먼저 반원의 고요한 계곡이 보였다. 이 커다란 반원의 울타리 속 남쪽 끝 부분에 산을 끼고 돌아가는 돌난간이 있었다. 이 좁은 길과 서로 이어지지 않은 몇 채의 도관선방(道觀禪房)이 있었다. 좁은 길과 상대되는 반원의 이쪽 면은 곧 정자의 남쪽 기둥 밑으로, 기러기 이빨 같은 제방이 있는데 양쪽으로 난간이 있고 중간에는 아치형 다리의 구멍이 보였다. 휘감아 흐르는 물굽이와 산길이 접해 있는데 서쪽으로 가면 제운으로 가는 지름길이다. 반원의 둘레에 우뚝 솟은 높은 봉우리의 서, 남, 동 삼면에는 석문암(石門巖), 밀다암(密多巖), 충열암(忠烈巖), 진서암(眞栖巖), 공일봉(拱日峰) 등이 있다.

약동하는 산세에 커다란 암석이 있어 처음으로 산에서 천천히 내려온 사람들은 이 지점에 도달했을 때 항상 크게 놀라지 않을 수 없다. 왜냐하면 보통 산에는 결코 커다란 암석이 없기 때문이다. 특히 백악산 기슭에서 올라올 때면 이렇게 어마어마한 석산을 구경할 것이라고는 결코 예상할 수가 없다. 이 구역이 바로 백악산의 경계이며, 소위 "제운을 유람하는 자는 필히 먼저 이곳에 올라야 한다"는 바로 그 곳이다. 중화정(진기정)내에 또 만력(萬曆)년간의 비석이 그곳에 서있다. 정자의 동쪽 끝에도 사당이 하나 있었다. 그러나 우리들이 가보아야 할 곳이 아직도 많았기 때문에 비문을 읽을 여유도 없었고 사당 안에도 들어가보지 않았다.

산을 끼고 남쪽으로 가니 명승지라고 하는 그 사당에 도착했다. 지서(志書)의 기록에 의하면 무심도인(無心道人) 황(黃)상사(上舍)가 국가의 길조를 비는 장소로 건축하였다. 그러나 다른 대목에 다음과 같은 기록이 있었다.

"명의 가륭(嘉隆)년간에 백 살 먹은 사람이 이곳에 거주했는데 앉으나 누우나 돌침대를 이용했다. 이름이 없었고 글로서 뜻을 세우지도 않았다. 사람들이 납탑선(邋遢仙)이라 불렀고 후에 죽었는데 아미(峨嵋)산에서 돌아온 사람이 산에서 그를 보았다고 했다."

이 대목을 보면 곧 명승지라 불리는 경내에 있는 진신동굴 안의 그 무덤은 아마도 납탑선인의 것이라 말할 수 없을 것 같다. 왜냐하면 묘의 양편에 아직도 돌침대가 놓여있었고 돌침대 위에는 은덕을 비는 서너 개의 동전이 널려있었기 때문이다.

진신동굴에서 서쪽으로 가니 뇌조(雷祖), 성제(聖帝), 통명(通明) 등의 전각이 연이어 있었는데 모두 이미 심하게 훼손되어 있었고, 전각 밖의 계곡에는 끊임없이 물이 흐르고 있어 지서에서 말하는 도화수(桃花水)가 아마도 이곳이 아닌가 한다.

우리는 기암괴석을 수없이 보았기 때문에 백악에 이르러 더 이상 걷고 싶지가 않았다. 함께 온 우(吳), 쉬(徐) 두 사람이 이곳에서 사진을 찍겠다고 해서 필름을 많이 소비했다. 생각지도 않게 서쪽에서 입산하여 천문(天門)을 지나 다시 제운으로 들어가니 풍경은 더욱 영험하고 특이해져 불가사의한 지경에 이르렀고, 우, 쉬 두 사람도 "필름을 너무 적게 가지고 왔다"는 후회를 하기 시작했다.

공일봉 아래 천문에도 기이한 봉우리가 우뚝 솟아 있었는데 봉우리 아래로 부채모양의 천연 문양을 가진 석굴이 있었다. 동굴을 뚫고 남쪽으로 내려가다가 산의 암벽을 따라 걸어가는데 하나하나 모두가 큰 동굴이고 곳곳마다 가파른 절벽이었다. 진선동(眞仙洞), 원통암(圓通巖), 우군동(雨君洞), 진주렴(珍珠帘), 문창궁(文昌宮), 현지동(玄芝洞) 등등 명칭도 많았고 경치 역시 진귀하여 이곳도 정말 훌륭했다.

원통암 앞에는 순치(順治) 3년의 비석 두 개가 동굴 양쪽으로 세워져 있었다. 비석은 얇았으나 글씨는 깊이 새겨져 있었고 글자가 수려하고 비범했다. 작은 돌을 주워 비석을 치니 댕댕하며 종치는 소리가 났고, 양 비석의 가운데에 이미 커다란 구멍이 뚫려 비석의 시문을 완전하게 탁본할 수 없었다.

이 비석과 뇌봉탑(雷峰塔) 밑동은 향을 피우려 다니는 사람들에 의해 파헤쳐졌다. 흙이 병을 치료한다는 미신의 피해였다. 코끼리는 이빨 때문에 죽고, 고약은 잘 달여야 쓰인다고 인간은 자신이 가지는 특징으로 망신을 초래한 자이니 이를 보고 마땅히 감개를 느끼게 된다.

원통동은 본시 그렇게 깊지 않으나, 중앙에 어느 신에게 제물을 바치는 곳이 있다. 일찍이 들어가 보지 못했으나 실제로 이 일대에는 신상(神像), 비판(碑版), 석각(石刻), 고기(古器) 등이 너무 많기 때문에 몸이 이 사이에 들어가지 않았어도 마치 고물전시장에 들어온 것 같이 천태만상으로 정신이 혼미하고 눈앞이 아찔하여 모조리 기억할 수도 없다.

진신동(서하객(徐霞客)이 기록했던 나한동(羅漢洞)이 바로 이곳이다)은 제일 깊고 제일 넓으며 동굴 속 불상 역시 제일 많았다. 사면 벽의 석감(石龕)에는 벽에 새겨진 수많은 석불이 층층이 배열되어 있었다. 이전에 이 일대에서는 거의가 진신동이라 통칭되었었는데 이후 호사가들이 많아 유람을 오는 사람들이 무리를 이루자 도사들 역시 설교를 많이 하여 여행객들의 시주를 갈취할 생각을 하였다. 그런 연유로 이 구역은 로마의 투우장 같은 반원의 커다란 석벽에 수많은 이름을 새겼고 적지 않은 신상에 제물을 바쳤다.

백장 정도 높이의 진주렴은 비스듬히 넘어질 것 같은 거대한 암석이다. 암석 아래 역시 불당이 넓고 깊은 곳에 안치되어 있는데 천연적으로 조성된 집이다. 백장 높이의 돌집의 처마 위에서는 청우(晴雨)라 할 수 없는 점점의 물방울이 사계절을 구분하지 않고 길게, 때때로 진주 같이 떨어뜨리고 있다. 암석은 높고 폭이 넓기 때문에 첫 번째 물방울이 떨어져 아직 공간의 반에도 미치기 전에 두 번째 물방울이 떨어져 내린다. 진정 자연이 만든 진주 주렴이 눈앞에 펼쳐지고 있었다. 이 진주 물방울은 적은 것이 모여 많은 것을 이루듯 암석아래 널따란 바닥에 커다란 저수지를 만들었으니 이것이 곧 소위 벽연지(碧蓮池)라는 것이다.

진주주렴이 펼쳐지는 반원의 거대한 벽을 따라 서쪽으로 돌아서 가면 곧 문창궁, 현지동, 우군동 등이 나온다. 벽연지의 반원을 따라 위로 올라가다가 약 1리쯤에 있는 길 중간 곳곳의 명칭은 이들 몇 개에 그치는 것이 아니었다. 암석 사이에 끼워져 있는 둥근 비석, 암벽 앞에 세워져 있는 비석, 암벽 높은 곳에 새겨져 있는 큰 글자들, 등 만약 일일이 기록한다면 위대한 《제운금석지(齊雲金石志)》가 되리라고 생각한다.(루(魯), 딩(丁) 양씨의 《제운산지(齊雲山志)》는 본적이 없기 때문에 금석에 관

해서는 기록하지 않는다)

수집할만한 것들은 전문가에게 맡기기로 하고 여기서는 한 가지만을 제기하고자 하는데 바로 문창궁 앞에 있는 명대 가정(嘉靖)년간의 커다란 비석 네 개가 그것이다. 비교적 보존이 양호했고, 앞면에 조각되어 있는 것은 대 학사 원봉원(元峰袁)옹의 율시 네 수이다.

진선동 부근 벽연지의 둘레를 돌아본 후, 또 높은 재를 지나 다시 산문으로 들어갔다. 한 계단 한 계단 발걸음을 세면서 공일봉 측면을 올라가니 제운암 아래 정전태소궁(正殿太素宮)이 있는 구역이 나왔다. 이곳에 도착하니 사면의 풍경이 또 갑자기 일변했다. 나아가면 나아갈수록 더욱 기이하여 갈수록 기묘하게 변해 가는 문장의 작법을 이 제운산 경내의 풍경 속에서 깨달을 수 있었다. 그러나 애석하게도 우리 모두는 속물들이라 이곳에서 며칠을 머무를 수 있는 복이 없어 이 신비로운 문장을 대충 감상하고 말았으니 황망하게 신선의 꿈을 꾼 셈이 되고 말았다.

정전 태소궁으로 가는 길은 더욱 구불구불한 것이 좁고 긴 영문자모양의 C자였다. 태소궁은 북향으로 C자형의 정 중앙 어깨 위에 지어졌으며, 전면 훼손된 쪽에는 깊은 계곡이 있고 그 중앙에 봉우리 하나가 우뚝 솟아있는데 이 역시 백장 높이의 송곳형태의 석산으로 향로봉(香爐峰이)라 부른다.

태소궁 뒤편에 한 줄로 늘어선 돌 봉우리들이 있는데 정 중앙에 제운암이 있다. 봉우리의 이름은 옥병봉(玉屛峰)이며 좌측을 석고(石鼓)라 하고, 우측을 석종(石鐘)이라 한다. 석종봉(石鐘峰) 오른쪽으로부터 서쪽으로 곧장 가면 은운(隱雲), 부운(浮雲), 선작(仙鵲), 전기(展旗) 등의 봉우리가 있다. 석고의 왼쪽으로 동쪽을 향한 이 일대에는 벽소(碧霄),

석림(石林), 공일(拱日)등의 봉우리가 있다.

우리는 정전을 돌아본 뒤 공일봉이 있는 곳에서부터 C자형의 가늘고 긴 반원을 따라 2, 3리 길을 더 걷고서야 태소궁 정문에 이르렀다. 청나라 초기에 세워진 비석 앞에 멈췄다.

길 양편에는 온통 몇 호, 몇 호하고 써 붙인 방들과 이름 모를 전각들이 가파른 암석에 기대어 있었다. 대문은 절벽 사이를 흐르는 시내에 가까이 있었고 2, 3층의 건축물에는 상점들과 향을 피우려고 온 사람들을 위한 숙박시설이 있었다. 마을 입구의 문은 땅에 쓰러져 있었고 구름처럼 연이어 있는 가옥들은 그 수가 약 백여 가구 내외였다. 현재 이 집들은 모두 비어있어 사람 하나 구경할 수 없이 고요했다. 그러나 우리를 산에 안내한 마부에 의하면 이 백여 가구의 집도 향을 피우러 오는 사람이 많을 때는 그 절반도 수용하지 못한다고 했다. 추수가 끝나고 사방에서 참배하러 몰려오는 선남선녀들의 열정에 놀라 감탄을 금치 못할 지경이며 예전의 황제도 거짓신도들이 설교하는 것을 책망하지 않았다고 한다.

제운산 정전경내의 산봉우리를 한마디로 말한다면 기이하고 위대했다. 우리는 태소궁에 도착하려고 산기슭을 걸어 이미 7, 8리 길을 높이 올랐다. 그러나 태소궁 위에 높이 솟은 여러 봉우리들과 천장이나 되는 절벽을 고개를 들어 우러러보니 아직도 5, 6리 길을 더 올라 가야 했다.

이 땅을 보고 나서야 《안휘통지(安徽通志)》에서 말한 "첩첩이 이어진 산은 하늘을 찌르고, 구름과 연기가 천태만상이다" 등의 글귀가 결코 문인들의 과장된 말이 아님을 알게 되었다. 작년에 나는 절동의 방암(方巖)에 간 적이 있는데, 그때 수산오봉의 자연스러운 금자탑 모양의 암석을 보고 천하에 둘도 없을 것이라고 생각했었다. 그러나 오늘 이

제운산 경내에 들어와 보니 비로소 방암부근의 석산은 이곳의 절반도 못되고, 이 곳 산세의 복잡함은 한 줄로 늘어선 오봉과 비교할 수도 없음을 알았다.

태소궁이 명 가정 년간에 칙명을 받아 세워진 도교 사원이라는 것은 이미 앞에서 말한바 있다. 그 중 현천(玄天)상제에게 제사를 모시는 사당의 웅장함은 《서하객여행기(徐霞客游記)》에서 말한 것과 같다. 그러나 특히 우리들을 놀라게 하는 것은 이 도관(道觀)내에 있는 종정향로(鐘鼎香爐), 동기(銅器), 석기(石器)들로, 모두 명나라 만력(萬曆) 숭정(崇禎)의 유물로 전혀 손상이 없었다.

그리고 소위 온갖 새들이 진흙을 물어다 만들었다는 송대의 현제상(玄帝像)은 현재까지도 얼굴색이 선명하여 예전의 검은 색 같지 않았다. 미루어 짐작컨대 청조가 산해관으로 들어갔지만 이곳은 부패하지 않았고 태평천국의 난리에도 이 지역을 보존했음은 의심할 필요가 없다. 이러한 것들이 부득불 백성들로 하여금 제운(齊雲) 성제(聖帝)을 믿게 하는 증거이다. 그런 연유로 민간의 전설 역시 가지 치듯이 늘어났다. 전설 중에 제일 보편적인 것은 명대의 강봉(剛峰)선생 해중개(海忠介)공에 관한 것이다.

해서(海瑞)는 제운산의 성스런 신에 관한 이야기를 들었기 때문에 이곳에 향을 피우려고 들어왔으나 반나절을 걸어도 산을 오를 수가 없었다. 이후 도사로부터 성제 보살이 해서의 가죽신에서 나는 냄새를 싫어한다는 지적을 받았다. 일이 이렇게 되자 중개(忠介)도 부득이 가죽신을 벗을 수밖에 없었다. 정전(正殿)에 이르러 해공은 정전우측에 가죽으로 만든 큰북을 보고 시를 지어 반문하자 북은 스스로 찢어져 버렸다. 이 일이 있은 후, 성제 보살은 왕령관에게 명해 비밀리에 해공을 따라가다가 실수가 보이거든 죽이라고 했다. 왕령관은 3년을 암행했는데 해서가 사람이 없는 황량한 곳에서 땅위의 과일을 불법으로 따먹더니 여러 냥의 동전을 과수의 가지 위에 매달아 두는 것을 보았다. 그는 곧장 돌아가 남을 속이지 않는 강봉(해서를 지칭함)선생이라 전혀 허점이 없다고 복명하였던 것이다.

이 부분의 전설은 당연히 황당무계하다. 그러나 휘주일대에서 유행했던 또 다른 당대(唐代) 월국(越國)의 왕화(汪華)에 관한 영험한 전설은 확실히 청의 군대가 산해관에 들어갔어도 부패하지 않았었다는 증거로 삼을 수 있기 때문에 내친김에 한 번 더 말하는 것이고 혹자는 사료를 연구하는 사람들에게 참고도 될 수 있을 것이다.

순치(順治) 병술년에 청의 군대가 휘주를 파괴하였는데 총독인 장천록(張天祿)의 꿈에 붉은 얼굴에 긴 수염을 단 사람이 나타나서 "내 백성을 다치게 하지 말아라!"하고 나무랐는데, 관공의 영험이라고 생각하였다. 왕화의 사당에 이르러 왕화의 초상을 보니 꿈에 보았던 사람과 똑같아 장천록은 크게 놀라고 말았다. 그런 연유로 휘주일대의 사람들은 화를 면할 수 있었다.

오왕(吳王) 왕화(汪華)는 수나라 말기의 난세 때 선성현(宣城玄), 항주(杭州), 목(睦), 무주(婺州), 요(饒) 등 5주의 국토를 수호하면서 백성을 십여 년 동안 편안하게 하였다. 그러다 당대 무덕(武德) 4년 갑자월에 당에 투항하여 여전히 흡주자사(歙州刺史)를 맡았다. 그가 국민의 생명을 보살피면서 고향을 행복하게 한 공덕은 전무숙왕(錢武肅)과 동남에서 어깨를 나란히 견줄 만 했다. 혹자는 신령이 소멸하지 않아서, 갑자기 사람 죽이는 것을 좋아하는 군벌들에게 성스러움을 나타낸다고 하는데 역시 단언할 수 없다.

이 전설의 제2막으로 또 부언할 만한 것으로는 순치 을해년 당사기(唐士奇)의 난 때, 왕왕(汪王) 또한 같은 모양의 영험함이 있었다는 것이다. 그러나 현천상제(玄天上帝)도 일찍이 해서에게 불필요한 영험함을 보였고 게다가 또 도량이 너무 적어 북을 찢었다는 이유로 보복을 도모했다는 것은 오히려 말이 되지 않는다. 이런 전설들은 원래 "적당히 말하는 것이니, 적당히 들어두면 되는 것"일 뿐이다. 더군다나 해서가 제운에 갔는지 안 갔는지도 알 수 없는 일이다.

이밖에 백악제운에서 아들을 점지 받으려는 것에 대해 특별한 영험이 있는 고사가 있는데 이는 말할 만하다. 명대의 이일화(李日華)는 절강에서 백악에 이르는 매우 풍아한 기록을 남겼고, 위원중랑(袁中郎)은 몇 명의 미소년을 구하여 불임의 첩을 위로하였다.

태소궁 정문 밖의 비석아래에 서서 북쪽을 바라보니 정자와 향로가 있었다. 쇠사슬을 묶어 사람들이 산에 오를 때 도움을 주고 있는 향로봉 뒤편으로 멀리 한 줄로 늘어서 있는 푸른 산들이 보였다. 고저의 기복이 심하여 마치 파도 같았다.

산봉우리 하나의 윗부분이 동쪽으로 기울어져 있었는데 듣자하니 황산의 최고봉이라고 했다. 우리가 여기에 온 목적은 황산을 보고자 한 것이었다. 그러나 날씨도 춥고 눈도 아직 녹지 않았으며 함께 온 사람 모두 여행의 피로 때문에 갈 수 있을지 문제가 되었다. 그래서 생각지도 않게 제운암 아래에서 멀리 백여 리 밖 왜두산(歪頭山)을 바라보며 반나절이나 멍하니 있었다. 연로봉(輦路峰)을 따라 서쪽으로 걸어갔던 세 명의 동행자를 기다리다가 "서쪽의 풍경이 더 좋아요! 빨리 오세요! 빨리요!"하며 크게 소리를 지를 때, 나의 황산여행의 꿈도 깨져버렸다.

급히 달려가 바라보니 과연 서쪽의 바위와 절벽이 더 높고 더 복잡하게 느껴졌다. 게다가 태양이 이미 기울기 시작하여 서쪽의 여러 산봉우리들과 몇 척 사이를 남겨놓지 않았다.

우리는 오늘 수녕에 도착해야 했고 또 둔계로 돌아가 숙박을 해야만 했다. 황산은 말할 필요도 없고 제운(齊雲) 서쪽의 삼고(三姑), 오노(五老), 독용(獨聳), 천주(天柱) 등 여러 봉우리들과 서천문 밖의 구정교암(九井橋巖), 부암(傅巖) 등의 풍경을 부득불 단념하고 말았다. 뛰는 듯이 걸으면서 나는 해가 빨리 지는 것을 한탄했다.

암벽을 따라 서쪽으로 구불구불한 길을 2리 넘게 걸으면서 하늘을 찌를 듯한 암벽을 보았다. 진주주렴 같은 기암괴석, 절벽에 새겨진 커다란 글씨들, 정덕(正德), 가정(嘉靖), 만력(萬曆), 숭정(崇禎)의 비석과 비문들이 있는 내리막길에 도착하자 모두들 발길을 멈추고 말았다. 더 걸어간다면 풍경은 분명 좋아지겠지만 결과적으로 여러 사람들이 이 황폐한 곳에서 밤을 지내야 했기 때문이다.

반나절을 걸어 이 제운의 풍경을 아마 5분에 2, 3 정도 돌아본 셈이었다. 두 다리에 이미 통증이 왔고 배에서도 꼬르륵 꼬르륵하는 소리가 났지만 산을 내려와 가마에 올랐을 때, 모두들 약속이나 한 듯 소리쳤다.

"오늘 하루는 정말 유익했어! 제운도 보고 백악도 보고. 황산은 가지 못했지만 사람들에게 설명할 수는 있겠어!"

가마를 타고 수녕으로 돌아오니 대략 2경쯤 되었다. 차가 우리를 둔계역에 내려주었을 때, 시내의 가로등마저 이미 꺼져가고 있었다. 이번 서쪽 유람의 마지막 날인 오늘 우리는 결론적으로 백퍼센트 유익하게 보낸 셈이다.

1934년 4월 29일

13

둔계 선상 숙박기행

둔계(屯溪)는 안휘성(安徽省) 휴녕현(休寧縣)에 속하는 도시로 비록 주민도 많지 않고(인구가 제일 많다 해도 일 이만에 불과하다), 공장도 없고, 산물 역시 풍부하지 못하다. 그러나 무원(婺源), 기문(祁門), 이현(黟縣), 휴저(休寧) 등의 현에서 흐르는 물이 합류하여 신안강(新安江)을 이루는 지역이라, 오래 전 육로교통이 불편했을 때는 휘주부 서북 여러 현들의 생산물이 모두 이 둔계를 통해 나가려 했기 때문에 이 소도시를 환남(皖南)의 큰 부두로 만들었고, 또 작은 상해라는 별명을 얻게 되었다. "장사의 홍성함이 사해(四海)로 통하고, 재원(財源)의 무성함은 삼강(三江)에 달한다"는 제일 평범한 말을 만약 둔계에 증정한다면 둔계가 번성한 원인을 나타낼 수 있을 것이다.

우리들의 유람이 둔계에 이른 것은 강남 오성교통 주람회의 초청으로 백악과 황산의 풍경을 구경할 계획이었다. 그리고 또 흡현(歙縣)(이전의 휘주부(徽州府))의 현장이 휘주에서는 유명하다지만 실제로는 쉬어 갈 수가 없는 좀 지저분한 여관을 소개시켜 주었는데, 아무래도 숙박하기가 어려울 것 같아 밤차를 타고 작은 상해인 둔계 시내로 돌입했다.

아무리 작은 상해라지만 큰 상해와는 약간 다른 점이 있었다. 먼저, 작은 상해가 소유한 여관은 큰 상해의 오만분의 일에 불과하다는 것이다. 우리들은 깊은 밤의 혼미 속에 이곳으로 쳐들어와 각기 여관에 투숙하려했으나 이미 방이 없었다. 방법이 없어 곧바로 경찰서로 갔다(이 경찰서는 성회(省會) 직계의 독립된 기관으로, 둔계에서 가장 크고 유일한 행정사법 및 치안유지의 관공서이다. 그래서 옛 청조의 일개 주현(州縣)을 계속 관장하고 있다). 우리들은 그들에게 숙소로 쓸 수 있도록 커다란 배를 하나 빌려 달라고 도움을 청하였다.

오전에 약간의 일들을 교섭하여 처리하고 비로소 행낭 등을 배 앞과 뒤에 옮겼다. 잠잘 곳을 청결히 한 후, 신선한 공기로 환기를 시키자 모두들 웃음을 띠며 입을 모아 천재적인 발명가 린위탕씨에게 찬사를 보냈다. 왜냐하면 모두를 배로 이동시켜 잠을 잘 수 있게 한 이 일은 위탕이 제의한 것이기 때문이다. 아마도 그가 천수자(天隨子) 육규몽(陸龜蒙) 혹은 팔기명사(八旗名士) 종실(宗室) 보죽파(寶竹坡)의 영향을 받았음은 의심할 여지가 없다.

수상가옥으로 연결된 침상다리, 갈대 덮개 아래 석유등 앞에서 모두 웃고 떠들고 놀다가 조용히 잠이든 그런 풍경은 확실히 시대를 역행하는 중세 시인의 행동이었다. 그 날 밤 배를 탄 시간이 늦었기 때문에 잡담을 오래 나누지는 못했고 배 안에는 코고는 소리만 충만했다.

둘째 날은 비가 내렸는데 배를 타고 듣는 빗소리, 물가에서 비 내리는 것을 보는 것 또한 특별한 정취였다. 비가 내리기 때문에 당연히 여행을 할 수 없었다. 게다가 린(林), 판(潘), 취안(全), 예(葉) 네 사람의 목적지는 단지 휘주였으며 항주에서 휘주에 이르는 도로를 보고 싶어 했을 뿐, 백악황산에는 갈 생각이 없었으며 하늘의 뜻으로 날씨가 개이면 그들은 다시 돌아가려고 했다. 그래서 우리들은 하루를 유유자적하며 배 위에서 휴식을 취했다.

둔계의 시가지는 물을 따라 좌우 두 갈래 길이 있다. 서쪽으로 가면 둔포(屯浦)인데, 둔포 제일 위쪽에 큰 다리가 하나 있다. 다리를 넘어가면 또 길이 있는데 서쪽으로 가는 길이다. 이 둔포 다리부근의 몇 갈래 길에 있는 둔계 사람들을 보니, 털 색깔이 완전히 다른 상가 집의 개같이 모두 분주하게 움직이고 있었다. 사실 우리들의 배가 있는 곳은 다리에서 멀지 않은 동남쪽으로 엎어지면 코 닿을 거리이다. 배 위에 사는 데는 강기슭에 가서 처리하지 않으면 안 될 두 가지 큰 일이 있는데 하나는 먹는 것이요 둘은 배설하는 것이다.

게다가 사람들이란 또 호기심이 많은 동물이라 자고 먹고 배설하는 것 이외에도 필요한 일이든 불필요한 일이든 간에 두 다리를 사용해야 하는 일이 적지 않다. 그래서 강기슭에 있는 식당 연욱루(延旭樓) 즉 자운관(紫雲館)과 공중변소는 당연히 말할 필요도 없고, 너덜너덜한 고물 잡화를 파는 가게와 여관 근처에 문을 연 가짜 골동품상점 등에 갑자기 손님이 많이 늘었다. 나는 고물상에서 흡현 우전린(吳殿麟)의 《자석천산방집(紫石泉山房集)》을 한 권 샀고, 위탕도 그 골동품가게에서 도핵선(桃核船), 비취(翡翠), 호박(琥珀) 및 깨진 백자(白磁)를 많이 샀다. 우리들은 배로 돌아와 연구를 하기 시작했는데, 2원을 주고 산 백자조각들이 가장 값어치가 있었다. 왜냐하면 섬섬옥수로 빚은 것이 조잡하고 길며 머리는 송이버섯을 닮았다. 또 다른 삼각형의 뾰쪽한 조각에는 약간 굽어진 하얀 손잡이가 있어 분명 중국제였다. 깨진 자기가 강희년간이거나 아니면 건륭년간이라고 말할 수는 없지만 아마도 전 조대의 곤녕궁(坤寧宮)에서 소장했던 것 같았다. 자세히 연구를 마친 후 이 사람 저 사람 한 마디 씩 느낀 바를 말하면서 한참을 웃었다. 물에 떠있는 이 작은 공화국의 백성이 된 탓으로 우리 모두는 종일 타락하여 선하지 않은 소인단체를 이루었다.

일찍 점심을 먹은 후, 광단, 츄위안 등은 또 차를 타고 휘주로 떠나고, 위탕과 쩡구는 침대에 비스듬하게 누워 책을 보며 졸고 있었다. 다만 귀신이 붙은 정도로 신경질적인 나는 배 안에 앉아 있기가 편안하지 않겠다는 생각이 들어 할 수 없이 장화를 신고 우산을 편 후, 다시 언덕으로 올라가 둔계 시가지 유람을 했다.

우중의 둔계 시가지는 확실히 조용했다. 동쪽에 홍후안판(紅丸犯)을 처형했던 목비가 세워져 있는 곳에서부터 시작하여 줄곧 서쪽 끝 둔포교 부근에 이르기까지 두 바퀴를 돌았는데 길에서 만난 행인들은 그리 많지 않았다. 대상해의 중심지인 선시(先施), 영안(永安)에 인산인해를 이루는 것에 비하면 이 작은 상해는 정말 촌이었다. 무료함이 극에 달해 나는 곧장 시가지 뒤편의 일련의 작은 산에 올라 둔계의 모든 시가지의 삼라만상을 고공에서 조망해보고 싶었다.

시가지 뒤편의 작은 산은 끊어졌다 이어졌다 연이어 서너 개의 봉우리가 있었다. 동에서 서에까지 둔계 시내의 수천 채의 인가와 인가 주위를 흐르는 몇 줄기의 시냇물을 굽어본 후, 나의 두 다리는 갑자기 다리에서 멀지 않은 화산(化山)의 평평한 꼭대기에 도착했다. 꼭대기 위에 돌기둥, 주춧돌, 대들보 등은 여전히 그곳에 있었지만 깨진 기와, 불모지의 땅, 날고 있는 몇 마리의 새 등이 어지럽게 널려있는 돌 위에서 길게 탄식하고 있었다. 전면에 있는 천주당내의 잡목과 인가, 강 언덕에서 조금 떨어진 곳에 있는 금자탑 모양 같은 사자(속칭 편단(扁担))화산(化山)을 보니 음산한 것이 머리털을 곤두서게 해 부득이 볼 것도 없는 둔계시의 화산을 단숨에 뛰어 내려오고 말았다. 후에 다리 입구에 있는 술집에 앉아서 심부름하는 아이로부터 자세히 들었다. 민국 18년 봄, 송라오우(宋老五)가 인마를 인솔하여 이 둔계시의 점포와 민가에 불을 질러 태워버렸다. 화산 정상의 화산대사도 이 때 불에 타 버렸다. 그 때 불에 타지 않고 남아 있는 것이라고는 단지 3층의 높은 누각인 연욱루 한 채와 천주당내의 방 몇 칸뿐이었다.

주점 안에서 그들과 잡담을 하면서 나는 단지 초사건(抄四件) 한 접시와 별 볼일 없는 소흥주(紹興酒) 한 근을 마셨는데 계산서를 보니 뜻밖에 2원이라고 속였다. "어째서 이렇게 비싸냐!"하고 물으니, "이 고장 사람들은 모두 흡주를 마시기 때문에 소흥주는 본래 귀합니다"라고 대답했다. 이 작은 상해의 상가는 다른 상해보다 오히려 배울 것이 없었지만 다만 외지 사람을 속여 갈취하려는 실마리를 잡을 수 있어서 오히려 제대로 배운 셈이다. 어쩐지 누가 나에게 말하길 둔계에서는 어떤 상점을 막론하고 값을 홍정하는데 있어 비록 성냥 한 갑이라도 아는 사람과 모르는 사람의 차이가 있다는 말을 들은 것 같았다.

오후 4, 5시쯤에 휘주로 갔던 사람들이 돌아와 함께 연욱루에서 저녁을 먹은 후, 나와 츄위안(秋原), 쩡구(增嘏), 성장(成章) 네 사람이 강 언덕을 걷다가 공교롭게도 상해에서 이곳으로 장사하려고 차를 몰고 다니는 건달같은 상인을 우연히 만났다. 그는 우리를 데리고 연회장으로 가서 한바탕 놀게 했고, 또 우리들을 데리고 그가 오래 전부터 알고 지내는 기생집으로 갔다. 아가씨의 이름은 지금 생각이 나지 않지만 아마도 비취라는 두 글자에 검은 색의 융단 조끼를 입고 있었고 금이빨을 하고 있었는데 외모는 그다지 나빠 보이지 않았다. 몇 곡의 휘주 노래를 듣고 기문차(祁門茶)를 한 잔 마신 후, 거리로 나왔는데 생각지도 않게 최첨단 유행의 옷을 입은 날씬하고 아름다운 미국부인 세 명을 우연히 만났다. 그 인솔자는 그녀들을 아마 잘 알고 있었다. 모두에게 인사한 다음 헤어진 후, 그가 우리들에게 그녀들의 신세를 말해 주었다. 그녀들의 전신은 본래 상해에서 온 오락장의 기예배우들인데 이후 각자 남자가 생겨 노래를 하지 않게 되었다. 일 년도 못되어 갑자기 남자들이 새로운 여자를 만나게 되자 그녀들은 곧 이렇게 변하게 되어 길거리의 선녀가 되었다 한다. 이렇게 짧은 역사는 비록 매우 간단하지만 그러나 우리들 가운데 강주사마(江州司馬)가 함께 오지 않아 애석하였다. 그렇지 않았으면 오히려 한 편의 《비파행(琵琶行)》을 잘 지었을 것이다. 보슬비 내리는 황혼의 거리를 걸었는데 이곳의 몇 집에는 제일 고급 공창(公娼)과 몇몇의 2등 찻집, 몇몇의 3등 정도되는 이름 없는 도박장, 그리고 별명이 "둔계의 왕"인 한 집은 문이 반쯤 열려 있었다.

등불이 꺼지지 않은 선실로 돌아와 함께 가지 않았던 몇 사람의 시인들에게 이 사실을 한 차례 보고해주니 남은 일은 겨우 드러누워 잠자는 일 뿐이었다. 그러나 초췌한 평상복의 재자(才子)가 우연히 분홍 빛 아름다운 미녀를 만나 비록 뒷거래를 하지는 않았지만 기생집 앞에서 퇴짜를 맞은 두 막의 정경은 한 수의 시로는 오히려 부족함이 있었다. 침구를 비스듬히 기대고 뱃머리에 떨어지는 빗소리에 장단을 맞춰 홍얼홍얼 나는 몽롱한 꿈속에서 7언 절구 시 한 수를 읊었다. "신안강의 푸른 물 유유히 흐르고, 양 언덕의 인가는 흩어진 조각배와 같네. 며칠 밤을 둔계교 밑에서 꿈을 꾸는데, 애끓는 춘색은 양주(揚州)와 같구나." 곧 미인도 있고, 재자도 있다. 이 시가 증명하는 대로 대단원으로 끝을 맺었으니 둔계에서 선상 숙박을 한 전기(傳奇)의 새로운 극본이 완전하게 성립되었다고 하지 않겠는가?

1934년 5월

14

다시 간 동군산

항주(杭州) 건덕(建德)의 버스길이 개통된 이후, 부양(富陽)에서 동려(桐廬) 구간을 나는 아직 가보지 못했다. 매 사람들이 조대(釣臺)를 지금 수리하는 중이라는 말을 들었다. 신문에 실린 기사에서도 이미 기부금을 접수한다는 공고가 났으며 엄(嚴)선생의 사당을 중건할 준비를 하고 있다고 했다. 그러나 동려에서 온 친구들은 엄선생의 사당이 기울어져 무너진 곳도 있으며, 동군산(桐君山)의 길 또한 협소하고 잡초 무성한 것이 예전과 달라진 것이 하나도 없다고 했다.

사당을 수리하든 안 하든 그것은 오히려 큰 문제가 아니다. 생각해 보면 엄선생의 초상을 붉은 담에 철골로 지은 양옥집에 모셔놓은 이후로 향을 피우는 사람들 중에는 신식 신사숙녀들이 좀 더 많아졌다는데, 이는 아마도 엄선생의 본뜻이 아닐 것이다. 그러나 그 길, 배에서 내려 산으로 오르던 그 길을 나는 늘 보수 좀 했으면 좋겠다는 생각을 했다. 비록 하이힐을 신은 사람들이 한 계단, 한 계단 오르게 하지는 못할지언정, 적어도 사고우(謝皐羽)[1]의 우수에 젖은 눈이 변명할 기회는 주어야 하지 않겠는가. 이것은 내가 동려를 다시 찾아오기 전 내 개인 생각이기도 하지만 대략 3년 전에 낚시터를 와본 적이 있는 사람들이라면

1 사고(謝翺, 1249-1295). 南宋의 시인. 字는 고우(皐羽) 号는 희발자(晞髮子). 福建省 사람.

모두 생각이 같을 것이라 확신한다.

폭염의 여름이 지나간 후, 절강 내륙은 가뭄으로 새싹들이 소생하지 못해 시들시들하다. 일 년 내내 마치 폐병환자 같이 놀고먹을 줄만 아는 사람들도 가을이 되면 원기를 회복한다. 마치 다시 살아나는 열병환자와도 같다.

가을이 지나면서 마을 가득 넘치는 목서의 향기는 사라졌고, 바람도 없고 비도 내리지 않는 맑은 하늘이 중양절까지 이어졌다. 하늘은 높고 게가 살찌는 계절, 일기가 비록 염려스럽긴 했지만 그러나 여행을 하기에는 그런 대로 적당할 것 같다. 배낭에 우산을 챙겨 넣고, 어디로 가든 떠나야지 하고 있는데, 때마침 일 년이 넘도록 보지 못했던 오랜 친구가 찾아왔다. 그래서 우리는 대략 보름간 여행을 떠날 계획을 세웠다.

처음 이틀 동안은 호수에서 헛되이 시간을 보냈다. 다만, 운서사(雲棲寺)[2]에서부터 대밭 길을 경유하여 오운산(五雲山)에 오른 후, 낭당(郎當) 고개를 넘어 영은(靈隱)[3]으로 가던 그 날은 매우 만족스러웠다. 만약 항주근처에서 산안개나 성벽 그리고 산봉우리 등을 구경하거나 절서(浙西)의 산수를 상상한 사람이라면, 이 길을 걷지 않으면 안 된다. 실제 증거로 나는 오랜 친구를 예로 들 수 있다.

그는 세계각지를 여행하면서 유럽, 미국, 일본 등 40여 나라의 산수에 자신의 몸을 맡겼고, 중국 본토에서는 18개 성(省) 중에 13, 4개의 성을 거치면서 초가집 세듯 대충 오악(五岳)을 오르기도 하고 혹은 멀리서 쳐다보기도 하면서 일찍이 가슴속에 감명을 받았다고 했다. 그러나

2 절강성(浙江省) 항현(杭縣)의 오운산(五雲山) 서쪽에 있는 사찰.

3 靈隱山. 절강성(浙江省) 杭州의 서호가에 있는 산으로 서호10경(西湖十景) 중의 하나이다.

오늘 이 길을 걸으면서 석양이 비추고 있는 서쪽 산봉우리와 거울 같은 남동쪽의 강물 그리고 서호를 바라보고 나니 피로가 가시면서 세상살이를 다 잊은 것 같아 "그 누가 항주에 산이 없다고 했느냐?"는 노래가 절로 나온다고 했다.

좋은 책은 백 번을 읽어도 싫증이 나지 않고, 아름다운 산과 물 제대로 구경하기 어렵다. 오운산 위에서 처음으로 약간이나마 부춘강의 산문 맛을 본 이 친구는 다시 위로 거슬러 올라가서 황자구(黃子久)가 세웠던 원대한 계획을 실현해보기로 결심했다.

날씨는 여전히 쾌청했다. 다리 힘 역시 그런 대로 괜찮았고, 뜻밖에 차도 빌릴 수 있어서, 10월 20일 오전 9시가 조금 넘어 우리는 만송령(萬松嶺) 아래를 달리기 시작했다.

범촌(梵村)을 지나고 제방을 돌아 양 기슭의 푸른 산길을 질주하여 부양현(富陽縣) 서문에 도착했다. 부양은 나의 고향으로 이 현의 풍경은 일찍이 나의 단편 소설 속에서 자주 묘사되었다. 그렇기 때문에 나는 크게 느낀 점이 없었다. 그러나 나의 오랜 친구는 식사를 마친 후, 소나무와 대를 엮어 지은 별장 대청의 창문을 열고서 멀리 남쪽을 줄곧 바라보고 있었다. 그는 산과 강의 돛단배를 보더니 햇빛 속에 빽빽하게 둘러싸인 산들에 취한 듯 뜻밖에 십 오륙 분 동안이나 시선을 고정시키고 있었다.

항주에서 부양까지는 42km이다. 구제도의 역리로 계산한다면 약 19역리 내외일 것이다. 차로 간다면 한 시간이면 넉넉히 도착할 수 있는 거리인데, 밥 한 끼 먹으면서 오히려 백여 분을 소비해 버렸다. 나는 오랜 친구에게 물었다.

"황자구(黃子久)도 중간쯤 구경했으니 그만하면 충분하다고 했겠지?"

"충분한 것 같기도 하고, 모자란 것 같기도 해!"

내 생각에 아름다운 꽃은 반쯤 피었을 때 보는 법이므로, 그에게 항주로 돌아갈 것을 권할 예정이었다. 그러나 젊고 성질이 급한 운전사가 손가락으로 셈을 하면서 말을 걸었다.

"다시 백 리 길을 가야하는데, 두 시 반이면 동려에 도착할 것입니다. 동려에서 한 시간 놀다가 세 시 반에 출발하여 곧장 항주로 간다면, 여섯 시면 정확히 도착할 것입니다."

우리는 본래 야생 학과 같은 사람들이기 때문에 산수를 두루 구경하고 다닌다고 밥 못 먹을 병에 걸릴 리도 없고, 운전사도 가자고 했으니 당연히 갈 것이다. 그렇다면 가야지, 가서 안 될 일 있겠는가!

부양을 출발하여 서남쪽으로 향하는 60리 길 중간쯤에서 보는 산수는 좀 다르게 느껴졌다. 산봉우리가 겹쳐지지 않는다 했더니, 차창 밖에는 오히려 수천만 겹의 파도가 나타나기 시작했다. 조그만 마을인 신등현(新登縣)의 옛 이름은 신성(新城)이다. 농가가 천 가구 미만이며, 마치 토성과 같은 모양의 성벽이 있고, 성 밖에는 작은 산들이 둘러싸여 있는데 이 작은 산 위에는 작은 탑들이 많다. 송림의 계곡은 본래 규모가 별로 크지 않았다. 그러나 이 소인국 같은 작은 산천도시 가운데 흐르고 있어 보기에 매우 크게 느껴지고 있었다.

이렇게 작은 마을에서 뜻밖에도 허운(許運) 두건휘(杜建徽) 나은(羅隱)과 같은 큰 인물들이 배출되었으니 산수와 인물은 비례하지 않는다고 볼 수 있다. 문약한 절서(浙西)에서 한 두 명의 나은 같은 인물이 나온 것은 별일이 아니지만, 그러나 그렇게 당당했던 두 분의 장군이 당송(唐宋)을 거쳐 오월에 이르는 백 년의 짧은 기간 동안에 나왔으니, 이 두 분의 장군을 배출한 것에 대해서는 정말 놀라지 않을 수 없다.

차는 신등(新登)을 지난 후, 타강(鼉江)을 끼고 달려가는데 주변풍경이 또 달라졌다. 도로가 남쪽으로 휘어지면서, 전당강 건너편의 푸른 산이 죽패(竹牌)를 들고 천자를 배알하듯 점점 두각을 나타내기 시작했다. 타강(鼉江)에는 늘 두 가지 기운이 있다는데, 바로 두건휘와 나은이 태어났다는 알 수 없는 전설이 그것이다. 건너편의 높은 산에 있는 묘소는 손백부(孫伯符) 조부의 묘소이다. 위치는 부양과 포강(浦江)의 경계인 천자강(天子崗)이다.

이 험한 산에서부터 협소한 계곡을 지나고, 또 동계대강(桐溪大江)의 구불구불한 길을 끼고 돌면서 약 이 삼십여 리를 계속 달린 끝에 동군산의 기슭에 도착하였다. 삼 면은 모두 산이고, 한 면은 물이다. 풍경이 푸르고 고요한데 수목이 무성하고 바위들이 기묘하여 자연히 선하관(仙霞關) 산양(山陽)과 비교하여 더욱 절경이라는 생각에 빠지게 된다. 그러나 구불구불함이 그만 못하고, 웅대함이 약간 떨어진다. 이 점에 대해서 국도를 타고 안휘와 복건으로 가는 사람들에게는 큰소리를 칠 수가 없다.

동군산의 맑은 풍경에 대해 나는 이미 3, 4년 전에 답사를 끝내고 서둘러 《봄날의 낚시터(釣臺的春晝)》를 썼었다. 산수를 사랑하는 사람들이 이런 진짜 산수를 본다면 아마 백 번을 봐도 싫증을 느끼지 않을 것이다. 그러나 보잘것없는 필력이다 보니 두 마디 말만 쓰다가도 사람들이 싫증을 느끼지나 않을까 두렵다. 왜냐하면 나는 결코 이러한 능력과 이처럼 변화가 풍부하고 생동감을 주는 필력이 없는 사람이기 때문이다. 그러나 한 가지 더 설명을 하자면, 전 번에는 달밤에 와보았고, 이번에는 석양 아래에서 보았다. 나는 비바람이 치는 한밤중이나 혹은 맑은 날의 오전에 이곳에 오른다면 필경 새로운 풍경이 있을 것이므로,

전번과 이번에 내가 보았던 것과 완전히 서로 다른 것이라고 생각했다.

동군산 아래 동계와 부춘강이 합류하는 지점이 바로 나루터이다. 차로 강을 건넌 후 서남쪽을 향해 곧장 올라가면 부춘산의 배후로 질러가는 길이 되며, 서쪽에서부터 조대(釣臺)로 올라가게 된다. 나는 이번에 도강을 하지는 않았지만 동군산의 누각에 올라 창문을 열고 멀리 서쪽을 바라봤다. 누런 뱀과 같은 도로가 구불구불 감돌아 석양이 비치는 비취색의 산 속으로 들어가는 것이 보였다. 이 도로와 낚시터의 전면에 있는 그 나루터는 당연히 수리할 필요가 없을 것이다. 왜냐하면 부춘산의 후면에서 등반을 시작하여 높은 곳에 이르러 멀리 낚시터와 낚시터 위아래의 골짜기와 계곡을 바라다보면, 이렇게 매가 내려다보듯 높은 곳에서 보는 이엔 능(陵)의 운치는 한층 더 멋질 것이다.

그날 밤 6시가 좀 넘어 차를 타고 항주로 돌아올 때, 나는 또 어리석은 생각을 하게 되었다. 몇 시간을 생각하다가 가족들과 나의 헌 책 그리고 술 주전자 등을 정리하여 동려현의 동서마을이나 동군산 그렇지 않다면 낚시터 부근으로라도 이사를 하고 싶었다.

1934년 10월 22일 안탕산(雁蕩山)의 전날 밤

15

남쪽 유람기

10월 22일. 음력으로 9월 15일. 월요일. 흐렸다 개임.

날씨는 아마도 변할 것 같다. 오후에 원보(文伯)과 함께 호수를 한 바퀴 돌아보고, 내일 이른 새벽 강을 건너 천대(天臺)를 여행하기로 굳게 약속했다. 막 5시가 넘었을 때 집으로 돌아와, 급히 상해생생미술공사(上海生生美術公司)와 약속한 월간지의 원고—이천자가 넘는 《동군산(桐君山)을 다녀오다》를 썼다. 내용은 당연히 전날 원보(文伯)와 함께 부양의 동려 일대를 돌아보고 느낀 점들이었다. 그러나 원보가 이름을 밝히는 것을 좋아하지 않기 때문에, 단지 나의 옛 친구가 항주에 와서 함께 동려에 다녀왔다고만 적었다. 동군산 위에서 지었던 시는 넣지 않았는데 뜻이 평탄해서 남겨놓을 가치가 없었기 때문이다.

저녁에 도서관에서 장연원(張聯元)이 쓴 《천대산전지(天臺山全志)》를 한 권 빌려 왔는데, 휴대하여 여행 길잡이로 볼 생각이었다. 왜냐하면 장지(張志)가 강희(康熙) 정유년에 짓고, 명대의 석전등(釋傳燈)이 편집한 《천대산외지(天臺山方外志)》보다 년대가 좀 후에 쓰여졌고 또 풍경 묘사가 오늘날의 천대와 많이 비슷하기 때문이었다.

지리서적을 보고 있다가 10시가 되자 잠자리에 들었다. 내일 아침 일찍 일어나 강을 건너 서흥(西興)으로 가서 차를 타고 출발을 해야 되기 때문이었다.

23일(음 9월 16일). 화요일. 맑으나 안개가 낌.

여섯시에 일어나 막 씻고 있는데, 이미 원보의 차가 문 앞에 도착했다. 급히 짐을 모으는데, 술 담배 각 두 꾸러미, 옷가지 한 상자, 통조림 식품, 책과 필묵, 이불과 베개 각각 한 채씩을 챙겼다. 이것들은 샤(霞)가 주도면밀하게 어제 밤 우리들을 위해 준비해준 것들이었다.

차를 타고 강변으로 갔는데, 7시 배는 아직 출발하지 않고 있었다. 행인들을 가득 실은 서너 척의 배 이외에도 또 병사들을 두 척에 가득 실었기 때문에, 동력선이 나룻배를 밀어주어 강을 건너게 했다.

"3일간 전당강에 조수가 밀려오지 않으면 천군만마가 강을 건너오네"라는 왕수운(汪水雲)의 시가 생각났다. 원래 시가 이러했는지는 알 수 없지만, 옛날 강을 사이에 두고 많은 군사를 주둔시켰다가 강을 건너 기습적으로 항주를 탈취한 것 같았다. 삼국시기의 손오(孫吳), 5대 전무숙(錢武肅) 왕의 군사전략도 모두 이러했다. 백안(伯顔)이 남송(南宋)을 멸하고 군대를 고정(皐亭)에 머물게 했다. 강 양편에 많은 군사를 주둔시켰다 고로 덕우궁(德祐宮)에 "3일동안 전당강에 조수가 밀려오지 않네"라는 탄식이 있다. 만일 전강대교가 건설되어 각지로 통하는 도로가 개통된다면, 전략은 당연히 크게 바뀌어야 할 것이다.

서흥에서 뭍에 오르자, 태양은 금세 지붕 위에 떠올랐으나 8시는 아직 안된 것 같았다. 강기슭 옆 터미널에서 도로공사가 우리에게 빌려주기로 한 차를 찾아보았으나 끝내 찾지를 못해, 부득불 도로공사에 전화를 걸어 재촉을 할 수밖에 없었다. 두 번이나 걸었는데 모두 509호 Chevreuld차가 이미 아침 6시에 강을 건너갔다는 것이었다. 후회가 되었다. 첫날 처음부터 일이 뜻대로 안되면 이후 여행의 결과가 어떻게 될지 걱정이 되었다. 결국 숙소(肅紹) 장거리버스 터미널 근처에 있는 술집에 앉아 우울한 심정도 달랠 겸 차가 오기를 기다리기로 했다.

9시 무렵에야 겨우 차가 도착했다. 왜 늦었느냐고 물어보니, 차로 강을 건너기가 불편했다고 했다. 급히 차에 올라 동남쪽으로 질주했다. 가암(柯巖), 난정(蘭亭), 쾌각(快閣), 용산(龍山), 우능(禹陵), 우혈(禹穴), 동호(東湖), 육능(六陵) 그리고 후산(吼山) 등의 명승지에 대해서는 멀리서나마 경의를 표하면서 후일 다시 와 보기로 다짐했다. 소흥(紹興)에 도착했을 때는 대략 10시쯤 되었다. 산길의 돌난간, 굽이진 감호(鑒湖) 그리고 부산(府山) 위의 빈 정자가 마치 꿈속의 월하미인처럼 차창 밖을 스치고 지나갔다.

소흥(紹興)을 지나자 길 양옆에 가로수가 고른 간격으로 심어져 있었다. 시들기 시작한 가을 버들이 흐느적거리며 차를 맞이해 주었는데, 마치 왕실보(王實甫)의 극본에 있는 아름다운 표현과도 같았다. 강변으로부터 소흥으로 가는 조아강(曹娥江) 어구는 방향이 남쪽으로 치우치다가 동쪽을 향하고 있다. 조아에서 한번 꺾어 강을 따라 올라가니 차는 정남으로 향하였다. 호패(蒿壩), 삼계(三界), 도포(嶀蒲) 등을 지나자 오른쪽은 끝없이 펼쳐지는 산들(도산(嶀山), 화도산(畵圖山) 등)이고, 왼쪽은 수정같이 맑은 조아강의 강물이다. 풍경이 밝으면서 인가도 많고 풍요로와 그야말로 강남의 살기 좋은 고장이었다. 12시에 섬계(剡溪)를 지나 승현(嵊縣) 동문 밖의 승산계정(嵊山溪亭)을 멀리 바라보면서, 차에서 내려 점심을 먹고 다시 출발했다.

차가 신창계(新昌界)에 들어선 후 동항(東港)을 따라 한참 달리다가, 발모반죽(拔茅班竹)에 이르자 고개에 접어들었고, 고개를 구불구불 감돌다가 큰 다리에 이르러서야 고개를 다 넘게 되었다. 건축 일을 하는 사람에게 이 고개가 무슨 고개냐고 물었더니, 반장이 대답하기를 위사

(衛士 혹, 圍寺)고개라고 대답을 했다. 도대체 어느 두 글자인가는 다음에 《신창현지(新昌縣志)》를 찾아보면 알 수 있을 것이다. 이 위사(衛士) 고개에서 천노산(天姥山) 봉우리와 천대산맥을 멀리서나마 볼 수가 있다. 재를 넘고, 천대산의 고개를 휘감아 통과하면 천대계에 들어선다. 원보는 성이 왕(王)이고 나는 위(郁)가이다. 천대 비경의 초입에서 맑은 계곡 물이 굽이치는 것을 보고, 세상과 멀리 떨어져 있다 보니 저절로 사념이 일어났다. 그러나 몸은 산중에 있고, 멀리 보이던 산봉우리마저도 보이질 않아 그만 노래 두 소절을 불렀다.

"산은 천대에 이르러 얼굴을 알기 어렵구나, 나는 유원(유신과 완경)(劉阮)이 아니지만 정이 끌리네."

어제 호수에서 원보가 나에게 해학적으로 말했었다.

"내일 우리 두 사람이 유신(劉晨)과 완경(阮肇)[1]으로 분장하여, 천대산에서 노래를 부른다면 두려움도 사라질 것이요."

오후 4시 청계(淸溪)를 건너 적성산(赤城山)을 바라보면서 천대현성(天臺縣城) 동북쪽에 있는 국청사(國淸寺)에 머물렀다. 이 사찰은 수(隋)나라 때 지자선사(智者禪師)가 직접 지은 것인데, 선사는 절이 완공되는 것을 보지 못하게 되자 한 마디 의미심장한 말을 남겼다고 한다.

"절이 완성되면 나라가 깨끗해지리라."

사찰의 이름은 여기에서 딴 것이다. 규모가 크고 스님들이 많을 뿐 아니라, 불교연구소도 하나 설립되어 있다. 매일 경을 가르치면서 또 공부를 게을리 하지 않아 그야말로 천태종(天台宗) 발원지의 큰 숲이 되기에 손색이 없었다. 우리를 동반하여 저녁식사를 함께 한 화청법사

---

1 동한(東漢)시대의 사람. 천대산(天臺山)에서 약을 채집하다가 신선을 만났다고 전해온다.

(華清法師)는 용모가 빼어나 그림 속의 동파(東坡)와 비슷했다.

이날 밤은 사찰의 건축양식과 가란전(伽藍殿) 밖의 매화나무 한 그루, 그리고 풍간교(豊干橋) 계곡 위에 걸린 반달을 보았을 뿐이다. 여덟시가 넘자 잠자리에 들고 말았다.

24일(음 9월 17일) 수요일. 맑고 상쾌함.

아침 7시에 가마를 타고 방광사(方廣寺)로 떠났다. "석량비폭(石梁飛瀑)"을 보고 싶었다.

사찰 문을 나와 동북쪽으로 향한 계곡을 따라 고개를 넘어갔는데, 아침 해가 골짜기 이쪽 산머리를 비추고 있었다. 계곡의 물 흐르는 소리가 끊이질 않는 것으로 보아 석량비폭에 다다른 것 같았다. 양 계곡의 색깔은 7, 8월 때처럼 푸른데, 간간이 단풍이 조금 물들어있었다.

계곡이 끝나고 산을 돌아 나오니 또 작은 고개가, 작은 고개를 넘으니 앞에는 또 높은 산이 있었다. 산 위에 정자가 있었는데 마치 하늘 속에 있는 것 같았다. 산 고개를 넘는 돌계단이 곧게 정자 아래의 높은 산 중앙을 지나가고 있었다. 가마꾼에게 물으니, 금지령(金地岭) 고개로 화정사(華頂寺), 방엄사(方廣寺)로 가려면 꼭 거쳐야 되는 길이라고 했다. 할 수 없이 가마에서 내려 힘겹게 고개를 넘었다. 다행히도 아침에 출발할 때 스님이 지팡이 두 개를 가마에 실어주었는데, 금지령 고개를 반쯤 넘었을 때 이 지팡이가 생각지도 않은 도움을 주었다.

금지령 고개에 도착하고 보니, 위는 오히려 매우 평평했다. 인가가 드문드문 있는데, 마을에 밭들도 고르게 분포가 되어 있었다. 논에는 아직 베지 않은 벼들이 황금빛으로 물들어 있었다.

고개를 들고 사방을 돌아보니, 천 길이나 되는 깊은 골짜기 아래로

냇물이 흐르고 멀리 나무들도 있었다. 국청사문 앞의 그 탑(전하는 말에 의하면 수나라 때의 탑이라 한다)도 똑똑히 볼 수 있었다. 다시 서쪽을 멀리 바라보니, 천대현성의 서북쪽마을이 보였는데, 풍계(豊溪)에서 청계(淸溪)로 물을 대주는 지역으로, 바로 어제 우리가 차를 타고 지나왔던 곳이었다.

고개 위에는 세 갈래 길이 있었는데, 한 길은 우리가 왔던 길이고, 또 한 갈래의 길은 동남쪽으로 향하고 있었다. 불롱(佛隴) 아래쪽 평화스러운 마을을 바라보고 있는 것은 고명사(高明寺)(산 위에서 보면 절이 아주 잘 보인다)이다. 또 한 갈래의 길은 북쪽을 향하고 있는데, 다시 높은 산과 험준한 고개를 넘어서, 한풍궐(寒風闕) 진전양(陳田洋) 등을 지나면 용왕당(龍王堂)에 다다를 수 있고, 동쪽으로 화정사(華頂寺), 서북쪽으로는 방광만년사(方廣萬年寺)에 이르는 도로이다.

금지령마루 숲 속에는 진각사(眞覺寺)가 있다. 절 문밖에는 위원화(元和) 4년에 세운 비석이 하나 있고, 절 안의 대전에는 지자대사(智者大師)의 묘소가 보존되어 있다. 전하는 말에 의하면 대사(大師)가 수나라 개황 17년에 신창대불사(新昌大佛寺)에서 입적한 후 그의 제자들이 유해를 이곳에 안장했다고 한다. 정광선사(定光禪師)가 꿈속에서 지자대사에게 손짓한 곳이 바로 이 산마루의 큰 바위인데, 지금은 "초수암(招手巖)"이라 부른다.

금지령마루 서북쪽 큰 마을을 탑두촌(塔頭村)이라고 하는데, 진각사의 다른 이름이 탑두이기 때문이다. 소위 탑두(塔頭)라는 것은 지자대사의 탑을 가리키는 것이다. 시골사람들은 무식하여 국청사 앞에 있는 탑을 하루 밤 사이에 선인들이 옮겨온 것이라 믿고 있었다. 탑신을 먼저 잘 안치하고 탑의 머리만 남았는데, 탑머리를 여기까지 옮겨오자

금계가 울고 날이 곧 밝아오므로 어쩔 수 없이 탑머리를 여기에다 버리고 갈 수밖에 없었다 한다.

국청사 앞의 그 탑 안에 들어가 하늘을 보면 꼭대기에 과연 둥근 구멍이 있어 햇빛을 볼 수 있는데, 마치 지붕이 없는 듯하였다. 금지령을 "금계령(金鷄岭)"이라고도 하는데, 시골사람들의 생각이 주도면밀하지 못해서 탑두 동쪽에 있는 은지령(銀地岭)에 대해서는 오히려 그들의 신화 속에 집어넣을 방법이 없었던 모양이었다.

우리는 탑두촌에 도착하여 높은 산 위의 대평원과 동, 서, 남 삼면의 골짜기와 원경을 보았는데, 바로 떠나기가 좀 아쉬웠다.

더욱 높은 곳, 이른바 "수마갱(水磨坑)"과 "낙수갱(落水坑)" 고원지대에 다다랐을 때는 나도 모르게 환성이 터져 나왔다. 산 위에 또 산이 있고, 그 산 위쪽은 또 새로운 풍경이 펼쳐졌다. 평화롭게 보이는 큰 마을에는 물도 흐르고, 집들도 보이며, 논밭과 남새밭도 있었다. 어린이들은 벼 베는 것을 구경하고, 누렁이는 우리에게 경계의 눈빛을 보내고 있었는데 도화원(桃花源)보다 나은 것 같았다. 걷고 걸어 서너 고개를 넘었는데도 아직 산꼭대기라는 것을 느끼지 못했다. 이것이 바로 천대산에서 느낀 제일 기이하고 특이한 점이다. 앞으로 만약 천대를 피서지역으로 개발한다면 수마갱과 낙수갱(진전양, 한풍궐의 외대)지역 일대는 어느 곳을 막론하고 모두 적당할 것이라는 생각이 들었다.

금지령에서 북쪽으로 15리 길을 가면 용왕당(龍王堂)이고 또 15리 길을 가면 방엄사(方廣寺)에 도착한다. 사찰은 깊은 산중에 있는데, 이 고개 저 고개 높고 낮은 가파른 길을 몇 갈래나 지나서야 도착할 수 있었다. 이 터를 발견한 사람은 진현(晋縣)의 불자 유(猶)씨 인데, 후세에 전하기를 500명이 거주했다고 한다. 송(宋) 건중정국(建中靖國) 원년

(1101년)에 절을 지었는데, 후에 불이 나서 소희(紹熙) 4년(1193년)에 다시 지었다. 그 뒤의 흥망의 역사는 고증할 수 없다. 골짜기에서 산의 경사위치에 따라 상방광(上方廣), 중방광(中方廣), 하방광(下方廣) 세 채의 절을 지었는데, 중방광(中方廣)은 석량폭포(石梁瀑布) 옆 낡은 현화정(縣花亭)자리이다.

이 깊은 골짜기 속에 자리잡은 석량폭포는 서남쪽을 향하고 있었다. 용왕당(龍王堂)을 지난 후 가랑비가 내렸는데, 우리는 나침반을 가지고 있지 않아서 방향을 잘 분간할 수 없었다. 한 줄기 금계(金溪)와 또 이름 모를 한 줄기 계곡 물이 북에서 동으로 곧장 흘러내렸다. 이 물은 상방광사 앞, 중방광사 옆의 큰 반석 위에서 두 물이 한데 모여 열 길 너비나 되는 큰 계곡을 이루고 있었다. 계곡은 서남쪽으로 흐르면서 자연히 그곳에 있는 갑문(閘門)과 같은 큰 바위들을 휩쓸었을 것이다. 세월이 몇 천만년이나 흘렀는지, 이 큰 돌 갑문이 흐르는 물에 씻겨 활 모양의 둥근 커다란 구멍이 뚫려있었다. 이 구멍은 사, 오십 자 넓이에, 폭은 열 자 정도나 되었다. 물은 이 구멍을 통과하고, 돌을 따라 곧장 돌진해 내려가면서 한 폭의 폭포를 이룬 것이다. 이것이 바로 남광사(方廣寺)의 폭포와 석량에 관한 간단한 설명이다.

상방광사는 폭포 위에 있고, 중방광사는 폭포와 석량(石梁) 옆에 있다. 중방광사의 현화정(縣花亭)에 오르면 석량을 내려다 볼 수 있고, 그 아래로 수백 자 길이의 폭포를 구경할 수 있다. 하방광사를 지나 몇 리 길을 더 내려가면 폭포의 하류가 나온다. 이 폭포하류의 냇가에 서서 위를 쳐다보면 그야말로 이름이 헛되지 않은 기묘한 절경을 볼 수 있는데, 마치 사오리(小李)장군의 생동감 있는 한 폭의 산수화 같았다.

제일 절경인 것은, 발밑은 바로 맑은 계곡이고, 계곡에서 반리쯤 떨어진 곳에는 마치 만길 높이로 보이는 폭포가 걸려 있다. 폭포 위로 5, 6자 높이의 공중에는 커다란 석교(石橋)가 홀연히 흐르는 물 위로 걸려 있는데, 양쪽 끝은 바위에 연결되어 있다. 이 폭포와 돌다리 위로 계곡이 멀리 몇 갈래로 흘러가고 있으며 옹기종기 모여 있는 산들 사이로 한 조각의 하늘을 볼 수 있다. 폭포 돌다리와 계곡 양편에는 푸른 대나무, 울긋불긋한 나뭇잎, 누런 담이 있다. 애석하게도 폭포 위의 수풀을 받치고 서있는 중방광사의 현화정 모서리는 영롱함이 덜했다. 만약 이 정자의 기둥을 다시 세우고, 거기에다 알맞은 주황색을 칠한다면, 이 한 폭의 그림은 그야말로 천하에 둘도 없을 것이라는 생각이 들었다.

우리는 중방광사에서 점심을 먹고 8, 9리 길을 돌아 동그란 큰 돌들에 에워싸여 마치 큰 항아리 형상의 "동호적루(銅壺滴漏)"라 부르는 폭포를 보았다. 길을 따라 내려가면서 수주렴(水珠帘), 용유견(龍游梘)도 구경했다. 동호적루에서부터 곧장 서남쪽으로 가면 만년사(萬年寺)와 도원동으로 갈 수 있었다. 그러나 날도 어두워지기 시작하고 또 천대에서 삼일간 머물기로 계획을 했었기 때문에, 도원에 가서 유완(游阮)을 올라가기에는 시간이 부족할 것 같았다. 그래서 만년사 도원으로 가는 일정을 조금도 주저하지 않고 취소했다. 오솔길을 걸어 계곡과 고개를 넘어 천대산 최고봉으로 곧장 올라가 화정사에서 하룻밤을 묵었다.

25일(음 9월 8일) 목요일. 맑고 따뜻함.

어제 밤안개가 낀 쌀쌀한 날씨 속에 뒷산에서 화정(華頂)에 올랐다. 화정사는 진(晋) 천복(天福) 원년 덕소(德韶)스님이 지었지만, 지자(智者)선사가 늘 이곳에 계셨기 때문에, 절에서 3리를 더 올라 제일 높은 곳에 있는 배경대(拜經臺)는 지자선사의 고적이라 할 수 있다. 전해오는 말에 의하면, 날씨가 맑을 때 배경대 위에 올라서면 동쪽으로는 바다를 볼 수 있고, 서남쪽으로는 복건계의 높은 산, 그리고 서북쪽으로는 항주와 대분산맥(大盆山脉)을 볼 수 있다고 한다. 종합적으로 말하면, 이곳은 천대산의 제일 상봉으로 이백(李白)이 말했던 그 사천 팔만 척의 최고봉이다. 여기에서 일출을 보면 태산의 관일봉(觀日峰), 노산(勞山)의 노정(勞頂), 황산(黃山)의 제일 높은 곳에서 일출을 보는 것과 마찬가지로 천하의 기이한 경관이 펼쳐진다. 우리는 비록 체구는 작지만 마음만은 웅대하여 전날 밤 스님에게 부탁을 했다.

"내일 날씨가 맑으면 '배경대'에 가서 일출을 볼 수 있게 새벽 3시쯤 깨워주세요."

새벽 3시가 되자 과연 절에서 심부름하는 사람이 찾아와 방문을 두드렸다. 두터운 솜이불 속에 누워 있어도 차가운 기운이 뼛속까지 스며드는 것 같아 정말로 침대에서 일어나기가 싫었다. 이미 약속을 한 것이므로 당연히 후회할 수도 없어, 가까스로 진저리를 치면서 석유등 그림자 속에서 몸을 일으켰다. 세수를 마치고, 따뜻한 술 한 잔과 국수 한 그릇을 배불리 먹었는데도 몸이 더워지지 않았다. 심부름하는 사람에게 과연 일출을 볼 수 있겠냐고 물었더니, 그는 모호하게 "지금은 안개가 있지만, 안개만 걷히면 일출을 당연히 볼 수 있을 겁니다."라고 대답을 하고는, 벌써 화정선사의 초롱에 불을 붙였다. 우리는 하는 수없이 나른한 몸을 이끌고 그를 따라 문을 나섰다.

이따금 불어오는 찬바람과 안개가 자욱한 어둠이 우리 몸을 향해 덮쳐왔다. 초롱불이 자욱한 안개를 비추자, 길 양편 나무들의 그림자가 거무스름한 여러 가지 형상을 만들었는데 마치 지옥의 악마와 같았다. 갑자기 큰바람이 일어 구름과 안개를 한쪽으로 몰아가자, 하현의 희미한 달이 나뭇가지 위에서 반쯤 얼굴을 내밀어 우리의 주위를 희미하게 비추어 주었다. 그러나 삽시간에 안개가 또 끼어 달이 보이지 않았다. 너무나 두터워 마치 실체가 있는 듯 어둡고 끈적끈적한 안개 속에 우리 세 사람의 발자국소리와 지팡이 닿는 소리만 들려왔다. 추위와 적막함, 공포와 이상야릇한 공기가 우리들을 에워싸고 있어, 감히 말하기도 무서웠다. 길 양옆에는 작달막한 사라나무들이 가득 심어져 있었는데, 사람 키보다 조금 큰 이 나무들은 찬바람이 불 때마다 가지와 잎에서 이상한 소리를 내고 있었다.

화정사로부터 배경대로 가는 3리 길을 걸으면서 우리는 식은땀을 흘렸다. 땀이 나지 않았는데도, 바람이 몸을 스쳐 지나갈 때마다 마치 발가벗고 있는 것 같았기 때문이었다.

배경대의 두터운 돌담 밑에 이르자 우리는 낡은 싸리문을 열고 들어갔다. 촛불과 석유등불을 켜놓고 추위에 떨면서 해가 솟아오르기만을 기다렸다. 아침공부 시간을 알리는 생기 없고 나직한 종소리가 멎은 후 날은 점점 회백색으로 밝아 왔다. 안개가 아직 걷히지 않아 물체를 똑똑히 구별할 수 없었다. 회중시계를 보니 이미 6시를 넘고 있었다. 두 사람이 서로 상의를 하고, 다시 심부름하는 사람에게 물어 오늘 일출구경이 실패했음을 확인했다. 운수가 나쁜 것을 원망하며 몸을 일으켜 그 자리를 떠났다.

배경대 뒤쪽에 있는 강마탑(降魔塔), 그리고 배경대 앞 "대산제일봉(臺山第一峰)"과 "지자대사배경처(智者大師拜經處)"라고 새겨진 두 개의 비석, 또 전후좌우로 마치 성루 같은 많은 초가집들, 태백독서당(太白讀書堂), 묵지(墨池), 구지(龜池) 등을 모두 구경했는데, 아침 일찍 일어나 한바탕 모험을 치른 대가로는 너무나 약했다.

다시 절에 돌아와 아침을 먹은 후 가마를 타고 산을 내려가는데, 셀 수 없는 수십 개의 고개를 또 넘었다. 용왕당(龍王堂)을 지나고 오던 길을 따라 다시 탑두사(塔頭寺)로 가는 도중 태양이 밝아왔는데, 앞 골짜기의 풍경이 매우 맑고 시원해 보였다. 새벽에 받았던 가슴 가득한 억울한 감정이 자연히 풀어졌다.

탑두사의 남쪽으로 산을 내려왔고, 가마가 고명사(高明寺)에 도착했을 때쯤에는 환하게 빛나는 산골짜기의 경치도 더 이상 보고 싶지 않았다. 왜냐하면 화정에서 내려오기 시작하면서부터 사십여 리 산길을 내려와 모두들 이미 배가 고팠던 것이다. 아무리 강산이 아름답다한들 끼니를 대체할 수는 없는 것이리라.

고명사 역시 지자대사의 열두 개의 사찰 중 하나인데, 당(唐) 천우(天祐) 년간에 절을 짓기 시작하였다 한다. 전설에 의하면 대사가 이곳을 발견할 수 있었던 것은, 그가 불롱(佛隴)에서 《정명경(淨名經)》을 강의할 때 갑자기 바람에 경전이 날아가 이곳에 떨어졌는데, 이 때문에 대사는 이곳이 둘도 없는 좋은 절터라고 생각하게 되었다고 한다. 그 후 절을 "정명(淨名)"이라 칭하고, 당(堂)을 "번경자(翻經者)"라 하는 이유가 여기에 있다. 지금의 이름을 고명사라 하는 것은 절이 고명산에 있기 때문인지, 아니면 고명사의 이름이 지어진 유래가 바로 이 절 때문인지는 설명하기 어렵다.

절의 보물로는 지자선사의 가사 한 벌과 목탁 하나가 있는데 모두 모조품이다. 다만 몇 페이지 남아 있는 《패엽경(貝葉經)》과 《타다라니경(陀羅尼經)》이 있는데 이것은 진짜다. 하지만 이 경들이 어느 조대(朝代)의 유물인지는 알 길이 없다.

고명사에서 동북쪽으로 6, 7리 떨어진 곳에 명승지가 한 곳 있는데

"나계조정(螺溪釣艇)"이라 부른다. 기암괴석과 계곡 그리고 높은 산이 한데 어울려 이룬 경치는 천대 8경 중 하나이다. 본래 고명에 도착해 이 경치를 꼭 보려고 했었다. 그러나 새벽에 너무 일찍 일어나 밥 한 그릇을 배불리 먹고 나니 나른했다. 따가운 햇빛이 빨리 국청사로 돌아가 휴식하라고 재촉하는 것 같았다. 그래서 이 깊은 골짜기의 "나계조정" 구경을 포기하고 내려오고 말았다.

소위 천대8경이라고 하는 것은 원(元) 조문회(曹文晦)가 붙인 이름들이다. 나머지 7경으로는 적성서하(赤城棲霞)(적성산(赤城山)), 쌍간회란(雙澗廻瀾)(국청사(國淸寺)앞), 화정귀운(華頂歸雲)(화정사(華頂寺)), 단교적설(斷橋積雪)(동호적루(銅壺滴漏)근처), 경대야월(琼臺夜月)(동백궁(桐柏宮)서북쪽), 도원춘효(桃源春曉)(도원령(桃源岭)아래), 한암석조(寒巖夕照)(천대현(天臺縣)서쪽, 대서향(大西鄕)(평진(平鎭)20리) 등이 있다. 그리고 앞에서 언급했던 《천대산방외지(天臺山方外志)》를 편찬한 전등(傳燈)스님도 고명사의 스님이다. 특별히 언급하지 않을 수 없는 것은 절 뒤에 있는 무진등대사(無盡燈大師) 탑과 절 안의 능엄단(楞嚴壇) 등이 모두 전등스님의 유적이라는 것이다.

26일(음 9월 19일) 금요일. 맑고 따뜻함.

천대를 유람한지 이틀밖에 되지 않았는데도 벌써 포만감을 느낀다. 오늘은 자벽천지(自辟天地)로 가서, 지서(志書)에 있는 지도를 따라 동백궁(桐柏宮) 부근의 경치를 탐색하기로 했다. 가마를 타지 않고 안내원도 필요 없이 오전 8시 국청사 문 앞에 일곱 개의 여래 탑이 나란히 서 있는 곳에서 차를 타고 하방점(何方店)까지 갔다. 가는 길에서 적성산(赤城山)을 보니 보라색으로 물들어 윤곽이 성 같지가 않았고, 해가 동쪽에서 비추고 있어 그늘진 곳에서 보는 경치는 오후에 볼 때와 또 다르게 느껴졌다.

하방점에서부터 북동쪽에 있는 방점마을을 지나 산에 오르려면 개울을 몇 번 건너야 한다. 앞에 보이는 한 줄기 산봉우리와 그 가운데 있는 폭포가 우리의 목적지이다. 그 산이름은 동백령(桐柏岭)으로 서쪽의 경대(琼臺)와 사마회산(司馬悔山)에 인접해 있었다. "동백폭(桐柏瀑)"은 폭포의 넓이가 천대산에 있는 여러 폭포 중에서 제일 넓어 석량폭포(瀑布)도 이에 비교가 되지 않는다. 애석하게도 너무 노출되어있어 수십 리 밖의 도로에서도 이 폭포를 볼 수 있기 때문에 오히려 많은 사람들의 관심을 끌지 못한다. 이전에 폭포 부근에 폭포사와 복홍관이 있었는데 지금은 옛터만 남아 있을 뿐이다.

《영이고(靈異考)》에는 "화정에 사는 왕씨가 3월 3일 강을 건너려고 하는데, 갑자기 배에서 두 도사가 불러 밥을 함께 먹게 되었다. 누런 옷을 강변에 내려놓으라고 명하여, 보니 바로 천대 폭포사 앞이었고 이미 9월 9일이더라."라고 적혀있다. 이 폭포에 대한 옛사람들의 환상 역시 도원령(桃源岭)에 대한 것과 별 차이가 없음을 충분히 알 수 있게 한다.

하방점으로부터 10리를 가면 동백령 아래 폭포에 이르게 되고, 다시 5리를 더 올라가 동백령에서 북으로 꺾어 다시 서쪽으로 향하면 바로 동백궁이다. 이 동백령은 멀리서 보기에는 그리 높지 않게 보이지만, 걸어서 올라 가보면 정말로 힘이 든다.

그러나 고개 마루에 오르면 두 눈은 여기저기를 살피다가 그만 놀라고 만다. 동백궁 부근의 동백마을이 좌우로 약10리가 모두 평평한 논이고, 또 농촌, 밭, 벼, 시냇물, 다리 그리고 수목들로 장식되어 있다. 그리고 서북과 동쪽 삼면은 모두 높고 낮은 산봉우리로 에워싸여 있다. 숨을 헐떡이며 동백령에 올라서면, 이렇게 높은 산 위에 이렇게 넓은 평원의 전원세계가 있을 줄 그 누가 상상이나 했겠는가? 또 누가 이렇게 높은 고원의 마을이, 더 높은 봉우리들로 에워싸여 있을 줄 상상이나 했겠는가?

동백궁은 도교의 사원인데, 서남방향으로 동백마을 들판의 중앙에 조용히 자리잡고 있다. 전해오는 말에 의하면, 이 사원의 유래는 당나라 사마자(司馬子), 미승정(微承禎)이 이곳에 은거할 때 지은 것인데(당(唐) 경운(景雲) 2年), 송(宋) 다중상부(大中祥符) 원년에 동백숭도관(桐柏崇道觀)으로 개명했다고 한다. 당시 송의 황제가 도교의 독실한 신도였기 때문에 지서에 기재된 동백숭도관의 내용은 그야말로 휘황하기 그지없었다. 명나라 초기에 불에 타 없어졌고, 지금의 사원은 청나라 옹정(雍正) 13년 명에 의해 다시 지은 것이다. 당시 규모가 웅대한 주춧돌들이 있었는데 조각이 아주 정교했다고 한다. 지금은 허물어져 볼품이 없지만 황제비석 하나가 아직도 허물어진 집터에 우뚝 서있다.

그리고 채소밭 안에는 송나라 간도(乾道) 2년 4월 “상서성첩백운창수관문서(尙書省牒白雲昌壽觀文書)”라 새겨진 비석이 있는데 글자를 아직도 똑똑히 볼 수 있었다. 사원 서쪽에는 청성사(淸聖祠)가 있고, 백이와 숙제(伯夷叔齊) 석상(石像)이 두 개 있는데, 송황도사유경사련지자(宋黃道士由京師輦至者)의 석상은 비교적 완전했지만, 사마자와 미승정의 석상은 이미 없어지고 말았다. 양편의 행랑에는 태군명현배정패위(台郡名賢配亭牌位)가 있고, 벽에는 유람객들이 남긴 글들이 많이 있었는데, 이 사원의 서쪽 한구석은 오히려 조용하였다.

동백궁에서 점심을 먹고 난 우리는 “경대쌍궐(琼臺雙厥)”을 보기 위해 서쪽으로 3리가 더 되어 보이는 산 고개로 출발했다. 오백대 선사를 거쳤는데도 절은 아주 작았다. 그러나 마을 사람들은 아주 영험한 절이라고 말했다.

경대의 풍경은 그야말로 이상했다. 반 리 넓이에 만장 깊이나 되는 구덩이 형상을 한 계곡이 구불구불 감돌고 있는데, 길이가 5, 6십 내지 십리는 되는 것 같았다. 양쪽은 모두 절벽인데, 절벽에는 꽃과 풀, 그리고 키 작은 나무들이 여기저기 자라고 있고, 조그만 구멍이 아주 많아 절벽을 더욱 기이하게 보이게 한다. 바위 위에 올라서서 맞은편을 보니 한 폭의 미양양(米襄陽)이나, 황정견(黃庭堅)의 병풍을 펼쳐 놓은 것 같은데, 발밑으로 눈길을 돌리니 더욱 가관이다. 깎아지른 듯 시커먼 절벽, 그것을 어찌 만장 높이라 하리! 천만 장, 아니 만 만 장 높이라 해도 그 위에 서있는 사람의 심정을 다 형용할 수 없을 것이다.

이 깊은 계곡 속에는 또 무엇이 있을까? 푸르다 못해 쪽빛을 띤 두 개의 호수가 있는데 그 깊이는 알 수가 없다. 쌍궐(雙厥)이라 칭하는 두 개의 돌산은 계곡 밑에서부터 솟아올라 양자강 속의 초산(焦山) 같이 호수 가운데 우뚝 서 있다. 쌍궐은 한데 이어지고 가운데가 꺼져 있어 말안장과도 같았다. 돌산 위에도 풀과 꽃, 소나무 그리고 울긋불긋한 단풍나무들이 있는데 색깔의 조화가 절묘하고 아름다워 아마 그림에서 보았다면 자신의 눈을 의심했을 것이다. 예로부터 쌍궐이라 부르는 것에 대해 여러 가지 견해가 있었다. 어떤 사람은 신선들이 앉았던 자리인데 두 봉이 서로 마주 대하고 있다 하여 쌍궐이라 했다. 어떤 사람은 이 깊은 계곡의 바깥어구가 계곡 밑에서 쳐다보면 두 봉우리가 벽을 대하는 것과 같아 쌍궐이라 했다. 그러나 이런 무료한 설명이 무슨 소용이 있으랴!

우리는 신선이 앉았다는 바위 위에도 앉아보고, 반도처럼 서쪽으로 돌출되어 나온 골짜기의 편편한 암석 위로도 기어올라가 보았는데 놀랍기도 하고 재미있었다. 떠나기가 너무 아쉬워 오후 시간을 온통 허비하고 말았다. 오던 길을 따라 하방점으로 돌아 차를 타고 국청사로 돌아올 때 적성산(赤城山) 위를 비추던 햇빛도 탑머리에 조금 남아 있었다.

천대산에서 보내기로 한 삼일이 다 지나갔지만, 한층 조용하고 먼 서쪽 마을의 명암(明巖), 한암(寒巖) 그리고 눈앞의 적성산을 아직 가보지 못했다. 저녁에 침대에 누워 서하객(徐霞客)의 여행기 및 《천대산전지(天臺山全志)》에 있는 왕사임(王思任)(계중(季重)), 왕사성(王士性)(항숙(恒叔)), 반뢰(潘耒)(가당(稼堂)) 등의 《유천대산기(游天臺山記)》와 천대의 인욕거사(忍辱居士) 제거산(齊巨山) 주화(周華)의 《대악천대산유기(臺岳天臺山游記)》 등을 읽으면서, 나와 원보는 내일 차를 타고 안탕(雁蕩)으로 갈 것인가 아니면 하루 이틀 더 머물면서 명암, 한암을 구경할 것인가를 상의했다.

안탕에서 삼일을 머물기로 했으니, 여기에서 하루를 더 머물면 안탕의 일정이 하루 줄어드는 것이 아닌가? 서하객도 천대에 두 번 가고, 안탕에도 두 번 갔다고 하지 않았던가? 우리도 그처럼 다시 한 번 후일을 기약하는 것이 어떠냐는 것이 원보의 견해였다. 그는 북경에 살면서 한 번 오기가 쉽지 않을 것이지만, 나는 절강에 있어 마음만 먹으면 쉽게 다시 올 수 있는데, 그가 그렇게 말을 하니 나도 흔쾌히 찬성했다. 그리하여 짐을 수습하고 잠자리에 들기로 했다. 내일 아침 일찍 일어나 안탕으로 떠날 준비를 했다.

1934年 11月 3日

16

안탕산의 가을달

옛사람들은 천대(天臺)와 안탕(雁蕩)을 병칭하여 불렀다. 송나라 때 범성대(范成大)의 《계해암동지(桂海巖洞志)》 서론에는 하늘아래 산수가 수려하다고 함께 부를 수 있는 곳으로 지(池)의 구화(九華), 흡(歙)의 황산(黃山), 괄(括)의 선도(仙都), 온(溫)의 안탕(雁蕩), 기(夔)의 무협(巫峽)을 꼽았다. 아마도 범성대가 이 관문을 와보지 못해 남화산(南華山)을 거론하지 못한 것 같다.

우리는 삼일간 남쪽으로 여행하였다. 천대(天臺)동북부의 높은 산과 폭포(서부의 한암(寒巖)과 명암(明巖)은 아직 가지 않았다)를 날아서 여행하는 것은(결코 비행기를 타고 여행하는 것이 아니라 특급열차를 타고 여행할 생각이었다) 생략하였다. 우리는 급히 안탕으로 가서 조각한 듯한 기암괴석과 용추(龍湫)폭포를 감상할 욕심으로 10월 27일 천대(天台)의 국청사 앞에서 차를 탔는데 새벽 7시였다.

천대에서 안탕이 있는 악청현(樂淸縣) 북쪽으로 가는 데는 임해(臨海), 황암(黃巖), 온령(溫岭) 등의 현을 지나야 한다. 임해(옛날의 장안성(章安城))의 동남쪽 건산(巾山) 아래에 도착하여 영강(靈江)을 넘어야만 차가 남쪽으로 질주할 수 있는데 현재 도로 관리국에서 다리를 준공하지 못해 오시(午時)의 조수를 기다렸다가 건너가야 했다. 그래서 우리들은 임해에 도착한 후에 오히려 세 시간의 시간적 여유가 생겨 호수의 동쪽에 있는 충성이 뛰어난 나무꾼의 사당에 참배를 하였다. 건산에 올라 마주보고 있는 두 개의 탑 밑에서 화서동(華胥洞)과 황화단정(黃華丹井)(건산이란 이름을 얻은 것은 아마도 황화에서 신선이 승천하다가 두건을 이곳에 떨어뜨려 얻은 이름이 아닌가 싶다) 등의 고적을 구경하고 12시 전후가 되어서야 비로소 차를 타고 강을 넘어갔다. 임해산수의 풍경 역시 수려했지만 부춘강(富春江)의 높은 산과 넓은 강에는 미치지 못했고 그럭저럭 세상살이를 잊어버릴 만 했다.

임해에서 황암에 도착하여 괄창(括蒼)산맥 동쪽 끝 부분의 큰 고개를 넘으려고 하는데 고개 마루에 선인교(仙人橋)라는 정거장이 있었다. 이후 서서히 선인교를 지나 넓은 도로에 이르는 제3정류장의 중간은 온통 구불구불한 길로 빙빙 돌아가는 길이었다. 마치 노선이 욱령관 밖과 선하령 남쪽과 비슷했다. 차를 운전하는 기사의 말에 의하면 이 고개에 모두 84개의 굽이가 있다고 하니 형세가 얼마나 험준할 것인가는 상상할 수 있을 것이다.

황암현(黃巖縣) 성의 북쪽에는 역시 건너야할 영강(永江)이 있는데 다리가 아직 준공되지 않았다. 그러나 이곳은 수심이 깊어 조수를 기다릴 필요가 없었다. 그래서 차가 도착하자마자 곧장 강을 건너갔다. 현성의 동북쪽, 강물이 있는 그곳에는 삼강의 관문 위에 정자 하나가 있어 산에서 현을 내려다보고 있었다. 산중턱에는 한 무더기 나무숲이 있는데 하얀 담의 사당이 햇빛을 받으며 버티고 있었다. 생각해보니 필경 황암의 명승지인 것 같았지만 멀리서 바라보기만 했다. 황암의 시내에는 감귤농원이 많았다. 나무는 그리 크지 않았지만 주렁주렁 매달린 황금빛 감귤들은 곧 떨어질 것 같이 석양에 반사되고 있었다. 차가 이곳을 지나고 나니, 내가 청년시절 일본에서 기주(紀州)를 여행했을 때의 풍경

같아 오히려 기분이 이상했다.

황암에서 온령을 거쳐 악청현의 대형성(大荊城)에서 남쪽으로 5리 떨어진 곳에 있는 마을 이름은 수적(水積)(혹은 적수(積水)라고도 부르는데 어느 두 글자인지 모르겠다)이라 부르는데, 전면은 큰 바다와 접해있고 바다에는 섬이 있다. 후면은 쌍기강봉(雙旗岡峰)이 우뚝 서있고 봉우리가 첩첩이 한 줄로 겹쳐 있는 것이 안탕의 기암괴석을 암시하고 있었다. 여행객들이 이곳에 도착하면 이미 근질근질함을 참기 어려운 지경에 이르게 된다. 왜냐하면 계곡이 가로막고, 커다란 산이 가로막고, 석양빛 아래 이미 사공령(謝公嶺) 밖에서 노승이 손님을 전송하는 것 같은 기이한 형상의 돌 그림자를 볼 수 있기 때문이다. 북쪽의 대계진(大溪鎭)에서 이곳에 도착하기까지는 약 30여 리의 여정이었다.

안탕 제1문 밖에서 다시 석문담(石門潭)에서 흘러 내려오는 맑은 시냇물을 건너 서쪽으로 7, 8리를 달려 백계(白溪)를 지나 향령(響嶺) 어귀에 도착하니 곧 안탕 동쪽계곡의 입구인데, 도로가 여기에서 끝이 났다. 안탕에 도착한 것이다.

차에서 내려 안으로 걸어가는데 보이는 것이라고는 몇 개의 민둥민둥한 석봉(石峰)의 끝 부분이었다. 태양은 이미 산을 넘어가려고 하고 있었다. 우리는 동쪽에서 서쪽을 향해 계곡으로 들어갔기 때문에 처음 발을 들여놓았을 때는 아무것도 눈에 들어오지 않았다. 그러나 반리를 더 지나 영암사(靈巖寺)로 올라가는 돌계단 뒤의 다리를 지나니 갑자기 풍경이 일변하면서 수천만 개의 기이한 석벽이 모두 방금 하늘에서 떨어진 것 같이 우리들의 주위에 서 있었다. 아주 넓은 시냇물이 이 절벽의 중간을 뚫고 동쪽을 향해 천천히 흘러내리고 있었다. 암벽은 높고 험해 하늘이 좁디좁은 한 줄기 틈으로 보였고, 태양은 이미 산으로 내려와 햇빛이 대낮처럼 훤하지 않았다. 암벽의 색깔은 모두 쥐색이었고, 벽의 틈에서 자란 나무들은 괴상하게 굽어져 있었다.

우리는 동쪽 계곡 밖에서 계곡 안으로 7, 8리를 들어가다가 고개를 들고 전후좌우를 바라보았다. 겁이나 감히 입도 열지 못할 지경이었다. 계곡의 특이함은 흔히 볼 수 있는 모습과는 크게 달라 부득불 시인 단테의 《신곡(神曲)》을 생각나게 했고, 우리들도 이미 이 시인과 함께 별천지로 들어오지 않았나 하는 의심을 하게 되었다.

용왕묘 앞에서 방향을 바꾸어 북쪽으로 갔다. 머릿속에 길가에서 보았던 연이은 산봉우리들의 이름, 예를 들면 후피의(猴披衣), 요화장(蓼花嶂), 향숭문(響嵩門), 하장동(霞嶂洞), 청시수(聽詩叟), 쌍리봉(雙鯉峰) 등을 아직 말끔하게 정리하지도 못했는데 풍경이 일변하면서 눈앞에는 또 더욱 맑으면서도 은은하며, 기괴하면서도 위대한 그림이 나타났다. 원래 이 동쪽 계곡의 깊숙한 곳에서 북쪽을 향해 영암사로 가는 계곡 일대는 안탕산의 중심인데, 역시 안탕산 걸작의 정점(頂點)이었다. 처음 진입했을 때는 맑은 시냇물과 수많은 나무들 그리고 대나무 밭이었다. 다시 들어가니 눈앞에는 매우 높고 긴, 마치 로마의 고적처럼 깃봉 같은 봉우리들이 펼쳐졌는데, 하늘에서 우뚝 솟아 땅을 향해 걸려 있는 것 같았다. 뒤편 높은 곳에는 또 노을이 비친 봉우리들이 병풍처럼 늘어서 있었다. 이 봉우리들의 앞과 좌우를 둘러싸고 있는 것은 모두 하나하나 천만 장 높이의 큰 돌기둥이었다. 높이는 말할 필요도 없고, 둘레의 면적이 몇 리나 되는지 알 수가 없었다. 제일 기이한 것은 이 돌기둥들의 머리 부분과 발 부분의 크기가 같다는 것이다. 그러므로 모두 절벽이고 둥근 기둥이었다. 작은 용추(龍湫)폭포 역시 영암사 서북쪽의 커다란 석봉 위의 정점에서 곧장 떨어지는 기이한 풍경이었다.

영암사는 매우 규모가 적어 보였고, 병풍처럼 둘러싸고 있는 하장각(霞嶂脚), 정주봉(頂珠峰), 전기봉(展旗峰), 석병풍(石屛風)(모두 사찰의 동쪽에 있음)과, 천주봉(天柱峰), 쌍란봉(雙鸞峰), 권도봉(卷圖峰), 독수봉(獨秀峰), 탁필봉(卓筆峰)(모두 사찰의 서쪽에 있음) 등의 중간에 숨어 있었다. 지리적 위치가 좋고, 험준한 봉우리가 많고 기이하여 영강방암(永康方巖)의 오봉서원과 비교할 만 하였다. 그러나 방암은 다소 위대한 점이 있으나 치밀함이 이곳만 못하다.

영암사는 송의 태평흥국(太平興國) 4년(979) 승려 행량선조(行亮神昭)를 그 시조로 하였는데 이후 여러 차례 흥망을 거듭했다. 지금의 사찰은 바로 시주자인 쟝수난(蔣叔南)과 판야오팅(潘耀庭)이 모금하여 건축한 것이다. 쟝씨는 여름에 세상을 떠났고, 판씨는 현재 안탕산풍경구(雁蕩山風景區) 정리위원으로 사찰에서 살고 있다. 주지의 이름은 청위안(成圓)이고 이 또한 쟝, 판 제군들이 영파(寧波)에 가서 모셔온 사람으로 능력을 구비한 사람이기에 실제로 업무를 처리하는 수완이 있었다.

영암사의 서편 건물에 여장을 풀자 해는 이미 어두워지고 있었다. 황암중학교(黃巖中學校) 학생들을 인솔하여 사찰에 먼저 와 머물고 있던 두 선생님에게 우리는 물었다. 안탕을 어떻게 돌아보면 좋겠습니까? 그들은 이미 영암사에 머문 지 삼일이 되었고 내일 새벽에 황암으로 돌아갈 예정이었다. 밥을 먹고 난 후 판위원을 청해 안탕산의 대략적인 정황을 들었다.

안탕산을 총괄하자면 대략적이나마 먼저 이 지역부터 설명해야 되겠다. 산은 악청현(樂淸縣)에서 동북으로 90리 떨어진 곳에 위치해 있고 긍립(亘立) 동서 방향으로 이어졌다. 동쪽 석문담(石門潭)에서 시작하여 서쪽 백암(白巖)까지 60리 길이다. 북쪽 전령(甸岭)으로부터 시작하여 남쪽 근죽간구(斤竹澗口)까지는 40리에 이른다. 동쪽으로부터 서쪽을 향해, 동외곡(東外谷), 동내곡(東內谷), 서내곡(西內谷), 서외곡(西外谷) 네 부분으로 나누어지고, 마안령(馬鞍嶺)을 경계선으로 동서로 나뉜다. 전 산 주위와 밖의 경계까지 합쳐 그 둘레가 총 420리이다. 안산(雁山) 북부에는 남각곡(南閣谷), 북각곡(北閣谷) 두 구역이 있고, 개울을 경계로 나뉜다. 남각은 남쪽으로 석주(石柱)까지 이르고 북쪽으로는 병산 2리까지 이른다. 동쪽으로는 마서(馬嶼)까지 서쪽으로는 회선봉 60리까지 이른다. 북각은 남북 2리, 동서 5리, 서북의 전령산(甸嶺山)까지 이르는데 바로 안탕산 북쪽이다.

안산의 창시자는 진낙거(晋諾詎)라고 전해지고 있다, 무릇 2봉, 61암, 46동굴, 18찰, 16정자, 17담, 13폭포가 있으며 여행할 수 있는 등산로는 4가지 코스가 있다.

(1) 동쪽 길은 백계(白溪)에서 향령두(響嶺頭)를 지나 동남으로부터 계곡으로 들어가는데 우리가 거쳐 온 노선이다.

(2) 북쪽 길은 대형(大荊)에서 사공령(謝公嶺)을 넘어 동북으로부터 계곡으로 들어가 영봉(嶺峰)까지의 길이다.

(3) 남쪽 길은 소부용(小芙蓉)에서 49반령(盤嶺)를 지나 남쪽으로부터 계곡으로 들어와 능인사(能仁寺)까지 이른다. 악청(樂淸)에서 온 손님들이 이곳으로부터 왔다.

(4) 서쪽 길은 대부용(大芙蓉) 서남을 거쳐 본각사(本覺寺)에서 매우담(梅雨潭)까지 이른 길이다.

산봉우리 중 백강첨(百岡尖)이 가장 높은데 높이가 11,500미터이다. 기러기 호수는 서쪽 밖 계곡의 연소령(連霄嶺)에 있고 9천 미터 높이에 위치한다.

안탕산의 대략적인 내용은 판위원의 구술과 《광안탕산지(廣雁蕩山志)》 및 《안산전도(雁山全圖)》에서 추려서 적은 것이다.

우리는 주마간산 격으로 유람했는데 출발하여 도착한 날짜를 포함해서 3일 만에 보았기에 여러 풍경에 대한 미련을 버려야 했다. 저녁에 판위원과 등불 밑에서 서석량(西石梁)의 대폭포, 대용추(大龍湫)폭포, 매우담(梅雨潭)을 보고 능인사에 와서 점심을 먹자는 내일의 여행 계획을 세웠다. 근죽간(斤竹澗)을 대충 구경하고 영암사(靈巖寺)에 와서 쉬었다. 출발한 날(바로 제3일째) 오전에 정명사(淨明寺)를 관람하고, 영봉(靈峰)에 가서 관음동(觀音洞)과 북두동(北斗洞) 등을 구경했으며 향두령(向頭領)에서 나와 원래의 길로 돌아갔다. 북부의 절경인 중앙의 백강첨(百岡尖)은 당연히 갈 수 없었다. 현승문(顯勝門), 용유(龍溜) 등 같은 곳도 첫째는 시간이 없고, 둘째는 큰 길과 거처할 곳이 없어서 부득불 다음 기회를 기다릴 수밖에 없었다. 이렇게 여행 계획을 세운 후 내일 하루 종일 피로할 것이라 예상하고 우리는 일찍 침상에 올랐다.

대략 오전 3, 4시가 되었을 때, 꿈에서 수많은 암벽이 보이더니 사면이 다가오는 바람에 하마터면 나의 왜소한 오 척 단신이 가루가 될 뻔 했다. 갑자기 귓가에서 호각소리와 떠드는 소리가 들려왔다. 먼저 난 소리는 아마도 사찰에서 불이 난 것 같았다. 급히 옷을 걸치고 건물 후편의 발코니로 올라가 살펴보았다. 이미 불은 보이지 않았고 또 사람들도 보이지 않았다. 주변 위아래로 다만 바닷물과 같은 달빛이 비치고 있었고, 달빛 아래에는 또 신화 속의 거인과 같은 석벽이 있었다. 회백색의 하늘에는 다만 한 줄기 선이 남아 주위는 고요했으며 멀리서 끊겼다 이어졌다 하는 사람의 소리만 들을 수 있었다. 일종의 기이하고, 신비하며 쓸쓸하고 적막하여, 이상야릇한 그런 감각을 나는 어떤 글자를 써서 이를 형용해 내어야 할지 정말 알 수가 없었다! 처음에 나는 연속적으로 꿈을 꾸려고 생각했는데 달빛이나 산(山) 그림자나 변함없이 비정상적인 꿈이었다. 그러나 돌난간을 만져보고, 누구라도 그것의 위협에 압도당할 수밖에 없는 천주봉(天柱峰)과 봉우리 끝에 걸린 희미한 달을 바라보고서 너무나 뚜렷하고 정확하여 결코 꿈꾸고 있는 것이 아님을 알았다. 잠시 멍청하게 서 있다가 이 안탕산의 가을달에게 근십 분 동안이나 정중히 예를 올렸다. 호각소리가 나더니 한 무리가 출발하려고 사람 숫자를 세는 호령소리가 들려왔다. 이 때 나는 비로소 분명히 알게 되었다.

결코 꿈을 꾸고 있는 것이 아니었다. 황암중학교 학생들이 배를 타고 출발하려고 하였던 것이다! 학생들의 고함소리, 이 청년들의 대담한 행동은 나를 꿈속의 위급함에서 구해주었다. 그리고 몹시 밝고도 너무 기이한 안탕산 밤 풍경의 그림을 그려 주었다. 내 마음속에서 이미 알 수 없는 감격이 일어났다. 건물을 뛰어 내려가 떠나려는 그들 두 선생님에게 뜨거운 악수를 해주었다. 그들을 사찰문밖으로 배웅한 후 나는 다시 달빛 아래에 서서 그들의 작은 그림자가 하나하나 달빛아래 암벽속으로 빠져 들어가는 것을 바라보았다.

안탕산의 밝은 달! 천주봉 정상의 달빛! 나는 오늘과 내일을 아무 곳도 여행하지 않고 곧 그냥 돌아간다 해도 이번 여행이 헛되지 않았구나 하는 생각을 하게 되었다. 그밖에 또 무엇을 바라겠는가? 그 학생들이 떠나기를 기다렸다가 나는 미치광이처럼 홀로 후면 건물 밖 발코니에서 멍하니 달그림자를 마주하고서 날이 밝아져 해가 나오기를 기다렸다. 이날이 바로 음력 9월 20일 밤이자 21일 새벽이었다.

함께 간 원보와 우연히 길에서 만나 합류하게 된 Mr. H. H. Bernstein

그리고 다이(戴)군을 기다렸다가 일제히 가마를 타고 대 용추(龍湫)폭포에 도착했을 때, 태양은 이미 높이 떠 있어 사시(巳時)정도 된 것 같았다. 오는 길에 하영암촌(下靈巖村), 삼관전(三官殿), 상영암촌(上靈巖村)을 지나 마안령(馬鞍岭)을 넘었다. 볼만한 것들로 오지봉(五指峰), 사모봉(紗帽峰), 노서봉(老鼠峰), 묘봉(猫峰), 관음봉(觀音峰), 연대봉(蓮臺峰), 상운봉(祥雲峰), 소전도봉(小剪刀峰) 등이 있으나 모두 형상이 비슷하면서 기이했다. 그러나 너무 봉우리들이 많아 설명을 하는 가마꾼에게 눈과 머릿속에 소화불량 증세가 나타날까 겁이나니 더 이상 설명하지 말아달라는 부탁을 하고 말았다.

대용추폭포는 강남의 폭포 중에서 진정 두목이라 칭할 만하다. 왜냐하면 암벽이 높고 폭이 넓으며 못이 맑고 깊은데, 실제로 강(江), 절(浙), 환(皖) 세 성(省)은 폭포가 매우 적은 편이다. 우리가 안탕에 도착하기 이전에 이미 가뭄 든 지 오래였다. 그래서 폭포는 위에서 조금씩 주옥을 분출하고 있었다. 한 폭의 주렴이 위에서 땅에 이르는 높이가 3, 4천 장이나 되었고, 넓이도 백여 척이나 되었다. 바위 모서리가 돌출되어 있어 주렴 뒤로 통행을 할 수 있으며 햇빛이 비스듬히 비치는 곳에 서있으면 어느 때를 막론하고 무지개를 볼 수가 있었다. 서늘한 바람이 시원스럽게 불고, 못의 물이 맑으니 주변의 산들이 중첩되어 있다는 것은 당연한 일이다.

대용추폭포 근방에서 명소라고 문장으로 남긴다는 것은 모두 그것들의 가치를 상실케 하는 것이다. 폭포근방에는 암벽에 조각된 불상이 너무나 많다. 그렇지만 한 마디 말을 하지 않고도 이 대용추폭포의 풍경을 충분히 쓸 수 있었다. 《광안탕산지》에서 적지 않게 이곳의 풍경을 노래하는 시를 찾을 수 있었다. 그러나 친히 이곳에 도착해보니 어디든 이런 수재들의 문장을 볼 수 있었다. 그러나 그림을 그리는데 있어서는 분명 그 모든 신비를 전사해내지 못할 것이라 생각했다. 왜냐하면 화선지도 결코 이렇게 긴 것이 없을 것이고, 진주처럼 튀는 것(튀는 물을 형용) 역시 결코 이처럼 능숙하고 세밀하게 묘사할 수는 없기 때문이다.

대용추를 출발하여 서록봉(瑞鹿峰)과 가위봉(측면에 보이는 것이 一帆峰이다) 아래를 지나 대금계(大錦溪)를 따라 가다가 화엄령(華嚴嶺)을 지나면 나한사에 이른다. 여기에서는 암벽 높이 조각되어 있는 나한상을 볼 수 있었다. 도끼와 끌로 정교한 예술미를 만들어 낸 이 이름 모를 조각가를 생각하면서 나는 감탄을 금치 못했다. 이곳에서 죽림(竹林)을 거쳐 높고 긴 동령을 지나면서 부용봉과 관음암(안호(雁湖)의 제일봉은 동령(東嶺)의 고개에서 볼 수가 있다) 등을 멀리서 바라보았다. 낙타동(駱駝洞) 아래를 돌아 서석량(西石梁)의 대 폭포에 이르렀다.

서석량은 풍화작용으로 공중에서 떨어진 커다란 돌기둥이다. 아래에 늙은 비구니가 암자를 짓고 살고 있으며 서쪽에 큰 폭포가 있다. 이 폭포의 크기는 대용추 폭포와 같다. 그러나 서로 다른 점은 그것이 만들어 내고 있는 풍경으로 암벽의 중간이다. 수천 장의 암벽은 수천만 년의 풍화작용을 거치면서 중간에 원형 기둥 같은 동굴을 만들었고, 양면이 돌출되어 에워싸고 있는 중간은 수천 장 넓이와 수천 장 높이의 원형 동굴인데 폭포는 곧 상면이 벽과 접해있는 이 동굴 속에서 세차게 흘러내린다. 아래의 못은 사면이 돌이며, 수목과 맑은 물 모두 대용추와 별 차이가 없었다. 그러나 서쪽에 연이은 산들 즉 안탕산의 서쪽 끝은 좀 차이가 나는 것 같다. 이 폭포의 위쪽 산꼭대기의 평평한 곳에 커다란 마을이 있었다. 산 위에 또 산이 겹쳐 있는 무릉도원이다. 마침 천태산 동백고향의 풍경과 다르지만 모두 아름답다.

서석량 폭포를 따라 내려갔던 길을 다시 돌아오다가 길가에서 또 매우담(梅雨潭)과 연못 앞에 있는 함주봉(含珠峰)을 보면서 다시 동령을 지나 부용의 남쪽에서 사십구반령(四十九盤岭)을 지나서야 능인사에 도착할 수 있었다.

이 능인사는 서쪽 계곡 깊숙한 곳의 단방령(丹芳岭) 아래에 있으며 송나라 함평(咸平) 2년에 스님 전료(全了)가 건축하였다. 본래 안탕산에 제일 큰 대 사원이 있었다는 것을 송나라의 큰 밥솥이 증명하는데, 지금은 오히려 스산한 편이며 대전선방(大殿禪房)을 건축하려고 준비 중에 있었다. 사찰의 전면에 연미(燕尾)폭포가 있어 시냇물을 따라 남쪽으로 흐르면서 근죽간(斤竹澗)을 만들었고, 49반령을 돌아 소부용(小芙蓉)에 이르렀다. 이 일대의 맑고 그윽한 풍경은 안탕의 전체 경관 중에서 가히 으뜸이라 할 수 있는데 아쉽게도 우리에겐 시간이 없었다. 대략적인 음미를 하고 곧장 영암사로 돌아와 숙박을 하였다.

본래는 이 날 해질 무렵, 사찰 오른쪽의 천창동(天窗洞)과 사찰 왼쪽의 용비수(龍鼻水) 두 군데를 가려고 했다. 영암사의 두 가지 기이한 풍경을 보려고 했으나 하루 종일 뛰어 다녔기 때문에 너무 피곤하여 모두들 다시 움직일 생각을 하지 않았다.

나는 오늘 새벽 같은 산 속의 희미한 달을 잊을 수가 없어, 내일 아침도 3시에 일어나 달빛을 밟으며 동쪽으로 내려가기로 했다. 먼저 운봉(靈峰) 근처의 동석(洞石)을 보고 나서 향두령(響頭岭)으로 출발하려고 이른 저녁을 먹고 일찍 잠자리에 들었다.

명승지에 자주 오는 것도 아니고, 성대한 연회에도 다시 참석하기 어려운 법. 이튿날 새벽 3시에 모두들 추위를 참고 잠을 던져버리고 일어났다. 엷은 구름이 달을 가려 달빛이 밝지 못했다. 마치 꿈속에서

처럼 7, 8리 길을 걷고 나니 달빛이 비로소 얼굴을 드러냈다. 달빛을 감상한지 얼마 되지 않아 운봉계곡 밖 조양동(朝陽洞)아래에 도착했을 때, 태양은 이미 바다를 빠져나오고 있어서 곧 달빛세계를 산문으로 엮을 수 있었다.

그런데 희미한 달빛아래, 그리고 아침 햇살 속, 운봉의 풍경은 확실히 볼만했다. 정말로 좋았다. 다만 운암(靈巖)의 치밀함과 비교할 때, 약간 스산함을 느끼게 했다.

운봉사는 동쪽 계곡입구에서 북쪽을 향해 2, 3리 들어간 곳에 있으며 동쪽으로 사공령(謝公嶺)을 넘으면 대형에 도착할 수 있다. 근처에 오노봉(五老峰), 두계봉(斗鷄峰), 복두봉(幞頭峰), 영지봉(靈芝峰), 서각봉(犀角峰), 과합암(果盒巖), 선암(船巖), 관음동(觀音洞), 북두동(北斗洞), 고죽동(苦竹洞), 장춘동(長春洞), 향판동(響板洞) 등 여러 명승지가 있고, 맑은 시냇물을 따라 북으로 3리를 더 올라가자 진제사(眞際寺)에 도착했다. 사찰은 송나라 천성(天聖) 원년에 스님 문길(文吉)이 건축했다. 본래는 운봉 아래에 있었으나 수백 년 전에 이 봉우리가 풍화로 무너져 사찰이 파괴되어버렸다. 현재는 이 운봉아래 공터로 옮겨와 운봉사를 새로 신축한 것이다. 우리들은 먼저 과합암(果盒巖)의 계정(溪亭)에서 잠시 휴식을 취한 후 곧 험한 길을 기어올라 관음동에 도착한 후 아침을 먹었다.

두 암벽의 측면을 향해 가운데로 동굴을 이루고 있는데 동굴의 높이는 2, 3백 장이나 되었다. 제일 높은 층은 인적이 다다를 수 없었다. 그러나 동굴 속에 큰 나무 한 그루가 있었다. 수백 년 묵은 나무는 잎이 무성하여 멀리서 보아도 확실하게 볼 수 있었다. 아래쪽 층은 관음동의 선물장(選物場)이다. 동굴 속의 넓은 곳에 대전을 지었고 더욱이 5백 개의 나한석각이 있었다. 동쪽으로는 물방울이 떨어져 못을 이루고 있는데 세심천(洗心泉)이라 부르고 있었고, 근처에는 명대와 송대의 비석들이 무수히 있었다.

이곳에서 한 단계, 한 단계 밑으로 내려가는데 돌계단이 3, 4백 개나 되어 고도로 치면 45층 높이나 되었다. 동굴은 높고 넓어 안탕산에서 제일이라 할 만 했다. 제일 기이한 것은 제3층 우측 벽에 있는 석불이었다. 오른 손을 동굴 아래로 내리고 서서 동남쪽의 동굴 입구를 향해 멀리 바라보고 있는데 완전히 지장보살의 형상이었다. 그러나 가까이 뛰어가 보니 아무것도 보이지 않았고 다만 돌출되어 있는 네모반듯한 돌일 뿐이었다. 위쪽의 오른 손 쪽에도 또 하나 가리키고 있는 물체가 있는데 형상이 매우 흡사했으나 약간 작았다.

운암 운봉근처 봉우리들의 산세를 보고, 관음동(혹자는 합장동이라 함) 속의 건축물 및 대룡추 등을 보고서 우리들은 안탕의 봉우리, 암벽, 동굴, 계곡 등을 이미 대략 상상할 수 있으므로 근방의 장소는 더 이상 돌아볼 생각이 없었다. 그래서 북두동에 도착하자 운전기사에게 전화를 걸어 좀 일찍 준비를 하라고 알리고, 계곡 입구에서 기다리고 있다 곧 출발했다.

결론적으로 안탕은 본래 해저의 기암들로 구성되어 있는데 바다를 나온 시기가 황산에 비해 늦다. 그래서 봉우리와 바위의 약간 예리함이 산동(山東) 노산(勞山)의 여러 봉우리와 비슷했다. 금년 봄 사이에 아직 성과가 없는 황산을 가고 싶었다. 그러나 황산 전위의 제운, 백악을 보았기 때문에 운봉 일대의 산과 암석을 상상하게 되었다. 태양을 마주하고 계곡을 나와 차를 타고 길을 달리면서 나와 문보(文伯)는 내년에 두 달의 시간을 내어 흡현으로 가 황산 북쪽 아래의 태평(太平)과 청양

(青陽) 남쪽의 구화(九華)를 돌아보자는 약속을 했다. 그리고 나서 장강으로 나가 광려(匡廬)에서 휴식을 취한 후, 강을 거슬러 오르면서 무협(巫峽)을 지나 아미(峨嵋)로 내려가자 했다. 다시 동쪽 아래 한수(漢水)를 따라 서쪽 관문으로 들어가 태화를 오르면서 한유(韓愈)를 웃기고 종남(終南)에 들어가 오래 사는 것을 배운다면 이 고행의 결과로 우리들의 염원이 이루어져 영원히 늙어 죽을 때까지 가난 속에서 산다고 해도 좋겠다.

1934년 11월 9일

17

청도, 제남, 북평, 북대하의 순행

청색과 녹색을 띠는 색깔은 시각적으로 보았을 때, 대체적으로 매우 건전하게 보인다. 특히 짙은 남색, 하늘과 바다의 짙은 남색은 보는 사람으로 하여금 영문도 모르게 유쾌한 기분을 느끼게 한다. 그러나 단조로운 색채, 오로지 한 가지 색깔이 당신의 주위를 온통 둘러싸고 있으면서 조금의 변화도 없이 밤낮으로 당신을 상대한다면, 시간이 지나면서 자연스럽게 싫증을 느낄 것이다. 청도(青島)의 좋은 점은 여기에 있는데, 첫째 청도는 당신의 구미를 바꾸어 줄 수 있다. 둘째 청도의 품안으로 들어가 탐색해보면 오히려 단조롭지가 않다. 그러니 찌는 듯이 더울 때를 택해 한두 달간 가보는 것이 적당할 것이다.

남쪽의 상해에서 출발하든 혹은 북쪽의 천진에서 출발하든 배를 타고 청도로 간다면 대략 2, 30시간이면 도착할 수 있다. 당신이 선실 안에서 하늘과 바다를 쳐다본다면 먼저 자연스럽게 유쾌함을 느낄 것이고, 위대함을 느낄 것이며, 가벼운 흥분으로 세상사를 잊고 홀로 날개가 돋아 신선이 된 것 같은 느낌을 받을 것이다. 그러나 하루가 지나고 나면 아무래도 좀 쓸쓸해지면서 싫증을 느낄 것이다. 바로 당신이 마음속으로 이런 것들을 느끼면서도 아직 불평을 늘어놓지 않을 때, 백색의 등대와 붉은 기와를 올린 집, 구불구불한 해안선, 약간의 섬과 아득히 보이는 산들이 온통 당신의 시야로 들어올 것이다. 이것이 바로 청도

(靑島)이다. 그러나 해도를 통해 청도로 들어온 사람들이 얻은 최초의 인상은 어느 항구도시보다도 더 청신하고 아름답다는 것이다. 홍콩(香港)은 청도와 같은 복잡함이 없고, 광주(廣州)는 깨끗함이 청도만 못하고, 상해는 청도에 비해 조용하지 않고, 연대(煙臺)는 청도에 비해 너무 작고, 유공도(劉公島)는 내가 비록 가본 적은 없지만 그러나 짐작하건대 청도의 정제된 아름다움과 나란히 비교해 본다면 분명 부족할 것이다. 여인과 청도를 비교한다면 청도는 부자 집의 규수와 같고, 인간의 종류로 설명한다면 청도는 마치 정열적이나 신분을 숨기고 있는 남미의 부인과도 같다.

청도의 특색 가운데 하나는 시내의 높낮이가 고르지 않다는 것과 수목이 짙푸르다는 것이다. 도시의 미관은 단순하고 꾸밈이 없는 것 같으나 다만 색깔이 높은 누각과 조화를 이루어 사람을 황홀하게 한다. 그리고 청도의 지면은 온통 작은 산으로, 어느 곳에서도 바다를 볼 수 있고, 어느 곳이든 모두 적당한 주택지구를 형성하고 있다. 예전에 폴리터리라 불렸던 큰 길, 그리고 현재 중산로(中山路)라 불리는 번화한 상업거리, 어느 곳에서든 걸어서 2, 3리만 가면 곧 해변에 이른다. 또 양쪽 대로에서 위로 올라가면 곧 작은 산이 나오는데 전망하기에 아주 적당한 고지이다.

옛날 청도에 왔을 때는 단지 배 위에서 푸른 나무들과 붉은 건물들을 보면서 아름다움을 느끼기는 했지만, 아직 청도와 키스를 해보지 못했고 허리를 안아보지도 못했다. 금년에 아이들을 데리고 여름을 보내려고 왔다가 비로소 "동방 제일의 천혜의 항구", "동방 제일의 피서지"라는 칭호가 헛된 거짓이 아니라는 것을 느꼈다.

해수욕장의 설비가 어떠한가는 잠시 접어두기로 하자. 제일 좋은 점은 사면의 수심이 그렇게 얕을 수가 없는 것인데, 아마도 동남아시아의 어느 피서지라도 청도를 따라잡지는 못할 것이다. 일본의 해안에도 물론 좋은 곳이 있다. 마치 명반석을 갈아 놓은 듯한 곳들은 모두 경치가 맑고 아름다운 곳이다. 그러나 작은 만(灣)이 청도만큼 많지 않고, 해안선의 굽이도 또 청도에 미치지 못한다. 일본 북쪽의 일본해(日本海)의 해안으로 말하자면, 기후는 비록 서늘하고 고요하지만 풍랑이 너무 커서 피서로 해수욕을 하기에는 그다지 적당하지가 않다.

청도도 당연히 결점이 있다. 첫째로, 여름의 공기가 너무 눅눅하고 안개와 이슬이 많아 약간은 상쾌한 기분이 덜하다. 다음은 곧 외국의 동방함대가 청도로 피서를 와서 정박하는 경우가 매우 많다. 그런 까닭에 백계 러시아 창녀들과 중국의 해녀들이 여름이 되면 한 바탕 장사를 하느라 법석을 떨기 때문에 누가 양가집 규수인지 구별할 수 없게 만들어 버린다. 이국의 퇴폐적인 정서를 좋아하는 사람들은 아마도 이런 사정에 대해 흥미를 느끼겠지만, 그러나 책도 좀 읽고 싶고, 업무도 처리하려고 생각했던 사람들은 술 향기에 취하게 하는 음란한 바람이 불어오면, 어쨌든 머리가 지근거리고 구토가 나오는 것을 면할 수가 없다. 나는 금년 여름을 온통 이런 춘화 때문에 머리가 어지러웠다. 낮에는 바닷가에서 나체를 보고, 저녁이면 발코니에서 음란한 소리를 듣다보니, 결과적으로 글자를 한 자도 쓰지 못했고 책 한 권도 읽지를 못했다. 초가을의 선선한 바람이 불기 시작하자 나는 분주히 교제(膠濟)[1] 열차에 몸을 싣고 북경으로 떠났다. 내년에는 청도에 다시 가기보다는 좀 더 조용한 해변으로 가든지 아니면 산으로 가서 여름을 보내야겠다는 작정을 했다.

---

1 교제철도 : 청도(靑島)에서 제남(濟南)까지의 철도 총 392㎞.

노산(勞山)[2]의 풍경은 원래부터 좋았다. 그러나 일반인들이 칭찬하는 내노관(大勞觀)의 전항만(靛缸湾) 일대의 맑은 계곡과 석 벽은 단지 평평하기만 하여, 강남의 절경을 구경했던 사람들에게는 특별한 미감을 주지 못한다. 그러나 위대하면서 보면 볼수록 맛이 나는 것은, 당연히 노산과 접한 해변에 있는 백운동의 화암사(華巖寺)에서 태청궁(太淸宮)까지의 길이라고 말하고 싶다.

내가 청도에 있을 때 한 소녀가 바위노인(石老人) 부근의 경치가 깨끗하고 고요하며, 부산(浮山)의 오산사(午山寺) 주변에 핀 배꽃이 특히 아름답다고 나에게 말해 주었다. 그러나 도착했을 때 마침 시기가 적절하지 못하여, 그 절경들을 음미하지 못했는데, 아마도 생전에 다시 올 기회가 있을 것 같지 않아 나는 지금까지도 서운한 마음을 금할 길이 없다.

청도에서 제남(濟南)으로 가는 여정에 나를 제일 흥분시킨 것은 유현(濰縣)과 청주(青州) 사이에 있는 주유점(朱劉店)역에서 차창 밖으로 수양산(首陽山)을 십 여분 동안 바라본 것이다. 백이숙제(伯夷叔齊)[3]의 유적지는 중국에 예로부터 몇 군데가 있었다. 그러나 산동 일각의 고산(孤山)은 조금 재미있는 데가 있는 것 같다. 왜냐하면 그곳이 전횡도(田橫島)와 가까워 생각해보면 확실히 시의(詩意)가 풍부하다고 할 수 있기 때문이다. 자기 한 몸만 돌볼 줄 아는 사람들이 이런 난세를 만났으니 누가 굶어 죽지 않게 보장할 수 있었겠는가? 나는 비록 감히 백이숙제의 고상함을 추모하지 못했고, 또 결코 그들 같은 절개나 큰 뜻을 가지

---

2 노산 : 산동성(山東省) 동부에 있는 산 이름. = 노산(嶗山)

3 은(殷)나라의 충신 고죽군(孤竹君)의 아들 백이(伯夷)와 숙제(叔齊)를 말한다. 주(周)나라의 무왕(武王)이 은나라의 주(紂)를 쳐서 나라를 세우자, 두 형제는 수양산에 숨어살다가 굶어 죽었다.

고 있지는 못했다. 그러나 굶어서 죽은 이 점에 대해서는 오히려 나날이 이 두 분 고죽국(孤竹國)의 왕자와 비교할 수 있다. 그래서 차가 수양산을 통과하여 아주 멀리 멀리 달릴 때까지, 나는 창밖으로 머리를 내밀고 초라한 산에 버려진 사당을 향해 묵묵히 경의를 표했다. 청주의 운문산(雲門山),[4] 우능(于陵)의 장백산, 백운산 등의 산들은 다만 머리를 돌려 슬쩍 한번 쳐다보았는데, 이내 답사를 할 시간이 부족함을 확실히 깨달았다. 그리고 또 무슨 특별한 명승고적지라고 생각하지도 않았다. 그러나 운문산의 육조석각(六朝石刻)은 확실히 진짜 역사상의 보물이라고 들었다.

제남에 도착하자마자 리서우장(李守章)씨를 방문하였고, 다음날은 늘 하던 대로 천불산(千佛山), 대명호(大明湖), 박돌천(趵突泉). 금선천(金線泉), 흑호천(黑虎泉) 등을 돌아보았다. 자연스럽게 집집마다 물이 흐르고, 집집마다 버드나무가 있는 흑호천(현재 수영장이 신설되었다) 일대의 풍경이 제일 멋스러웠다. 대명호 수면에 비친 천불산을 보았다. 역하정(曆下亭)[5] 뒤편에 있는 동북제방 옆 물가에서 멀리 남쪽을 바라보니 천불산 그림자가 분명하게 보였다. 그러나 호수의 경치는 그리 아름답다고 느끼지 못했다. 다만 부들김치와 연방[6]의 맛은 확실하게 좋았다. 그럴 수밖에 없었겠지만 주민들이 온통 서로 점거를 하여 대명호를 대명촌으로 바꾸어버렸다. 그 날 저녁 우리들은 이청조(李清照)[7],

---

4 청주에서 남으로 2.5㎞ 떨어진 운문산은 수당시기의 불교성지이다. 석굴과 진귀한 조각품들이 많아 귀중한 연구자료를 제공하고 있다.

5 산동성 역성현에 있는 대명호 서쪽에 있다. 지금은 객정(客亭)이라 부른다.

6 연밥이 들어간 송이.

7 이청조(李清照) 송대의 여류사인 호는 역안거사(易安居士). 사집(詞集)으로 수옥사(漱玉詞)가 있다.

신기질(辛弃疾)[8]의 생가를 떠나 평포(平浦)로 가는 차를 탔다. 잉샤(映霞)가 아직 북경을 가보지 못했기 때문이며 오랑캐들에게 침략당하기 전에 이 유명한 옛 도성을 참배할 생각이었다.

북평(北平)의 내용은 공허하다. 그리고 외관으로 볼 때도 늘 같은 모습이다. 인구가 증가하면서 새로운 주택을 짓게 되었으며, 동안(東安)과 서단(西單)의 두 시장도 늘 인산인해이다. 자동차와 전차의 소리도 밤새 끊이질 않는다. 극장 손님은 갈수록 줄어들고, 팔대 골목의 집들도 대부분 비워져있으며, 큰 상점들은 좋은 물건을 그다지 많이 구비하고 있지 않았다. 작은 식당들은 손님은 많아졌지만 큰 식당의 영업은 부진했다. 북평에 도착한 후 서산에서 약탈사건이 있었고 게다가 사람까지 죽였다고 들었다. 고궁(故宮)에서 며칠 동안 가짜 골동품을 보았고, 북해공원과 중앙공원에서 차를 몇 번 마셨다. 삼패자화원(三貝子花園)과 이화원을 돌아다닌 후, 수치(水淇)의 초청을 받고 우리들은 곧장 산해관 안의 북대하(北戴河)로 왔다. 청도에서 싫증이 나도록 바다를 보았기 때문에, 이번에는 북대하에 대해 예전처럼 고급형용사로 칭찬할 수가 없었다. 그러나 두 가지 점에서 북대하가 청도보다 좋다는 것을 나는 늘 느끼고 있었다. 첫 번째는 자동차 소리가 없는 것이다. 두 번째는 피서하는 손님들이 고상하다는 것이다. 그러나 바꾸어서 말하면, 녹유(鹿囿)에 있는 식당에서 밥을 먹을 때 백계 러시아 여자들이 장사하는 것을 보지 못했다고는 결코 말할 수 없다. 다만 숫자가 적었으며, 푸른 수풀 속에 한 송이 붉은 꽃이 있듯이 이런 여자들도 없어서는 안 되는 것이다.

북대하의 노새는 실제로 인력거, 자동차, 가마보다 더욱 로맨틱한

8 신기질(辛弃疾)(1140-1207) 남송시대의 저명한 사인. 가헌사(稼軒詞)를 남김.

운송수단이다. 우리는 역에 도착하자, 일부러 노새를 타보지 못한 잉샤를 재미있게 해주려고 모두들 차를 타지 않고 노새를 탔다. 그러나 장(張)씨의 빌딩에 도착했을 때 잉샤의 노새 타는 요령이 능숙해져 있었다. 그 후 북대하를 떠나기 전까지 그녀는 항상 노새 등에서 내려오지를 않았다.

북대하의 기후는 청도보다는 물론 좋지만, 편의시설 그리고 면적이 좁은 것 등은 청도보다 아주 못하였다. 동산구역은 주택이 너무 많고 또 위생상태도 좋지 않았다. 나는 서쪽에 있는 연봉산(聯峰山) 아래로부터 해변까지는 앞으로 반드시 흥성할 것이라는 생각이 들었다. 그리고 제5교로부터 바다를 따라 남천문으로 가는 길은 정말로 경치가 아름다웠다.

특히 남천문의 금산취(金山嘴) 일대는 동쪽으로 진황도(秦皇島)의 산해관이 보이고, 남쪽으로 발해(渤海)에 접해 있으며, 북쪽으로 합자와(鴿子窩)까지는 2, 3리 길 밖에 되지 않는다. 북대하의 경치는 이곳을 중심으로 삼아야 된다. 그러나 별장이 많지 않았고, 삼신할미의 사당은 허물어져 차마 볼 수가 없었다. 나는 정말 이상하다고 느꼈다. 그리고 삼황전(三皇殿)은 아마도 몇 년 지나고 나면 사당의 주소도 찾을 수 없을 것 같았다. 왜 북대하의 공영건물을 수리하여 피서객들의 이용장소로 쓰지 않는지 도대체 모르겠다.

이번은 북대하에 오래 머무르지 않은 관계로 탕천산(湯泉山), 배우정(背牛頂)의 승수암(勝水巖) 등을 모두 가보지 못했다. 그러나 돌아오는 길에 난하(灤河)[9]입구에 도착하여 양산(陽山) 갈석산(碣石山)의 푸른 산봉우리와 이 난하의 구불구불한 자태를 보고, 산수의 수려함은 강남에

9 하북성에 있는 강이름이다.

만 있는 특산물이 아니니 관내와 관외에도 어찌 아름다운 산천이 없겠는가? 하고 느꼈다. 그러나 아름다운 산수가 모두 남에게 양도당해 도로로 만들어지고 광산이 개발되고 있다. 우리 중국이 이렇게 침략당하고 있는데, 우리 같은 백성들이 무슨 방법으로 저항할 수 있겠는가. 옛 사람들의 시에 "말 뒤에는 복숭아꽃이 피었는데, 말 앞에는 눈이 내리고 있네, 떠나가는 님이여 고개를 돌리지 마오"라는 구절이 있는데, 여러 선생님들께서는 시인의 뜻을 잘못 이해하여 이렇게 좋은 곳을 행여나 혹한의 땅이라 생각하고 잊지 말기를 희망할 뿐이다.

1934년 11월 28일 抗州 대학로의 숙소에서

18

초산의 매화

대체로 항주로 여행 온 사람들은 교통이 편리하기도 하고 또 시간적 경제적 이유 때문에 모두 서호 일대의 산에 올라 흐르는 물을 바라보며 이삼 일 동안 유람을 한다. 그런 후 대나무로 만든 우산 등 토산품을 산 후 황급히 집으로 돌아가 고상한 흥취가 가라앉고 흙먼지를 씻어내고 나면 항주의 아름다운 곳을 다 구경한 것으로 생각한다. 그래서 오래 전부터 대다수 사람들은 삼축육교(三竺六橋), 구계십팔간(九溪十八澗), 혹은 서호십경(西湖十景), 소소악왕(蘇小岳王)만을 알고 있을 뿐 항주에서 4, 50리 떨어진 동북쪽 일대의 산수에 대해서는 소수의 사람만이 즐거운 시간을 보낼 뿐 거론하는 사람조차 드물다.

고대에는 이렇지 않았다. 최소한 청조의 건륭(乾隆), 가경(嘉慶), 도광(道光) 년간 백여 년 전의 항주사람들은 산수를 즐길 만 한 곳으로 언제나 서계(西溪)를 좋아하지 않는 사람이 없었으며 또 삿갓에 도롱이를 걸치고 반산(半山)(즉, 고정산(皐亭山))의 복숭아꽃과 초산(超山)의 설경을 구경가지 않는 사람이 없었다. 그 이유는 당시 항주와 다른 도시를 이어주는 주요 교통수단이 운하였기 때문이며, 가흥(嘉興)과 상해에서 항주로 오는 유일한 수단 역시 모두 운하였다. 나룻배가 당서진(塘棲鎭)으로 들어올 때 양 언덕에서 산 그림자를 볼 수 있는데 바로 이 점이 항주를 떠나 타 지역을 유람하는 사람들에게 점차 애향심을 불러일으키게 되고 또한 타 지역에서 항주로 온 사람들에게는 수려하고 아름다운 산수를 느낄 수 있게 한다. 그런 까닭으로 당서진이나 초산과 독산(獨山) 등의 장소가 유람객들이 느끼는 항주에 대한 아름다운 기억의 중심이 되었던 것이다.

초산은 당서진 남쪽에 있는 예전의 인화현(仁和縣)(지금의 항현(杭縣))에서 동북쪽으로 60리 떨어진 영화향(永和鄕)에 위치한다. 듣기에 높이가 50여 장이고 둘레가 20여 리라고 하며(함춘(咸淳)의 《임안지(臨安志)》에는 37장이라고 기록됨) 고정산, 황학보다 뛰어나다고 하여 초산이라 이름이 지어졌다.

예전 초산의 여행길은 호서(湖墅) 혹은 공신교(拱宸橋)에서 하선하여 동서남북으로 구불구불 가면서 마름 풀, 연꽃, 물풀 등을 헤치고 가야만 했다. 그러나 지금은 자동차도로가 이미 개통되어 청태문(淸泰門)에서 동쪽으로 곧장 달려 교사 정거장(喬司站)에 내려 다시 북서쪽으로 가다가 임평진(臨平鎭)을 지난 다음 임평산에서 서북쪽으로 다시 10여 리를 달리면 곧 도착하게 된다. 소위 "아가씨는 노래하고 나는 피리를 불면서" 고상하게 배를 타고 가던 이 길이 지금은 자동차 휘발유 냄새 때문에 노랫가락 하나 들을 수 없게 변해버렸다. 그러나 배로 가는 것과 자동차로 가는 시간을 비교해보면 다섯 배나 차이가 난다.

자동차로 갈 때 지나가는 임평진은 석도잠(釋道潛)의 시 "창포가 바람에 가벼이 흔들리니, 왕잠자리 편히 쉴 수가 없고, 오월 임평산 밑 뱃길에는 연꽃이 무수히 피었구나"로 유명하다. 그러나 초산 북면의 당서진은 또 남송의 은둔지나 명말청초의 전원별장으로도 유명하다. 당서진과 초산 사이에 있는 정산호(丁山湖)를 소개하자면 더욱더 아름다운 산수의 경치를 뽐내며 담수어와 과실나무 등이 유명하다. 이런 점에서 옛날의 문인들이나 시인들이 항주의 동쪽을 찾고 초산, 고정산 등의 이름이 모든 산문이나 저명인사의 노래 안에 있다는 것이 조금도 이상한 일이 아니다.

초산기슭 당서진 부근의 주민들이 산수와 더불어 살았던 연유는 생계가 전적으로 과실재배에 의지해왔기 때문이다. 봄 여름 가을 겨울 사계절 내내 매실, 앵두, 비파, 살구, 사탕수수 등을 수확하여 일년에 늘 백만 원 정도를 벌어들인다. 그래서 초산일대의 매화 숲은 매우 울창하다. 우리같이 길을 지나는 타지방 사람들이 볼 때 산골사람들은 취미가 고상하여 개개인 모두 학자 화정처사(和靖處士)[1]처럼 평생 노총각으로 살아갈 것 같다. 그러나 실제로는 이것에 의지해 이들이 처자식을 부양하고 있다니 뜻밖이지 않는가?

초산의 매화는 원래 입춘을 전후해서 핀다. 매화줄기는 굵고 길며 가장귀가 네 개로 분산되어있다. 다섯 발자국을 걸으면 숲이 나타나고 열 발자국을 걸으면 비탈이 있다. 각각의 매실농원에 천 그루 내외의 나무가 있고 한 나무에 만 알의 꽃봉오리가 달린다. 봉오리가 필 때는 향기가 십리 밖 임평산 기슭에까지 불어오는데 높은 곳에 올라 바라보면 자연히 하얀 바다를 연상하게 된다. 최근에 비록 매화나무가 감소했다고는 하지만 내 생각에 나부(羅浮)의 선경(仙境)보다 더 나았으면 나았지 절대 못하지는 않는다.

항주에서 초산으로 가는 차를 타고 임평산을 지나가는 길 양쪽 곳곳에는 우리를 환송하고 있는 매화 숲들이 빽빽하게 밀집되어 있었다. 유람객이라면 반드시 보아야 하는 매화단지는 대략 정류장 서남쪽으로 초산의 동북쪽 기슭인 보자사(報慈寺) 대명당(혹은 대명사(大明寺)라고

1 화정처사, 송대 윤돈(尹焞)의 별호.

도 부른다) 앞 매화단지 안에 저우멍포(周夢坡)가 지은 송매정(宋梅亭)이 있는 주변으로 둘레가 5, 6리쯤 되는 곳이다.

보자사(報慈寺)의 대전(아마도 대명당을 말하는 것이 아닐까?)은 몇 년 전 절을 싫어하는 사람들에 의해 훼손되었다. 당시 절의 주지스님도 대전 동쪽의 비석 앞에서 불에 타 돌아가셨다. 그러나 대전 뒤에 오도자(吳道子)의 그림을 새긴 보살상의 비석이 아직도 벽에 잘 보존되어 있는데 조금도 훼손됨이 없었다. 작년 내가 갔을 때 스님들이 막 장막을 치고 대전의 중수를 시작하고 있었고, 대전 밖 동쪽에 있는 3칸 방의 곁채를 객방으로 수리를 마친 후였다. 뒤쪽 한 계단 높은 곳에 있던 후전(後殿)은 불이 났을 때 훼손되지 않았다. 스님들은 대전 뒤쪽의 벽에 돌로 새긴 그 보살상을 가리키며 "이는 모두 커다란 영감으로 고난을 극복하게 해준 대자대비하신 관세음보살의 축복이다!"라고 말했다.

하춘저(何春渚)가 편집한 《당서지략(塘棲志略)》이란 책에는 대명사 우물은 물맛이 좋고 시원하다며 다음같이 기술되어 있다.

> "一人堂堂, 二曜重光, 泉深尺一, 点去冰旁; 二人相連, 不欠一邊, 三梁四柱烈火然, 添却雙鉤兩日全"(한 사람이 당당하고 태양과 달이 비춘다. 샘이 깊어 일척이며 얼음 빙에 점을 제거하네 : 두 사람이 서로 연결되며 한 변이 부족하다. 세 대들보와 네 기둥이 타며 첨과 각, 양갈구리, 두 개의 태양이 모두 그렇다.)[2]

---

2 "一人"은 "大"字다. "二曜"(두개가 비추다)는 日(태양) 月(달)이니 "明"字다.; "尺一"은 一尺一(일척일)으로 十一寸이니 "寺"字다.; "点去冰旁"에서 점을 제거하면 "水"字가 된다.; "二人相連"(두 사람을 이으면) "天"字가 된다.; "不欠一邊"(한 변이 부족하니) "下"字다.; "三梁四柱烈火然"(세 대들보와 네 기둥이 타니) "無"字다.; "添却雙鉤兩日全"(더함과 물리침, 양갈구리, 두 개의 태양 모두) '比'(비교)字이다. 이것을 합하면 '大明寺水天下無比'(大明寺의 물이 천하에 비할 것이 없네.)

도대체 이 비문의 의도를 모르겠다. 그리고 내가 대명당에 갔을 때 이 우물과 비석은 보이지 않았다. 그러나 이 비문은 내가 어렸을 때 읽었던 수필 《계원총담(桂苑叢談)》이라는 책에서 본적이 있다. 이 책에는 "고상공(孤相公)이 명령을 받고 회해(淮海)로 가던 날 지사 반몽(班蒙)이 종사하는 여러 사람들과 함께 대명사의 서쪽 복도를 걷다가 문득 벽에서 이 비문을 보았다. 다른 사람들은 모두 무슨 뜻인지 몰랐는데 다만 반지사가 말하기를 '대명사의 물이 아니라면 이런 여덟 문장의 시가 나올 수 없다'고 하여 모두들 다 깨닫게 되었다"라고 적혀 있었다. 여기에서 알 수 있듯이 《당서지략》에서 말하는 대명사 우물의 비문은 문장을 어디에서 베껴온 것일 것이고 본인이 소위 잘 모르겠다고 한 것은 그가 입으로 현란하게 만들었기 때문이다. 당연히 절은 산기슭에 있었을 것이고 가까이에 또 물이 있었을 것이며 절 앞이나 절 뒤에 우물이 하나 있었다면 그 샘물은 당연히 맛이 좋았을 것이다. 그러나 이 비석의 이 비문은 약간 의심스러운 점이 있다.

대명사 앞에 있는 소위 송매(宋梅)라는 것은 구불구불하여 나이가 들어 보이는 나무 즉 나무껍질에서 싹이 돋고, 나무속에 공간이 생겨있으며, 나뭇가지가 네 개로 갈라진 매화나무를 말한다. 사람들이 꺾을까 두려워 나무 바깥쪽은 모두 철망으로 울타리를 만들어 놓았다. 나무는 당연히 고목으로 최소한 나보다 나이가 2배 이상은 되는 것 같았다. 그러나 끝내 송매가 틀림없다고 판단할 수 없었다. 작년 가을 천대산에 있는 국청사의 가람전 앞에서 소위 수매(隋梅)라는 것을 보았다. 재작년 겨울에는 임평산 아래 안은사에서 소위 당매라는 것을 보았다. 그러나 소위 수당이든, 송이든 내 생각에는 다만 그저 그럴 뿐이니 결과에 대해서는 아무래도 식물학자에게 문의해 보는 것이 좋을 것 같다.

대명당을 나와 매화단지를 가로질러 서쪽에 있는 우창숴 오창석(吳昌碩)의 무덤 옆으로 난 돌 계단을 기어 올라가면 곧 초산의 정상으로 가는 큰 길이 나온다. 거기에는 꿈속처럼 띄엄띄엄 보이는 수풀과 아스라한 두 그루 홍백 매화나무, 여러 공동묘지가 마침 나를 올라오라고 부르고 있는 것 같았다. 산중턱 대나무 숲 근처의 진무전(속칭 中聖殿)에 도착했을 때 초산을 왜 초(超)라고 하는지 약간 궁금증이 일었다. 이곳에서 동서북의 삼면을 바라보니 광대한 호수와 구불구불한 강, 무수한 과실나무, 끊임없이 이어지는 산등성이 그리고 제방 양쪽에 살고 있는 몇몇 가구의 인가들, 이것들이 곧 당서진 일대 물가에 있는 마을 풍경의 조감도이다.

중성전에서 다시 돌계단을 따라 올라가다가 흑룡담(黑龍潭)을 지나 다시 2리를 더 걸으면 곧 산 정상에 도착할 수 있다. 당신을 첫 번째로 놀라게 하는 것은 중성전에 도착하기 전에 보게 되는 천연적으로 만들어진 천문이다. 이곳에 도착하여야만 당신은 비로소 초산의 특이함에 대해 알게 될 것이고 또한 지서에서 말했던 "산에는 다양한 돌이 있는데 물고기나 석순 모양 또는 사람과 짐승 같은 것들도 있다"는 등등의 기재가 거짓이 아니라는 것을 알게 될 것이다. 사실 초산의 장점은 산 위에는 많은 돌이 있고 산 아래는 매화가 만발해 있다. 동쪽에 이르러 바라보는 대해, 남쪽에서 바라보는 전강(錢江), 질서정연한 논밭, 창자같이 구불구불한 운하, 도처에 널려있는 뽕나무밭과 참깨, 끊임없이 펼쳐지는 구름과 나무들이 하늘과 맞닿아 있는 모습들과 항주 동쪽의 높은 곳 예로 들면 임평산 황학봉 등이 있어 초산의 멋진 절경을 만들고 있는 것이다.

만약 당신이 초산에 도착했다면 북쪽으로 초산에서 7리 떨어진 당서진에 가지 않으면 안 된다. 하류에서 배를 타고 과실수 나무 아래를 산책한다면 그 맛도 정말 훌륭한 것이다. 양 언덕에 인가가 있고 그 가운데로 물이 흐르는데 정산호(丁山湖)를 건널 때 서쪽의 독산(獨山)을 바라보면 동쪽을 향하여 바라본 모습이 말안장이나 거북등 같은 형상을 보게 될 것이다. 남송 때 죽음에 직면한 복왕(福王)(지금은 복왕장(福王莊)이라 부른다)이 주지육림 속에 취생몽사 하면서 살았던 삶과 명청 때 여러 어르신들의 정자와 별장, 누각, 연회장 등으로 이용했던 것이나 강희(康熙), 건륭(乾隆) 때 수없이 천자가 친히 이곳에 방문한 사실 등을 상상하면 틀림없이 일종의 《천성부(芙城賦)》를 읽고 있는 듯한 감개를 느낄 것이다.

또 남송에 대해 말하자면 당서진에 관해 거론할 만한 여러 가지 고사가 있는데 먼저 탁(卓)씨 족보의 《당서고(唐棲考)》에는 다음과 같이 적혀있다. "당서라는 것은 당의 은거한 자가 머물다(棲)는 뜻이며 은거한 사람의 이름은 옥(玉)이고 자는 옥잠(玉潛)이며 송말의 회계(會稽)사람이다는 뜻이다. 어려서 홀로되었고 경서에 밝아 고향에서 아이들을 가르치면서 어머니를 모셨다. 원대 무인년에 이르러 중의 우두머리 양연진가(楊連眞伽)[3]가 송 후궁의 보물을 얻으려고 요사스런 말로 주인을 현혹하여 그곳을 발굴하게 하였다. 이에 옥잠이 분개하여 가구를 팔아 돈을 만들고 불량소년들을 소집하여 뼈를 수습하고 난정산 뒤편에 매장하여 주었다. 그리고 겨울에도 푸른 나무를 심어주었다. 옥잠이 이후 당서에 은거하였는데 사람들이 그의 의로움을 알고 곧 그의 이름을 당서라 지어 불렀다". 이 당서진이란 이름의 유래를 거슬러 올라가자면

3 양련진가(楊連眞伽)～원대 서장(西藏)의 중. 세조 때 강남의 석교총통을 지내며 살인, 약탈, 강간 등을 일삼은 자이다.

원래는 사람이 각각 다르다. 그러나 이 또한 어찌 흥미로운 이야기가 아니겠는가?

또한 당서 서용하(西龍河)의 제방에는 송대 궁인의 묘에 대해 전해 오는 이야기가 있다. 옛날에 한 선비가 가을밤 주렴에 기대어 달을 바라보다가 홀연히 풍경소리가 들려 잠들지 못하고 한 구절의 노래를 불렀다. "봄 산은 엷게 화장을 하였고 우연히 예전의 발자취를 더듬다 보니 높은 관직으로 나간 후 사람과의 거리가 몇 만 겹이나 더 멀게 느껴졌다."라는 노래 소리를 듣고 코끝이 찡해졌다. 이는 한편의 애절한 문장이다.

당서진에서 흐르는 물줄기의 남쪽은 항주에 속하고 북쪽은 덕청(德清)에 속한다. 시장이 번성하면서 술집이 여기저기 모여 있는데 간단히 말하면 아주 작은 마을인 셈이다. 그러나 다른 현과 비교해 보면 약간 번화한 편이다. 그래서 초산을 여행하는 사람들이 정상에서 차가운 두부나 식은 밥을 먹기가 싫다면 곧 당서진으로 와서 실컷 먹을 수가 있는 것이다. 산기슭에서 큰길로 걸어 나와 차를 타고 당서진으로 가는 길은 무척 편리하지만 이 구간은 천천히 걷든지 아니면 배를 타는 것이 더 어울릴 것이다.

1935년 1월 9일

19

화오

화오(花塢)라는 이름은 아마도 항주를 다녀간 사람이나 혹은 항주에서 몇 년간 생활해본 사람들에게는 매우 친숙할 것이다. 특히 서계(西溪)를 놀러온 사람은 언제나 반드시 화오에 오게 된다. 20-30년 전 아직 도로 건설이 되지 않아 자동차가 다니지 않을 때, 한 차례 여행을 한다는 것은 정말 용이하지가 않았다. 그래서 이 화오의 고요함과 푸름을 분명히 알고는 있었지만 다리 힘도 좋지 못하고, 여인을 좋아하는 시인들같이 여행을 좋아하는 사람도 아니어서 자주 다니지 않았다. 하지만 지금은 그렇지가 않다. 호숫가에서 서쪽이나 북쪽으로 차를 타고 30분 정도 가면 곧 화오의 입구에 도착하게 된다. 그래서 화오의 주민들은 매년 봄가을 농한기 때가 되면 떼를 지어 화오 입구의 그 시원한 정자에서 임시로 유능한 안내원을 뽑아 여행객들의 20전짜리 동전을 경쾌하게 받아내려고 애타게 기다린다. 오늘날의 화오는 정말이지 제2의 운서(雲棲) 혹은 제3의 9계18동 같은 명승지가 되어버렸다.

화오의 좋은 점은 바로 삼면에 둘러싸인 산과 계곡 바로 밑이라는 지리적인 위치에 있다. 석인(石人) 마을은 화오의 그 깊음에 미치지 못하고 용귀(龍歸) 마을은 이러한 수려함을 갖고 있지 못한다. 그리고 대나무와 수목들 사이로 드문드문 맑은 시냇물이 구불구불 휘감아 흐르고, 여기저기 들쭉날쭉 자리잡고 있는 비구니 암자에 나이 먹은 여승이 싱글벙글 웃고 다니는 것 등은 화오만이 가진 매력이자 고상한 운치이다. 또 화오를 사람에 비유한다면 늘 비파를 안고 있는 심양(潯陽)의 술집여자 같고, 꽃에 비유한다면 벽도(碧桃)나무에 꽃이 피어 아직 춘심이 죽지 않은 것과 같다. 또 화오를 요리에 비유한다면 두부탕에 버섯을 넣어 끓이면 국물 맛이 맑고 깊은 것이라고 말할 수 있다.

내가 처음으로 화오에 간 것은 송목장(松木場)에서 말을 방목하면서 병을 치료할 때다. 바람도 없고 청명한 어느 가을날 오후에 인력거를 타고 고탕진(古蕩鎭)과 동악(東岳)을 지나 반봉거(伴鳳居)를 구경하고 풍목암(風木庵)(전당(錢唐) 딩(丁)씨의 별장이다)을 방문했었다. 나는 갈증이 나서 인력거꾼에게 조용히 "차 한잔 얻어 마실 가까운 곳이 있겠소?" 하고 물어본 기억이 난다. 그는 나를 화오의 한 동네에 내려주었다.

반봉거(伴鳳居)는 구조가 화려하고 훌륭했지만 그러나 안은 거의 붕괴 직전이었다. 양가패루(楊家牌樓) 부근의 풍목암에 이르자 딩씨의 친필이 새롭게 느껴졌으며 작은 초가집의 나무골조가 아직 남아 있었다. 그러나 발을 들여놓자마자 독살스런 하인이 썰렁하게 대하는 것 같이 느껴졌다. 그 때 대청마루에는 딩씨 두 분의 관이 있었는데 썰렁한 것이 그 때문인 것으로 생각되었다. 토담은 무너져 있었고 대들보에는 거미줄이 감겨있었다. 벽에는 그 집안의 족자가 대비되어 걸려있었다. 사람으로 하여금 "순간적으로 과거로 회귀하는" 느낌을 갖게 했다. 화오에 오자 이제 막 몰락한 두 별장을 보아서인지 청신하고 편안함이 느껴지는 것이 마치 다른 세상에 있는 것 같았다.

북고봉(北高峰) 뒤편의 북쪽 기슭에 있는 이 마을에는 빌딩도 없고 서양식 다층 건물도 없다. 그러나 대나무 잎과 잡목 사이로 처마 끝을 조금 드러내고 있어 담 위로 보이는 건물 주위를 살펴보니, 정돈이 아주 잘되어 있었고 매우 청아하고 수려했다. 영어사전에 '오두막(Cottage)'이라는 단어가 있다. 이런 부류의 오두막 또는 경작지나 장원(莊園) 등과 같이 편안하고 한가로우며 약간 청결함을 형용하는 글자로는 조그마한(Tiny), 미려한(Dainty), 아늑한(Snug) 등 절묘하게 어울리는 아름다운 단어가 있다. 나는 영국 농촌에 가본 적이 없지만 화오에 도착하여 오두막들을 보고 나니 자연히 소설에서 읽었던 이와 같은 글자들이 생각나지 않을 수 없었다. 수풀 사이에 흩어져 있는 작은 오두막들을 가리키며 고개를 돌려 인력거꾼에게 물어보았다.

"우리들이 들어가 볼 수 있겠소?"

인력거꾼이 대답을 했다.

"당연히 들어갈 수 있지요!"

그래서 곧 구불구불한 시냇가에서 산길로 한 층 더 높은 곳으로 걸어 올라가 조용히 숨어있는 그곳 쌍흑판(雙黑板)의 울타리 문밖에 도착했다.

인력거꾼은 있는 힘을 다해 몇 번 문을 두드렸다. 오두막 안의 목탁소리가 멈추더니 이어서 "문밖에서 두드리는 분이 누구세요?" 라는 여자 목소리가 들렸다. 인력거꾼이 찾아온 의도를 설명했을 때 철문 열리는 소리가 났다. 문이 반쯤 열렸을 때 우리를 마중하려고 나오는 여자는 백발이 성성했으나 주름이 거의 없는 할머니였다.

오두막 안은 정갈하였다. 한 칸 한 칸 작은 방들의 청아한 배치, 정원 앞과 집 뒤에서 참배하듯 서있는 가지런한 수목들, 그리고 대청의 불상 아래에 쌓아놓은 불경들을 당신이 만약 보고 나서도 여전히 속세를 떠나 이곳에 귀의하고 싶은 마음이 안생긴다면 나는 감히 당신을 감각 없는 목석이라고 단정하겠다.

삭발을 하지 않고 수행하는 그 늙은 비구니가 우리들을 위해 차를 준비하고 있을 때, 나는 멀리 계곡에서 들려오는 까치소리를 몇 차례 들었다. 아마도 날이 어두워지고 있으니까 새들이 둥지로 돌아오는 것 같았다. 계곡은 조용한데 반대로 새들의 지저귐이 빨라지면서 어둠이 한층 더 깊어졌다.

우리는 조용히 앉아 두 주전자의 매우 맑고 진한 차를 마신 후 돌아가야만 했다. 잠시 머뭇거리다가 나는 지폐 한 장을 찻값으로 주기로 했다. 그 늙은 비구니는 미소를 지으며 조용히 말했다.

"선생님! 이러실 필요 없습니다. 우리 수련원에서는 차를 매매하지 않습니다!"

한참동안 사양하던 그녀는 어쩔 수 없다는 듯이 그 일 원짜리 지폐를 인력거꾼에게 주면서 말했다.

"이 돈을 당신에게 줄 테니 부수입으로 생각하세요!"

이 늙은 비구니의 성품과 이번에 여행한 화오의 정취를 나는 10여 년이 지난 오늘까지 아직도 흥미진진하게 상기하고 있다. 그래서 예배를 드리던 지난 일요일, 새로 항주로 이사 온 몇 명의 친구들을 우연히 만났는데 그들이 "어디 놀만한 곳이 있습니까?" 물어보자 나는 즉시 화오의 이야기를 꺼냈다. 그러면 그들은 자가용을 타고 송목장을 통과하여 고탕진과 동악을 지나 화오로 갔고 대략 20분 정도면 거의 도착할 수 있었던 것이다.

10여 년 계속된 변혁 속에서도 화오 역시 흔적이 남아 있었다. 푸르른 대나무와 잡목들, 고요하고 기묘한 계곡은 아직도 태고 때와 같았다. 그러나 주택이 많이 늘어나면서 땅값이 당연하게 몇 백 배로 뛰었다. 그리고 최근에 사람을 불쾌하게 하는 것은 오히려 이 화오의 주민들이 교활한 상인으로 변해버린 것이다. 암자 안의 늙은 비구니와 사원을 나온 노승들도 예전처럼 그렇게 담담하게 살지는 않았다. 건축물과 가재도구 종류들 속에는 더욱이 곳곳에 아직도 유럽의 저속한 흥취에 물들여져 있었다.

함께 갔던 몇 분들은 십여 년 전 화오의 처녀시기를 보지 못했기 때문에 여전히 매우 만족스러워하면서 9계18동과 운서의 푸름과 고요함도 결코 이만하지 못할 것이라고 여겼다. 오히려 나의 속마음에는 소박하고 천진하며 정숙했던 한 소녀를 돈 있고 권력 있는 사람들이 데리고 논 후 갑자기 내팽개쳐버린 모습이 떠올랐다.

1935년 3월 24일

고정산

고정산(皐亭山)은 속칭 반산이라고 부르는데 "반산(半山)의 낭낭묘(娘娘廟)"로 유명하다. 항주성의 동북쪽 자락에 위치에 있으며 도시와는 약 15, 6리 정도 떨어져 있다. 반산에 올라 참배를 하거나 봄나들이를 하고 싶은 사람들은 만안교(萬安橋) 다리머리에서 배를 타고 수로를 따라 계속 동북쪽으로 가면 된다. 혹은 호서(湖墅), 공신교(拱宸橋) 및 도시 안에 있는 여러 선창에서 배를 타고 가도 된다. 만약 육로로 가고 싶다면 제일 좋은 방법은 기차를 타고 견교(筧橋)에서 내려 동쪽으로 걸어가면 된다. 반산까지는 약 7리이다. 만약 공신교쪽에서 걸어간다면 십여 리 남짓 걸어가야 하는데 길이 구불구불하기 때문에 길을 잃기가 쉽다. 자동차 길은 어디가 종점인지 모르겠다. 항공학교가 호정산 아래 견교에서 남쪽으로 4, 5리 정도에 있기 때문에 아마도 자동차 길이 그곳까지는 반드시 나있을 것이다.

먼저 이 길을 설명하고 나서 그 다음에 내가 호정산에 갔던 경험을 설명하고자 한다. 이 중간에 역사적인 전설들을 첨가해서 서술하겠다.

재작년 항주로 옮겨와 내왕을 한 이후 작년과 올해로 봄이 두 번 지나갔다. 내가 가장 좋아하는 절기는 강남에서의 가을과 겨울 그리고 초봄의 한 두 달이다. 그 다음에 날씨가 더워지는 늦은 봄부터 늦여름까지 나는 마치 병자처럼 저녁에는 잠을 푹 자지 못하고 낮에는 정신이 혼미하여 술을 먹지 않아도 취한 듯 했다. 작년 봄에는 여름에 더위 먹는 증상을 막아볼 작정으로(사실은 봄에도 더위를 먹는다) 미리미리 준비를 하였다. 몸을 열심히 단련했더니 봄의 노곤함과 여름의 더위를 견딜 수 있었다. 그런 이유로 봄이 되면 나는 날마다 산과 계곡을 쏘다니고 높은 산에 오르느라 책도 읽지 않았고 글도 쓰지 않았다.

어느 날 일찍이 가보지 못했던 곳을 둘러보면서 길고 긴 봄날의 노곤함을 씻고 싶은 생각이 들었다. 그런데 때마침 오랫동안 보지 못했던 허(何)형이 찾아왔다. 그는 임평 부근 사람으로 그쪽 지리에 밝은 사람이었다.

"임평산, 초산, 당서진은 모두 가보았네. 동쪽에 혹시 더 재미있는 곳이 없는가?"하고 나는 물었다. 그는 고개를 숙이고 생각을 하다가 "반산에 가보았는가요?" 라고 되물었다. 나는 "아니!" 라고 대답했다. 그래서 반산으로 가기로 결정을 했다.

반산은 본래 호정산이라 불렀다. 청나라 여러 시인들의 문집에는 호정산의 복숭아꽃을 인용한 시와 잡문들이 매우 많다. 우리가 갔던 그 날 비록 복숭아꽃은 피어있지 않았지만 그 해는 봄이 늦게 찾아왔기 때문에 매화꽃이 어딘가에 아직 있을 것 같았다. 호정산은 매실이 나는 곳은 아니다. 그러나 시골집 안에 있는 가지 적은 고목이 오히려 매화단지보다 더 멋이 있었다. 허형이 고향에서 올 때, 늦은 매화가 아직도 만개해 있었다. 이날의 날씨도 매화를 구경하기에 아주 적합했다.

우리가 출발할 때, 본래는 견교에서 내린 후 호정산의 낭낭묘에 올라가 점심을 먹을 계획이었다. 그러나 버스 정류장에 도착했을 때 차가 이미 떠나버렸다는 말을 들었다. 그래서 어쩔 수 없이 기차를 타고 공신교로 갔다.

공신교에 도착하여 기차에서 내렸다. 호정산의 산세를 한 차례 관망하고 동북쪽으로 수풀을 뚫고 작은 다리를 건너 한적한 길을 걷고 있자니 그 쓸쓸한 풍경이 실제로 전원시의 정취를 흠뻑 내포하고 있었다. 호정산에서 멀지 않은 곳의 제방과 인접해있는 마을에 도착했을 때 이미 매화를 적지 않게 보았으나 두세 시간 말을 했더니 굶주린 늑대처럼 배가 고팠다.

우리는 제방 위에 있는 한 찻집에서 옷을 벗어 던지고 햇볕을 쬐면서 먼저 큰 잔으로 토소주(土燒酒) 두 잔을 마시고 십여 개의 차엽단(茶葉蛋)과 땅콩, 말린 두부 등을 먹었다. 마을 사람들은 우리들이 먹기도 많이 먹고 행동도 특이하다는 것을 보았을 것이다. 이른 봄의 농한기이지만 의외로 많은 아낙네들이 모여들어 우리와 함께 친절하게 이야기를 나누어주었다. 그 중 어린 아이를 안은 스물 두세 살 정도의 젊은 아낙네가 있었는데 옷을 매우 깔끔하게 입었고 생김새도 흠잡을 데가 없었다. 그녀는 간간이 미소를 지으며 옆에 앉아 우리들이 하는 이야기와 농담소리를 들으며 때때로 부끄러워하면서도 두세 마디 묻기도 했다. 허시인은 득의양양해지더니 술을 다 마신 후 흥이 발동했다. 즉석으로 칠언절구 시 한 수를 읊었는데 후에 반산의 낭낭묘의 벽에다 써놓았다. 그가 나에게 응답하기를 원해 나는 겨우 반을 지었고 뒤의 반은 돌아오는 길에 짓다보니 당연히 압운이 틀릴 수밖에 없었다. 원래 그의 시는 이미 기억하지 못하므로 나의 시만 아래에 쓴다.

봄의 나른함, 물과 같아 잘라낼 수 없는데
마을에서 빚은 좋은 술 지독히도 취하구나
미소 짓는 붉은 얼굴 흰옷에 어울리고

흐릿해진 눈동자 아름다운 여인에게 쏠렸네
마음은 위에 있는 부인의 묘에 있는데
동쪽 정자에서 수부랑은 시를 짓고 있구나
들판에 매화 삼백 수를 보고 나니
고정산의 풍경이 어둠 속으로 저물어가네

왜냐하면 우리가 찻집에서 나누었던 말들이 바로 이 시속의 이야기이기 때문이다.

그들은 "반산의 낭낭은 매우 영험함이 있다하여 누에를 키우는 사람들이 매년 여기에 와서 향을 사르는데 2월부터 4월까지 대강 몇 천 몇 만은 될 겁니다"라고 말하였다. 그리고 그들은 또 "반산의 낭낭은 바로 소강왕(小康王)이 봉한 것입니다. 금나라 사람들이 소강왕을 쫓아버리자 그는 이곳 산기슭까지 왔지요. 소강왕은 피할 곳이 없었는데 다행스럽게도 이 낭낭이 모래바람처럼 쫓아오던 금나라 사람들의 눈을 보지 못하게 만들어버렸어요"라고 말했다. 그리고 또 다른 늙은 농부는 이 전설을 정정해서 말했다. "소강왕이 반산의 동굴로 도망쳤는데 금나라 사람들이 쫓아 왔지요. 다행스럽게도 낭낭이 동굴입구를 생사로 얽어매어 막아버렸어요. 그러니까 거미줄처럼 되었겠죠. 금나라 사람들이 동굴에 온통 거미줄이 쳐진 것을 보고는 소강왕이 절대로 동굴 안에는 피신하지 않았을 거라 생각을 하고 다른 곳으로 그를 쫓으러 갔지요."

종류도 많았다. 향의 재로 병을 치료했다느니 낭낭이 꿈에 나타났다니 하는 최근까지의 신기한 일들을 그들은 매우 생생하게 말해서 우리는 마치 서쪽의 불교나라에 온 것 같은 기분이 들었다. 그런 연고로 허시인은 시를 짓게 되었고 시인이 아닌 나까지도 이런 "졸작(취(臭))"

을 내보이게 되었는데 사실은 이렇다. 반산에서 공을 들이는 묘는 예(倪)부인의 것이다. 금나라 사람들이 침략해 들어올 때 마을 사람들은 모두 난을 피하여 산으로 갔다. 저녁이 되자 모두 마을로 내려가 잠을 자려고 하는데 예부인은 몸이 더럽혀질까 두려워 산 위에 그냥 머물러 있었는데 밤중에 그만 독사에 물려 죽고 말았다. 사람들은 그 정절을 연민하여 반산에 묘를 지어 그를 위로했다 한다. 소위 모래를 뿌렸다느니 생사로 동굴을 둘렀다니 하는 것은 전설 속에서 생겨난 곁가지들이며, 이 묘가 송나라 때에 칙령을 받았으며 신(神)이 여신이 되었는데 이것이 오히려 사실이 되었다.

우리들은 배불리 먹은 후에 한바탕 크게 웃었다. 물가에 인접한 마을을 지나 제방을 따라 또 2, 3리의 길을 걸어서 호정산 자락의 산문이 있는 마을에 이르게 되었다. 여기는 사람이 더 많았으며 작은 점포의 물건들도 더 구색을 갖추고 있었다. 그러나 마을 사람들은 음력 2월이 되었음에도 새해의 습관을 버리지 못하고 산 입구의 정자에서 그리고 찻집에서 모여들어 천구패(天九牌)[1]도박을 하고 있었다. 허시인과 나는 비집고 들어가 두어 차례 저당을 잡히고 적지 않은 돈을 잃은 후에야 어쩔 수 없이 나와 산에 올라가 반산 낭낭의 상(像)을 보았다.

묘는 정말로 반산에 있었으며 묘당 안에는 편액, 간단한 글귀 및 양초 같은 물건들이 정말로 많이 쌓여 있었다. 그러나 정전 세 칸은 이미 검게 그을려 만약 수리를 하지 않는다면 더 이상 지탱할 수 없을 것 같았다. 서쪽의 곁채는 여러 칸으로 늘어서 있었는데 부엌인 것도 있고 묘를 관리하고 산을 관리하는 사람들의 숙소인 것도 있었다. 뒤편에는 관음당이 있었는데 오히려 수리를 하여 색칠이 잘되어 있었다.

1 도박의 이름. 32개의 골패로 네 사람이 각각 8개씩을 가지고 승부를 진행한다.

반산 묘의 앞뒤 좌우는 볼만한 것이 없었고 매화나무도 볼 수 없고 매화도 거의 없었기 때문에 우리는 바로 예부인의 묘 서쪽 길을 통해 산 정상으로 올라갔다. 높이 올라 멀리 바라보니 풍경이 그런 대로 좋았다. 우리들이 호정산 정상에 서니 자연히 항주 안의 사람들과 당강(塘江) 남안(南岸)의 푸른 산을 볼 수 있었다.

산 정상에서 내려오니 이미 시간이 상당히 흘렀고 허시인은 시를 서상(西廂)의 석회 벽 위에 쓰자 두 사람은 달리다시피 견교(筧橋)로 걸어 내려왔다.

일 년이란 세월은 정말 빨리 흘러갔다. 올 봄도 금방 지나가서 또 누에를 키우는 시기가 되었다. 며칠 전에 만안교(萬安橋)에서 산보를 하다가 난간 위에서 노란 깃발을 휘날리며 만안집(萬安集), 반산, 초산으로 향을 가지고 들어오는 배를 보았다. 그래서 작년 여행이 생각났고 그 덕분에 또 "졸작"의 감흥을 더욱 발휘하게 되었다.

제방 옆 복숭아 꽃, 버드나무 사이로 피어오르는 연기,
벌써(청명과 곡우 절기) 봄이 오려나 보네.
서로 고정산을 내려가자고 하는데,
강을 따라 떠나는 배, 보기가 좋네.

1935년 3월 27일

21

용문산로

항주근교 1, 2십리 내외의 길 풍경은 종전에 도로가 완성되지 않을 때가 좋았다. 교통이 불편했던 시절에 달리는 것 역시 힘들었지만 일반적으로 도시에서 성장한 풍류 인사들의 호기심과 모험심을 충분하게 만족시킬 수 있었다. 그러나 지금은 이전과 전혀 다르다. 차를 타고 한 시간 정도면 적어도 6, 7십리 길을 달릴 수 있다. 운서(雲棲), 화오(花塢), 9계18간(九溪十八澗), 초산(超山) 등의 지역은 종전에는 하루 전에 식량을 준비하여 다음날 아침에 출발하면 이틀 밤을 꼬박 묵고서야 다시 돌아오던 곳들이다. 지금은 적어도 세 시간이면 구경을 할 수 있어 여행을 하는 사람이 많아졌기 때문에 당연히 여행자를 귀하게 보질 않는다.

최근에 항주에 사는 사람들은 하루면 충분히 왕복할 수 있다는 생각을 한다. 반은 개발이 되었고 반은 아직도 원시적인 모습을 보존하고 있는데, 산수가 수려하고 그윽한 곳으로 여행을 하려는 사람이 비교적 적어 가보는 것이 쉽지 않다. 그러나 그다지 험하지 않은 곳들도 있는데 다행히 그들의 강한 호기심을 만족시킬 수 있었다. 그래서 부양, 동려, 강을 사이에 둔 소산(蕭山), 소흥(紹興) 등의 고을은 최근 2년 사이 항주 상류사회 사람들이 시간이 있을 때 여행하는 장소가 되었다. 그러나 이는 스스로 자동차를 준비할 수 있거나 혹은 시간이 날 때, 한사람마다 50원 정도를 쓸 수 있는 상류층에 한정된 일이고, 일반적인 하층 혹은 중산층사람들이 여행하기엔 능력이 미치질 못한다. 그런 연유로 소화산(小和山), 용문산(龍門山), 백용담(白龍潭), 오조산(午朝山) 일대는 금년 상춘시기에 제일 선호하는 목표가 되었다.

소화산은 유하진(留下鎭) 서남쪽으로 십여 리에 있으며 산에는 금연사(金蓮寺)라 부르는 사찰이 있다. 이 일대는 여항(余杭)의 한림부(閒林埠)를 끝으로 하는데 본시 서계(西溪)구역에 속했다. 그러나 초남(稍南)에 천장암(千丈巖)이 있고 다시 서쪽과 남쪽으로 임강(臨江)의 정산(定山) 그리고 높낮이가 연결된 오조산(午潮山), 백용산(白龍山) 등은 소위 전당(錢塘), 장다오(張道)가 펴낸 《정향소식(定鄕小識)》(《무림장고총편(武林掌故叢編)》과 같은 종류로 16권으로 되어있다) 속에 모두 정향의 범위로 귀납되어 있다. 소위 정향이란 것은 바로 정산(定山)을 보고 지은 이름으로 정남(定南), 정북(定北), 안길(安吉), 장수(長壽) 등 네 마을이 있고 또 이들은 현의 상류에 있기 때문에 상사향(上四鄕)이라고도 부르는데 현 아래에 있는 효녀(孝女), 남북흠현(南北欽賢), 조로(調露)의 네 마을과는 경계가 서로 다르다. 대략 옛날의 정향의 경계선은 동쪽으로는 강변에 있는 육화탑을 기점으로 서쪽으로는 부양에 이르고 남쪽으로는 소산을 바라보며 북쪽으로는 여항과 접해있으니 구역이 매우 광활하다고 할 수 있다. 지금 우리들은 소화산, 용문산, 오조산 일대를 기록하고자 하는데 역시 대충 옛 뜻에 따라 이것들을 정향내의 산수로 삼는다. 그리고 《정향소식(定鄕小識)》의 제4권에 기록되어있는 것은 바로 이 일대 산수의 풍경과 고적(古蹟), 시사(詩詞)인데 아래에 적지 않은 나의 문장 역시 이 책의 내용을 보고 적은 것이다.

먼저 소화산을 말해보자. 소화산 기슭은 바로 항휘지로(杭徽支路)에서 소화산에 이르는 자동차의 종점이다. 항주에서 자동차를 타고 가면 한 시간 안에 도착할 수 있다. 산기슭에서부터 걸어 산으로 구불구불한 길을 올라가면 대략 30분 정도 돌계단을 걸어서야 비로소 정상의 금연산에 도착할 수 있다. 이 산길의 풍경을 《정향소식》의 말을 빌려 묘사한다면 비록 옛 사람들의 문언이지만 "백발삼천장(白髮三千丈)"같은 그런 허풍은 없었고, 믿을 만한 것으로는 "소화산은 용문산 동쪽에 있고 대나무가 많다. 여행객들이 산을 오르면 비취빛 안개 속을 거닐게 되고, 산길은 빙빙 감아 돌아 열 발자국을 옮길 때마다 방향이 바뀐다. 남쪽으로 나가면 용문갱(龍門坑)이 나오고 강에 이르면 전당이다. 북쪽으로 내려가면 서계이다."

우리가 가던 그 날 동행자들은 온갖 잡동사니를 긁어모은 난민 집단 같았다. 때는 또 봄기운이 만발하여 참배객이 제일 많은 청명곡우 전이라 온통 길을 덮고 있는 안개는 당연히 말할 필요도 없지만 이 안개를 더욱 사랑스럽고 더욱 생동적으로 돋보이게 하는 것은 오히려 수천, 수만의 울긋불긋한 영산홍과 자등화(紫藤花)였다. 당신이 만약 이곳을 가보지 못했다면 먼저 눈을 감고 이 혼합의 색채를 한번 상상해 보시라! 위는 푸른 하늘이고, 유람하는 사람들의 옷은 하얀색이다. 햇빛이 어떤 때는 붉다가 어떤 때는 또 검다. 어떤 때는 일곱 색이 조화를 이루는데, 당신의 눈은 오색의 꽃밭에서 어지럽게 춤을 추는 나비를 볼 터이니 풍류가 넘친다고 말할 수 있지 않을까. 그러나 풍류에 관해서는 다음으로 미루는 것이 좋겠다.

금연사에서 제사를 모시는 보살은 현천상제의 성제보살로 듣기에 아주 영험이 있다고 한다. 2월에서 4월까지 참배객들이 성황을 이루는데 옛 동악(東岳)을 다녀간 사람들이 절반 정도나 되었으며, 특히 "밥만 먹고 돌아가는(밥을 담아갈 수는 없다)" 송강(松江)사람들이 제일 많다. 그러므로 봄의 성수기에는 차를 파는 노점, 다방, 그리고 전문적으로 죽제품을 만들어 파는 상인들이 있다. 기름에 튀긴 빵, 소주, 죽순, 기름에 튀긴 두부가 이 산 위의 별미이다.

성제보살에 대해 나는 약간의 고증이 필요하다고 생각했다. 그러나 도서(道書)를 두루 읽어보았지만 여전히 갈피를 잡을 수 없었다. 단지 본론이라 할 수 없는 초본을 보고 그가 태자이고 무당(武當)에서 출가하여 수행했음을 알게 되었다. 손에는 보검을 들었고, 머리에는 금띠를 두른 복마대제(伏魔大帝)였다. 소위 마(魔)라는 것은 바로 그가 허물을 벗을 때, 연기냄새가 싫어 자신의 뱃속에서 위와 장을 꺼내어 버린 것이다. 이 성제의 장과 위도 역시 성스러운 것이기에 꺼낸 후 거북이와 뱀으로 변했는데 세상에서 나쁜 짓을 한 사람에게 해를 주었다. 성제보살의 징벌을 받은 후, 그의 거북이와 뱀은 두 장군으로 변하였다. 또 하나 그가 굴복시킨 옥령관(玉靈官)은 그가 제일 신임하고 제일 아끼는 시종 무도두(武都頭)가 되었다. 한 손에는 철로 만든 채찍을 또 한 손에는 신통한 열매를 들고, 붉은 얼굴에 붉은 머리카락을 한 정직하고 총명한 이 사람은 성제 손아래에서 제일 영감이 있고 제일 사사로운 정에 얽매이지 않은, 주창(周倉), 이규(李逵), 우고(牛皐)와 같은 인물이다. 그리고 성제의 이름과 태어난 본적에 대해서는 사람마다 의견이 달라 끝내 정론이 있을 수 없었다.

내가 추측해 보건대 대략 성제보살이 불가의 영향을 받은 것은 당 이후임을 의심할 나위 없다. 왜냐하면 석가는 태자이고 입산수도한 사람이어서 갖가지 고난을 다 겪고 도를 터득한 사람이다. 그의 경력과 출신은 분명 성제보살과 같다. 대개 도가(道家)가 불교의 영향을 받고 있음을 알 수 있으니, 이 중국 고유의 정교가 외래의 종교에 정복되었음을 알 수 있는 것이다. 그래서 이러한 전설이 나오게 된 것이다. 송대에 이르러 도교가 크게 번성했고, 송대 조씨들(趙)이 남쪽으로 천도하자 여항(余杭) 대척산(大滌山) 아래의 동소궁(洞霄宮), 천태 동백산 위의 동백관은 위세 등등하게 선종을 압도하였다. 그래서 서계 일대에서부터 여항에 이르기까지 영관정(靈官殿), 성무묘(聖武廟) 등의 이름이 붙었는데, 석가의 사찰은 모두 청대에 다시 지은 건축양식이다. 명조 영락(永樂) 때 연적(燕賊)이 왕위를 찬탈한 후 민심을 얻기 힘들자 성제에게 환생하도록 부탁하기 위하여 무당의 도원을 크게 세웠다. 그리고 그의 막내 숭정(崇禎)을 주천대제(朱天大帝)로 삼아 항주부근에서 위풍을 마음껏 드러내게 하였다. 이런 전설에서 추측해 보건대, 이 일대의 고산의 도관은 명조에 참배객들이 가장 번성했다는 것을 안휘의 백악과 제운을 거슬러 오르면서 알 수 있다.

야생마는 한번 풀어주면 멀리 돌아다니듯이, 우리들도 어쩔 수없이 1935년 봄, 소화산으로 돌아왔다. 다시 금련사(金蓮寺)에 대해 말해보기로 하자! 금련사는 전답이 많은 사원이라 매년 걷어 들이는 조곡으로 12, 3명의 승려들을 먹일 수 있으며, 절 조직을 계승하는 것은 절동(浙東)사원과 마찬가지로 다소 속세적인 분위기가 있다. 그들이 제사를 모시는 것은 비록 성제보살이지만 입고 있는 옷은 스님의 복장이다. 왜냐하면 절에 재산이 많아서 소송이 걸리거나 부동산을 빼앗기는 일을 피할 수 없기 때문이다. 우리들은 그 날 금련사 밖에서 기름에 튀긴 빵과 소주를 마신 후 가야할 목적지가 백용담(白龍潭)이었기 때문에 절 밖 문 앞에서 한 차례 떠들고 나서 남쪽 돌계단을 걸어 용문동굴로 갔다. 이 용문동굴의 마을은 외지사람이 당연히 알지 못하고 마을 사람

역시 세상 밖을 알지 못한다. 무릉(武陵)의 어부조차도 일찍이 가보지 못한 세상 밖의 도원으로, 그것의 형세는 낭당령(郎當岭) 위에서 보았던 산촌(山村) 매가(梅家)동굴과 거의 비슷했다.

용문동굴의 주민은 200여 가구로 그 중 60%가 거(葛)씨 성이며, 마을 한가운데에는 시냇물이 흐르고 그 중앙에는 끊어진 다리가 어수선하게 놓여 있었다. 주민들의 집은 시냇가 다리 위와 산기슭 바위 아래에 적당히 보기 좋게 줄지어 있었다. 마을의 삼면은 대부분 높은 산으로 산에는 온통 울긋불긋한 영산홍과 자등화가 피어 있었다. 백용담에서 흘러 내려오는 시냇물은 논에 물을 댈 수도 있고, 기세를 돋워주기도 하는데 물레방아가 있는 곳은 모두가 그러했다. 주민들은 차와 벼농사를 짓는 것 이외에 수력을 이용하여 제지업을 하고 있었다. 이와 같은 평화로운 풍경과 즐겁게 일하는 표정을 만약 당신이 보았다면 당신이 소유한 위원, 교원, ×원 등의 직무를 사임하고 이곳으로 와 한적하게 아이들을 가르치거나 혹은 검을 팔아 소를 산 후, 세상일을 묻고 싶지 않을 것이다. 그리고 마을 중앙에 있는 교용묘(蛟龍廟)(혹은 嬌龍廟)에서 울려 퍼지는 초등학생들의 노랫소리는 외국세력이 침범하지 못하겠다는 생각을 덧붙여 줄 것이고, 생활경쟁이 지금처럼 격렬하지 않은 시황(羲皇) 이전의 시대로 가고 싶을 것이다. 나는 참을 수 없어 모두들 주의하지 않는 틈을 이용하여 남몰래 필기장에다 아래와 같은 28자를 적었다.

소화산 아래 교용묘(嬌龍廟)에는.
2백 가구의 씨족들이 편안하게 사네.
햇살이 따사로운 춘삼월의 석양에,
길을 따라 피어있는 자등화(紫藤花) 보기 좋구나.

용문동굴에서 서쪽으로 5, 6리 중간의 양쪽은 오조산(午朝山), 용문산(龍門山), 천장암(千丈巖), 우활령(牛滑岭), 도적령(倒吊岭), 구곡령(九曲岭), 사자암(獅子巖) 등 모두 숭산(崇山) 준령에서 따라 내려온 높은 봉우리들로, 중간에 시냇물이 있고 계곡을 이루고 있다. 산 위의 화하석(花和石), 시냇물의 수하천(水和天), 세 걸음을 걸으면 형태가 바뀌고, 다섯 걸음을 걸으면 구부러진다. 계곡 아래에 도착하여 산을 오르려 할 때, 당신은 일 년 내내 끊이지 않는 하늘 바람과 용문이라 부르는 두 봉우리 사이의 암벽에서 흘러나오는 폭포소리를 느낄 수 있을 것이다.

당신과 같은 문명인이 신과 양말을 벗어 던진다면 모태에서 달고 나온 두 발을 드러낼 것이고, 어떤 때는 물이 많아 본래 길지 않은 짧은 바지라 하더라도 걷어 올려 하얀 다리를 노출시켜야 하고 둔부를 아끼지 않아야(왜냐하면 미끄러워 물속으로 넘어지기 때문이다) 비로소 용문산 계곡에서 흘러나오는 백용담 폭포에 도착할 것이다.

위에서 말한 풍류란 바로 이 부분이다. 아가씨들, 아주머니들이 이곳에 도착하느라 온갖 노고를 겪었으니 그냥 돌아갈 수 있겠는가? 폭포소리가 들리는데…. 비단 양말과 하이힐이 어찌 아깝겠는가? 그렇다면 당신은 한 발자국도 움직이지 마시길. 가마를 타겠습니까? 당신 한사람 걷기도 위험한데 하물며 가마를 탄다면 가마를 맨 두 사람의 몸을 받아 줄 땅이 있겠는가? 그러니 당신이 이곳에 오지 않았다면 몰라도 기왕에 왔다면 여러 사람들과 똑같이 일률적으로 발을 드러내고, 옷을 걷어 올리고, 엉덩이를 깔고 앉고, 바위틈에 올라 어쩔 수없이 원시시대의 적나라한 아담과 이브가 되어야 할 것이다. 불필요한 격식은 모두 접어 버리고, 산허리를 오르다가 다시 시냇물을 따라 올라가다가 양쪽 산의 벽이 우뚝 솟아 있는 음침한 곳에 이르러서야 비로소 흰 용이 춤추는 듯한 주렴 같은 폭포를 볼 수 있는 것이다. 폭포의 폭은 그다지 넓지 않을 뿐 아니라 폭포의 높이도 그렇게 높지 않다(대략 5장 정도이다). 그러나 항주부근에서 이렇게 바위도 많고 골짜기가 깊어 길도 찾을 수 없는 산골에서 우연히 길을 돌다가 책 속의 삽화에서나 볼 수 있는 비폭(飛瀑)을 볼 수 있다면 기적이라고 하지 않을 수 있겠는가? 풍류이든 풍류가 아니든 관여할 필요 없이 결론적으로 당신이 반나절의 시간만 투자한다면 마침내 심신을 기쁘게 하고 호기심을 만족시켜주는 보답을 얻을 것이다. 두 세 달만 간절히 기다린다면 끝내 항공복권을 얻게 되어 즐겁지 않겠는가?

백용담의 명성과 그곳이 올 봄에 인기를 얻게 된 원인은 대략 위의 서술에서 분명하게 알 수 있을 것이다. 이제 나는 《정향소식》과 이번 여행의 경험을 참고하여 다시 몇 마디를 보충하고자 한다.

원래 이 일대의 지역은 옛날에는 거의 용문산길이라고 불렀다. 소위 용문산이란 것이 어느 산을 지칭하는 것인지는 분명히 답변하기 어렵다. 백용담폭포가 있는 곳은 두 봉우리가 우뚝 서있는 것이 진짜 용문 같아 이치대로 말한다면 이곳을 용문의 중심으로 삼을 수 있다. 그러나 여악(厲鶚)(1692-1752)의 《숙룡문산소운상인방(宿龍門山巢雲上人房)》에 있는 5언 율시의 주석을 보면 산은 전당의 서쪽에 있어 일명 소화산이라 부른다고 말했다. 여악이 당연히 잘못 기재한 것이다. 그러나 현재 마을 사람들은 단지 백용담이 있는 이 일대를 백용산이라고 부를 뿐 용문산이라는 명칭은 결코 없다고 했다. 백용담으로 가는 길 근처, 바로 용문마을의 산 위에는 새로 만든 산길이 있는데 백용암으로 가는 길이다. 이 백용암은 산의 동남쪽에 있으며 지세는 남쪽으로 치우쳐 있다. 아래로는 정향(定鄕) 북쪽 계곡과 전당강이 갈지(之)처럼 흐르고 있는 모습을 굽어볼 수 있는데 여행객들은 아무래도 내려갈 수가 없다. 그러나 이곳에 제일 묘한 것은 높은 곳이 없다는 것이다. 그리고 백용암 서쪽 아래에서부터 백용담으로 넉넉하게 2, 3리 길을 걸어야 비로소 백용담폭포의 모습을 볼 수 있다. 만약 이 산을 용문산이라 한다면 그 산의 한쪽 면과 용문 서쪽의 반은 이름이 없으니 타당하지 않다. 나같이 지리학자도 아닌 우리 같은 여행객들은 잘못한줄 알면서도 잘못을 저지르기로 하고 그냥 이 일대의 지역을 용문산의 관할이라고 여기는 것이 최고라 생각했다. 백용담과 백용산을 용문산의 지류라 보는 것은 고서와 다르지 않은 것이다.

여기에서 나는 백용담 폭포를 구경하는 사람이 많아지고 더 많은 사람들이 이 산길을 밟기 바란다. 특히 여행하는 사람들은 용문마을에서 남쪽으로 가다가 전당으로 돌아가는 차를 타면 소화산 고개의 산길을 걷는 고생을 피할 수 있다. 마지막으로 또 용문마을로 돌아올 때, 다시 오조산으로 가는 기력을 남겨 남쪽을 향해 도는 산 위의 백용담이라 부르는 폭포와 전당강에 떠있는 돛단배 감상하기를 권한다. 왜냐하면 오조산으로 가는 길가의 풍경과 산 위에서 조망하는 것들은 현재 농장이 있는 백용담 위쪽의 드넓음에는 훨씬 미치지 못하기 때문이다.

1935년 4월 5일

22

성안의 오산

항주를 가 보았든지 가보지 않았든지 관계없이, 다만 몇 년의 중등교육을 받은 사람들에게 "항주 성안에서 자연의 경치가 좋은 곳이 어디냐?"고 물어본다면, 그들은 조금도 주저하지 않고 "서호!"라고 대답할 것이다. 사실 서호는 예전에 항주의 성 밖에 있었기 때문에 항주성 밖의 서쪽이라는 이름을 얻은 것이다. 진정으로 항주 성안의 웅대한 경관을 말하자면 먼저 오산(吳山)(속명 성황산(城隍山))을 추천하고 싶다. 그러나 현재 항주를 여행하는 사람들 대부분 이것에 주의하지 않는다. 항주에 살고 있는 본고장 사람들도 일 년 중 몇 차례밖에 가지 않기 때문인데, 이는 참으로 이상한 일이라 하겠다. 내가 오산을 칭송하면서 약간 과장되게 말한다면 "내가 발견한 항주성"은 런던에 대한 나의 발견의 모방[1]이라고 말할 수 있다. 그러나 오산은 신해혁명 이전의 옛날부터 항주의 유일한 명승지였다. 지금 구경하는 것은 다만 오래된 묵은 빚을 뒤지는 것뿐이다.

오산은 춘추시대 때 오나라 남쪽의 경계이며, 월나라와 구별하기 위해 오산이라고 했다. 또 일설에 오자서(伍子胥)로 인하여 오(伍)자를 오(吳)자로 바꾸었다. 그래서 《군지(郡誌)》에는 또 서산(胥山)이라

1 My Discovery of London

> 고도 칭한다. 진해루(鎭海樓)(즉, 고루(鼓樓))의 오른쪽에 있다. 대개 천목산(天目山)이 항주의 여러 산의 원류이고 동쪽에서 시작하여 봉황산(鳳凰山)으로 끝난다. 그것의 지류가 왼쪽으로 도는데 곧 오산이다. 오산의 서북쪽으로 보월(寶月), 아미(蛾眉), 죽원(竹園)이 이어지고 있다. 남쪽으로는 석불(石佛), 칠보(七寶), 금지(金地), 서석(瑞石), 보련(寶蓮), 청평(淸平) 등이 있는데 이를 모두 합하여 오산이라고 한다.……

이것은 전숙화(田叔禾)[2]의 《서호유람지(西湖游覽志)》 12권에 기재된 것으로 남산성 안의 명승고적 중 오산에 관한 것이다. 20여 년 전 항주 사람들은 유람을 갈 때, 항상 오산을 목적지로 했다고 한다. 다리 힘이 부족한 사람들도 오산 기슭으로 나가 용금문(涌金門) 밖 삼아원(三雅園)을 찾아 차를 마시며 놀았다. 신해혁명 이후로 팔기병 부대가 모두 부수고 성벽도 뜯어내버렸기 때문에 여행객들은 호숫가를 중심으로 구경해야 해서 다시는 성황산에 올라 반나절의 시간을 소비할 필요가 없다.

오산의 좋은 점은 먼저 가깝다는 것이고, 다음으로 결코 높지가 않다는 점인데, 원나라 때 장수 평장(平章 관명)과 答剌罕(원나라 때 관직) 탈환(脫歡)이 쌓은 수백 개의 돌계단은 올라가는데 힘들지 않았다. 그러나 정상에 도착하여 고개를 돌려 사방을 바라보면, 의외로 넓어 바다의 일출과 전당강에 떠 있는 돛단배, 그리고 서흥 성안의 굴뚝연기, 나무와 주택들을 볼 수가 있다. 서호는 마치 둥근 거울과 같아 성황산에 올라가 내려다보면 오히려 재미가 없고 아름다움도 보이지 않는다. 또 하나 오산에서 특별한 것은 산 위에 괴석이 많다는 것이다. 당신이

2 전여성(田汝成), 자는 숙화(叔禾), 전당(지금의 절강 항주) 사람. 명시문가, 학자.

만일 동쪽에서부터 산을 올라 똑바로 남서쪽을 향해 고개 마루를 따라 걸어가면 길가에 형상이 빼어난 기암괴석이 십여 군데 있는 것을 볼 수 있을 것이다. 인공으로 만든 산이라 해도 이처럼 묘하게 쌓지는 못할 것이고, 진짜 산이라 해도 결코 이처럼 수려하지는 못할 것이다. 강과 호수가 둘러싸여 있는 곳에는 푸른 하늘이 사방에 펼쳐져 있고, 암자와 도원이 있다. 그림 같은 누각에 난초가 조각되었고 무성한 숲 속에는 긴 대나무가 자라고 있었다. 인심 좋은 마을에 밥 짓는 연기가 가득한 풍경들이 있는데 그러나 이 또한 말로 충분히 설명할 수 없는 것들이다.

또 한 가지 지금의 오산에서 느끼는 것으로, 나에게 이전보다 더 큰 재미를 느끼게 해주는 것은 바로 여행객이 줄어들었다는 것이다. 대개 오산에 올라가는 것은 봄 가을 두 계절에 향을 피우려고 오는 사람들로 제한되어 있었다. 일반 여행객들, 특히 항주에 오래 살면서 나와 면식이 있는 수많은 친구들은 평소에 결코 산에 오를 줄을 몰랐다. 마을 아래 향을 피우려고 온 사람들이 향시(香市)[3]에 감당할 수 없을 만큼 붐비고 있지만, 나는 그들과 서로 면식이 없는 관계로 비록 입추의 여지가 없는 관중 속에 있으면서도 나는 고독을 실컷 즐길 수 있었다.

항주에 도착한 이후로 이 성황산 일대가 내 전원의 연인으로 변한 것 같았다. 마음이 우울하고 일이 피곤할 때, 혹은 업무로 인해 사방이 어두워지며 비바람이 부는 이렇게 기후가 고르지 못한 때, 산에 올라 그와 반나절을 소일하며 차 한 잔에 술 두어 잔을 마시면서 두어 시간을 보내고 나면 곧 원기가 회복되었고 마치 한바탕 목욕을 한 것 같이 상쾌하게 돌아오곤 했다. 작년 정월 초하룻날에도 올라갔었고, 금년

3 사원에 참배하는 계절에 열리는 시장

초하룻날에도 갔었다. 그 외 절기 때마다 그리고 약간의 여가가 생길 때, 다시 말하면 마음속에 아무런 고민이 없을 때도 홀로 산에 올라 바보처럼 쭈그리고 앉아 반나절을 보내곤 했다.

지난번에 린위탕이 항주에 왔을 때, 나는 그와 함께 성황산에서 반나절을 보냈는데 그도 이 산의 매력을 알아차렸다. 우리는 돈을 모아 땅을 사서 클럽을 하나 짓자는 이야기를 나누었다. 아마도 오산에 땅을 사서 집을 짓는 일은 별로 어려울 것 없을 것이다. 오천 원만 있으면 천 원으로 땅을 사고 사천 원으로 집을 짓는다면 곧 성공인 셈이다. 그러나 애석하게도 제일 좋은 몇 군데의 땅은 이미 모두 돈 많고 세력 있되 산수를 모르는 사람들이 차지하고 있었고, 우리는 다만 남쪽 산 아래에 몇 평의 땅을 사서 보잘것없는 집을 지을 수밖에 없었다. 건물이 높지 않다면 시원하게 전망할 수 없으므로 산에서 살고자하는 본뜻과는 약간 맞지 않았다.

얼마 전에 또 중국문학을 연구하는 몇 분의 타 지역 사람들이 여행을 왔는데 나는 늘 하던 대로 그들을 오산으로 안내했다. 산행을 마치자 그들이 나에게 질문을 했다. "금나라 사람들이 말하는 오산의 제일봉" 이란 무슨 뜻입니까? 그들은 필경 오산이 항주에서 제일 높은 산이기에 금나라 사람들이 이러한 시적인 말을 남겼을 것이라고 여기는 것 같았다. 나는 즉시 대답을 못하고 다만 남송 고궁의 유적지들을 가리켰다. 대략 봉산문(鳳山門) 서쪽의 봉황산을 따라 북쪽으로 가면 틀림없이 남송의 궁성이 나오고, 만송령(萬松嶺)을 뚫고 지나가면 해변에 다다를 수 있다했다. 그들은 비로소 크게 깨달은 듯 "알고 보니 그랬었군요! 오산에다 말을 세우면 곧 성안을 모두 볼 수 있으니 금나라 사람들의 깊은 속셈을 알겠습니다." 이것이 제일봉 세 글자에 대한 해석으로 정확한지 아닌지는 모르겠다. 그러나 남송 고궁의 유적지는 오히려 성황산이나 혹은 자양산(紫陽山)의 정상에서 멀리 바라보아야 확실히 여한이 없을 것이다.

1935년 5월 8일

23

양주의 옛꿈 린위탕에게 부치다

위탕형에게 :

멋대로 황금을 던져 미인을 사고 나니,
돈이 떨어져 다시 길거리에서 구걸을 해야겠네.
피리소리는 멀리 회하(淮河)로 퍼져가,
양주(揚州)의 24다리까지 들리네.

이것은 6, 7년 전의 일로, 1928년 가을 〈감상적 여행〉을 쓸 때 내가 되는 대로 지어 부른 격식에 맞지 않은 시이다. 그 때의 계획은 본래 상해를 출발하여 먼저 소주를 들렀다가 다시 무석(無錫)으로 가 태호(太湖)를 구경하고 상주(常州)를 지나 진강(鎭江)에 도착, 과보산(瓜步山)을 지나 다시 양주로 갈 생각이었다. 그러나 소주(蘇州)에는 계엄령이 내렸고, 또 태호에서 약간 겁을 먹은 일 때문에 중도에 계획을 변경하여 무석을 떠나던 그 날 밤에 곧장 양주에 도착하였다. 여행길에는 시운이 따르지 않았다. 그래서 이 해학시의 운각(韻脚)은 강백석(강기)(姜白石)의 시 "아가씨는 노래를 부르고 나는 피리를 부네"라는 옛 가락을 차창에 기대어 지는 해, 시들은 풀, 남아 있는 버드나무와 갈대를 보면서 콧노래로 부른 이상야릇한 노래인 것이다.

내가 양주에 간 것은 이때가 첫 번째이다. 꿈에서도 그리던 양주라는 두 글자는 성조로 보나 역사적인 의의로 보나 뭐라고 해도 아름다워 사람의 혼을 녹이고 넋을 흔든다.

죽서가취(竹西歌吹)[1]는 후정화(后庭花)(진후주 陳後主가 지은 교방곡(敎坊曲))가 가사를 남긴 덕이다. 형원미루(螢苑迷樓)는 단향각(檀香閣)에서 진일보된 건축물이다. 이 밖에 비단 돛이 십리까지 이어지고 전각이 삼천이며, 토지 신에게 경화(琼花) 일만 송이로 제사를 모시고, 초승달은 비스듬히 왕소군(王昭君)의 무덤과 두 줄로 떠있다. 계산을 해보니 양주의 고적, 각 구역 및 산수가 화려한 지역은 3년 6개월을 돌아다녀야 한 바퀴 돌 수 있을 것 같았다. 당말(唐末) 문인들이 탄복을 했던 양주를 생각하니 분명 특별한 견해가 있었다. 두목(杜牧)의 "푸른 산 은은하고 물은 까마득하다"와 "십 년에 한 번 꾼 양주의 꿈"은 대략 감상적인 시구일 뿐이다.

> 수양제는 전국을 통일하였지만, 단지 뇌당(지금의 양주)의 몇 평의 밭과 바꾸었네. (죽어서 양주의 몇 묘 되지 않는 땅에 묻혔네.) 번화한 양주에서 살았지만 사망한 후, 선지산(禪智山)에 묻혔으니 이상적인 묘지구나.

완전히 양주가 나라를 망하게 하고 사람을 죽이면서 전혀 후회하는 모습이 없으니 어찌 이럴 수가 있다는 말인가!

내가 꿈속에서 생각했던 양주는 실제로 무척이나 시의(詩意)가 있었고, 육조(六朝)의 분 냄새가 너무나 진했다. 그러나 이번 무석에서 차를 탄 후, 곧장 내가 제일 좋아하는 북고산(北固山)에 도착했는데 역시 반

1 당나라 두목(杜牧)의 시《題揚州禪智寺》시에서 "誰知竹西路, 歌吹是揚州"에서 인용한 글로 양주 도시(揚州城市)의 번화함과 양주 예술의 번영을 상징함.

시간도 머무르고 싶지 않아 바로 황급히 강을 건너고 말았다.

장강(長江)의 북쪽 언덕에는 버스길이 있었다. 배에서 내리자마자 북쪽을 향해 곧장 달려 양주남문인 복운문(福運門) 근처에 도착하였다. 시냇물을 건너 곧장 양주성안으로 들어가는데, 바로 천 사오백년 이래 우리역사 속의 시인들이 찬탄을 금치 못하는 양주인 것이다. 또한 대옥의 부친이 대옥을 홀로 방치하여 성불하게 하는 곳, 양주인 것이다!

그러나 내가 양주(揚州)의 길거리에서 보았던 풍경은 모두 너무나 쓸쓸하여 조금도 아쉬워할만한 곳이 없었다. 그리하여 조무구(晁無咎)가 지은 《부엄능도중(赴廣陵道中)》의 시 구절을 생각나게 했다.

> 부리(符離)의 태수정(太守亭)에 취해서 누우니,
> 떠나온 배도(陪都)의 풍류가락 새삼 떠오르네.
> 봄날 회산(淮山)의 수양버들가지 천리나 이어졌으니,
> 술 권하는 아낙네의 다정함이 기억나구나.
> 촉박하게 울린 북소리 속에 사주(泗州)에 가니,
> 흐르는 물속에 금탑을 보네.
> 아침해 막 떠오르자 돛달고,
> 뱃머리 봄 산을 돌아서 빠져나오네.
> 푸르른 수양버들에 새들은 재잘거리고,
> 한바탕 봄비에 경항운하 어두워지네.
> 돛은 내리지만 양주(揚州)는 아직도 멀었는데,
> 벌써 회양(淮陰)흰 물고기에 기뻐하네.

그가 안휘 북부에서 사주(泗州)로 내려가 부리(符離)(현재의 숙현(宿縣))를 지나 수로(水路)로 간 것은 많은 경치를 구경하려고 했기 때문이며, 적어도 최소한 양 언덕의 수양버들과 강물 속의 부도(浮屠)같은

어류는 보았을 것이라는 것을 비로소 짐작하게 되었다. 그리고 내가 가던 길에서는 가로수로 심은 아카시아와 이미 추수가 끝난 넓은 들판을 보았을 뿐 그야말로 별다른 풍경이 없었다. 푸른 버드나무가 연이어 있는 성곽이 양주의 본래 풍경인데 수나라때(隋朝)부터 제방의 버드나무는 그 수가 줄어들었다.

복운문(福運門) 밖에 도착하여 새로 지은 성루와 시멘트벽 위에 복운문이라는 붉은 세 글자를 보는 순간 흥미가 사라져버렸다. 성문 안의 이런 정자와 식물원이나 혹은 유곽의 어느 곳에 시의가 있을 수 있겠는가?

성안으로 들어가니 과연 비좁은 거리와 보잘 것 없는 시가지, 새로 지은 녹양대려사(綠楊大旅社) 안의 주택들을 보고 나니, 나의 기대에 찬 양주의 꿈은 이미 반이나 깨져 있었다. 잠자리에 들기 전에 나는 시가지를 돌아보았다. 그러나 등불이 휘황찬란하고 목청을 굴리는 태평스런 풍경은 조금도 없었다. "양주의 좋은 점은 아마도 풍경에 있을 것이다. 내일은 수서호(瘦西湖), 평산당(平山堂)을 돌아보고 싶은데 아마도 특별한 만족을 느끼게 할 것 같다. 오늘은 이만 편히 잠이나 자면서 다리 힘이나 보충하기로 하자!" 이는 나 자신의 답답한 마음을 스스로 해결하기 위해, 반은 성심 성의껏 창기를 사서 놀고 싶은 사악한 마음을 몰아내고 싶어 중얼거린 주문이다.

둘째 날, 일어나자마자 먼저 인력거를 타고 천녕문(天寧門)을 나와 평산당(平山堂)으로 떠났다. 천저문 밖의 천녕사(天寧寺), 천저사 뒤편의 중녕사(重寧寺)는 건축이 확실히 위대했고, 사찰의 외관도 아주 웅장하고 아름다웠다. 그러나 어쩐 일인지 알 수 없게도 사찰에는 스님이 보이지 않았다. 아주 좋은 소나무 자재는 모두 잘리고 꺾어지고 오랫동안 수리하지 않은 모습이었다. 때는 마침 늦가을이라 그 날의 날씨는 맑았고, 내가 가람리(伽藍里)에 도착했을 때, 사방에는 사람의 그림자도 보이지 않았다. 고개를 들어 비(碑)를 모시는 불상과 지붕을 슬쩍 쳐다보니 온 몸에 식은땀이 흐르고 머리털이 모두 곤두서기 시작했다. 이렇게 음산한 냉기를 내가 무슨 글자로 형용할 수 있겠는가?

이백 년 전을 회상해 보니, 고종(高宗)이 남쪽으로 행차했을 때, 천녕문에서 촉강(蜀岡)에 이르기까지 7, 8리 길을 하얀 돌로 포장을 하면서 상면에는 난간을 만들었는데, 마치 이화원(頤和園)의 곤명호 위처럼 만든 긴 복도는 곧장 평산당까지 이어졌다. 천자의 서기는 비취색 가마에 금빛 바퀴를 달았고, 후궁들이 대열을 이루어 따르고 시종들도 마치 구름처럼 성황을 이루었다. 지금의 이 누런 모래 굽어진 길 주변에서 가축들이 시들은 풀을 뜯는 들판 풍경과 비교할 때, 실제로 너무나 큰 차이가 났다. 당연히 우물이 무너지고 담이 못쓰게 된 것은 옛날에 품었던 미감을 곰곰이 생각나게 했고, 그래서 포명원(포조)(鮑明遠)의 《천성부(芜城賦)》를 이해하게 되었다. 그러나 내가 갔을 때 양주 북쪽 성곽은 실제로 너무나 황량하여 별다른 느낌을 가질 수가 없었다.

평산당 동쪽 공득산(功得山) 관음사에 도착하여 맑은 차를 한 잔 마시고 스님과 이런 저런 풍경에 대한 담소를 나누면서 비로소 요 몇 년 사이 군대가 곧 공비이고, 공비가 곧 군대이기 때문에 모두 성 밖의 사찰에 살고 있다는 사실을 알게 되었다. 사찰이 붕괴되면 본시 스님들도 뿔뿔이 흩어지는 것 역시 부득이한 일이다. 바로 촉강 일대 세 봉우리에 있는 십여 개의 이름 있는 사찰에는 현재 주민들이 살고 있었고, 겨우 이 관음사만이 남아 있었다. 가운데 봉우리 평산당이 있는 법정사(法淨寺)까지도 현재 주지스님이 없었다.

평산당 일대의 건축은 아름답게 장식된 정원형태로 아직도 구시대의 윤곽이 그대로 남아있었다. 평원루(平遠樓) 같은 3층 건물도 여전히 그곳에 있었다. 그러나 창문이 없었다. 정원 서쪽에 있는 연못과 제5샘터로 가는 길을 여전히 볼 수 있었다. 그러나 물이 말라 있었고, 예전의 수목과 화초 그리고 인공으로 조성한 산과 정원석, 기타 정사정(精舍亭)은 여러 흔적만 남았는데 어떤 곳은 그야말로 유적조차도 찾을 수 없었다.

나는 평산당 위에서 구양(歐陽)공의 석상을 우러러 보다가 방귀도 한번 뀔 수가 없어 조용히 성안으로 돌아오고 말았다. 오후에는 배를 타고 수서호(瘦西湖), 소금산(小金山), 오정교(五亭橋)일대를 돌아볼 생각이었다.

이 일대의 쓸쓸한 작은 구역에서 나는 오히려 양주의 아름다움을 볼 수 있었다. 성과 가까운 지역인데도 그렇게 심하게 황폐되지 않았다. 소금산(小金山) 앞 시냇물이 흐르는 곳에 군벌의 별장(徐園)이 하나 지어져 있었는데 구조가 새로운 것이 아마도 근래에 지은 것 같았다. 이 지역에서 오정교의 법해탑(法海塔)을 바라보는 풍경은 정말로 황제의 후손처럼 우아했는데 완전히 중남해(中南海)의 기상이었다. 근처에 있는 사원들을 오랫동안 수리하지 않은 것에 대해서는 말할 필요도 없다.

수서호(瘦西湖)의 좋은 점은 물과 나무가 조화되어 멋이 있다는 것과 여정에 얽힌 사연이 있다는 것이다. 가을의 버드나무 그늘아래에는 붉은 여귀 푸른 마름이 여기저기 수면에 떠있었고, 일엽편주가 스치고 지나가는 수초의 울음소리는 몰래 흐느끼는 것 같았다. 그리고 몇 개의 굽이를 감돌자 수면이 넓어지면서 뜻밖에도 눈 안으로 난입하는 것은 바로 금빛과 푸른빛이 가지런한 다섯 개의 정자와 줄 서있는 흰 돌로 만든 다리로 금오옥동(金鰲玉蝀)과 비교해서 비록 약간 짧기는 하다. 그러나 동양건축의 고전적인 멋을 오히려 다리 위의 다섯 개 정자는 완전하게 갖추고 있었다.

또 배를 젓는 아가씨의 자세 역시 매우 아름다웠다. 그러니까 삿대질을 하는 데 대나무 장대를 사용하는데 한번 힘을 주어 삿대질을 하면 대나무 장대가 한번 휘어진다. 대나무 장대로 한번 저을 때마다 동시에 몸을 의지하려고 애를 쓰는데 둔부와 요부의 곡선이 대나무의 선과 이상한 균형으로 배합되어 이상스런 복잡함을 이루고 있었다. 만약 저녁 비가 세차게 부는 봄날에 얼굴이 아름다운 사공 아가씨를 고용하여 차와 술을 준비하여 수서호에서 반나절을 논다면 이것 또한 마음을 즐겁게 해주는 일일 것이다.

배는 천저문 밖의 선착장으로 돌아왔다. 나는 그 사공 아가씨에게 약간 헤어지기 서운해 하는 표정을 지으며 언덕 위에서 다시 안내를 해 달라는 부탁을 했다. 나는 "이 근처에 또 재미있는 곳 없어요?"하고 물었다. 그녀는 "또 천녕사, 평산당이 있어요"하고 대답했다. 나는 "모두 이미 다녀왔어요!"하고 대답했다. 그녀는 "또 사공사(史公祠)가 있어요"하고 대답했다. 그리하여 그녀가 길을 안내하고 천녕문을 지나 동쪽에 있는 매화고개 밑에 도착했다. 여러 칸의 기와집과 황량한 무덤이 있었다. 어떤 사람이 무덤 속에는 사각부(史閣部)의 의관이 매장되어 있다고 말했다. 보기에도 별로 볼 것이 없어 보였다. 그러나 《이십사사(廿四史)》의 자랑거리인 이 대충신의 전적 때문에 명사(明史)를 읽고 눈물을 흘리지 않는 사람이 없다. 게다가 《도화선(桃花扇)》의 묘사를 통해 사공(史公)의 충성스런 마음과 의로운 한을 책에서나마 활기를 느꼈다.

나는 묘지의 중간에 서서 생각에 잠겼다가 또 이리저리 비집고 돌아다녔다. 결국 그 사공 아가씨와 적지 않은 시간을 소비하였다. 본래는 어둠이 촉박한 늦가을이 이곳에서 서서히 저물어 가기를 바랐다. 동쪽 매화령 비탈길을 밟으면서 산(山) 노래를 흥얼거리는 지병이 발작하여 입에서 나오는 대로 28자의 이런 노래를 부르게 되었다.

삼백년 동안 한 무덤 남았으니,
추모하는 사공(史公)의 덕행 양주에 가득하네.
밝은 달 아래 망국의 눈물 하염없이 흘리니,
매화령 아래 가을 경치되구나.

여기까지 썼을 때, 본래는 그만 붓을 놓으려 했다. 한 수의 시를 짓고, 이 시를 끝으로 한다면 어찌 원앙과 나비가 함께 어울리는 체재가 아니겠는가, 그러나 나는 당신들이 학을 타고 양주로 가는 헛된 꿈을 깨워 주기 위해 결론을 덧붙이기로 마음먹었다.

결론적으로 한구(邗溝)운하의 대업을 이룬 이래 이 양주는 중국 남북교통의 중심지가 되었다. 당송에서 청조에 이르기까지 상업이 이곳에 집중되었고 벼슬아치 역시 이곳으로 운집하였다. 재산이 있고 세력이 있는 계급이 있으니 이 계급에 빌붙어 생존하는 노비계급이 자연스럽게 생겨나게 마련이다. 빈민의 자녀들은 그들의 강요로 첩이 되었다. 이리하여 시인 두무(杜牧)의 청루박행(青樓薄幸)[2]의 명목에 소위 "춘풍십리양주로(春風十里揚州路)"란 이를 가리키는 것이다. 돈 많은 어르신네가 미모의 명창과 먹고 노는데(원정(園亭)), 비단옷으로 장식한

2 기루(기생)의 불행

관리와 아름다운 가락의 재주 있고 우아한 사람들(할 일 없는 식객들)은 자연히 모두 홍을 따른다. 그래서 다리에 돈 십만 관을 싸매고 양주를 헤매는 것이란 바로 이 때문이다. 그러나 철로가 개통된 후, 양주는 곧 천 길 낭떠러지로 떨어져 쓸쓸하기가 극에 달했다. 예전의 운송을 담당한 관리, 강을 감독하던 관리들은 현재 이미 다른 곳으로 근무지를 옮겼다. 부유한 장사꾼과 낙향한 거부들은 자연히 상해나 혹은 천진 등의 외국 양반들을 보호하는 구역으로 이사를 갔기 때문에 현재 양주에 남아 있는 역사상 악독한 제도들의 내용은 아무것도 남아있지 않았다.

양주의 아름다움은 각종 이름에 있다. 예를 들면 녹양촌(綠楊村), 이십사교(廿四橋), 행화촌사(杏花村舍), 한상농상(邗上農桑), 척오루(尺五樓), 일속암(一粟庵) 등이다. 그러나 당신이 만약 고생 고생하여 이 우아한 맛이 없는 곳을 찾아온다면, 아마도 깨진 돌이나 혹은 반 칸짜리 흙집만이 있을 것이며, 어쩌면 그야말로 깨진 돌 조각이나 혹은 반 칸짜리 흙집도 보이지 않을 수도 있을 것이다. 장도암(장대)(張陶庵)이 쓴 《서호몽심(西湖夢尋)》에 "예전의 서호는 어떻게 해도 아름다운 점이 있었으나 지금은 그렇지 않다. 그러나 당신이 만약 양주로 가서 꿈을 찾고자 한다면 그것은 아마도 현재의 서호보다 더 못할 것"이라고 서술되어 있다.

당신이 항주를 여행할 생각이 없다면 나는 당신에게 양주도 여행할 필요가 없다고 말하고 싶다. 차라리 상해에서 꿈속으로 구양공의 평산당(平山堂), 왕완정(王阮亭)의 홍교(紅橋), 《도화선(桃花扇)》 속의 사각부(史閣部), 《홍루몽(紅樓夢)》 속의 바다 같은 수풀과 자린고비 상인의 별장, 낙향한 벼슬아치들의 미인들을 상상한 것이 오히려 좀 나은 편이다. 베개를 베고 있는 노생(盧生)이 만약 긴 꿈에서 깨어나지 않았다면 어찌 즐거운 일이 아니라 하겠는가. 이러한 현실에 어느 곳에 시의(詩意)가 있겠는가!

1935년 5월

린위탕의 후기 : 나는 다리가 몹시 부실하여 시간이 나는 대로 단련을 하고 싶었다. 호구(虎邱)의 꿈은 깨어졌으나, 양주의 꿈은 아직 깨어나지 않았기 때문에 고로 일 년 전부터 친구와 함께 양주를 여행할 생각이었다. 일전에 함께 가기로 약속한 따지에(大杰)와 다푸(達夫)가 갑자기 편지를 보내와 갈 수가 없다는 것을 알았다. 원고료를 아직 받지 못했는지 아니면 잉샤(映霞)가 허락하지 않는 것인지는 알 수가 없었다. 그러나 나는 여전히 가고 싶었다. 어떤 욕을 얻어먹더라도 늘 책에서 보았던 지명을 한 번씩 돌아보고 싶었다. 한강(邗江)은 어떤 모습이며, 과주(瓜州)는 어떤 모습이고, 이십사교(廿四橋)는 어떤 모습이며, 오정교(五亭橋)는 어떤 모습일까? 그리고 책을 읽을 때 심정으로 대략 산천의 형세도 보고 싶었다. 비록 평산당이 이미 기둥하나 창문하나만 남았다 하더라도 역시 반드시 보고 견문을 넓히고 싶었다.

24

국도여행기

절강(浙江)의 산수를 이미 7, 80% 보았다. 다만 항주의 북쪽으로 가는 소위 경항(京杭)국도 일대를 도로가 수리된 이후로 여행할 기회가 없었다. 예를 들면 막간산(莫干山), 호주(湖州), 장흥(長興) 등을 내가 갔을 때는 모두 공신교(拱宸橋)에서 작은 배를 타고 갔었는데 지금 십여 년의 시간이 흘렀고 현재는 도로가 새로 개통되었으니 당연하게 풍경 또한 변하였을 것이다. 그러므로 사사로운 계산으로 몇 시간을 생각한 끝에 며칠의 시간을 내어 항주에서 북쪽을 향해 줄곧 남경에 이르기까지 다시 한 번 혼돈의 여행을 시도해보려고 한다.

7월 21일, 다시 말하자면 음력 6월 하순 초의 어느 날이다. 마침 며칠 동안 혹독한 더위가 지나간 복중의 휴일 날, 자오(趙)선생 부부는 먼저 약속대로 의흥(宜興)으로 가서 선권(善卷)과 경상(庚桑)의 두 동굴의 규모를 보자고 했다. 이 한 쌍의 어울리는 여행객은 자연히 축영대(祝英臺)의 고택인 장도릉(張道陵)의 선암(仙巖)을 음미하는 것을 빠트릴 수 없었다. 그래서 새벽 4시가 되었을 때, 성급하고 황망하게 새벽기운이 창연한 가운데 마치 한 마리 학처럼 서서 고개를 길게 뻗고 195호 차의 경적이 울리기를 기다리고 있었다.

6시가 넘어 깃발을 내릴 때, 주혜이칭(朱惠淸)부부와 합계 세 팀 여섯 명은 배극교(培克橋) 차의 중간을 비집고 들어갔다. 무림문(武林門)을 나와 소하채(小河寨)를 지나 도로 양쪽으로 백양나무가 자라고 있는 국도를 달릴 때, 모두들 새장에서 꺼내 놓은 작은 새처럼 조잘조잘 입을 놀렸다. 이 사람이 “풍경이 얼마나 아름다운가!”하면 저 사람이 “푸른 산 맑은 물이 늘 눈앞에 있네!”하고 노래를 부르면서 소유하고 있던 삶의 피로를 모두 자동차 후면의 먼지 속으로 날려 보냈다.

2, 30분을 달리자 눈앞에 맑고 푸른 시냇물이 보였다. 시냇물 위로 작은 산들이 둘러싸고 있는데 산 위 아래로 하얀 벽을 한 무수한 인가들이 거꾸로 비치고 있는 시내의 중류에 이르자 모두들 병요(瓶窯)에 도착했다고 말했다. 병요는 공신교 이북에서 제일 큰 마을로 곧 항주에 속하는 네 개 진(鎭) 중 하나이다. 두 달 전에 일본이 의화단 사건으로 배상한 금액에서 교부한 돈으로 상해자연과학연구소 창설되었는데, 그 소장 중웨이(中尾)박사가 절강에 지질조사를 나와서 병요는 오백 년 전에 요업이 매우 번성했던 곳이라고 나에게 말한 적이 있었다. 토질이 그렇게 정제하지는 않지만 굴착해 내려가면 가치가 있는 많은 병과 그릇을 발굴할 수가 있다는 것이다.

자동차가 갈대가 있는 시냇가의 나무다리를 질주할 때, 나는 마음속으로 돌아올 즈음 만약 시간이 충분하다면 차에서 내려 이 병요(瓶窯)가 도대체 어떻게 생긴 곳인지 보려고 생각했다.

이런 생각을 한참 하는데 자동차가 산 밑에 도착하여 갑자기 이상한 소리를 몇 번 냈다. 갑자기 기어오르던 차가 멈춰버렸다. 기사가 뛰어내려가 잠시 검사를 하더니 올라와 다시 밟았다. 차체가 의자를 흔들더니 마침내 다시는 움직이려 하지 않았다. 우리들은 할 수 없이 일제히 차에서 내려 길가의 수차가 있는 곳에서 잠시 휴식을 취했다. 기사가 병요(瓶窯)도로의 정거장으로 가 정비사를 데려와 수리하기를 기다리면서 우리는 삶은 계란과 황주 두 병, 그리고 배 세 개를 먹었다. 사면에는 전원풍경, 남면의 산비탈, 못에서 흐르는 얕은 물, 드문드문한 수풀들이 펼쳐져있지만 아직 정식으로 술판을 벌릴 풍경이 아니었다.

자연을 마음껏 노래 부르면서 떠들썩하게 모여든 동네 개구쟁이들이 차를 정거장 근처로 밀었고 자오선생 부부는 급히 전화로 차를 부르러 나갔다. 책임을 맡지 않은 우리 네 사람은 남의 재앙을 보고 즐거워하며 유유히 다리를 넘어 유곽이 있는 거리로 나아가 기름에 튀긴 빵, 전병, 볶은 콩, 호박 등을 씹어 먹었다. 어렵지 않게 전화가 통했다. 두 번째 차가 항주를 출발하여 교체되기를 기다리는 사이에 우리 모두는 걱정 없이 한가하게 사십여 분 동안 병요의 마자심(磨子心), 횡가(横街)등 제일 번화한 거리를 돌아보았다. 사면을 푸른 물이 감싸 돌고 있는 회룡사(回龍寺)의 사찰도 둘러보았다.

교체되어 온 두 번째 차가 도착하여 경적을 울렸다. 우리들이 다시 차에 타기를 재촉하는 그 잠깐 사이에도 우리는 회룡사 동쪽의 작은 다리난간에 서서 사찰 뒤편의 호수와 북쪽 호수 위 산들을 보고 있었다. 이 사찰에 집나간 노인을 부양하고 있는 곳이 있냐고 물으니 몇 백 원이면 승방을 얻을 수 있다하여 그야말로 차를 타고 싶지도 않았고 다시 인간의 속세로 돌아가고 싶지도 않았다.

남은 여정은 먼데 병요에서 두 시간을 소비했기 때문에 저녁에 항주로 돌아 올 시간이 늦을까 걱정되었다. 그래서 차가 출발하자 목숨 걸고 속도를 더 냈다. 급히 호주를 지나 안개가 자욱하고 광활한 태호 주변으로 달렸다. 모두들 내릴 생각은 않고 가볍게 콧노래를 부르며 풍류인사들이 아름다운 풍경에 빠져 떠나기 싫어하는 태도를 보였다. 그러나 강소성과 절강성 접경의 이정표를 지나는 순간, 국도를 지나려는 중간, 태호의 호수에서 교통을 방해하는 수많은 목패(木牌)가 세워지고 있는 순간, 모두들 마음속에 알 수 없는 느낌이 일었다. 이는 인류가 무한함을 정복했을 때 필연적으로 나타나는 감개인 것이다. 우주 가운데에서 제일 명백하게 알 수 있는 무한의 관념은 공간과 시간이다. 인생은 천지사이에서 무한의 시간과 공간으로 경쟁하고 있지만 실제는 너무나 미미하고 가련한 것이다. 그래서 모두들 스스로 위안하는 방법을 생각해 냈다. 국경, 성 경계, 현 경계들은 인류의 천박한 두뇌에 기대어 무한한 공간을 사소한 흥밋거리로 제한하려고 한 것들이다.

이정표에 기록된 숫자는 산천을 구획하는 것으로 사유재산을 유지하려는 의도가 있는 제도다. 그러나 우리에게는 이러한 것들이 오히려 끝없이 정복하려는 의도라고 말할 수 있을 것이다. 한줄기 끊임없는 시간을 년으로 구분하고, 월로 나누며 더욱 더 세밀하게 잘라 일과 시와 분을 만든 의도 역시 이와 같다면 수의 설정에 있어 언제 인류의 야심이 들어가지 않은 적이 있었겠는가? 왜냐하면 직경 한 치의 나무를 이등분한다면 한평생을 허비해도 나누지 못할 것이고, 하나 더하기 하나 식으로 숫자를 더해 간다고 해도 역시 같은 모양으로 한평생을 허비해도 더 하지 못할 것이다.

차가 태호(太湖)를 지나자 말로 표현할 수 없는 감동 외에 우리들이 원래 꿈꾸었던 풍경들을 차창 밖으로 볼 수가 있었다. 강렬한 태양 아래 반짝이는 망망 삼만육천경(頃) 호수의 물결, 그리고 멀리 떠있는 마적산(馬迹山), 동정산(洞庭山) 등의 그림자들이 질주하는 차창 밖으로 지나가는데, 마치 영화 속의 이국풍경 같았고 주마등 위의 호산(湖山) 같았다. 경항국도(京杭國道)의 정중앙으로 들어섰을 때, 산비탈 높은 곳에서부터 제방의 둑 아래로 보이는 오막살이와 전답들, 농부와 소,

말, 푸른 초원, 왜소한 수목들, 하얀 비단 같은 물결, 구불구불한 계곡들이 마치 모형을 제작하는 예술가가 손으로 빚어 만든 산골짜기 그림 같았다.

국도에서 서쪽을 향해 평탄치 않은 신축도로를 이삼십 분 달리니 선권동(善卷洞)에 도착했다. 마침 정오였다.

선권동굴의 첫인상은 그다지 크지 않은 수목들이 있는 작은 산과 여러 가지 색이 조화를 이루지 못한 시멘트정자 같은 양옥집이었다. 비록 양옥집이었으나 입구에 세워져 있는 그 큰 건축물은 도안부터 기분을 상하게 했다. 아마 건축물의 공사가 끝나지 않아 여행객들은 첫인상부터 경치의 빼어남을 느끼지 못했을 것이다. 동굴 내부의 시멘트 포장길, 암벽에 구멍을 뚫는 공정 등은 반드시 협의가 이루어져야 할 부분이다. 우리들은 이번 광서(廣西)지역 암벽동굴을 답사하고 신선이 산다는 삼십육동천을 유람한 여행객의 입장에서 보았는데 권선동 역시 일반적인 동굴에 불과했다. 그러나 추(儲)선생이 살림을 잘 해준 덕에 십여 만원이라는 경비를 쓰고도 아직 여력이 남은 정말 놀랄만한 일이다. 권선동의 최대 특징은 동굴바닥으로 흘러 뒷산 출구로 흐르는 암반수에 배를 타고도 십여 분을 가는 것이다. 뒷산으로 뚫린 동굴은 가슴이 탁 트이는 느낌을 주었는데 이 또한 인상적인 광경이었으며 동굴 안에 배가 다니는 것은 정말 잊을 수 없는 기이한 홍취였다.

동굴에 도착했을 때 우리는 모두 굶주린 이리 같은 배고픔을 느꼈다. 게다가 오후에 돌아와야 하는데 이삼백 리 길을 달려야 했기 때문에 권선동굴의 중간만 대충 보고 말았다. 부근에 있는 고적으로는 축영대(祝英臺)[1]의 무덤과 고택(古宅) 같은 것이 있었다. 그 위에 오나라 천새

1 진나라 사람. 양산백과 동문이다. 후에 남장을 한 축영대가 여자임을 알고 청혼하려

(天壟) 원년 하늘과 땅에 제사를 모시고 비석들을 모아 놓은 국유림이 있는데 모두 가보지 못했다. 그리고 동굴을 지키며 여행객들을 안내하는 산적 같은 무리들은 어떻게 하면 돈을 사기쳐 먹을까 궁리만 하였지 안내할 줄을 몰랐다. 역사를 설명하는 중에도 종종 틀린 데가 많아 빵과 통조림 등을 배부르게 먹은 우리 여섯 명의 여행객에게 혐오스러운 구토를 촉진시키고 있었다. 바가지는 심하지 않았지만 지팡이 한 개 사용하는 것, 동굴 안의 주춧돌에 쭈그리고 앉는 것, 심지어 쉬면서 기분을 진정시키는 것까지도 모두 몇 잎의 은화를 지불해야 되는 것들이 정말 짜증스러웠다.

권선동에서 나와 동쪽 동굴입구에서 약 십 리 정도 떨어진 곳에서 우연히 부용사(芙蓉寺)를 발견했다. 들리는 소문에 의하면 당나라 때 이름 있는 고찰이었다는데 근년에 와서 새로 수리를 한 모양이었다. 사방을 둘러싼 수목들, 일주문 밖의 작은 다리, 사찰 동쪽에 세워진 정갈한 객실 등 모두 호감을 일으키기에 충분했다. 떠날 때 수고비로 건넨 두 닢의 은전을 사절한 것은 승려와 속인의 차이점으로, 우리를 감동케 하였다. 왜냐하면 스님의 태도로 보아 돈이 적어서 싫어하는 것이 결코 아니고 오히려 접대가 변변치 못했음을 부끄럽게 생각하는 태도였기 때문이었다.

다시 새벽에 원래의 길로 들어가 비석이 세워져 있는 세 갈래 길에 도착하여 남쪽을 향해 경상(庚桑)방면 다시 말하면 장공동(張公洞)으로 가는 좁은 길로 들어섰다. 이정표에 3킬로 조금 넘는 여정이라 표시되어 있었다.

했지만, 이미 출가한 뒤였다. 후에 양산백이 죽어 청도산에 묻혔는데 축영대가 이곳을 지나다가 땅이 갈라져 빠져 죽게 된다.

장공동(張公洞)에 대해서는 이미 추(儲)선생이 정리를 다한 것 같았다. 차가 동굴 후면의 돌계단 앞에 도착했고 우리는 동굴입구로 걸어올라 문 앞에 앉았는데 엄청난 냉기가 얼굴을 덮치는 것을 느꼈다. 점점 차갑고 눅눅해지는데 말안장같이 지어진 작은 언덕 위 방아래 있는 둥근 동굴문전에서 벌벌 떨고 서서 동굴입구를 바라보고 있었다. 동굴 안에서 펑하는 소리가 나면서 구름 같기도 하고 연기 같기도 한 찬 물안개가 나오고 있었다. 동굴에 진입하기 전 모두들 크게 기뻐했다. 이곳이 진짜로 삼복더위를 모르는 극락세계라고 말했다. 차를 몇 모금 마시고 신발을 갈아 신은 다음 기름 등을 밝히고서 안내인을 따라 한 계단 한 계단 내려가는데 모두들 피부와 근육에 닭살이 돋았다. 해왕청(海王廳)의 큰 기둥 아래로 내려가 굳건히 서서 고개를 위쪽 동굴입구를 향해 쳐들고 햇빛을 보았을 때 모두들 살았다고 외쳤는데 이는 점차 앵앵거리는 괴상한 소리로 변해갔다. 그 이유의 하나는 코 속에 의심스러운 액체가 응결되니 감기가 온 것이고, 두 번째는 원형의 커다란 돌우산, 수백 장 높이의 커다란 돌 우산이 말하는 사람의 소리를 메아리치게 만들고 있기 때문이었다. 다리 힘이 강건한 짜오(趙)씨 부부가 조금 더 동굴 아래로 내려가 물속의 돌기둥을 본 후 위쪽 동굴입구로 가서 햇빛을 보고 있었다. 우리 네 사람은 해왕청에서 박쥐들의 대소변 냄새를 만끽했다. 고성을 내며 경극을 맘대로 부르자 그 소리가 조류와 함께 온 동굴에 가득 찬 것 같았다.

경상(庚桑)동굴을 나오자 이미 신시(申時)에 들어서고 있었다. 그렇지만 좁은 길을 달려 국도로 돌아와 나는 듯이 운전을 하여 호주(湖州)에 도착했을 때 태양은 아직 높이 걸려있었다. 그래서 모두들 한 목소리로 차에서 내려 걷기로 결정하고 푸른 옥색 물결 위에 있는 잉쓰(英

士)선생의 묘소를 참배했다. 도장산(道場山)의 비석공원, 호주 성안의 인가는 수십 년 전의 원래 모습과 같아 아무것도 변한 것이 없었다. 그러나 푸른 물결의 호수주변 도로가 의외로 진흙으로 뒤덮여 가관이었다. 아마도 수십 년을 지나면 곧 대명호(大明湖)처럼 변해 수리답으로 가득찰 것이 의심할 여지가 없다. 푸른 바다가 뽕나무 밭으로 변하는 것을 구태여 마고산(麻姑山)에 올라가서 볼 필요가 없다. 나는 감히 여기서 푸른 호수가 진흙으로 뒤덮여 노인성(老壽星)으로 변하는 것을 목도할 수 있다고 말하고 싶다.

돌아오는 길에는 여러 가지로 지친 나머지 두 세 시간동안 차를 탔지만 큰소리를 내며 고상한 식견을 토론하지는 못했다. 일곱 시가 되어서야 차가 만주인의 집에 도착했다. 주(朱)선생 집에서 세수를 하고 호숫가 식당에서 음식을 먹는데 중간에 주선생이 문언투로 오늘 여행기록을 훌륭하게 비평했다. 끝내 모두들 껄껄하고 웃었다. 죽 한 그릇을 배불리 먹고 나니 마침내 이번 여행이 훌륭하게 끝마쳐졌다.

천하의 사물을 일부러 얻고자 하다가 왕왕 예정된 효과를 얻지 못하는 경우가 있다. 그러나 우연의 발생, 즉 나뭇가지와 줄기의 볼만함은 늘 뿌리보다 천만 배나 우월하다. 소위 일부러 꽃을 심어 키운 것은 살지 못하지만 무심코 심은 버드나무에 녹음이 우거진다는 옛말은 바로 이것을 말하는 것이 아닐까? 바로 오늘 유람했던 발자취에 대해 논한다면 병요의 유람은 의흥(宜興)의 두 동굴보다 뛰어났고 부용의 사찰 역시 호수의 푸른 물결보다 훨씬 우월하였다. 그리고 멀리 아득하게 보이는 산과 길가에 흐르는 시냇물, 태호에 거꾸로 비치고 있는 푸른 하늘, 돌아오는 길에 공부(拱埠)를 지날 때부터 드문드문 내린 비는 특히 아름다운 글을 탄생하게 하였는데 이것

> 은 의외의 수확이었다. 결론적으로 말하자면 맑은 날 하루 여행으로 인하여 소득이 많았기에 우리들에겐 커다란 자위가 되었다. 만약 논공행상을 하자면 짜오(趙)선생의 지휘가 적임이었고 부인이 군수품을 준비한 것이 특히 표창을 받을 만하다. 그 다음은 날듯이 차를 몰아 길을 재촉해준 것이 다른 사람의 공과 바꿀 수는 없는 것이다. 시를 낭송해준 것에 대해서는 시가 사방으로 뿌려져 미래까지 전해짐으로써 이를 비평 통달한 사람이 나타나기를 기다려야 한다. 소인은 이렇게 여기는데 짜오선생께 묻노니 그대는 어떠한지요?

이같은 명 비평은 확실히 주선생이 호북(湖北) 관아에서 사용하는 느린 말투로 입에서 나오는 대로 읽어 내려간 전문이다. 차마 미련을 버릴 수 없어 한 자도 고치지 않고 여기에 기록하는 바이다.

25

부춘강을 지나서

며칠 전 쩡구(增嘏)와 그의 여동생 그리고 영국군관 옌쯔(晏子)(Major Edward Ainger)소령이 항주에 왔다. 우리는 술에 취해 잡담을 나누며 산책하다가 부춘강을 구경하기로 약속했다.

이 소령은 정말 흥미로운 사람이었다. 동양에서 근무한지가 오래되어 생활습관뿐만 아니라 용모와 태도까지도 모두 중국풍으로 물들어버렸다. 체격도 그렇게 크지 않을뿐더러 곱사등이라 우리 중국의 중년층과 비교해볼 때, 뒤에서 보면 그야말로 누가 중국인이고 누가 외국인인지 구별할 수 없었다. 일반 군인들 특유의 가슴 펴고 배가 나오는 그런 강직한 기상이 그의 몸에서는 조금도 보이지 않았다. 그의 두 다리는 또 일본인들처럼 밖으로 활 같이 휘어 반듯하게 서면 중간에 틈새가 벌어지는데, 이는 그가 기마병이기 때문에 말을 오래 타고 다닌 결과일 것이다.

그는 비행기와 자동차를 운전하고, 배를 젓고 말을 탈 줄은 알았지만 길을 걸을 줄은 몰랐다. 그래서 그는 산보다 물이 더 좋다! 고 말했다. 서호에서 이틀 간 배를 타고 놀다 그가 근처에 더 좋은 곳이 없느냐고 물었다. 우리들은 곧 그를 데리고 부춘강으로 가기로 결정했다. 다행히도 그가 직접 차를 운전하니 반나절의 시간만 있어도 왕복할 수가 있었다. 육화탑(六和塔)[1]을 지나 강변 일대의 구불구불한 도로를 달릴 때 그는 무척이나 만족해하면서, 이곳이 마치 일본 내해의 여울과 비슷하다고 말했다. 강의 조수는 썰물 때였고 푸른 빛이 사람을 현혹시켰다. 그 날 오후, 옅은 구름사이로 미세한 일광이 비치는 늦가을인데도 햇빛을 받으며 길을 걸으니 땀이 약간 났다. 판촌(梵村)을 지나 사면이 작은 산으로 둘러싸인 산길을 달리고 나니 항주와 부양의 경계인 평원의 논들이 눈에 가득 들어오면서 풍경이 또 한 번 바뀌었다. 그는 미국 동부의 고향에도 이와 같이 건초가 노랗게 물든 평화로운 농촌의 풍경이 있다고 하면서 오히려 미국에서의 일을 회상하였다.

부양 정거장에서 새로 개통된 환성로(環城路)를 따라 차를 몰고 관산(鸛山) 기슭에 도착하여 단걸음에 춘강의 제1누각에 올랐다. 그는 비로소 놀라워하며 이 산수야말로 모세의 기적이라고 말했다. 차가 능가교(凌家橋)를 돌아 항주 부양간의 도로를 달렸기 때문에 눈에 보이는 것은 다만 푸른 산과 평평한 계곡 그리고 초가집과 단풍나무들뿐이었다. 활과 같이 구불구불한 서고병산(舒姑屛山)의 기슭을 달려 부양의 정거장으로 들어가는데, 시내가 좀 어수선하였고 남쪽 언덕에 인가가 한 줄로 늘어서 있는 높은 산이 보였다. 동성(東城) 기슭에 도착하여 새로 만든 협소한 길을 차에서 내려 잠시 걸었는데, 부양에 와보지 못한 사람들이 몇 걸음 걸어 등산하지 않아도 첩첩산중에 물이 갈래갈래 흐르는 모양의 황자구(黃子久)의 그림을 볼 수 있는 것을 상상할 수 있다.

우리는 녹나무 아래에 있는 돌난간에 한참을 앉아 있었다. 쩡꾸가 한나라의 학사 엄자릉(嚴子陵)선생이 낚싯대를 드리우던 곳의 비석을 가리키며, 범문정(范文正)선생 사당의 기록과 그 위로 흐르는 하천 칠리

---

1 육합탑(六合塔)이라고도 부른다. 항주 남쪽에 있는 전당강의 북쪽 월륜산(月輪山)에 있다.

롱(七里瀧) 옆 동대(東臺)와 서대(西臺)의 고사들을 이 소령에게 통역해 주었다. 그는 사고우(謝皐羽)가 서대에서 통곡했던 내막을 듣고는 흥분을 하면서 "왜 이런 고사로 연극을 만들지 않지요? 독일의 프리디리히 실러(席勒)의 《빌헬름 텔(威廉退儿)》처럼, 이 지방에다 사씨의 사당을 충분히 지을만할 터인데"라고 말했다.

돌아올 때 하늘은 이미 어두워졌다. 그는 차를 운전하면서도 멍하니 먼 곳을 바라보더니 조용하게 나와 쩡꾸에게 말했다. "만일 내가 제2의 국적을 고른다면 중국 사람이 되기를 간절히 바랍니다."

차가 분경령(分境岭)을 넘자, 그는 차에서 뛰어내려 새로 지은 토치카를 구경하러 갔다. 나는 차안에서 기다리면서 차창 밖을 바라봤다. 동승했던 아가씨와 부인의 약간 구부정한 뒷모습, 두 다리를 비틀거리며 시든 풀이 깔려있는 석양의 산길을 천천히 걷는 그의 모습을 보고 있었다. 뜻밖에도 갑자기 하디(哈代)의 《우울한 기병(憂鬱的騎兵)》이란 단편소설이 생각났다. 연상(聯想)이 발동한데다 또 조금 전 관산에서 그가 말했던 대목이 생각났다. 나는 코를 한번 끙끙거리고 나서 곧 다음과 같은 28자의 콧노래를 부르기 시작했다.

나라가 눈 깜짝할 사이에 망했는데
세상 누가 조국의 망함을 슬퍼하리.
우연히 서대 옆을 지나다 보니,
이끼의 흔적이 마치 눈물자국 같구나.

쌍십절이 얼마 남지 않았는데 이 몇 구의 개소리 같은 시를 상황에 따라 국경일의 애사로 읽게 한다면 그것도 괜찮은 일이다.

1935년 10월 9일

26

비 개인 서계

서북풍이 아직 일지 않아 게가 살이 오르지 않았다. 그리고 나는 갈대꽃이 하얗게 피지 않았다는 것을 이미 알고 있었다. 이 주일 전에 위엔닝(源寧)이 서호를 구경하고 나서 호수 주변의 경치가 너무나 가지런하기 때문에 오묘한 맛이 덜하여 약간 실망을 느꼈다고 말했다. 그가 메모한 일정에는 본래 서계(西溪)의 항목이 있었다. 공교롭게도 그 다음날 역시 가랑비가 내렸으므로 추우위엔(秋原)과 나는 가랑비 속의 서계로 가서 위엔닝에게 서계 근처 전원의 정취를 제대로 맛보게 해주자고 주장했다.

광활한 하늘에 어둠이 한 겹 끼더니 습한 바람이 불어오면서 약간 추웠다. 향기롭기도 했는데, 그것은 야생화 향기였다. 차가 방정(方井) 근처를 지날 때, 자연스럽게 차에서 내려 천주교 수사들의 묘지를 잠시 구경했다. 묘 문 앞에서 안을 들여다보니 컴컴하고 썰렁한 큰 동굴일 뿐이었다. 아무것도 보이지 않고 일종의 곰팡이 냄새 같은 음침한 기운만이 코 안으로 빨려들어 왔다.

손전등을 가져오는 것을 잊어버렸다고 애석해하면서 모두들 코를 두어 번 찡그리고 어깨를 으쓱했다. 공포감과 불안감 그리고 약간 위축된 느낌이 들었다. 그곳에서 느낀 일종의 개운치 못한 느낌은 줄곧 계속되었다. 화오의 시냇가에 이르러 서재가 잘 정돈된 정연암(靜蓮庵) 방에 앉아 녹차 두 잔을 마시고서야 비로소 그 느낌을 모조리 씻어버릴 수 있었다.

서계의 유람은 본래 송목장(松木場)에서 내려 배에다 술과 안주거리를 싣고 천천히 서쪽으로 저어 가는 것이 가장 좋은 방법이었다. 우리는 차에 높이 올라앉아 나는 듯이 고탕(古蕩)과 동악(東岳)을 지나 한 시간에 백여 리를 가야하는 여행객이었으니 끝내 헤아리기 어려운 속물이었다. 그러나 속물도 역시 속물로써의 이익이 있는 것이다. 당신이 만약 차에 앉아 목을 내밀고 서쪽이나 북쪽을 바라본다면, 호주(湖州)에 이르기까지 일단의 밝은 운해(雲海)가 멀리 연녹색 그늘을 이루고 경사지게 펼쳐진 바다 같은 산야를 덮고 있는 것을 볼 수 있을 것이다. 이 사이에는 물도, 산도, 사람도 보이지 않고 다만 멀고 아득하며 푸르고 푸를 뿐이다. 멀리 언덕도 없고 가까이로는 전원이나 마을도 없는 오직 경사진 큰 비탈만이 보인다. 이는 진정산(秦亭山)을 지나 후 유하(留下)에 도착할 때까지 산을 끼고 도는 도로를 달리면서 줄곧 보게 되는 경치이다. 좋은 점은 바로 여기에 있다. 가랑비가 내려 안개가 자욱하고 강남의 풀이 자라는 봄이나 가을의 중간이 더욱 좋은 때다.

유하에서의 뱃놀이는 서쪽과 북쪽을 향해 구불구불 맴도는 뱃길로 단지 갈대꽃이 피어 있는 낮은 물위를 한 바퀴 원으로 그릴뿐이다. 둥근 다리와 초가집, 뽕나무와 여뀌 꽃 등이 말로 하기에 부족한 훌륭한 경치다. 가장 이상한 것은 등 뒤에 남겨진 호수의 푸른 산들이 자신도 모르는 사이에 갑자기 당신의 면전으로 옮겨와 끄덕끄덕 인사를 하고 또 총총히 작별을 하는 것이다.

배 젓는 소녀 역시 서계의 볼거리로 여길만하다. 한 소녀가 선미에서서 노를 젓고 또 다른 한 소녀는 선두에 앉아 삿대를 젓는데 몸을 굽혔다 폈다하는 한다. 노의 움직임과 삐걱거리는 소리, 물결치는 소리들이 합쳐져 조화롭고도 완곡한 행진곡의 부드러운 가락을 이룬다. 유람하던 중 이곳에 이르면 자연스레 수서호(瘦西湖)에서 죽서가(竹西歌)를 부는 한가로운 정취를 떠올리게 된다. 그런데 위엔닝이 어제 의원(漪園) 월하노인 사당에서 제비뽑은 점괘가 어쩌면 신통하게 들어맞는 것 같다고 말했다. 점괘에 적힌 시의 내용은 용풍상중(鄘風桑中)인데 시의 맨 끝 세 구는 "나와 삼밭에서 만나기로 기약하여, 나를 궁궐로 데려가려고, 나를 기하(淇河)로 보내려 한다네."라고 되어있었다.

이 후에 곧 교노암(交蘆庵)에 이르러 탄지루(彈指樓)에 올랐는데, 우중이기 때문에 발에 흙이 끌려서 끝내는 무슨 큰 즐거움을 느끼지 못했다. 그러나 이 날 저녁, 호반의 주막으로 돌아와 마음 놓고 담소를 나눌 때, 위엔닝이 오히려 정색을 하며 오늘의 서계는 어제의 서호에 비해 세 배나 더 좋았다고 말했다.

그저께 일요일은 날씨도 따뜻했고 바람도 잔잔했다. 신문에서 갈대꽃이 한창 만발했다는 소식을 본 적이 있는데, 오후 해가 기울 무렵 마침 롱(龍)씨 부부가 찾아와서 서계를 같이 가자고 했다. 출발이 늦어서 어쩔 수 없이 추설암(秋雪庵) 탄지루(彈指樓)에서만 나머지 시간을 보냈다. 지는 해는 갈대꽃이 핀 낮은 모래톱 위를 비추고 있지만 갈대꽃은 아직 만발하지 않았고, 나뭇잎도 결코 시들지 않았다. 이제 보니 가을의 정취는 아직 멀었고, 겨울눈을 보기에는 더욱 멀어 보였다. 단지 청명하고 산들산들 움직이는 갈대의 모습이 우리들의 폐부를 관통했다. 노승 우상(無相)이 면을 삶고 차를 끓였는데 술까지 곁들여 가지고 왔다. 그리고 지필묵도 가지고 왔다. 우리는 해 그림자 아래 북쪽의 높은 봉우리를 보기도 하고 암자 옆의 갈대밭을 보기도 하면서 우상에게 "꽃은 언제 만개되어 하얗게 보이겠느냐?"고 물었다. 노승은 느릿느릿한 초나라 억양으로 답하면서 미소 지었다. "아무튼 음력 시월 중순쯤 되어야 하며, 만약 달이 있다면 더욱 경치가 뛰어나지요" 그러면서 그는 다시 하나의 제안을 냈다. "만약 그 때가 되어 다시 한 번 놀러 오신다면 응당 맛있는 찬을 준비해서 대접하겠으며, 그것으로써 휘호에 대한 사례로 삼겠습니다. 그리고 오늘의 휘호도 써주셔야 합니다."

그래서 룽씨는 "단 칼을 마구 휘둘러 육합을 가르니, 뭇 사람 초췌하여 삼오(三吳)를 위해 눈물을 흘린다네."라는 열네 자를 썼고, 나 역시 이에 화답하여 어디서 보았는지 알 수 없는 한 귀절의 대구(對句)로 "춘몽은 때로 베개머리를 찾아들고, 석양은 여전히 주렴에 걸렸다네."를 썼다.

술을 거나하게 마시고 탄지루에서 내려오니 작은 강에는 저녁연기가 일고 있었고 배 위에는 온통 어둠이 깔려 있었으며 홍이 솟구친 룽씨부인은 어디에선가 한 자루 퉁소를 찾아와 불고 있었다. "그 소리 구슬프게 울려 마치 원망하는 듯 사모하는 듯, 우는 듯 호소하는 듯 여음이 모락모락 연기처럼 끊임없이 이어지고" 있었다. 실로 칠월 보름에 소동파(蘇東坡)와 적벽에서 마치 밤놀이를 하는 것 같은 기분이 들었다.

1935년 10월 22일

27

민지역 여행 1

올해는 윤년이고 지금은 3월이다. 나는 예전부터 음력 2월 막바지에는 매우 춥다는 것을 알고 있었다. 나이를 먹으니까 청년 때보다 추운 것도 더 싫고 더운 것도 싫어졌다. 그래서 음력 연말에는 어딘가에 가서 겨울의 끝자락과 초봄을 맞이하려고 생각했다.

이전 주소에 관한 글에서 주거에 적합한 곳에 대해 말한 적이 있다. 나는 북평(北平)이 최고로 적합하다고 생각한다. 그 다음이 국민정부가 수도로 정하기 전의 남경(南京), 그리고 사방이 해변으로 해양성기후와 대륙성 기후를 동시에 만끽할 수 있는 복주(福州)이다. 이 문장은 전체와 관계없는 잡다하고 무료한 글로 《문학(文學)》의 산문란에 발표된 이래로, 내 생각과는 다른 두 가지의 메아리를 일으켰는데 아직까지도 거기에서 벗어나지 못하고 있다.

반응의 첫 번째는 어떤 뜻 있는 사람이 집을 지으라고 돈을 빌려준 것이다. 그래서 항주에 있는 집 옆에 비바람을 피할 수 있는 초가집을 작년 연말부터 수리하기 시작했다. 그러나 지금까지 페인트도 마르지 않았다. 용을 그리고 나서 눈을 아직 못 그린 격이라고나 할까? 두 번째는 친구의 초대에 응해 음력 정월 초에 남쪽으로 가는 배를 타고 칠민(七閩)으로 여행을 간 사실이다.

떠나는 날 저녁, 아직 북풍이 불고 진눈깨비가 내렸는데 마치 하북

(河北)의 고도처럼 날씨가 쌀쌀했다. 게다가 출발해야할지 말아야할지를 결정하는 일로 집사람과 부질없는 싸움을 한바탕하고 나니 날이 밝았다. 태양이 뜨고 나서야 싸움이 그친 것이다. 국수를 파는 집으로 가서 어면(魚面)을 한 그릇 먹고 나자 비로소 정신이 좀 드는 것 같았다. 그렇지만 머리는 외투 옷깃 안으로 움츠러졌다. 날씨를 보니 유랑의 긴 여정을 떠나고 싶지가 않았다. 이런 이유로 자꾸 떠나는 시간이 늦어지다가 결국은 8시 30여분까지 지연되게 되었다. 항녕(杭寧)를 떠나는 특급열차 출발시간을 단지 20분 남겨놓았던 것이다. 집사람이 숨이 넘어갈 정도로 압박을 하여 더플 백 하나와 손에 든 트렁크는 어느새 문 밖에서 기다리고 있던 인력거에 실렸다. 나는 잠시 일련의 중요한 일들을 잊고 있었다.

햇빛이 눈을 어지럽게 하는 기차역 플랫폼에 서서 서쪽 봉황산 정상의 아침놀을 보고 있었다. 갑자기 서풍이 불어와 내 머리카락을 스쳐가자 새로 산 중절모자를 가지고 오지 않은 것이 생각났다. 그래서 바로 전화를 걸었다. 나는 아직도 여유를 부리고 있는 것 같다. 오늘 같이 화창한 날 다시 고산영봉(孤山靈峰)에 오르면 아주 좋지 않겠는가! 돈만 있다면 차표는 다 팔리지 않았을 것이고, 내일이 되면 열차는 결국 다시 운행될 것이 아니겠는가? 그런데 갑자기 기차가 남성교(南星橋)에 도착했고, 마침 모자도 하인이 역으로 가지고 왔다. 주저하려는 변명거리도 이젠 소용없게 되었다. 하는 수없이 천천히 내 좌석에 올라탔다. 상해에 도착하니 오후 한 시 반이었다. 정안(靖安)기선의 배에 몸을 눕히고 나니 태양이 이미 서쪽으로 지는 것이 보였다. 얼마 지나지 않아 배가 움직이기 시작했다.

오송(吳淞)의 수출입과 남행(南行)의 바다 풍경이 요 20년 사이 얼마나 변했는지 몰라 갑판 위에 서서 서북풍을 맞고 있었다. 배에 같이 탄 장띠루(張滌如)란 사람과 통성명을 하고 보니 우리 둘은 항주에 많은 친구와 친척이 있는 서로를 잘 알 수 있는 사이였다. 우리는 술을 마시면서 마미(馬尾)항구에 도착할 날을 계산하느라 고향 떠난 슬픔을 모조리 잊어버렸다. 그런데 조용히 침묵하고 있다 보니 마음속에서 말 못할 괴로움이 생겨나기 시작했는데 왜 그런 마음이 생겼는지 도저히 모르겠다. 시간이 조금 흐르자, 어제 저녁 집사람과 한바탕 싸운 것과 오늘 차가 떠날 때 철책 밖에 서있던 그녀의 창백한 안색이 바로 마음속 고통의 발원지였다는 것을 알았다.

"방법이 없는 건 아니야. 무선 전보를 쳐서 집사람을 위로해야지"하는 마음으로 승무원에게 물어보았다. 그런데 무선전보 설비가 있지만 배에서는 승객이 전보를 칠 수 없다고 했다. 그래서 나의 고민은 이틀 밤낮이나 계속되었다. 배가 부두에 도착하여 남대청년회(南臺青年會)에서 전보를 친 이후에야 비로소 마음이 가라앉았다.

배가 마미항에 들어서기 전에 먼저 보이는 작은 섬들의 풍경과 크고 작은 오호산(五虎山), 금강퇴(金剛腿), 남북귀(南北龜), 구심묘(瞿心廟), 결취장군(缺嘴將軍) 등 명승고적들을 바라보고 있자니, 복주(福州)에 왔던 사람들은 모두 보고 들은 일일 텐데 나는 잠시 그것들을 분간할 수가 없었다. 아마도 이곳을 잠시 잊은 것 때문이리라.(갑자기 팔구 년 전에 처음 복주에 왔을 때가 기억난다. 그 때도 몇 자를 적었던 것 같다). 청산녹수(青山綠水)의 남국의 항구, 그리고 항구 밖의 산 위에 외롭게 서있는 등대와 서양식 건물들을 보았는데 폴란드 작가 H.Sienkiewica의 《등대를 지키는 사람》이라는 소설과 노르웨이의 입센의 유명한 극본 《해양부인》의 인물과 줄거리가 생각났다. 동시에 어렸을 적 이 항구를 드나들었을 때와 똑같은 기분이 들었다. 만조가 되고 옛 모습은 다 사라졌는데, 뜻밖에 나는 갑판 위에서 젊은 승무원들과 뒤섞여 한나절동안 놀았던 것이다.

삼북공사(三北公司) 민행선(閩行線)의 유일한 매력은 직행으로 남대(南台)에 배를 정박시킨다는 커다란 여섯 글자다. 배의 폭이 넓고, 배의 밑 부분이 평평해서 조수를 타고 마미항구에 들어갈 수 있기 때문에 민강(閩江)을 거슬러 올라가 대남(南台)에 새로 지은 부두에 정박할 수 있었다. 하지만 이번 여행은 나의 운이 왜 이리 좋지 않은지 모르겠다. 여행이 끝날 때까지 배가 속을 썩였다. 상해를 출발할 때 이틀 후 새벽이면 마미항구에 도착할 수 있고 3일째 되는 날 정오에는 남대시에서 술 먹고 즐길 수 있다고 사람들이 모두 말했다. 그래서 배 안에 있던 사람들은 모두 기뻐서 마치 남대시의 모래사장을 걷고 있듯이 들떠있었다. 게다가 날씨도 맑고, 저녁에는 또 원소절 전날이라 상현달이 떠 있었다. 바람과 파도가 모두 잔잔했는데 위험한 온주(溫州) 바다를 지날 때에도 마치 장강을 지나가는 배처럼 선박이 전혀 흔들리지 않았다. 그러나 이 마미항에 도착한 셋째 날 새벽, 배는 개미가 지구를 기듯이 항구 입구 밖의 여러 섬들 주위만 배회하고 있을 뿐이었다. 마치 백수청산(白水青山)을 떠나기를 매우 아쉬워하는 듯했다. 옛 시인의 명구절로 배 뒤의 풍경을 묘사하자면 “물결은 일어나지 않고, 청풍은 천천히 불어오네.”였다. 아마도 이러한 시의(詩意)를 느끼는 사람도 있었을 것이다. 하지만 실제로는 프로펠러가 망가져서 배 뒷부분에 생겨야 할 잔물결이 일어나지 않으니, 빠른 속도로 배가 나아갈 때 느낄 수 있는 맞바람도 끝까지 없었음은 말할 필요 없다. 소동파(蘇東坡)가 적벽에 배 띄워 놓았을 때의 여유로움보다 내가 더 편안하였으리라. 간조가 될 때까지 기다렸다가 정오를 지나자 비로소 마미항에 들어가서 강 중간에 닻을 내렸다. 다행히도 장띠루(張滌如)씨와 건설청 철도 운수부에 근무하는 동승자들의 노력 덕분에 나는 오후 3시 좀 넘어서 백주 대낮에 찾아온 매우 위험한 고비에서 빠져나와 소형기선으로 옮겨 탔고 마미의 강변으로 곧장 왔다. 아마 그러지 않았으면 나는 물귀신이 되었을 것이다. 그리고 염라대왕한테 가는 길도 묻지 못했을 것이다. 왜냐하면 참대 끌채로 힘들게 짐을 운반하는 남녀가 하는 말을 들어보니, 중국어도 아니요, 외국어도 아니었다. 틀림없이 마미의 방언이었을 것이다.

복주(福州)의 상황은 매우 달라져 있었다. 이전에 마미에서 남대는 단지 작은 기선을 타고야 갈 수 있었던 길이지만 지금은 민강(閩江)동쪽 둑을 따라 탄탄대로가 건설되었다. 길 위에는 자전거 한 대도 보였는데, 오 육 년 전인가 상해의 프랑스 조계지역과 교외지역에서 보이던 삼륜 인력거가 날듯이 달리고 있었다. 자동차는 고산(鼓山)의 서록(西麓)을 지나 마침 협화학원(協和學院) 옆길을 지나고 있었다. 최신식의 옷을 입은 몇몇의 청춘남녀들은 손에 손을 맞잡고 노래하며 데이트를 하고 있었다. 자동차가 지나간 후에는 몇몇의 여학생들이 백설같이 흰 손수건을 흔들며 작은 자석과 같이 생긴 치아를 살며시 드러내 보임과 동시에 나를 향해 손도 흔들어주고 미소를 지어 주었다. 그런데 이런 모든 행동들이 나의 고독을 애처롭게 생각하고, 나의 노쇠를 위로하는 것처럼 느껴졌다.

남대에 오니 상황은 더욱 더 변해있었다. 종전의 쓰러질 것 같던 목조건물들은 모두 철골 시멘트 구조의 고층 건물로 변해있었다. 도로도 복잡해져서 여러 종류의 차들이 경적을 울려대며 쉴 새 없이 오가고 있었다. 민강에 있는 만수교(萬壽橋)는 구멍들이 모두 헐어져서 평평하게 변해있었고, 창전산(倉前山)에 사는 국내외 유력자들은 저택의 문 앞에서 차를 타고 시내까지 곧장 갈 수도 있었다. 10년의 세월이 드디어 이곳에 성과를 남겼던 것이다. 내가 10년 전에 이곳에 처음 왔을 때의 용기백배한 장년기와 비교한다면 이곳 복주는 젊음을 되찾는 강장제 주사를 맞았는데 나는 오히려 몹쓸 큰 병에 걸림 셈이었다. 복주와 나는 10년 동안 완전히 상반된 길을 걸어와 서로 각자 고유의 특성을 인식하지 못하는 데에 이르렀다. 여기에 와서 나는 비로소 고인의 탄식을 어찌 감당해야 할지 뼈저리게 느꼈다.

남대는 원래 복주의 상업 중심지였다. 워낙 번잡하고 떠들썩한 곳이라 저녁에도 사람들의 시끄러운 홍청거림이 없으면 편안히 잠을 잘 수 없을 정도였다. 하지만 지금 쇠퇴하는 세계경제의 영향으로 빈둥거리는 상인의 숫자도 많이 감소하였다. 대교(大橋)의 남쪽은 중주(中州)이고, 중주의 남쪽은 창전산이다. 이 두 곳은 원래 복주에 속한 고급 주택지였는데, 접해있는 것 같으면서도 떨어져있고, 떨어져 있는 것 같으면서도 붙어있는 곳이었다. 그래서 고랑서(鼓浪嶼)와 하문(厦門)의 관계와도 같았다. 비록 전아하고 호화로운 모습이 여전하다 할지라도, 멀리서 보면 마치 붉은 담 위의 석양처럼 한층 빛을 잃어버린 상태였다. 이는 내 자신의 심리적인 이유 때문일까? 아니면 10년간의 먼지가 그 산 위의 건물에 내려앉아 찬란한 색채를 잃게 해서일까?

남대의 고층 건물에서 자는 첫날밤에 창문을 열고 보니, 곧 보름달로 변할 원소절 전의 하얀 달이 은전이 부서진 듯 민강(閩江)을 비추고 있었다. 날씨가 매우 따뜻하고 밤공기도 일종의 춘의(春意)를 느끼게 했다. 남국의 봄밤은 아마도 벌레 소리가 푸른 커튼 사이로 스며드는 때인 것 같다. 얼마 되지 않아 죽마놀이를 하고 용등놀이 하는 원소절

경축행렬이 떠들썩하게 다가왔다. 다리를 지나고 창전산 방향으로 가고 있었다. 항상 명절을 맞이할 때면 가족을 그리워하는 마음이 자연히 생기나 보다. 그러한 마음이 이 행렬의 불빛으로부터 내 마음으로 전염되어 와서 나는 갑자기 집에 있는 막내딸이 생각났다. 하지만 어찌할 방도가 없었다. 그래서 하는 수 없이 창문 앞에 펼쳐진 아름다운 광경을 접어두고 등불도 끄고 문도 닫아버렸다. 잠을 청해 집으로 돌아가려는 아름다운 꿈을 꾸려 했다. 비록 꿈을 꾸지 않았지만 그것 또한 확실하지 않다.

1936년 2월 28일

28

민지역 여행 2

일찍이 복주를 여행했던 친구가 편지로 자신의 머릿속에 남은 복건성의 인상을 차례대로 서술했는데, 첫째가 산수, 둘째가 소녀, 셋째가 음식, 넷째가 기후였다. 복건의 산수는 정말로 아름답다. 북쪽에는 선하산(仙霞山)이 우뚝 솟아있고, 서쪽에는 무이산(武夷山)이 우뚝 솟아 있는데, 그 산세가 동남쪽으로 구불구불 이어져 무수한 산들을 이루고 있다. 땅의 기온도 따뜻하고 가랑비가 간혹 내리니, 산 속의 초목들이 일 년 내내 시들 때가 없었다. 제일 이상한 점은 매화가 필 때 복숭아꽃과 배꽃도 같이 핀다는 점과 대만 아카시아, 여지나무, 용수나무, 노간주나무(杜松)가 도처에 푸르러서 추운 겨울이 와도 초여름 같다는 점이다.

민강의 발원지인 포성현(浦城縣) 북쪽 어양산(漁梁山) 기슭은 건계(建溪)라고 하는데 검강(劍江) 혹은 서강(西江)이라고도 한다. 대개 지역에 따라 개명하는데, 도처에서 깨끗한 계곡 물을 받아들여 복주로 굽이굽이 흘러간다. 다시 남대(南台)에서 방향을 바꾸어 동쪽으로 흐르고 남쪽으로 흘러서 바다로 들어간다. 강물의 깨끗함이나, 강물의 급한 흐름, 그리고 만의 광대함이 어우러져 아름다운 풍경을 자아내는데, 이 모든 것들이 강수(江水)의 아름다움을 대표한다 할 수 있다. 양자강도 이보다 푸르지 않으며, 부춘강도 이보다 더 굽이굽이 흐르지 않으며, 주강

(珠江)도 이 강의 조용함에 미치지 않는다. 그래서 사람들은 이 강을 중국의 라인강이라고 부르는데, 내가 생각하기에는 좀 지나친 비유인 듯 싶다. 결코 비교가 될 수 없을 것 같다.

한번 생각해보라. 복건에는 산들과 또 이렇게 큰 강이 얽혀있어 일년 내내 푸른 자연풍경을 만들어내고 있다. 다른 어떤 곳과 비교할 수 있으랴! 하지만 "만나는 사람마다 무이산을 묻는다."라는 시 구절에서 보이듯 복건의 경치는 단지 민서숭안(閩西崇安)지역에만 한정되어 있는 것 같다. 아홉 굽이의 청계(清溪), 삼십 육 봉우리의 숭산준령(崇山峻岭) 외에 다른 것들은 말한 만한 것이 못되는데 이것은 도대체 무슨 까닭일까? 이리저리 생각해보니 가장 큰 원인은 아무래도 옛날에 교통이 불편해서 생긴 현상일 것이다. 교통이 불편하니까 다른 지역 사람들이 복건성에 온 일은 극히 적었을 것이다. 중원(中原)을 여행하던 한 두 명의 민중(閩中)지방의 시인이 오구산(烏龜山), 사산(蛇山), 노호산(老虎山), 사자산(獅子山) 등의 작은 산과 시내를 일일이 열거하여 말하는 것이 귀찮아 단지 유명한 무이산만을 작품에서 썼다. 그래서 외지인들은 복건에는 단지 무이산만 있는 줄 알고, 도리어 복건사람들조차도 다른 사람들에게 자랑할 만한 가치가 있는 것은 무이산 뿐이라고 생각하게 된 것이다. 하지만 사실은 민강의 양안과 민강 동쪽 일대, 그리고 조안(詔安)과 광동(廣東)지역과 접해있는 해변 일대는 아름답지 않은 산이 없고, 아름답지 않는 강이 없다. 절경을 보려면 비단 10경 8경 뿐만 아니라 도처가 절경이어서 천경 만경이라 할 수 있다. 또한 내 고향 서호의 평호추월(平湖秋月), 소제춘효(蘇提春曉)처럼 우아하고 듣기 좋은 풍경들을 어렵지 않게 찾을 수 있다.

비록 이야기를 이렇게 했지만, 나도 역시 속세에 사는 바쁜 사람인지라 지금까지 민북(閩北)과 민남(閩南)지역을 가보지 못했다. 그러므로 자세한 기술은 다음날로 기약해야겠다. 지금은 단지 실제로 가본 곳을 토대로 복주와 인근 산천을 대략적으로 기술하기로 한다.

나는 주양공(周亮工)의 《민소기(閩小記)》를 아직까지 읽어보지 못했다. 그래서 남에게 부탁하여 백방으로 찾아보았지만 쓰인 내용이 도대체 뭔지 알 수가 없다. 그래서 내가 본 민중에 관한 서적과 요즘 사람들의 시문집을 본 결과 복주 인근에서 제일 유명한 산은 동문(東門) 밖 일 이십 리 떨어진 고산인 것 같다. 민도(閩都)의 지세는 삼면이 산으로 둘러싸여있고, 중간에 강이 흐르는데 그 형세가 마치 뒤에 등받이가 있고 좌우에 팔걸이가 있는 태사의자와 같은 형상이었다. 앞에 보인 산의 모습을 안으로 가져온다면 하나의 의자인데, 이 의자는 마치 앞부분에 선반이 있어서 한두 살 먹은 어린 아이가 앉아서 놀 수 있는 높은 의자였다. 두 개의 팔걸이 부분에 속하는 산맥 중에 서쪽으로는 연평(延平)으로부터 동쪽으로 뻗어 나와 민후(閩侯)와 연결되어 기산(旗山)이 된다. 이 산은 강과 떨어져있어 석양이 비칠 때면 매우 밝게 비친다. 당신이 성도의 높은 곳에서 서쪽을 보면 원래 자줏빛 안개가 자욱한 것을 볼 수 있을 것이다. 하지만 길과 좀 멀리 떨어져 있기 때문에 멀리서 바라볼 수 있을 뿐 가까이 갈 수 없다. 그래서 그곳을 여행하는 사람은 자연히 많지 않았다. 동쪽의 팔걸이에 해당하는 지역은 원래 민후 북쪽의 연화산(蓮花山)에서 나누어져 나와 그 한 부분이 성도에까지 미치는데 그것이 병산(屛山)이다. 이 산 위에 진해루(鎭海樓)가 세워져 성도의 좌봉이 되었다. 그 산의 한 줄기가 동쪽으로 뻗어 높이가 이천칠팔백 척이나 되어 곧장 해변에 이른다. 성도에서 제일 먼 곳이라고 해도 그 거리가 오 육십 리를 넘지 않았으니 복주에 온 사람이라면 그 곳을 등산해보지 않은 사람이 없었고 그 고산의 이름을 듣지 못한 자가 없었다. 고산은 북쪽에서 동쪽과 남쪽을 향해 수십 리를 면면히 뻗어있는데 민강(閩江)을 품고 동해에 이른다. 또한 성도로부터 5척밖에 떨어져있지 않아 도시에 사는 사람이면 어느 지역에 살든 간에 아침 저녁 우연히 머리를 들기만 해도 이 산의 운봉(雲封)을, 산허리 부분의 곳곳에 흰색으로 병풍처럼 드리워진 것을 볼 수 있다. 그래서 복주에 온지 얼마 안 되지만 친구와 나는 함께 산에 올라 유람했다. 유람한 것도 부족하여 한 번 더 가서 하룻밤을 그곳에서 묵었다.

고산의 성분은 다른 지역 해변의 산과 마찬가지로 암석, 진흙. 모래, 수목 그리고 샘물 같은 것으로 이루어져있다. 하지만 고산에서 매우 특이하고 기이한 점은 신화 속에 등장하는 거대한 예술가가 큰 바위와 진흙과 모래, 그리고 수목과 샘물을 여러 가지 합리적인 원리에 의해 세심하게 배치한 점이다.

자동차를 타고 동성(東城)을 출발하여 30분 후에 고산 기슭의 백운해(白雲廨)입구에 도착했다. 민산제일정(閩山第一亭)을 지나고 이견교(利見橋)를 건너 빙글빙글 돌아가는 길을 따라 몇 개의 정자를 더 지나서야 반산정(半山亭)에 도착했다. 반산은 실제로 산중턱의 용천사(涌泉寺)로 가는 길의 절반을 말하는 것이다. 탁정(卓頂)이라 불리는 제일 높은 역즉(男前)을 가려면 아직 사 분의 삼이나 되는 여정이 남아있었다. 반산정을 지나자 길은 점점 평탄해졌다. 고개를 돌려 사방을 바라보니 민강의 물결과 도심의 인가와 초목, 그리고 마미(馬尾)항구의 외곽지역과 바다 위로 광대한 석양이 보였다. 길옆에는 커다란 무덤이 산의 품속에 잠들어 있었는데 이것은 예전의 주석이었던 양수장(楊樹莊)의 무덤이었다. 경의정(更衣亭)과 방생지(放生池)를 지나고 용천사(涌泉寺)의 두산문

(頭山門) 패방(牌坊)에 이르러서 먼 곳을 바라볼 수 있었다. 이곳은 바로 오대(五代)시대 때 민왕(閩王)이 창건한 민중(閩中) 제일 명찰로 고산백운봉용천원(鼓山白雲峰涌泉院)의 선불대도장(選佛大道場)이라고 부른다.

용천사의 건축 배치가 두산문(頭山門), 이산문(二山門), 종고루(鐘鼓樓), 천왕전(天王殿), 대웅보전(大雄宝殿), 후대전(後大殿), 장경루(藏經樓), 방장실(方丈室), 승료객사(僧寮客舍), 계당(戒堂), 향적주(香積廚) 등으로 되어있다는 점에서 다른 불사와 같다. 하지만 다른 절과 같지 않은 점이 3가지가 있다. 첫째는 대웅전 오른쪽 곁채 위에 용조송(龍爪松)이 있다. 들리는 바에 의하면 절이 건립되기 전부터 이 나무가 있었다는 것이다. 그렇다면 이 오래된 나무는 당연히 오대이전의 유물이며, 대충 들어 넘길 수밖에 없는 신화일 뿐이었다. 그러나 구불구불한 소나무 가지가 푸르게 주위를 10여장이나 넓게 덮고 있는 것으로 보아서는, 달 밝고 시원한 바람이 부는 밤에 백학(白鶴)이 올지 안 올지는 확답할 수 없다. 그 나무의 수명을 말하자면, 아마도 이 삼 백년 정도 된 것 같다. 둘째로, 절 안에 있는 불상이 한 발을 들고 앉아있다는 점이다. 이 불상의 전설에 관하여 매우 흥미로운 이야기가 있다. 지금은 모호하여 고산을 가보지 못한 사람의 우스갯소리로 말할 수밖에 없다. 왜냐하면 스님이 그것에 관해 나에게 설명을 해줄 때 사실상 나는 20-30%밖에 이해할 수가 없었다. 도대체 이 말이 맞는지 그른지는 고산에 오래 산 사람에게 물어보아야 옳을듯하다.

옛날 아주 오래된 옛날, 어느 시대인지 몇 년도인지 불확실하지만 복건성에 수해인지 한해인지 큰 재해가 있었다. 그런데 용천사로 출가한 나이가 12-13살 정도 되 보이는 재능 있는 동자승이 있었다. 이 사원에는 식솔이 많았기 때문에 자연히 이런 동자승은 사람들에게 학대와 조소와 기만을 당했다. 재해가 생기고 나서 사원 안의 음식 시주도 바닥나게 되자, 이 동자승을 학대하던 사형들은 더욱 조급해져서 이 동자승에게 더더욱 화를 냈다. 어느 날, 이 동자승이 소리 죽여 울다가 두 눈을 감고 몽롱한 상태로 잠이 들었다. 그런데 홀연히 붉은 빛이 동자승이 잠들어 있던 작은 방을 비추더니만, 갑자기 황금색 몸에 몽둥이를 쥔 부처가 동자승 앞에 나타났다. 부처는 미소를 지으며 동자승에게 "핍박받는 자에게는 복이 있는 법이다. 너는 내일 일어나서 너를 학대하던 많은 승려들에게 산을 내려가 곡식을 받아오라고 일러주어라. 내일 몇 시 몇 분에 수천 석의 쌀을 가져오는 사람이 있을 것이다"라고 말하는 것이었다. 그 다음 날 날이 밝자 동자승은 일어나서 이 꿈 이야기를 사람들에게 말해주었다. 그러나 모두들 동자승에게 야유를 퍼붓기만 하였다. 어떻게 믿을 수 있겠는가? 하지만 정해진 시간이 되자 동자승은 산을 내려가 달라고 절규했다. 그래서 나이가 좀 많은 승려가 장난치듯이 놀려대면서 산을 내려갔다. 하지만 무슨 일인지 앞쪽에서 쌀을 실은 수레들이 먼지를 일으키며 오는 것이 아닌가! 산을 내려가자 과연 도회지에서 가장 큰 미곡상이 쌀을 시주하는 것이었다. 동자승이 합장하는 것을 보자 그 미곡상도 수레에서 내려 절하며 뭐하고 중얼거렸다. "살아 계신 보살임, 살아 계신 보살임, 나무아미타불. 저의 목숨을 살려주셨고, 저의 재산을 구해주셨습니다" 라고 하는 것이 아닌가.

원래 이 미곡상은 기근이 오자 해외로 나가서 수만 곡(斛)의 쌀을 사 가지고 배를 타고 복건성으로 온 사람이었다. 그러나 어제 저녁 항구로 들어오려던 때에 갑자기 광풍이 불고 큰비가 내려서 배가 전부 전복하게 되었다. 그래서 그는 배 안에서 무릎을 꿇고 하느님께 단지 목숨만 살려달라고 열심히 기도 드렸다. 얼마 시간이 지나가자, 청천벽력 같은 소리가 들리고 난간에서 두 개의 홍등이 나타났다. 그런데 홍등 밑에는 금빛 몸에 몽둥이를 들고 있는 부처 대천군(大天君)이 서있었다. 성난 눈빛으로 바라보며 큰 소리로 미곡상을 꾸짖었다.

"너는 가난한 사람을 박해하고, 외국 쌀을 밀수한 간악한 상인으로 오늘 마땅히 죽어야 할 것이지만, 네가 열심히 기도한 정성을 보고 잠시 너를 용서하겠다. 내일 몇 시 몇 분에 몇 척의 배로 싣고 온 쌀을 모두 고산사로 보내라. 산 아래에서 동자승 한 명이 합장하고 기다리고 있는데 그 사람은 보살의 화신이다. 너는 쌀을 모두 그에게 줘라"

말을 마치자 부처는 보이지 않았고, 비바람과 천둥도 사라졌으며 맑은 하늘 서쪽에서 달이 떠오르고 있었다.

많은 승려들은 미칠 듯이 기뻐하며 각자 쌀을 산 위로 운반해서 창고에 넣었다. 동자승이 절에 돌아와 불상에 감사기도를 드리려고 할 때 불상의 이마에는 땀이 흥건했고, 도포 위에는 빗방울과 물보라가 가득했다. 동자승은 무릎을 꿇고 "보살님 너무 고생하셨네요. 잠시 앉아서 쉬세요."라고 말하자 본래 서있던 불상이 돌연 다리를 들고 앉아서 쉬었다고 한다.…….

용천사의 세 번째 특징은 정말로 얘기할 만한 가치가 있는 것으로, 그것은 바로 사찰 안에 보관되어 있는 일부 경전이다. 이 경전은 이년전 경전을 전문적으로 연구하는 일본학자가 이 절에 머물며 필사를 했다. 들리는 바에 의하면 절 안에 살면서 꼬박 2년 동안 작업을 하여 비로소 완성했고, 지금은 동경에서 마무리 정리 작업 중이라고 한다. 만약 이 영인본 정리 작업이 완성되어 발표되면 불학사에 매우 획기적인 파란을 가져올 것이라고 한다. 왜냐하면 이 경전은 세상에서 하나밖에 없는 귀중한 경전으로 범문(梵文)을 쓰는 인도에서도 이미 이 경전은 사라졌다고 한다. 이 외에도 피로 쓴 금강경과 보리 잎으로 그려 만든 장불(藏佛), 그리고 사리 한 병이 있다. 이런 것들도 용천사의 보물이라고 할 수 있지만, 그 불경에 비하면 얘기할 거리가 못된다. 나는 본래 불교와는 관계가 없는 사람이고, 불학에 대해 연구한 적도 없었기에, 사찰에 들르면 단지 승려들이 비구니들과 함께 예불을 드리는 모습, 사찰 내에 새로 건축한 회용각(回龍閣)과 해군 제조창에서 봉헌한 대웅보전 바깥쪽의 정원에 있는 쇠로 만든 등대(燈臺) 같은 것들을 보는 것을 좋아할 뿐이었다. 경전은 끝내 보지 않았다. 그러나 사찰의 장엄하고 위대함, 그리고 산 속 분위기의 그윽하고 신기함은 정말로 새로운 경지였으며 새로운 세계였다. 광동(廣東)의 정호산(鼎湖山)과 절강의 천목산, 천대산과 같이 깊은 산 속에 있는 큰 사찰들에서 느낄 수 있었던, 이른바 곡기를 끊고 속세를 초월한 듯한 위대한 기상을 어렴풋하나마 여기에서도 느낄 수 있었다. 명찰(名刹)이라는 이름을 얻는 것이 결코 우연의 일이 아니었다.

1936년 3월 복주(福州)에서

29

민지역 여행 3

《복건통지(福建通志)》의 산경(山經)에 이르기를 고산은 수십 리나 길게 이어져 있어서, 고산의 경치는 단지 몇 군데를 간다고 결코 알 수 있는 것이 아니고, 유랑하는 사람도 산에서 며칠을 돌아다닌다고 알 수 있는 것이 아니라고 쓰여 있다. 용천사는 고산 전체의 중심지에 불과하다. 하지만 만약 용천사를 출발점으로 해서 고산을 말한다면 동쪽에 용천사로부터 얼마 안가 영원동(靈源洞)과 갈수암(喝水巖), 그리고 좀 더 올라가면 주자(朱子)독서대(讀書臺)가 있으니, 이는 마치 여자 얼굴에 분으로 화장한 듯이 이 산의 아름다운 진수들이 모인 곳이라고 할 수 있다.

영원동으로 가는 산길은 회용각(回龍閣)의 뒤편에서 오르면 산중턱까지 돌계단으로 된 작은 길이 구불구불하게 동쪽으로 나있다. 길의 한쪽은 작은 봉우리의 한 쪽과 맞닿아 있는데 절벽과 같은 암석과 맞닿아 있다. 이 암석에는 당연히 화초와 수목이 자라 그 수풀로 덮여 작은 산길이 되었다. 다른 한 쪽은 천 길이나 되는 절벽이다. 이 절벽에는 천년이나 된 수목들이 자라는데, 이러한 나무들의 꼭대기는 어느 때는 길처럼 평평하고, 어느 때는 그 길보다 한 두 장이나 더 솟아있다. 그래서 사람들이 이 길을 걸을 때면 오금이 저리게 되는데, 비록 아래로 떨어지더라도 나뭇가지에 걸려 사람들의 몸을 받쳐줄 것처럼 느끼게 한다.

그러나 일종의 그윽함과 고요함 같은 감정은 자연히 이러한 큰 나무들이나 깊은 계곡 속에서 증발해버려 사람들로 하여금 감히 큰 소리를 한 마디도 못하게 위협하고 있었다.

산 속의 오솔길이 끝나는 곳에 아주 작은 문이 있다. 문을 통과해서 동쪽을 바라보면 단지 망망한 하늘과 바다, 그리고 몇 그루의 나뭇가지와 바위산이 보이는데 사람이 서 있는 위치에 따라 풍경이 바뀌며 잠시 보이다가도 곧장 없어져 버린다. 이 좁디좁은 문에 이르면 산길은 없어진다. 길이 없으면 어떻게 될까? 당신은 조급해할 필요가 없다. 작은 문 밖의 백 길이나 되는 계곡은 영원동의 밑인데 평탄한 길은 없어도, 자연적으로 생성된 아주 좁지만 내려가는 돌계단이 있다. 이 돌계단을 내려가다 높은 곳을 한 번 올려다보면 볼수록 멋있는 광경이 한 폭의 그림처럼 펼쳐져 있다. 좁은 돌계단 길을 보면 마치 뱀의 뱃가죽 같은데, 푸른 나무숲과 검푸른 색의 암석이 중간에서 구불구불 연이어져 있다. 이 겹겹의 어두운 바위 숲에서 조금만 시선을 올려다 보면 밝고 장대한 하늘이 펼쳐지니, 이러한 절경이라면 정취를 찾기에 충분하지 않을까?

돌계단을 내려오니, 우리들은 이미 영원동의 밑 부분까지 이르렀다. 말이 동굴이지 실제로는 천연석실에 불과했다. 밑바닥은 평평했고, 주위에 오륙 장 정도 되는 네모진 공간이 있었는데, 이것은 암석이 통째로 놓여있었던 자리였다. 이 밑 부분의 주위와 중앙 그리고 영문을 모를 구석에는 모두 매우 깊은 골짜기가 있었는데 그 골짜기는 이곳을 빙 둘러서 흐르고 있었다. 돌계단을 내려가는 곳에 몇 길이나 되는 돌샘이 있는데, 이 위에 자연히 만들어진 돌다리가 놓여있었다. 이 돌다리 위에 서서 서쪽 다리 밑의 암벽을 보니 주자(朱子)가 쓴 돌에 새긴 "수(壽)"자가 보였다. 최소한 우리들 키의 2배는 되어보였고, 넓이도 1배는 되어 보이는 "수"(壽)자였다.

동굴에서 가장 넓은 곳의 위 부분에는 천장이 없었다. 그리고 삼면이 모두 절벽으로 이루어져 있었고, 앞부분에는 깊은 웅덩이가 파여 있었다. 암석, 암석, 또 암석뿐이었다. 네모진 것, 둥근 것, 큰 것, 작은 것, 사람같이 생긴 것, 병풍처럼 생긴 것, 무슨 모양인지 알 수 없는 것 등이 층층이 쌓여 있었다. 최신의 입체 건축가라도 이렇게 적재적소에 쌓을 수는 없으리라. 《도활차(挑滑車)》의 무대 배치도 역시 이처럼 위대하게 그려낼 수는 없었으리라. 결론적으로 말하면, 이 동굴은 조물주가 만든 것이라고 밖에 말할 수 없었다. 그러나 여기저기 많은 돌 위에 새겨진 고대 사람들의 글자와 시는 당연히 사람이 조각한 것이다. 송나라이후로 현재까지 천 여 년의 노력으로도 모든 암벽에 두루 글자를 새기지는 못했다. 그런데 이런 행동들은 이곳을 더욱 보기 싫게 만들어 놓았다. 나는 그 좋지 않은 상태를 하나하나 자세히 보고 싶지 않았다.

동굴의 북쪽과 산이 맞닿아 있는 곳에 작은 정자가 있었지만, 계단의 상판이 망가져 있어서 올라갈 방법이 없었다. 작은 정자의 오른 쪽에는 크고 높은 암석이 있었는데 '갈수암(喝水巖)'이라는 세 글자가 새겨져 있었다. 또한 이에 대한 전설이 있는데, 나는 옛날 사람들이 머리에서 상상해낸 이야기를 또다시 서술해야겠다.

《삼산지(三山志)》에 이르기를 "건중(建中) 4년에 용이 영원동(靈源洞)에 나타났다. 종사(從事) 배주(裴胄)가 신(물)이 깃들었으니 절을 지어서 그것을 막아야 한다고 말했다. 후에 승려 영교(靈嶠)가 띠 풀을 뽑아 버리고 제단을 세워서 화엄경을 외우니 용이 해를 끼치지 않았다. 이로 인해 화엄대(華嚴臺)라고 하였으니 그 이름이 곧 절의 이름이 되었다" 이 고사로 비추어 보건대, 절은 원래 동굴이었고, 동굴이 용으로써 신령스럽게 된 것이었다. 소위 화엄대(華嚴臺), 화엄사(華嚴寺)도 이 동굴의 동쪽에 있었다. "갈수암"(喝水巖)이 세 글자는 이곳에 용이 나타나서 물을 마셔 마르게 했다는 것에서 이 이름을 따와 지은 것이 아니겠는가? 혹은 일반 사람들이 이야기하는 것과 같이 갈수의 갈자는 방할(棒喝)(불교에서 초학자들에게 질문을 하고 몽둥이를 들어 이를 대답하게 하여 순간의 깨달음을 유도했다.)의 "할"자인 것인가? 오대시대의 명승 국사안(國師晏)이 이곳에서 경전을 읊자 나쁜 성질의 물이 요동을 하였다. 이에 큰 소리로 꾸짖으니 서쪽 골짜기가 말라버렸고, 동쪽 골짜기에서 물이 솟아 나왔다고 한다. 훗날, 국사를 존경하는 마음에서 이 이름이 생긴 것인가? 내가 이 이름의 유래를 곰곰이 생각해보니, 생각해 볼 여지가 무척이나 많은 것 같다. 지금 사람들은 단지 후설만을 믿는 것 같다. 즉 국사안이 물을 마시자, 이 골짜기의 물들이 마르고 동쪽 골짜기에서 물이 솟아올랐다는 것이다. 그러나 만일 내가 어떤 고사를 만들려고 한다면 안데르센의 동화처럼 좀 더 신기하게 만들었을 것이다. 물을 마시자 물이 말랐다는 전설은 너무 간단하지 않은가?

영원동을 지나서 좀 더 산을 오르니 과연 제단 하나와 절이 있었다. 절의 대전 안에 정말로 물이 밤낮으로 흐르고 있었는데, 이 절의 스님들은 수차를 만들어 물을 이용하고 있었다. 줄의 한 쪽 끝을 수차에 연결하고 또 한 쪽 끝을 종쇠에 연결하여 일 년 내내 자연적으로 종치는 기계를 만들었던 것이다. 또한 이 물의 수질에 대해 말하자면, 매우 짙은 회백색을 띠고 있었는데, 마치 범이 뛰듯이 맹렬히 흐르고 있었다. 그 중에 움푹 파인 곳에는 백 여 개의 동전이 있었는데, 물은 높이 붙어있을 뿐 결코 넘치지 않았다.

이 사찰 문 앞에 있는 화엄대를 오르게 될지는 모르겠지만, 서남쪽을 바라보니 그 곳에는 이미 많은 봉우리들이 누워있었고, 강물이 굽이굽이 흐르고 있었다. 석문을 지나 좀 더 산을 오르자, 산봉우리에 우뚝 솟아 있는 주자(朱子)독서대에 도착했다. 그 곳에서 바라보니 시야는 정말 넓고 광활했다. 내가 생각하기에 고산에서 가장 전망이 좋은 것은 이곳인 것 같다. 왜냐하면 이곳은 역즉봉(男崱峰)처럼 높지도 않고, 오기에도 쉽고, 보려고 하는 논밭과 강물, 그리고 산봉우리와 도시들을 모두 분명하게 볼 수 있기 때문이다.

내가 두 번째로 고산을 올랐을 때는 황혼 전에 올라서 다음날 새벽에 하산을 하였다. 하산하기에 앞서 이 주자의 독서대에 올라와봤다. 같이 등산한 사람은 하산하자고 나를 몇 번씩이나 재촉했지만, 나는 이곳을 떠나기가 아쉬웠다. 이 2평방의 독서대를 곧장 떠날 수 없었다. 가마를 타고서 고개를 돌려 몇 번씩이나 주위를 둘러보았지만 보이는 것은 없었다. 그래서 하는 수 없이 산에 관한 시를 큰 소리로 읽었다.

> 밤엔 용천(涌泉) 물안개 속에 쉬고,
> 아침에 주자(朱子)가 공부한 곳으로 올라간다.
> 이상하게도 샘물은 콸콸 흐르는데,
> 한번 마셨더니 천년동안 돌아보고 싶지 않네.

정말로 이상한 것은 영원동, 갈수암 주위에 있는 깊은 골짜기에 도대체 물이 하나도 흐르지 않는다는 것이다. 나는 두 번이나 갔다. 그것도 큰비가 내린 지 얼마 되지 않아서 갔는데도 말이다.

고산의 최고봉인 역즉봉(男崱峰)은 대정봉(大頂峰), 탁정봉(卓頂峰)이라고도 불리는데, 마치 가마솥이 덮여있는 것과 같은 모습이었다. 그런데 마침 구름이 덮여 있었다. 일출도 보이고 유구해도(琉球海島)의 절경이 보인다고 하는데, 나는 아직 올라가지 않았다. 대정봉에서 북쪽으로 내려가면 욕봉지(浴鳳池)가 있다. 들리는 바에 의하면 나무꾼들이 항상 오색참새를 보고 이곳에서 물을 마시고 목욕도 한다는 것이었다. 욕봉지의 남쪽에는 석문이 번쩍거리며 서있었는데, 응진대(應眞臺), 조사암(祖師巖), 용천두(涌泉竇), 감로송(甘露松), 백원협(白猿峽), 향로봉(香爐峰) 등은 모두 석문의 오른쪽에 있었다. 욕봉지에서 오른쪽으로 몇 봉우리만 내려오면 해음동(海音洞)에 이르는데, 동굴 입구가 매우 넓고, 몇 장의 돗자리가 보기 좋게 깔려있었다. 그 깊이를 측정할 수 없을 정도로 매우 깊었는데, 간간이 바다소리가 들려왔다. 그래서 이름을 해음동이라 지었나 보다. 백운동은 해음동의 아랫부분에 위치해 있는데, 황갱(黃坑)으로부터 아주 험하고 큰 돌들이 바둑판처럼 놓여있는 오솔길을 1리 남짓만 가면 된다. 여행을 좋아하는 사람들은 백운동이 고산에 있는 동굴 중에 으뜸이라고 한다. 하지만 이곳들은 내가 직접 가본 곳이 아니기에, 뭐라고 예찬하여 말할 것은 못된다. 조만간 다시 한 번 올 계획이므로 지금은 여기까지만 얘기하고, 나중에 이야기하도록 하겠다.

이 밖에도 일천문(一天門), 이천문(二天門), 삼천문(三天門), 사자봉(獅子峰), 발우봉(鉢盂峰), 무슨, 무슨 봉, 무슨, 무슨 암이라고 하는 명목은 매우 많지만 늘 등산을 좋아하는 사람들에게는 대동소이한 것들이어서 쓸려고 해도 많이 쓰지 못한다. 그래서 고산을 기록하는 글은 여기서 마칠 생각이다. 그리고 옛날 사람들이 고산에 와서 읊은 시를 옮겨놓아 나의 무미건조했던 여행기를 조금이나마 윤택하게 해볼까 한다.

영원동(靈源洞)　　5대 석신안(釋神晏) 국사

혼자서 강물언덕에 앉아,
의지할 것 없다고 느낀다.
영원동에 가는 길은 험하여 사람 또한 없으며,
산 높아 새 또한 높이 날지 못하네.
흰 구름은 동굴 안에 항상 가득 차 있으며,
삶은 항상 매우 많은 큰 화가 있을 수 있네.
선학이든 성리학이든 강조하는 것이 모두 같은 것이네.

고산(鼓山)　　송 채양(蔡襄) 선유인(仙游人) 지복주(知福州)[1]

누각은 동방을 바라보고
산속의 습기 찬 안개가 햇빛으로 밝아지네.
구름 깊어 앞길을 가리고,
나무그림자 어둡고 유유하게 심산에 그윽하네.
아침의 닭울음소리 묵어 소리가 묻히고,
아침 햇빛은 방을 빛나게 하네.
샘물은 바위 사이에 흐르고,
청풍은 죽림 사이를 지나네.
거대한 붓으로 조각한 절벽은
그 기세가 갑자기 당당해졌구나.
등나무는 절벽을 따라 정상으로 올라가면서
멀리 허공을 바라보네.
푸르름은 바닷가 산 위에 떠 있고
흰 구름은 폭포에 걸려있네.

1 복주 태수를 지냈다.

마침 초라한 은둔자를 만났는데,
늘 홀로 외로이 지낸다네.
석양은 다시 도시를 물들이는데,
이내 기운은 오래 머물고 있구나.

중유고산(重游鼓山) 산유원공정(山有元公亭)
송 원강(元絳) 전당인(錢塘人) 지복주(知福州)

누가 내 이름 정자에 적었는가?
처마는 날아오르듯 기세가 웅장하구나.
산골 가을바람 머리카락 휘날리고,
동해일출을 난간 위에서 보네.
고지대는 산들을 작게 보이게 하고,
하늘 가까이서 천지의 무한함을 느끼네.
여러 번 오가지만 싫증나지 않고,
세월이 흘러도 그림 같은 경치 늘 생각나네.

유고산(游鼓山) 순우신유립추후일일(淳祐辛酉立秋后一日)[2]
석치절(스님)(釋痴絶)

들판의 작은 길 석간 옆에 기울어져 있고,
풀뿌리 아래에 찌르르하는 쓰르라미 소리 들려오네.
비갠 들녘에 가을은 깊어가고,
인적 없는 뜰에는 석양만 비추네.
바람이 석양의 구름을 몰아 청록색 산봉우리로 몰아가고
낙엽은 들 밖의 물을 따라 차가운 연못으로 흘러가네.

2 南宋. 理宗 연간, 신유년 입추가 지난 다음날

단풍 숲밖에는 몇 호의 가시나무 울타리 정원 있고,
잘 익은 푸르른 구연색 선명히 드러내니 국화꽃 황금빛 빛나네.

등(登) 역즉봉(崱崱峰) 원(元) 황전청(黃鎭成) 소무인(邵武人)

역즉봉(崱崱峰)은 만장 다리처럼,
위로 우뚝 솟아 하얀 구름과 나란히 하네.
청산 끝에 바다가 있고,
붉은 해 뜨나 하늘은 낮게 보이네.
혼자 앉아 물을 마시면서,
어떤 사람은 절벽에 시 적힌 걸 발견했네.
두둥실 바람타고 떠나고 싶어,
한 바탕 웃으며 호계(虎溪)를 지나면 무슨 고민 있겠는가?

한식여부자등고산(寒食与傅子登鼓山) 명(明) 정선부(鄭善夫)
(한식날 부자와 함께 고산에 오르다)

정상에 오르니 구름이 바람에 날려 나부끼고,
높게 이른 파도 봄 상의를 적시네.
천하를 제패한 왕의 기운 동남지방에서 다 하고
창포(菖蒲)와 진구(秦艽)[3]가득, 별은 드문드문 멀리 떠 있네.
이곳에서 유쾌한 기분 너와 함께 하니,
수많은 근심의 눈빛 무엇에 의지하리?
만약 한식날 산중 맛을 체험하고자 한다면,
그것은 강호에 방랑하는 부평초와 같은 것이네.

3 창포와 진구는 약재이름

대정봉(大頂峰)　　진학린(陳學麟)

높은 산정상에 올라 소리 높여 노래 부르니
하늘 먼 곳에 아득한 바다 보이네.
태산에 어떻게 오를지 모르니
어떻게 산 아래 멋진 모습 굽어보겠는가?

숙고산(宿鼓山)　　경력병술추(慶歷丙戌秋)[4]

옥반소리 흐르지만 밤에는 단지 적막하기만 하고,
바람이 해문(海門)에 불려와 파도를 일으키네.
학이 산봉우리에 있는 소나무로 날아오자 구름은 물러가고,
난간에 의지하여 서있으니 달이 높이 떠있네.

각영원동(刻靈源洞)

(이상은 황임집(黃任輯)의 고산지(鼓山志)에서 발췌한 것이다.)

1936년 3월 말일

4 宋 仁宗 병술년 가을에

민지역 여행 4

이전에 쓴 글에서 고산에 대한 내용은 이미 다 말했다. 그래서 이번에는 다른 민중(閩中)지역의 자연에 관해 써야했다. 그러나 청명절(清明節)을 칠팔일 남겨두고, 친구들과 또 다시 고산 뒤편에 있는 고령(鼓岭)을 등반했다. 산 넘고 물 건너 고령에서 욕봉지(慾鳳池) 서쪽을 지나, 백운동(白雲洞)의 기암절벽을 가니, 이 여정을 쓰지 않으면 안 될 것 같았다. 그래서 다시 고산에 대한 기행문을 써서 대단원의 막을 내릴까 한다. 만약 이 문장이 생명력이 있어 이삼십 년 후 고령에서 고산으로 가는 도중에 만나는 기암절벽들이 지금 쓴 기행문으로 인해 화남의 피서휴양지로 개발될지는 아무도 모르는 일이다.

고령은 고산의 북쪽이고 성도(城都) 바로 동쪽에 위치하고 있다. 동문(東門)에서 곧장 동쪽으로 가다가 강산(康山)과 마안산(馬鞍山)과 같은 나즈막한 고개를 지나, 다시 평원을 십 여 리 지나면 고령의 산기슭에 이른다. 걸어서 한 시간 반, 자동차를 타면 20분 걸리는 길이다. 고령이 피서지로 아주 좋다는 소리를 처음 복주에 가서 들었다. 그래서 이번에는 직접 답사해보고, 작은 집 한 칸 빌려 그곳에 머물며 무더운 여름을 편하게 보내기로 했다.

고령의 높이는 약 이천 척 정도이고, 동남쪽은 바다와 접해있고, 서북쪽은 산이 우뚝 솟아 있어, 하루 종일 바람이 불어 멈추지 않는다.

그래서 복날이 되면 도시는 낮 12부터 4시까지는 화씨 100도(섭씨 37.7도)가 넘을 정도로 덥지만, 산 위에는 여름 한창때에도 90도(섭씨 32도)를 넘는 적이 없다고 한다. 이삼십 년 전에 성도에 사는 미국인 의사가 있었다. 그런데 한여름에 연강현(連江縣)에 병이 걸린 사람이 있어 급히 진찰을 가야 할 일이 생겼다. 민후(閩侯)에서 연강(連江)으로 가는 길은 이 산을 넘는 것이 가장 가까운 지름길이었다. 그 환자가 치료를 받고 나았는지 낫지 않았는지는 알 수 없지만, 그 미국인 의사는 이 산을 피서지로 "진단"하고 가장 먼저 집을 지었다. 그런데 지금은 이곳이 삼사백 채의 서양건물이 들어선 피서 특수지로 발전했다.

고령의 겉모습은 다른 일반적인 산림피서지의 형태와 별반 차이가 없다. 당신이 만약 막간산(莫干山)이나 계공산(鷄公山) 일대에서 여름을 지내 본 사람이라면 고령을 보고 놀라거나 예찬하지 않을 것이다. 다만 피서지에 살고 있는 가난한 집들의 예쁜 딸들을 볼 수 있는 정도이다. 그러나 이 가난한 집들의 예쁜 딸들이 텃세를 부리지 않는 것이 고령의 유일한 매력일 것 같다.

바람이 세고 지세가 험준한 관계로 산 위에는 빌딩 같이 육중한 양식의 건물은 거의 없다. 벽은 돌로 쌓여있고, 통로는 모래로 깔려있는데 아무리 많더라도 한집에 방이 대 여섯 개를 넘지 않았다. 작디작은 주방, 작디작은 정원, 작디작은 정원의 울타리 등 집에 필요한 것은 없는 것이 없었다. 이 밖에 운동장, 수영장, 집회장, 강당과 같이 피서지에 필요한 것들은 말할 필요 없이 당연히 다 구비되어 있었다. 또한 이러한 집을 빌리는 임대료도 매우 싸서, 가장 비싸도 1년에 300원을 넘지 않았다. 가장 싼 집들은 100원대부터 있으니 생활비가 절약된다는 점이 다른 피서지에서 찾아볼 수 없는 특징이라 할 수 있다.

우리는 류아이치(劉愛其)부자와 류윈스(劉運使), 닥터 왕(王), 그리고 북방에서 남쪽으로 새로 온 허시쩡(何熙曾) 선배 여섯 명이 같이 왔다. 우리는 동서남쪽 3곳의 주거지역의 집을 한나절이나 둘러보았는데, 집들이 다 좋아 아무 집이라도 빌리고 싶었다. 자연에 대한 탐닉은 청렴한 마음에 장애가 되지 않으리라. 하지만 많은 집들을 보니 너무나 눈이 부셔, 오히려 이러한 탐심 때문에 선택하는데 방해가 됐다. 불가에서는 삼계가 있는데, 그 중에서도 탐이라는 것을 모든 문제의 으뜸으로 여긴다. 정말로 일리 있는 생각인 것 같다. 하지만 고령에 와서는 탐심이 지나쳐서 끝내 어느 방을 임대해야 할까 결정하지 못했다.

이번에 우리 같은 여행객들이 고령에 온 부차적인 목적은 산 위에 사는 사람들과 뒤섞여 아주 재미있고도 만족스러운 청명절을 보내려는 것이었다.

대낮에 열 몇 개나 되는 테이블에 산해진미가 차려졌다. 정오가 다가오자 조용한 산 속에서 홀연히 징 소리가 들려왔다. 나는 너무 놀라서 무슨 일이 생겼냐고 물어보았다. 수염과 머리가 희끗희끗한 노인이 인사를 하며 우리에게 청명주를 마시러 자기들한테 오라는 것이었다. 술은 양철로 된 커다란 석유통 안에 있었는데, 자잘한 돌 위에 올려놓고 소나무 가지와 잎으로 밑에서 끓이고 있었다. 가까이 가서 보니 술 색깔이 복숭아 주스처럼 붉은 빛을 띠었고, 술 위에 둥둥 뜬 술 찌꺼기는 미인의 얼굴에 찍혀있는 연지 같이 보였다. 류윈스는 이것을 보고서 소가 물먹듯이 마시는 탁주라고 말했다. 내가 직접 보니 술 색깔은 별로 좋지 않았는데 일단 마시면 천일 동안 취하는 산 속의 신비로운 약이어서 마셔서는 안되었다. 그러나 몇몇의 노인들이 자꾸 술 마시기를 권하여 몇 모금 먹어보니, 이것은 붉은 술지게미가 발효되어 만들어진 감주였는데, 세상에서 둘도 없게 맛있는 술이었다. 샴페인 맛이 나는 것 같으면서도 소흥주(紹興酒)의 강렬함은 없었다. 시골 사람들의 양조 능력은 도시에 사는 사람들보다 몇 배가 뛰어났다. 이곳에 와보니 위생을 중시하여 서양 서적을 읽는 것이 다 필요 없게 느껴졌다.

술잔치가 끝나고 나서 지신제(地神祭) 때 하는 연극이 시작되었다. 남녀노소 모두 단정하게 차려입고 임시로 만들어 놓은 연극무대 앞에 죽 늘어서서 앉았다. 몇몇 노인은 너무나 많이 먹고 마셔서 흥에 겨운 나머지 피곤해서 낮부터 코를 골며 잠을 자고 있었다. 이 또한 얼마나 사랑스럽고도 평화로운 마을의 풍경인가!

> "문을 나서자 버드나무가 푸른빛으로 하늘거리고,
> 모란꽃이 피자 나그네는 돌아갈 줄 모르네.
> 도시는 멀고 맛난 것 없으나
> 따뜻한 음식이라도 서로 나누어 먹네.
> 마을에 모시 배 있으니 새로 옷 지어 입고,
> 추운 날 개는 말꼬리를 쫓아 짖어대니,
> 어두워지자 까마귀도 제사 음식 입에 물고 날아다니네.
> 듣건대 옛날, 봄에 드리는 제사가 있어,
> 집집마다 북 치고 피리 불며 흥겹게 취해 하나가 되었다네."

이 작품은 대표원(戴表元)이 절강지방의 한식 때를 묘사한 시이지만 지금 이곳에도 똑같이 인용될 수 있지 않을까?

우리같이 평화를 망쳐버리는 나그네는 그들과 함께 오래도록 아름다움을 누릴 수 없었다. 2시가 되자 동쪽으로 돌아가서 황급히 하산을 준비하여 백운동으로 가는 길로 내려갔다. 고령의 남쪽 아랫부분에 굽이굽이 흐르는 맑은 계곡이 있는데, 암석과 험준한 봉우리로 깊숙이 덮여 있었다. 좁고 긴 계곡의 이곳저곳에서는 복숭아꽃이 피어있었고, 꽃잎이 물위에 떠서 조용히 서쪽으로 흐르고 있었다. 이는 산에 살지 않는 사람들한테 봄소식을 전해주러 가는 길일 것이다. 계곡 밑에 내려와서 다시 한 번 고령을 둘러보자, 모든 사람의 마음속에는 석별의 정이 진하게 흘러나오고 있었다. 세월이 오래 지나고 나서 영혼이 있다면 나는 청명절에 학이 되어 다시 와서 고령산에 사는 사람들에게 축하해 주러 꼭 올 것이다. 오늘 고령에서 보낸 한나절이 매우 즐거웠기에 미련이 남을 만 했다. 내가 한참 이 생각을 하고 있었는데, 얼마 되지 않아 하늘이 우리의 마음을 보고 감동했는지 아니면 고령의 주민들이 우리들이 못 가게 해달라고 하늘에 기도를 했는지, 갑자기 바람이 불며 동쪽에서 검은 구름이 다가오는 것이 아닌가!

천둥이 치고 구름 속에서 갑자기 눈물같은 비가 뚝뚝 떨어졌다. 나와 류원스 두사람은 모포로 된 신발 밖에 신고 있지 않아서 매우 초조해졌다. 고령으로 돌아가 비를 피할 생각을 하고 있었다. 도대체 전진을 해야 하는 것인가 후퇴를 해야 하는가? 모두가 이 문제를 가지고 고민하여 결정을 내리지 못하고 있는데 그 순간, 앞에 있는 나무 그늘 아래에서 나이가 육칠십 정도 되어 보이는 노인이 미소를 지으며 걸어오고 있었다. 류원스는 우리를 구하기 위해 오는 산신령이라고 말했다. 류아이치씨의 아들인 광징(廣京)이 앞으로 뛰어나가 우리가 어떻게 해야 할지 노인에게 여쭈었다. 그 노인은 크게 웃으며 우리를 만족시키는 대답을 주었다. "이 비는 그다지 걱정할 필요 없어. 한 5분쯤 지나면 비가 그칠 거야." 나는 날씨에 대한 경험은 이 늙은 농부만도 못했고, 산을 오르는 용기 또한 어린아이만도 못했다. 비가 그치기를 기다렸다가 모두들 욕봉지(浴鳳池)로 가는 서쪽 길을 향해 움직였다. 나는 붉으락푸르락 산꼭대기에 있는 괴석을 생각하며 한나절이나 뉘우치고 후회를 했다.

서쪽으로 가서 산꼭대기가 끝나는 곳에 이르자 1리 남짓 백운동을 남겨둔 곳이 있는데 이곳의 풍경은 하늘이 뚫린 듯 풍경이 완전히 달라져있었다. 우리는 이미 만 길이나 되는 절벽의 험준한 산길에 들어와 있었다. 위에는 단지 하늘만 있었고, 눈 아래로는 거무튀튀한 커다란 암벽만 있었을 뿐인데, 암벽 중간에는 겨우 한 사람이 지나갈 수 있는 작은 오솔길이 나있었다. 내가 이곳에 와 주위를 둘러보니 이전에 걸어왔던 산길이 무척이나 평탄하고 큰길이었음을 깨달았다. 일반사람들이 말하는 백운동의 기암과 험난한 길은 과연 명성 그대로 절경이었다.

원래 고산의 서쪽 평지는 삼천 척 높이인 큰 암벽 2개가 이 "인(人)"자 형태로 늘어서 있는 모습이었다. 백운동이라는 것도 인자의 왼쪽에 있는 암벽 중간에 나 있는 동굴로서, 위에는 백 장 정도 되는 네모난 암벽이 덮여 있었다. 이 네모난 암벽은 일편암(一片巖)이라고 불리는데, 그곳에 있는 절은 일편암을 지붕 삼고, 동굴을 그 기반 삼아 들어서 있었다. 서북쪽 모퉁이는 인자(人字)의 상반부 모서리와 근접해 있었는데 한 조각 바위 아래에는 텅 빈 공간이 있었다. 그 곳에는 돌 의자와 돌 탁자 몇 개가 있었는데 여행객들한테 휴식공간으로 이용될 수 있었다. 그 곳에서는 비 오고 난 후의 물안개도 볼 수 있었고, 큰 소리를 지르면 반대편에 있는 커다란 암벽에 부딪혀 반사되어 나와 끊이지 않는 메아리를 들을 수도 있었다.

백운동에 있는 절은 그다지 크지도 않았으며, 심원하고 신비로운 느낌도 전혀 없었다. 그러나 절에 있는 문에서 걸어 나와 절벽 아래쪽으로 우뚝 솟아있는 두천문(頭天門), 이삼천문(二三天門), 운병(雲屛), 읍취암(挹翠巖)과 매우 위험한 용척로(龍脊路)를 지나 범골사(凡聖寺)의 산길에 이르게 되면, 와보기만 해도 평생 잊지 못할 절경임을 느낄 것이다. 매력은 바로 곳곳에 숨어있는 험준함에서 나왔다. 동행했던 허시쩡씨는 일찍이 서악(西岳) 화산(華山)의 정상을 등반한 일이 있었다. 그런데 용척로에 도착하자, 이곳은 정말로 화산의 매력을 지니고 있다고 말하는 것이었다.

범성사는 도사들이 수양하는 암자로, 암자의 좌측에는 폭포가 흐르고 있었는데 큰 돌 틈에서 물이 뿜어져 나오고 있었다. 폭포 아래로는 커다란 네모바위위에 쓸쓸하게 보이는 빈 정자가 하나 있었는데, 역시 돌 탁자와 돌 의자가 안치되어 있어 여행객을 맞이하고 있었다. 우리는 암자에 난 문을 지나, 문 앞에 있는 화원에서 관폭정(觀瀑亭)에 가는 도중에 문 위에 걸린 게시판을 보게 되었다. 암자 주인이 "산에 간 후에 낙엽을 청소하고 마른 가지를 주워 없애주세요. 그리고 여기 오신 관광객들은 관폭정에 올라가서 휴식을 취하세요."라고 써 놓았다. 이 얼마나 여유롭고 자유로운 알림판인가!

범성사에서 내려와 다시 3,5리쯤 걸으니 적취암(積翠巖)이 있었다. 우뚝 솟은 암벽도 이곳에 오니까 비로소 평평해졌고, 험준한 계곡 물도 이곳에서는 한 곳에 모여들었다. 암자 앞에는 큰 나무가 있었는데 큰 나무 밑에는 흰 돌샘이 있었다. 전방에는 큰 강이 흐르고 있었고, 후방에는 준령에 접해 있어 매우 평범한 모양인 것 같았다. 그래서 백운동으로 가는 기암기석과 비교해보면 이곳은 당송팔대가(唐宋八大家)의 화려하고 훌륭한 문장과도 같았고, 백운동 쪽은 으스스한 이장길(李長吉)의 가곡과도 같았다.

적취암 아래에 포두(布頭)라는 마을이 있었는데, 천년 된 용수나무가 끊긴 다리 끝에 드리워져 있었다. 소들은 잠이 들고, 개들은 짖어대며 저녁에 밥 짓는 연기는 굽이굽이 피어올라 저녁노을이 되는 평화로운 풍경이었다. 우리는 마을 앞 개울물 옆에 있는 열부정(烈婦亭)에 가서 경건하게 예를 올렸다. 밭에는 이미 새싹이 보이지 않았고, 농사짓느라 지친 농부는 기름등불 아래서 저녁밥을 먹고 있었다.

남대(南台)로 돌아와서 나와 허시쩡은 강변 위 가옥에서 술 마시며 이야기꽃을 피웠는데, 한밤중이 지나고 나서야 침상에 피곤한 몸을 눕힐 수 있었다. 1936년의 청명절은 이렇게 보냈다. 비록 무척이나 피곤했지만 흥미진진했다. 내년의 이 날, 똑같이 피곤하더라도 좋은 사람을 만나 속세 일을 잊는 것이 가능할는지…

4월 13일

31

민지역 여행 5

복주성의 아호는 용성(榕城)이다. 성 안팎에 수천 년이나 된 용수나무가 매우 많아서 붙여진 이름이었다. 복주의 애칭은 삼산(三山)이었다. 복주성 안에 크고 작은 산이 많이 있어서 붙여진 이름이었다.

무릇 복주에 가본 사람이나 복주여행기나 복주입문서 종류의 책들을 펼쳐본 사람이라면 복주안에 있는 많은 산을 묘사한 비슷한 표현의 "삼산장(三山藏), 삼산현(三山現), 삼산간불견(三山看不見)"의 산가(山歌)를 암송할 수 있으리라. 소위 삼산장이라는 것은, 어떤 사람은 법해사(法海寺)가 있는 나산(羅山), 병산(屛山)의 동남쪽 기슭에 있는 야산(野山), 민상항(閩山巷)과 광록방(光祿坊) 부근의 민산(閩山)을 얘기한다고 한다. 또 어떤 사람은 이름을 바꿔어 나산(羅山), 천산(泉山)(즉 치산(冶山)), 옥척산(玉尺山)(즉 민산(閩山))을 삼산이라고 한다. 결론적으로 말하자면 사람들의 시선을 그다지 끌지 못하는 이 삼산은 삼산현(三山現)의 삼산 밖의 고지대이거나 동일 산맥의 다른 이름이다. 연이은 산들이 집을 짓고 있는 것 같아 보통 발걸음으로 그 정상에 오른 사람들은 산 위로 오르는 것을 느끼지 못한다. 이 밖의 것들은 복주성안에 있는데 특히 북성(北城)에 있다. 또한 산 때문에 이름을 얻은 곳도 많은데, 겉으로 드러나지 않는 산까지 이야기하자면 이러한 산악지대도 역시 포함될 수 있을 것이다. 소위 삼산에서 볼 수 없는 것이란 종산간리(鐘

山澗里)의 종산(鐘山), 지간리(芝澗里)의 지산(芝山), 그리고 용산항(龍山巷) 일대의 개인 정원 안에 있는 용산(龍山)(혹은 동성(東城)의 영산(靈山))을 말한다. 이런 것들은 대개 산이 아니고, 별난 것들을 좋아하는 사람들이 담뱃대나 물고 장마를 보내면서 한가로이 지껄이어 사람들을 난처하게 만드는 말에 지나지 않는다. 삼산현(三山現)의 삼산은 위치가 좋고, 풍경도 서로 다르므로 복주의 아름다움을 말할만한 가치가 있는 곳들이다. 무릇 일찍이 복건의 성도에 와본 사람이라도 자고새의 울음소리나 땅과 바다의 진기함은 모두 시간이 지나면 잊을 수 있을지언정 이 삼산의 형세는 죽을 때까지 잊지 못할 것이다. 복주의 별칭인 삼산은 정말로 간단히 개괄하여 이름 지은 것에 불과하다.

복주성의 전체적인 모습은 마치 한 마리의 대하(大蝦)가 골짜기로 향하는 모습이다. 두 개의 집게는 동쪽의 어산, 서쪽의 오산(烏山)이고, 위로 세운 꼬리는 마치 꼭대기에 진해루(鎭海樓)가 위치한 병산(즉 월왕산(越王山))과 같다. 새우 수염을 쭉 늘어뜨린 것이 남대에 가서 끝이 나는 큰 길이 되고, 새우 수염이 끝나는 곳에 민강의 수면이 있는데, 바로 이곳에서 모든 물이 모여서 바다로 흘러간다.

복주의 창건은 월왕(越王) 구천(勾踐)의 7세손인 무강(無疆)과 진이세(秦二世)까지 소급되어 올라간다. 무제(無諸)가 개국할 때 도야(都冶)가 성(城)으로 됐는데, 지금의 위치로 보면 병산 동남쪽 기슭의 야산의 작은 지역이다. 진 태강(太康) 3년에 군을 설치하였고, 후에 태수 엄고(嚴高)가 곽박(郭璞)의 말을 듣고, 월왕산 남쪽에 마을을 일으켜 남쪽으로 개척해나갔다. 그래서 북치고 깃발을 흔들며 많은 찬사를 받았다. 당, 송대 이후에 점차 확장을 하여 명대에 이르렀고 원나라가 쇠약해지자 망루를 다시 짓고 후에 다시 층을 높였으니 나라가 일곱 성으로 발전했

다. 이에

> "철로 만든 견고한 성 희미하게 보이고 오석, 구선, 월왕 세 봉우리 성 한가운데 있네. 두 절경(고산과 취기산)은 관문 밖에 있고 방산은 긴 테이블처럼 남쪽에 있다. 북쪽 연화봉은 성의 병풍이구나. 큰 강과 큰 호수는 동남의 큰 바다로 합쳐지네. 조수와 석수가 드나들어 많은 강물이 관개에 쓰이네."

라 했다. 그래서 지금의 거대한 성도가 된 것이다. 송대 사필(謝泌)의 "호수 근처 밭에 씨앗 뿌려 다시 곡식을 거두고, 산길에서 만난 사람 중 절반이 승려라네, 성안의 삼산에 많은 사찰들이 있어, 한밤중에 7개의 탑에서 만 개나 되는 등을 밝히네."라는 시와 진헌(陳軒)의 "성안의 삼산은 월나라 수도였고, 누대에서 바라보니 봉호(蓬壺)섬이 보이네, 때마침 가랑비 내려 희미한 안개가 가려 덮으니, 바로 천연의 수묵화로구나." 이 두 수의 시는 지금까지도 회자되고 있다. 시에서 모든 사람이 언급하고 있는 성도 별칭의 유래인 삼산은 바로 병산, 오산, 어산이었다.

병산은 현재 성도의 정 북쪽에 있는데 그 아래쪽에 드리워져있는 산이 야산(冶山)이다. 그러나 실제로 어디부터 병산이 시작되고 어디까지가 야산의 경계가 끝나는지는 분명치 않다. 옛날의 성벽은 대부분이 산의 북쪽에 있었다. 산꼭대기에는 웅장하게 진해루가 우뚝 솟아있다. 그 누각의 원래 건축물은 이미 무너졌지만, 옛 터에 있는 보루를 보면 당시의 규모를 족히 알 수 있다. 석양이 질 무렵 차가 산기슭을 지나는데, 고개 들자 보루 위에서 부서진 황금색 태양이 보였다. 무언지 모를 일종의 감개가 느껴졌는데, 도대체 무슨 이유로 그러는지는 나도 모를 일이었다.

병산에서 동남쪽으로 내려가면 산악지역이 있는데 그 남쪽이 야산이고, 더 남쪽으로 가면 장군산이 있는데, 이 지역은 고대 민중지역 관아의 중심지였다. 무제(無諸)가 건국할 때 도읍을 이곳에 세웠다. 진나라 태수 엄고(嚴高)의 자사관아도 역시 이곳에 있었다. 당대에는 도독부아(都督府衙), 관찰사아(觀察使衙), 위무군아(威武軍衙)가 있었다. 민왕 심지(審知)는 아개부(牙開府)를 만들고 문덕전(文德殿), 장춘군(長春宮), 자미궁(紫薇宮), 동화궁(東華宮), 약용궁(躍龍宮), 명위전(明威殿)을 지었는데, 원래 모두 낮은 구릉의 중간지역에 있었다. 그 후 왕씨 부자 형제의 방탕한 생활로 인해 전(錢)씨는 토지를 바치고 송나라에 귀화한 후 청화당(淸和堂), 수공전(垂拱殿)을 지었다. 원대의 행중서성(行中書省), 명대의 포정사사(布政使司)도 역시 이곳에 있었다. 그래서 병산은 옛날에 월왕산이라는 이름도 있었다. 다시 남쪽으로 내려가면 산비탈의 끝자락인데 지금 있는 종루가 있는 곳이다. 당대 관찰사 위엔시(元錫)가 위무군문(威武軍門)을 세웠고, 송대, 원대 이후에도 계속 헐리고 신축되었다. 명대 선덕(宣德) 년간에 어사 방단(方端)이 승려 요심(了心)에게 복구하도록 명령을 내린 후에 전민제일루(全閩第一樓)로 이름을 바꾸었다. 소위 삼사(三獅)로 오호(五虎)를 제압했다거나, 단지 왼쪽 문만을 열고 출입했다는 전설은 지금 와서 의심할 여지가 없다.

결론적으로 병산은 성 북쪽의 요충지이고, 남쪽을 늠름히 바라보는 기상이 있기에 역대 왕조의 관청이 모두 이곳에 있었던 것이다. 현재 왕도의 옛터에는 시들은 풀과 떨어지는 저녁 해가 남아있고, 육군피복창(陸軍被服廠), 과학관(科學館), 혜아원(惠兒院), 건원사(乾元寺)와 많은 부서진 건물들이 이곳에 있다. 서북쪽으로 산중턱쯤 가다보면 많은 신식 건물이 있는데 정부 공무원을 훈련시키는 곳이다. 좀 더 올라가면 혁명기념비, 선열묘 같은 것이 이리저리 서있다. 복숭아꽃은 만발하여 깨지고 잘려진 돌비석 중간에서도 자라나고 있었다. 보루에서 반 리 정도 내려가면 푸른 풀과 깨진 돌 틈에 묻혀있는 석조 칠성항(七星缸)이 많았다. 이것들은 북두칠성을 기려서 만들어 놓은 것인지, 화재진압용으로 만든 것인지는 단언하기 어려웠다.

병산 즉 월왕산의 매력은 서쪽으로 민강을 조망하면 홍당교(洪塘橋)와 같은 풍경을 볼 수 있다는 것이다. 보루를 올라 북쪽을 바라보면 연화봉(蓮花峰) 밑에 있는 많은 산들의 기복이 마치 군대가 이리저리 힘차게 움직이는 모습과 같다. 만약 비가 내리고 나서 갠 날이나, 해가 떨어질 때 높이 올라가 보면 15분도 안되어 슬프게 눈물을 흘릴 것이다. 왜냐하면 앞에는 옛사람이 보이지 않고, 뒤에는 올 사람이 보이지 않지만, 세상이 유유히 흐른다는 생각이 이 북문의 요충지인 월왕대에서 제일 절실하게 느껴지기 때문이다. 다른 두 산을 오르면 보이는 것은 민가와 탑에 비친 그림자, 그리고 밤낮으로 강 위를 흐르는 배뿐이다. 그래서 온화함이 지나쳐 마치 봄바람 속에 있는 것과 같다. 일종의 온유하고 부드러운 감정은 병산에서 느낄 수 있는 애수의 감정과는 완전히 다른 것이었다.

성도에서 동남쪽 구석에 위치한 어산(於山)의 별칭은 구선산(九仙山)이다. 전설에 의하면 허(何)씨 형제 9명이 이곳에서 수련을 해서 붙여진 이름이다.(형제들은 각각 잉어 한 마리씩 길렀는데, 나중에 모두 용이 되어 날아갔다 한다. 구리호(九鯉湖)에 풀어준 것들이다). 높이는 150보이고, 주위 둘레도 310보나 된다고 한다. 《민중기(閩中記)》에 의하면 월왕 무제(無諸)가 중양절에 이 산으로 사람들을 불러 모아 연회를 베풀던 큰 돌 술잔이 아직도 있다고 한다. 그래서 구일산(九日山)으로도 불린다. 이 산의 최고봉 이름은 오정봉(鰲頂峰)이고 화신에게 제사를 드리는 형성사(螢星祠)의 남쪽에 위치하는데, 바로 이곳이 송대에 장원을 한 진성(陳誠)이 공부하던 곳이다. 후에 남쪽 산기슭에서 서원을 열었는데 오봉(鰲峰)이란 이름이 이 일에서 유래된 것 같다. 산 위 앞뒤에는 절과 도관이 그 수를 셀 수 없을 정도로 많았고 규모도 매우 컸다. 향불이 활활 타오르고 있었는데, 고개 들어 둘러보니 산비탈에 있는 구선관(九仙觀)이 보였다. 옛날에 지리지에서 언급하던 뢰노암(磊老巖), 약마암(躍馬巖), 희우대(喜雨臺), 선인상(仙人床), 금쇄원(金鎖園), 행단(杏壇), 기반석(棋盤石), 취향석(醉鄉石), 구일대(九日臺), 석문(石門), 용설천(龍舌泉)과 남오정(攬鰲亭), 의오헌(倚鰲軒) 등의 명승지는 모두 구선관의 서쪽, 남쪽, 북쪽의 삼면에 위치해 있었다. 원래 산도 높지 않고 크지 않기 때문에 특이한 이름과 괴석으로 이루어진 명승고적들이 대체로 매우 가까운 거리에 위치하고 있었다. 그리고 정덕(正德) 년간의 태감 상춘(尙春)과 송대의 승상 진자강(陳自强)이 댁가산(宅仮山)에서 가져온 돌 세 개가 아직도 평원대(平遠臺) 문밖에 서있었는데, 그 옆에 있는 돌 두 개에 쓰여진 경원춘(景元春)이라는 세 글자가 아직도 예전에 쓰여진 그대로 선명하게 드러나있었다.

어산에서 가장 가 볼만한 곳은 산 서쪽의 척공사(戚公祠) 안에 있는 평원대이다. 명대 참장(參將)이었던 척계광(戚繼光)이 왜구에게 대패한 후 이곳에 와서 편안하게 죽었다. 그래서 지금까지도 척공사 안에는 매우 의젓하게 생긴 척장군상을 모셔놓고 있는데, 이것은 복주 전체 사람들이 숭배하는 유일한 현산비(峴山碑)였다. 사원 안에는 취석(醉石)이 하나 있다. 척계광이 술이 취한 후 여기에 와서 누워 쉰 적이 있었다. 그래서 이곳을 오는 사람마다 모자를 벗고 경배하며 지금 훌륭한 장군이 없음을 탄식하였다. 척장군에 관한 고사로 사아정(思兒亭), 참측교(慘惻橋), 광병(光餅), 정동병(征東餅)과 같은 것들이 사람들의 사랑을 받고 있다는 것을 증명하듯이 복주 이곳저곳에 매우 많이 퍼져있었다. 다음에 《척장군전(戚將軍傳)》을 좀 더 상세하게 하여 이 민족의 대영웅을 기념하기로 하고 여기에서는 간단하게 소개 한 것이다.

어산의 장점은 도시와 가까워 접근이 용이하고, 멀리서나마 민강이 보이고, 고산의 희미한 물안개가 눈앞에서 보인다는 점이다. 만약 당신이 식사 후에 30분만 시간을 내서 동쪽의 구곡정(九曲亭) 쪽으로 천천히 산에 올라, 큰 용수나무 밑에서 잠시만 도시의 번화함과 산천의 푸름을 본다면 소화 안 되던 것이 다 소화되고 두 눈도 번쩍 뜨일 것이다. 그리고 잡다한 사건들 때문에 세상이 싫어지지도 않을 것이고 그저 홀로 신선이 되고 싶을 것이다. 그래서 나는 즐거울 때는 어산에 가서 척장군 동상에 참배하라고 사람들한테 권해준다. 왜냐하면 어산에서 느끼는 분위기는 매우 적극적이고 현실적이라 세상과 떨어져 홀로 서려고 하는 불교도들의 비관적인 색채가 전혀 없기 때문이다.

도시와 어산의 동서쪽은 서로 바라보며 우뚝 솟아있는데 그 서남쪽이 오석산(烏石山)이다. 오석산이 약간 높고 크다. 그래서 풍수가들은 오른쪽이 강하고 왼쪽이 약해서 종종 운수와 관계된다고 한다. 당대 함통중후광령(咸通中侯官令)이었던 설봉(薛逢)이 신광승(神光僧) 영관(靈觀)과 이곳에 놀러왔을 때, 산 옆에 정자를 세우고 설로봉(薛老峰) 세 글자를 돌 위에 새겼다. 오대 개원(開運) 원년에 뇌우가 크게 내렸는데, 설로봉 세 글자가 거꾸로 되었다 한다. 그런데 이 해에 민(閩)이 망했다. 이는 이 글자가 영험이 있었음을 말해준다. 이러한 풍수지리설은 이제 접어두고 우리 같은 보통 사람들이 볼 때 오석산이 어산보다 뛰어난 점은 바로 오석산이 더 크고 높고 기묘하며 시야가 확 트여있다는 점이다. 이 산은 당대 천보(天宝)년간에 임금의 명을 받들어 과민산(過閩山)으로 개명하였다. 송대 희녕(熙寧) 초에는 광록경(光祿卿) 정사맹(程師孟)이 복주에 부임해 와서 이 산의 경치가 도가의 봉래방장(蓬萊方丈)보다 뛰어나다고 하여 도산이라고도 불렸다. 산 정상에는 능소대(凌霄臺)의 유적이 있고, 동쪽 아랫부분에는 향로봉(香爐峰), 금강적(金剛迹), 욕계지(浴鷄池), 초양정(初陽亭), 화엄암(華嚴巖), 반약대(般若臺) 등의 명승지가 있다. 그리고 예전에 있던 사당처사(祀唐處士) 주박(周朴)의 강현묘(剛顯廟), 사명독학(祀明督學) 종자상(宗子相)의 종공사 등은 지금 모두 종적을 감췄다.

오석산이 빼어난 이유는 산 정상에 들어선 괴석들 때문이었다. 예를 들어 향로봉의 기암은 천 길이나 되고 천년동안 변함없이 산 정상에 우뚝 솟아있다. 만약 멀리 떨어진 곳에서 바라본다면 햇빛과 구름이 움직여서 종종 여러 가지의 형상으로 변화한다. 정상을 정복하여 이 큰 돌덩어리에 올라 사방을 바라보면 마치 발이 땅에 닿지 않는 듯, 구름과 안개를 타고 몸이 날고 있는 듯 싶어진다. 예전에는 이렇게 아름다운 돌산에 많은 사원이 있었다. 지금은 사람들에게 침범당하여 별장들이 들어서 있다. 산의 남쪽에는 성립사범학교가 있었는데 위치가 정말 좋고 규모 또한 컸다. 그 동쪽에는 심문숙(沈文肅)공의 사당이 있었고, 동쪽으로 좀 더 가면 개인 별장 같은 것들이 있었다. 남쪽으로 산에 오르는 큰 길 옆에는 아직까지도 심하게 붕괴된 사당들이 남아 있어서 명산이라는 것을 돋보이게 해주고 있다. 오석산 주위의 명승지와 불교 도교 사원과 그 비석들 그리고 명신과 승려 도사들이 보낸

축원 시들은 《오석산지(烏石山志)》에 있으므로 다시 쓸 필요는 없겠다. 내가 단지 말하고 싶은 것은 매번 오석산을 오를 때마다 항상 가슴이 트이는 감정을 느낀다는 것이다. 이러한 감정은 아마도 서문과 남문 밖에 있는 평야와 홍당향(洪塘鄕)의 강물을 보고서 나온 것이리라. 원대 남지(藍智)가 오석도산정(烏石道山亭)을 유람하면서 시 한편을 썼는데 내가 동감하는 바가 있어 특별히 써놓는다.

차가운 강바람에 제비 떠나고,
도산의 가을 점점 깊어가 교외의 정자 허허롭네.
들 밖의 강물 하늘 끝에 닿아있어 봉래선경에 접근한 것 같으며,
가을 서리 물속의 작은 섬에 떨어지고 귤나무 드문드문 있네.
북쪽을 바라보고 늘 왕찬(王粲)의 《등루부》(登樓賦)를 생각하고,
남방으로 놀러가서 쓸쓸히 가생(賈生)에게 글을 올리네.
교외의 사방에 전마들은 휴식을 취하니,
나그네 홀로 낚시한들 무슨 상관있으랴.

복주의 명승지는 삼산 외에도 두 개의 탑과 두 개의 다리 그리고 여러 사찰 등이 있으나, 이번 기회에는 다 쓸 수 없기에 하는 수 없이 다음에 다시 이야기하기로 한다.

5월 15일

32

민지역 여행 6

복주의 명승지로 삼산 외에도 두 탑이 있다. 사실 중국의 도시 건축 배치를 보면 대개 몇몇의 가람양식으로 이루어져있다. 이는 동양건축 사상 매우 오래된 역사를 지닌 것으로 당연히 인도와 불교의 영향을 받았을 것이다. 하지만 복건성의 두 탑은 약간 달랐다.

두 탑 중에 하나는 어산(於山) 즉 구선산(九仙山)의 서쪽 기슭과 성의 동남쪽에 위치하고 있고, 또 하나는 오석산(烏石山)의 동쪽과 도시의 서남쪽에 위치해있다. 그 두 탑 간의 거리는 200보가 되지 않는다. 예전에 영월문(寧越門)으로 불리던 남문과 쌍쌍으로 비스듬히 마주보고 있어 정삼각형의 형태를 이루고 있다. 두 탑이 대조되는 면은 위치뿐만 아니라 하나는 검은 색이고 하나는 흰색인 점, 또 하나는 나무로 다른 하나는 돌로 만들어졌다는 점이다. 그래서 두 탑에 관해 민간에는 황당한 고사가 퍼져있었다.

동쪽 어산 산기슭에 있는 탑은 목조형식이며, 바깥쪽 벽돌 벽에 흰색으로 분이 칠해져있어 속칭 백탑이라고도 불린다. 그런데 서쪽의 검푸른 색의 탑과는 대비되게 백탑의 본명은 정광다보탑(定光多宝塔)이고, 천우(天祐) 원년에 낭야왕(琅琊王) 왕심지(王審知)가 건축한 것으로 서쪽에 있는 당나라 관찰사 유면(柳冕)이 지은 무구정광탑(無垢淨光塔)과 나란히 서있다. 후에 양나라 개봉(開平)년간에 만세탑으로 이름을 올렸고, 그 탑을 소장한 절은 만세탑 혹은 만세탑사로 불렸다. 탑은 칠층 팔각탑이고 안에는 나무로 계단이 세워져 있는데 마치 나선형 모양이었으며, 모두 합치면 142계단이었다. 이 탑은 대충 보면 견고해 보이지 않아 금방이라도 무너져 내릴 것 같지만 지금까지도 매일 사람들이 그 탑을 오르고 있다. 탑 밑에 있는 절에는 천추당(千秋堂), 불경유통처(佛經流通處)가 있었고 또한 앞뒤에 산문(山門)이 있었는데 아무래도 규모가 큰 사찰처럼 보였다. 서쪽에 있는 검은 탑에 비해 탑 아래 부분의 기단은 매우 화려하고 훌륭했다.

서쪽 탑으로 나있는 길을 하전구(下殿口)라고 하는데 매우 구불구불하고 협소해서, 오르겠다는 절박한 소망이 없거나 한 차례 이 어둠침침한 탑을 오르지 않은 사람은 결코 찾을 수 없을 것 같았다. 당나라 정원(貞元) 15년에 덕종(德宗)이 탄생하자, 왕의 장수를 위해 관찰사 유면이 이 탑을 건축했는데 유승선(庾承宣)이 정원년간에 지은 《무구정광탑비기(無垢淨光塔碑記)》가 이를 증명한다. 오대 진나라 천복(天福) 6년에 왕연희(王延曦)가 중건하여 숭묘보골견뢰탑(崇妙保聖堅牢塔)이라고 이름을 지었는데 임동퇴(林同頹)가 지은 비문에 나와 있다. 탑은 7층 17문 72각으로 되어있다. 매 층 매 면의 중간마다 석감(石龕)이 있어서 불상을 석각으로 새겨 넣었고, 모서리에 소원을 새겨 넣었다. 대자탑명비(大字塔名碑) 위 서남쪽에 남무다보불(南無多宝佛)을 조각했고 "복청공주왕씨이십육낭(福清公主王氏二十六娘), 부마수사도동중서문하평장사진문질(駙馬守司徒同中書門下平章事陳文質), 복원천궁강복(伏願天宮降福), 선액영상(仙掖迎祥), 순화영무우용의(舜華永茂于容儀), 유서항자우부영(柳絮恒資于賦咏)"[1]라고 음각으로 글 몇 줄 적어 넣었다. 이 탑의 건축을

1 복청 공주 왕씨 26낭, 부마 복성 동중서 문하 평장사 진문질, 천궁에 복이 깃들기를

위해 돈을 기부한 선남선녀, 황제, 왕후, 공주, 부마, 그리고 기타 왕실 친척을 위해 탑 제일 꼭대기 층에 매우 자세하게 이름을 새겨놓았다. 그러나 어느 시대 어느 해인지 몰라도 탑 위에 새겨진 사람들을 시기하여, 탑 위에 새겨진 사람들의 나이와 이름이 모두 끌로 지워져있었다. 아마도 이 사람은 반드시 지옥에서 벌을 받았을 것이다. 아니면 탑 위에 있는 부처나 지하에 있는 왕씨 자손들이 어찌 내버려두었겠는가?

석탑 밑 부분 중 남쪽은 이미 무너져서 올라가는 입구가 없어졌다. 배짱이 좀 두둑해져서 무너진 돌계단 위로 재주를 부리듯 올라가야 탑의 2층부터 간신히 정상까지 오를 수 있다. 더구나 지금 탑 아랫부분은 불사를 에워싸지 못하고 협소하게 변하여 북쪽을 향해 탑의 뿌리를 끌어당기고 있다. 주위의 황무지 역시 몇 십 척 평방에 지나지 않았다. 그러나 탑의 서남쪽에는 비구니가 머무는 암자가 있었고, 탑의 동남쪽에는 사찰 경비대가 있었다. 이 사찰과 암자는 아무래도 이 탑 아래에 있는 사찰과 도관의 전신인 것 같다.

쌍 탑에서 내려와 남문을 지나 10여 리 길을 가니 유명한 다리가 있는 곳에 이르렀다. 그런데 이곳이 남대(南臺)의 경계였다. 남대는 구룡대(鈎龍臺)라는 이름을 얻었고, 누각은 남대의 서북쪽 대묘산(大廟山) 위에 있었는데 이 또한 복주의 명승지 중 하나였다. 전설에 의하면 민의 월왕이 이곳에서 용을 낚았다고 한다. 그래서 대묘(大廟) 위에 "민중지역 제일가는 신의 사당(閩中第一正神之祠)"이라는 석비가 서있다. 아마도 남대가 번성했을 때는 틀림없이 이곳이 부유한 상인과 유명한 기생들이 놀던 곳이었을 것이다. 그러나 지금은 그렇지 않고 단지 몇 개

기원하고 중서문하성에 길조를 맞이하네. 생김새와 몸가짐이 무궁화처럼 영원히 아름다우며 시부가 아름다운 구로 항상 읊조리기를!

의 학교와 시사의 건축물만이 남아 있어 자연을 감상하고 석양을 보는 곳이 되었을 뿐이었다.

예전에 남대에서 가장 유명한 곳은 주변(洲邊)과 만리(湾里)라 불리던 곳이었다. 이곳은 한량들이 놀이에 빠져 집에 돌아가는 것을 잊고 밤낮으로 환락을 즐기던 중심지였다. 소무(邵武)의 시인 장형보(張亨甫)가 일찍이 화서대부(華胥大夫)란 가명으로 쓴 《남포추파록(南浦秋波錄)》이란 책에서 주변에 대해 말하기를

> "봄가을 달 뜬 밤 많은 집에 등불이 켜져 있네, 멀리 다리 밖을 바라보니 산의 경치가 대단하구나. 마룡강(馬龍江)의 경치가 발을 친 창문에 비치네. 음악 소리가 바람의 방향과 조수의 간만과 더불어 서로 어우러지니 장사(壯士)는 격앙되고 미인은 슬프구나. 한량이 난잡스러운 것은 물론이다"(說洲邊)

라고 했다. 또 다른 글에서는

> "만리는 주변보다 약간 넓은데 누각에는 많은 기생들이 있고 많은 골목들이 굽이굽이 들어서 있네. 골목에는 완연한 바람이 불고, 창문은 영롱한 달을 맞이하네. 여인은 기대어 있고, 불우하여 벼슬하지 못한 선비는 슬픔을 잊네. 사방에서 음악소리가 들리니, 천주만옥(千珠萬玉)은 향기로운 바다를 위한 것인가? 아니면 하늘과 같은 사랑을 만들기 위함인가? ……"

이렇게 아름다운 문장으로 신사년(辛巳年) 화재가 나기 전 번화했던 이곳을 묘사하고 있다. 지금은 도시가 쓸쓸하고 관창들은 번성하지 않지만 1,2,3 등급의 기생집이나 최 하류의 홍등가들은 아직까지도 이곳에

모여 있다. 이곳의 장점이라면 문 앞은 강물에 닿아있고 창문으로 먼 산이 보이니, 진회(秦淮)의 명승지 덕으로 벼슬살이도 고민이 없다는 것이다. 게다가 대대로 상업의 중심지여서 대상인과 구두쇠들이 모두 이곳에 모여 있었다. 육지에서 유람하는 것이 부족하면 물위에서 놀 수도 있었다. 서쪽편의 홍산교는 죽기관(竹崎關)을 가는 길목이고, 동쪽편의 상서묘(尙書廟)는 또한 고산을 오르는 지름길이었다. 그러므로 장형보가 두 수의 시에서 다음과 같이 말했다.

기루의 유객 미인을 포옹하니,
안개 속 물가의 누각 한순간도 한가롭지 않네.
상서묘(尙書廟) 부두 밖 채색된 배에 올라,
손님을 불러 고산에 가네.
새 길에는 해년마다 가무가 번성하고,
홍산교(洪山橋) 근방에 몇몇 집 그대로 있네.
금릉(金陵) 땅 기방이 오늘날 이곳에 다시 재현되니,
어떤 누가 그 당시의 구미(寇湄: 명청대쯤의 기생)같이 될꼬.

결론적으로 말해서 남대의 대교와 홍산교에 이르는 지역은 육상이건 수상이건 모두 예전에 기녀들이 매우 성업하던 곳이었다. 복주의 두 다리가 유명한 것은 그 다리가 길고 오가는 교통량이 매우 빈번한 점도 있지만, 여행자들이 만나기 힘든 하얀 얼굴의 아름다운 여자들이 이곳에 많이 있기 때문일 것이다.

양 탑에 대해 다 말했기에 두 다리를 언급했고, 또한 이미 두 다리를 언급했으니 자연히 복주의 여자에 대해 이야기하지 않을 수 없다. 그러나 복주여자에 대한 쓸데없는 말은 《음식남녀재복주(飮食男女在福州)》

란 잡문에서 이미 이야기했다. 여기서 다시 언급할 필요는 없고, 지금은 단지 앞글에서 언급하지 않은 부분이나 틀리게 쓴 점들을 써서 이 짧은 글을 마칠까 한다.

물위에서 거주하면서 배타고 매춘하는 여인들은 원래 민월(閩粵) 일대에 항상 있었던 여자들이다. 복주에서 수상생활을 하는 여자들을 곡제파(曲蹄婆)라고 부르는데, 일설에 의하면 원나라때 몽고인의 후손이라고 한다. 하지만 《남포추파록(南浦秋波彔)》의 기록에 의하면 이들은 정말로 복주의 토착민인 것 같다.

> 민왕(閩王) 왕린(王鏻)의 연호인 영화(永和)초에 왕린의 위후(僞後) 진금봉(陳金鳳)과 시인(侍人) 이춘연(李春燕)은 음력 3월 3일에 상계(桑溪)에서 목욕재계하고, 오월 단오 때 서호에서 몸단장을 하였다. 이들은 모두 양가집 규수를 궁비(宮婢)로 삼고 여러 차례 풍악을 울리고 연회를 열었다. 민나라가 망하자, 궁비 중 나이가 어린 사람들은 기생으로 전락하였는데, 세상 사람들은 이들을 곡희파(曲喜婆)라고 부른다.

장형보는 민 지역 사람이고, 또한 건륭가정(乾嘉) 때의 뛰어난 선비이므로 위의 논증은 틀릴 리 없다. 내가 여기에서 말하는 곡제파(曲蹄婆)는 바로 곡희파(曲喜婆)의 의미인 것이다. 복주의 여자들은 피부가 곱고 희며, 눈동자가 까맣고 크고, 코가 우뚝 솟아있고, 얼굴 윤곽이 뚜렷하여 모두가 미인의 자격을 충분히 갖추고 있다. 신체의 건강함과 정신적인 활발함에 대해 말하자면 당연히 소주와 항주 일대의 임대옥(林黛玉)과 같은 폐병미인보다 뛰어나다. 그러므로 복주의 건강한 여자들은 희랍의 조각과도 같다. 당신이 사람 전체의 모습을 가지고 얘기하지 않고 그들의 머리 부분을 떼어놓고 몸통과 수족 등의 부분만을 가지고 모형을 빚어도 로댕의 토르소(Torso)와 아름다움을 겨눌 수 있을 것이다. 왜 이런가 하면 복주의 여자들은 어려서부터 맨발로 다니고 가슴을 펴고 다녀서 결코 전족(纒足)을 하는데 필요한 긴 천 같이 해로운 것들을 차지 않았기 때문이다.

주력원(周櫟園)의 《민소기(閩小記)》에는 수수한 발을 가진 여자가 많았고, 모두 난을 장식으로 꽂고 다녔지만 당나라 궁에서는 미인이 치장할 생각을 버리도록 강조했다. 장형보의 《남포추파록(南浦秋波錄)》에는 더 상세하게 나와 있다.

> 모든 여성들은 강제로 전족을 하지 않았다—전족을 말하자면 대략 육조시기, 당조 중기, 남조의 제동혼(齊東昏), 남당(南唐)의 이후주(李后主) 부터 시작하였다고 말하지만 각종의 설은 일치하지 않다. 그러나 명나라 때 궁녀로 선택된 여자들은 전족을 풀어야 하고, 특별히 궁에서 요구한 모양을 하고 다녔다. 이것을 보면 그들은 전족을 하지 않았음을 알 수 있고 전족을 하지 않아도 아름답다고 생각했다. 신발은 양쪽 볼이 길게 4치에 불과했고, 넓이는 2촌이 넘지 않았다. 높이는 2촌에 불과했고, 길이는 3촌에 불과했다. 앞으로 경사지고 뒤쪽이 좁아 걸어보면 날씬하고 아름다운 자태가 나타난다. 다시 연(燕), 제(齊), 오(吳), 월(越)의 시기에도 전족은 섬세하지 않고 가짜 발로 장식하였지만 아름답다고 생각했다.

이로써 전족을 하지 않고 가슴을 졸라매지 않아서 복주의 여자가 신체적으로 건강하다는 것을 알 수 있다. 할머니도 이러했고, 어머니도 이러했고, 딸과 손녀도 이러하였다. 몇 대를 거치니 신체는 당연히 오월(吳越)지역의 미녀들보다 건강해진 것이다.

복주의 미인 중에 역사적으로 유명한 사람은 양귀비와 총애를 다투던 매비(梅妃)를 먼저 꼽을 수 있다. 청나라 초년에 어느 풍류를 아는 포전현(蒲田縣)의 현장이 "매비리정(梅妃里正)"이라는 네 글자의 인장을 새겨서 그의 영광된 경력을 만들었다. 후에 원자재(袁子才)가 새긴 전당 소소소(錢塘蘇小小)[2]는 고향친척의 우아한 보증이 되었으나 동시에 주검을 숭배하는 광란의 색정으로 전도된다.

민왕의 궁궐에는 진금봉(陳金鳳) 이후에 부자형제가 궁비로 인해 서로 죽이는 일이 자주 있었다. 그 궁비들이 어떻게 생겼는가는 말할 필요 없다. 그 아비를 섬기고 난 후 다시 그 아들을 섬긴다는 점에서 볼 때, 그들이 늙어서도 얼굴이 늙지 않는 비법을 충분히 추측할 수 있다. 그러나 이러한 기적이 아직 그 때처럼 되살아나지는 않았으나, 들리는 바에 의하면 어느 집 부인의 나이가 이미 삼십 여 살이 넘었는데 이십 여세로 보인다는 것이었다. 아름다운 여자가 늙지 않음은 정말로 살면서 얻기 힘든 최고의 행복이다. 그리고 복주여자들의 독특한 비결을 생각해보니, 신체가 건강하고, 음식이 풍부하고, 기후가 온화하고, 온천욕을 가끔 하는 결과인 듯하다.

소문에 장악현(長樂縣)의 매화촌(梅花村)은 미인이 많은 곳이라고 한다. 그러나 광동과 광서지역의 속담에 "복주매(福州妹)"라는 미인의 칭호에서 보듯이 복건의 미인은 도처에서 볼 수가 있다. 그러므로 매비의 고향이나 장락(長樂)의 해변에 반드시 국한시킬 필요는 없다. 그리고 내가 본 바로도 민국 십 일 년인가 십 이년에 북경에 있는 한 사교장에서 가장 유명한 네 사람은 모두 복주사람이었다. 지금 벌써 십 여 년이 지났지만 우연히 길 가던 중 그 네 명중에 한 두 명만 봐도 그 때의

2 소소소(蘇小小) : 남조(南朝) 제(齊)나라 때 전당(錢塘)의 명기(名妓)

아름다움을 여전히 유지하고 있다. 그러나 우리 같은 사람들은 치아가 흔들리고, 눈은 어두침침하고, 웃을 때 주름도 많아졌다. 예전을 생각해보면 정말로 한세대가 지난 듯하다. 사람이 중년에 이르면 모든 일을 쉰다는 속담도 있다. 여기서 소위 모든 일이라는 것은 일종의 낭만적인 일을 말하는 것이다. 그러므로 내가 복주의 미녀들을 재삼 설명하는 것은 비 내릴 때 홍등가를 생각하며 잠시 젊은 날을 그리워하는 것에 지나지 않으리라.

1936년 6월 15일

33

페낭에서 3박 여행기

이 여행은 정말 유쾌했다! 페낭섬[1]은 실제로 그 이름이 헛되지 않는 동방의 화현(花縣)이다.(사람들이 혹은 화원이라고도 하는데, 나는 오히려 화현(花縣)이란 두 글자가 적당하다고 생각한다. 사 계절 내내 꽃과 나무로 덮여 있다. 게다가 산수의 풍경이 아름답고 기후가 온화하여 페낭(檳城)에서 사는 것은 "하양현(河陽縣)에서 사는 것과 흡사"하다.)

반년 동안 무한(武漢)을 나와 호남성(湖南省)의 서쪽과 강서성(江西省)의 북쪽을 유람하다, 다시 장사(長沙)를 거쳐 복주(福州)에 이르러 유숙을 했던 일들이 생각이 난다. 그 후 갑자기 남양(南洋)의 후짜오샹(胡兆祥)선생으로부터 초대의 전보가 왔다. 급히 배를 구해 하문의 먼 바다를 몰래 통과하여 홍콩에서 성주(星洲)로, 성주에서 빈서(檳西)로 이어지는 50여일 간의 험난한 뱃길 여행 끝에 세상의 온갖 고생을 다 겪고 정신이 없이 왔다. 갑자기 고요하고 편안하며, 가지런하고 쾌적한 작은 섬에 도착하여 하루를 유숙했는데 정말로 꿈을 꾸고 있는 것 같았다.

꿈이라도 좋고 현실이라도 좋다. 결론적으로 페낭에서 머무른 삼일에 미련이 남은 것이다!

이번에 남양에 간 것은 본래 《성주일보(星洲日報)》의 문화면을 편집

1 (Paneng)말레이 군도의 작은 섬.

하기 위한 것이었다. 그러나 12월 28일 성주에 도착하여 이틀이 지나자 곧 신정휴일이었다. 오히려 성주의 자매지인 페낭의 《성빈일보(星檳日報)》는 신정(元旦)에도 신문을 발행하고 있었다. 원후(文虎)선생의 명령에 따라, 또 성빈일보 동료들의 초청에 응하여 "이렇게 좋은 기회를 얻었는데 어찌 북쪽으로 놀러가지 않겠습니까?"라고 승낙을 했다. 곧 젊은 동행자 꽌라오(關老)와 차를 타고 천오백 리를 달려 의기양양하게 동방의 화현(花縣)으로 왔다.

차가 북해(北海)에 이르자 바로 줄지어 늘어선 수많은 빌딩들과 잘 정리된 치아와 같은 제방 그리고 푸른 바다와 푸른 산들이 보였다. 차창 밖으로 보이는 야자원(椰子園), 수교원(樹膠園), 금마윤(金馬侖)의 높은 산, 흡보(恰保) 부근의 기암괴석과 주석 채석장에서 받은 첫인상들은 잠시 후 말끔하고, 넓고, 한가로운 새 인상에 의해 사라져 버렸고, 우리들은 산들바람과 석양의 교향곡 사이로 서도(西渡)하여 페낭에 도착했다.

배가 서쪽 부두에 도착했을 때, 우연하게도 마중 나온 황(黃)영사, 후(胡)사장, 후(胡)주필, 떵(鄧)씨, 청(曾)씨, 장(張)씨 세 사람 그 외 또 A형, B형 등의 사람들에게 한 차례 기습을 받았다. 정말로 인간은 "어디에서도 관중(管仲)과 포숙아(鮑叔牙) 같은 친구를 사귈 수 있으니, 세상 어디라도 고향일 수 있다"는 몇 방울 감회의 눈물이 흘러나왔다.

처음 도착한 날은 북쪽 해안에 있는 춘파별업(春波別業, Spring Tide Hotel)에서 저녁식사를 했는데 이도 마치 신선들의 연회장 같았다. 상어지느러미, 해삼 등 대식가들의 실속 없는 말을 늘어놓을 것이 아니라 먼저 해변을 씻어내는 파도소리를 들어보고 긴 도로에 늘어선 가로수, 은색의 불빛 그리고 길고도 긴 제방부터 보기로 하자!

주택지구의 주택들은 곡선과 함께 하얀색, 청색, 노란색 등이 엇섞여 지어져 있었다. 불빛은 물과 같고 늘어선 나무들은 구름 같았다. 긴 제방을 걷고 있자니 때때로 미인이 꿈속에서 새근거리는 것 같은 허약한 바람이 불어오는데, 이는 산들바람이 아니고 그야말로 수많은 미녀들이 입을 삐쭉거리며 한 모금 한 모금 불어내는 향기와도 같았다.

첫날밤은 이처럼 분주히 지나갔다. 두 번째 날 곧바로 승기산(升旗山)의 정상으로 올라갔다. 높이가 해발 이천 사오백 피트로 케이블카는 지역을 양분하며 올라가는데 바위와 맑은 시냇물, 꽃과 나무 그리고 별장 등이 너무 많아 다 적을 수가 없다. 특히 바다와 산의 풍경, 하늘과 해 그리고 바람과 구름 등의 기이한 생동감이 이채로움을 증가시켜 준다. 여행을 다니는 우리들 같은 사람들은 지기(地氣)가 좋지만 만약 사람이 뛰어나지 못하면 시대의 조류를 알지 못하게 된다. 두 가지가 합쳐지고 네 가지가 완전히 구비되어야 비로소 마당산(馬當山)에 신이 선물한 천재가 나타날 수 있다.

게다가 나에게 먼저 함께 여행할 명단을 적으라고 했다. 황영사, 후사장, 후주필부부, 청비서부부, 떵선생부부, 미스린(林), 미스마리(馬利), 관(關)부자와 기타 등등.

일행 열두 사람이 차의 반에 반을 차지했다. 산기슭에 도착했을 때 이미 공기가 매우 차가웠으며 호흡도 약간 곤란했다. 고개를 돌려 피어오르고 있는 안개를 바라보고 있는데, 몸은 이미 영혼으로 변해 하늘을 맴돌고 있었다.

기와를 비늘같이 올린 집은 교기시(喬其市)의 부엌이다. 하얀 담에 푸른 물이 수목을 겹겹이 휘감고 있는 곳에 두 개의 저수지가 있는 구역이 있다. 보일락 말락 하는 푸른 산 사이로 푸른 물이 아득히 흐르는데 높은 곳에서 내려다보고 있는 극락사(极樂寺)의 높은 탑은 마치 노란색의 삿갓을 쓰고 있는 것 같았다.

다시 또 한 층을 올라가니 곧 정상에 도착했다. 구불구불한 아스팔트(柏油) 길을 따라 걸어가는데, 길가에는 모두가 열대지방의 가을꽃인 달리아(dahlia), 사계춘(四季春), 풀또기(榆兒梅), 수국 등의 화분을 진열해 놓았다. 제일 시선을 끄는 것은 색깔이 서로 다른 몇 개의 화분으로, 종자가 홍, 황, 백, 자색으로 각기 다른 몇 개의 화분이었다.

후마이(胡邁)선생의 부인이 "오랫동안 국화가 보이지 않더니, 정말 즐겁게 만드네!"라고 말했는데, 이 말이 실제로 약간 시적인 감이 있어 나는 마음속에 몰래 기억해 두었다.

순식간 높은 산 위로 안개가 끼더니 한 덩어리 한 덩어리 바람에 날리는 버들가지 같은 것들이 우리들의 옷깃과 머리 위를 가볍게 스치고 지나갔다. 우리들은 서로를 응시하는데 마치 화로에 가물가물 피어오르는 연기처럼 보였다가 곧 보이지 않았다가 했다. 모두들 동심이 발동되어 마침내 나이에 관계없이 낙원 속의 처녀총각처럼 존엄함을 버리고 자연으로 돌아가 큰소리를 지르기 시작했다.

"우리는 이미 하늘나라에 도착했다!"

모두들 찻집에 앉아 커피와 홍차를 마시고 과일을 먹었다. 나는 혼자 찻집을 나와 다시 산 정상에 올랐다. 안개 속에 홀로 서서 북쪽을 한 차례 응시한 후, 곧바로 높은 곳에 올라 멀리 바라보는 감상(感傷)의 병이 생기려 할 때, 꽌(關)선생이 내 곁으로 다가왔다. 그는 안개가 스치고 지나가자 미소를 지으며 말했다.

"이곳 경관이 약간은 여산(廬山)과 같군, 아름다운 강산을 언제나 되찾을 수 있을까! 당신 이제 시상이 다 떠올랐습니까?"

나는 그에게 미소를 지어보였지만 마음은 쓸쓸하기 짝이 없었다. 일찌이 생각하고 있었던 아래의 〈유채씨〉(油菜子) 2수를 지었다.

아름다운 산은 대부분 구름에 가리고,
북쪽의 중원 길은 멀기만 하네,
깃발 휘날리던 높은 곳 바람 잦아들고
겨울 끝 남쪽 하늘엔 국화만 보이네.

이 시는 후선생 부인의 그 시적인 말을 인용한 시이다.

지난해 여산 유람의 기록을 시정하기 위해,
명산(名山) 멍(孟)씨의 배에 돛을 올렸네,
누가 서둘러 남쪽으로 건너가리,
타고 온 배 여전 선경 영주(瀛洲)에 머무르네.

이 시는 관선생 면전에서 기록한 것이다.

시를 다 지었을 때, 하늘은 이미 어둠이 깔려있었다. 서둘러 산을 내려오다가 저녁 종소리를 들으며 극락사에서 길흉이 적힌 두 장의 점괘를 적은 종이를 가지고 왔다. 첫 번째는 소군(昭君)과 번(番)의 고사로 시에는

"그림 같이 아름다운 산은 푸른 강과 마주하고 있는데 집안에 둘러앉으니 만사가 배로 늘어나네, 누가 중도(中途)를 분석할 수 있겠는가? 빈 장막에 말없이 등잔불을 마주하고 있네."

라고 적혀 있었다. 내가 알아보고 싶은 것은 내 앞길이었는데 그는 오히려 가족들에 대해 말하고 있는 것 같았다. 자세히 추측을 할 수 없어

다시 하나를 뽑았다. 두 번째는 리우(劉)선생의 고기가 물을 만난 것 같은 고사이다. 시에는

> "간절하게 거듭 초청한 은혜를 보답하기 어려웠는데 금일 서로 만나니 매우 기쁘다. 마치 가뭄에 찾아온 소낙비같이 세상을 평정할 방법을 찾네."

라고 적혀 있었다.(전자는 제14번 쪽지이고, 후자는 제21번 쪽지이다) 점괘에 쓰여 있듯이 춘만원(春滿園)에서 충분한 식사를 마치고 돌아왔는데 몸이 마치 물젖은 솜처럼 지쳐있었다. 깊은 밤 등불의 심지를 돋우고 이 단락의 여행기를 적기 시작했다. 다음날 하루를 더 놀면서 하룻밤을 또 묵었다. 차에 편승하여 남으로 내려온 후 잔디도 깎고 원고를 수정하느라 붉은 잉크도 소비하였다. 즐거움이 너무 짧았지만 바야흐로 앞날이 창창하기에

> "삼 일간의 페낭에 미련이 남네."

라는 이 부족한 글을 나는 차를 타고 가면서도 읽어보고, 신문사 사무실에서도 읽어보았다. 심지어 이른 아침 화장실에서도 읽어보면서 단지 미래를 기약할 뿐이다.

1939년 1월 4일 아침

34

기차 탈선 이야기

페낭에서 삼일을 보낸 후 5일 밤에 북해를 건넜다. 때마침 음력 보름날 밤이라 달빛이 하늘과 바다를 밝게 비추고 있었고 서늘한 바람이 수정 같은 주렴 아래로 불어왔다. 손을 흔들며 여러 사람들과 작별을 할 때, 언제 비통한 감정이 있었느냐는 듯이 마음이 쾌활했다. 당연히 "어디에서도 관중과 포숙같은 친구를 사귈 수 있으며, 세상 어디라도 고향일 수 있다"는 버릇이 여전히 남아있는 것 때문이리라.

그러나 이별이란 결국 슬픔과 기쁨이 혼합되는 것이다. 배가 부두를 막 떠나려는 순간 장막을 열고 십 오륙 세 되는 얌전한 숙녀와 준수한 청년들이 미칠 듯이 기뻐하며 배에 올랐다. 배 난간 밖에 전송을 나온 많은 사람들은 크레이프 셔츠를 입고 비단실로 수놓은 살랑(薩郎)(말레이 복장이다. 그러나 이 글자가 맞는지 또는 이 발음과 같은지는 모르겠다)에 투피스를 입은 아름다운 처녀를 둘러싸고 있었다. 배가 출발한다는 호루라기 소리가 들리자 기관실에서 엔진소리가 들렸다. 배 위아래에서 꾀꼬리같이 아름다운 목소리들이 시끄럽게 떠드는 소리가 들렸다. 나는 뭐라고 떠들어대는지 알 수가 없었다. 추측해보건대 아마도 "성공하시고 후일 다시 만납시다." 등의 인사말이 아닐까? 혹은 "만 리 길이 지금부터 시작입니다!"라고 했는지 단언하기 어렵지만 이 많은 전송객들을 보아하니 흔히 있을 수 있는 그런 이별이었다. 그러나 숙녀들의 마음속에 천 겹 만 겹의 물결치는 반응이 일어났는지 먼저 꾀꼬리 같은 목소리가 떨리기 시작하더니 계속해서 대야의 물을 동이에 붓듯이 끝내 참지 못하고 난간을 도망치듯 빠져나갔다. 사람이 없는 곳을 찾아 손수건을 꺼내고 큰소리로 통곡을 했다. 이 장면도 색다른 희비극이라 할 수 있다.

또 회전무대의 제2장면은 배에 오르락 내리락하는 발판 근처에서 표현되었다. 머리를 홍백흑색의 천으로 감쌌고, 입 주위에는 검은 수염을 길렀다. 얼굴에 하늘 모양으로 동그랗게 꽃을 무늬놓은 몇몇 사람들이 체격이 아주 큰 어느 노신사를 향해 손을 높이 들고 다함께 합창을 하는데 역시 무슨 이별의 노래인지 알 수가 없었다. 어쩌면 인도작가 칼리다사의 샤쿤탈라 속의 한 소절이거나 아니면 타고르(太戈爾)의 〈둥지 잃은 새〉(迷鳥) 시인지도 모른다. 어쨌든 일반적인 인도사람들이 즐겨 낭송하는 가곡이 틀림없었다. 이 장면 또한 순수한 희극을 닮았다.

방관자인 우리들은 자연스럽게 평론을 했다. 동행했던 꽌선생이 먼저 그 숙녀를 가리키며 말했다. "저 아가씨는 기왕 남편을 따라 살기로 했으면 즐거운 여행을 해야지 무엇 때문에 이렇게 통곡을 하지?"

"아마도 신혼을 마치고 시댁으로 가는 것 같네!" 나의 해석이다.

"저 인도 노신사의 목에 건 화환은 무슨 뜻일까?" 내가 꽌선생에게 물었다.

"저 사람은 아마도 파견근무를 마치고 틀림없이 승진을 하여 임지로 떠나는 것 같아!" 이는 꽌선생의 대답이다.

이것저것 말하자면 길어질 것 같아 잘라버리고 비교적 간단히 적었다. 우리들은 편안하게 해협을 건너 차표에 적힌 연방철도의 침대칸으로 들어갔다. 기차가 정시에 출발했고 우리들도 단정하게 자리에 누웠다. 그러나 창문이 닫혀있어서 차 안이 약간 무더웠다. 숙면을 이룰 수가 없었다. 할 수 없이 리츠용(李詞傭)군이 나에게 준 《야음산억(椰陰散憶)》을 꺼내들어 야식으로 생각하고 읽었다. 유련(榴蓮)의 마지막 장을 다 읽고 왕샤오칭(王紹清)의 《아시아의 노도(亞細亞的怒潮)》를 꺼내려고 생각했을 때 피로가 엄습해왔다. 연달아 몇 번 하품이 나는 것이 꿈나라로 들어가라는 신호가 온 것이다. 어떻게 찾아 온 것인지는 몰라도 끝내 지각을 잃고 말았다.

잠에서 깨어날 때 정말로 제갈량의 원대한 꿈속에 있는 것과 비슷했다! 기차가 서너 번 튀어 오르더니 유리창이 악기로 변했고, 아이를 담아 둔 박스 속에 있던 말레이 어린아이와 인도 귀부인이 함께 울기 시작했다. 내 몸 위로 갑자기 수많은 가방과 옷가지들이 덮쳤다. 일이 분 후 와장창하며 크게 흔들렸다. 사고가 안정을 찾자 차는 이미 궤도 밖 다리머리의 풀밭에 가로누워 있었다. 우리는 원래 침대표를 사서 기차를 탔는데 기차도 표를 산것처럼 우리들은 기차의 품속에서 잠을 자고 있었고 그 역시 여러 사람에게 보답하려는 듯 풀밭에서 잠들어 있었다. 곧 이어 여행객들의 혼란이 일어나기 시작했다. 꽌선생은 맨발로 어지럽게 널려있는 비옷을 하나 거머쥐고 먼저 밖으로 나가 차 문을 열었다. 나는 전혀 경험이 없었기 때문에 침대 아래의 옷 가방을 정리하고 또 옷도 갈아입었다. 옷을 다 갈아입은 후에는 넥타이를 맸다. 꽌선생은 경험이 있었기 때문에 문 앞에서 급박하게 소리를 질렀다. "이 상황에 또 무슨 넥타이를 매고 있어! 빨리 나와! 빨리 나와!" 나는 먼저 가방을 그에게 넘겨주었다. 여행 가방들을 모아놓고 한 다리는 높이 들고 한 다리는 낮게 낮추어 객차에서 기어 나오자 꽌선생이 비로소 나에게 알려주었다. "당신은 정말 세상물정을 모르는군! 만일 전선에 누전이 되어 객차 안에 연기가 발생하게 되면 우리들은 곧 죽을 수밖에 없어요! 열차가 탈선되었을 때 제일 겁나는 것이 이점이에요!"

기어서 객차를 빠져나와 바라보니 밖의 상황이 과연 일대 아수라장이었다. 다섯 량의 객차 중 하나는 동쪽으로 널부러졌고 다른 하나는 서쪽에서 잠자는 것 같이 철로 양쪽 풀밭 옆에서 제멋대로 쓰러져 있었다. 철로는 끊어져 날아가버렸고 썩은 받침목은 성냥개비처럼 잘게 부서져있었다. 자갈 위에, 풀밭 위에 여행가방과 옷가지들이 온통 사방에 널려있었고 여기저기 사람들이 모여 있는데 아픔을 호소하는 비명소리도 여러 차례 들렸다. 하늘은 점차 하얗게 변해 새벽이 오고 있었다. 시계를 꺼내 담뱃불로 비춰보니 오전 네시 사십분을 가리키고 있었다. 시간으로 노정을 계산해 본다면 곧 Tanjung Malim으로 가는 데는 일이십 분이면 족하고 쿠알라룸프르로 가는 데는 두 시간으로도 부족하다. 천리마는 쉽게 좌절하지 아니하나 스티븐스와 오월터의 창작품이라 할지라도 오늘은 헛탕치게 되었다. 우리들은 황무지의 자갈밭에 쭈그리고 앉아 아침을 기다리는 것 이외에 아무런 방법이 없었다.

고통이 지나가고 자갈밭에 앉아 구급차를 기다리는 사이 우리들의 원망은 오히려 페낭의 그 포숙(鮑叔)들에게 있었다. 쓸데없이 많은 식료품들을 보내주어 여러 개의 무거운 짐이 불어났기 때문이다. 던져버리자니 아깝고 휴대하기도 힘들고 진퇴양난이었다. "짐들을 흘겨보면서 두터운 정을 준 친구들을 원망하는" 신세가 되고 말았다. 왜냐하면 기차가 탈선한 지점이 위로는 하늘이 보이지 않고 아래로는 전답도 보이지 않는 중간지점이라 마을이 없기 때문에 짐을 지고 갈만한 인부도 없고 장거리 전화를 빌려 쓸 수도 없었다. 게다가 우리들은 말레이 말을 배우지 못했고 동서남북의 방향도 알 수 없었다. 만일 호랑이가 나온다든지 혹은 뇌성번개라도 친다면 우리들의 출로는 다만 "큰절을 하면서 염라대왕을 바라보는" 수밖에 도리가 없었다.

이런 정황 속에서 네 시간을 넘게 계속 쭈그리고 앉아 있었다. 온통 하얗게 보이던 동쪽 하늘에 붉은 해가 떠오르자 같이 차를 탔던 많은 사람들이 기관차 앞의 훼손되지 않은 철길 쪽으로 옮겨가고 있었다. 다 가고 나자 우리도 급해졌다. 모든 영어와 외국어를 동원하여 몇몇의 말레이 사람들과 여러 차례 교섭을 시도했다. 그들이 자비심을 발동하여 우리들의 짐을 옮겨주기를 원했다. 그러나 그들은 정말로 못 알아들은 것인지 아니면 거짓으로 그러는 것인지, 우리를 쳐다보지도 않고 단지 철길의 하찮은 돌멩이처럼 왔다 갔다만 하고 있었다. 지략이 뛰어난 관우(關羽)도 이 말레이 사람들의 속마음을 간파하지 못했다. 나이를 좀 먹은 말레이 사람 하나가 우리들 옆을 지나갈 때 먼저 그에게 2각 짜리 은전을 보여주고 나서 짐 보따리를 가리키자 그는 손을 내밀고 은전을 받더니 과연 짐 보따리를 어깨에 짊어지고 앞으로 걸어갔다. 그리하여 희비가 교차한 우리들은 곧 큰소리로 떠들기 시작했다. "은전으로 말이 통하는구나. 말레이 말을 몰라도 이제 걱정 없다!" 이렇게 말을 하면서, 웃으면서, 걸으면서 아직 훼손되지 않은 철길위로 올라왔을 때, 때마침 Tanjung Malim에서 출발한 구급차가 도착했다.

차를 타고 산과 벌판을 가로질러 몇 정거장을 지나 만요(萬撓)에 도착하기 전 우리들은 차창 밖으로 팡신민(房新民)군이 쿠알라룸푸르에서 우리들을 구하러왔다가 찾지 못하고 차만 뒤따라가는 것을 보았다. 그가 다음 정거장에 도착했을 때 우리도 내렸고 방 군과 함께 차를 타고 쿠알라룸푸르로 돌아왔다. 열두시 십분, 쿠알라룸푸르에 도착하자 우리들은 또 천하태평의 여행객이 되었다. 쩡천원(鄭振文)박사의 환대를 여관에서 받았고 천지모우(陳濟謀)선생이 많은 음식을 준비하여 놀란 가슴을 진정시켜 주었다. 기차를 타고 출발하기 전에 천선생의 승용차를 타고 쿠알라룸푸르 시내와 시외, 말레이 공원묘지, 중화회관 등을 한 바퀴 돌아보았다. 두 번째 날 새벽 여섯시가 좀 넘어서 우리는 비로소 싱가포르 시의 소시민이 되었다. 하늘에 감사를 드리고 땅에 감사를 드렸다. 이번 기차 탈선사고는 결론적으로 경제원칙에 알맞게 최소의 대가로 최대의 경험을 얻은 것이었다. 특히 페낭과 쿠알라룸푸르의 여러 친구들에게 감사를 표시해야 했다. 그들의 초청에 응하지 않고 그들을 만나려고 하지 않았다면 곧 이런 편의를 제공받지 못했을 것이다.

1939년 1월 11일 성빈일보(星檳日報)

35

말라카 여행기

지독한 전시(戰時)의 앙금을 잠시 씻어도 보고, 마음속에 공적 사적으로 누적되어 있는 책임질 수 없는 일들을 청산해 보기 위해 조금도 망설임 없이 자신만만하게 남해의 열대지역으로 달려갔다. 취한 듯, 어리석은 듯, 마치 연속된 몽유병을 꾸는 것처럼 속절없이 지나가는 나날들이 너무 오래 지속되는 것도 같고, 또 하루 밤낮 같기도 했다. 실제로 일 년 내내 한 여름이 계속되어 계절이 불분명한 남양에서 지낸다면, 기억력은 하루가 다르게 쇠약해질 것이다. 날짜나 나이 같은 그런 기억력, 특히 일정한 프로그램 속에 살아가는 정신노동자의 기억력은 흐려질 것이다.

언제가 한 애국단체를 위하여 《벌판(原野)》을 상영하는데, 개막을 하기 위해 하룻밤 기차를 꼬박 타고 싱가포르에서 쿠알라룸푸르에 도착했었다. 침대차에서 코를 골며 곤히 하룻밤을 지내고 잠에서 깨어나 보니, 좌우에는 고무나무를 심은 농원이 끊임없이 이어지고 있었고, 푸른 잔디밭과 담장에 검붉은 기와를 올린 작은 양옥집이 강렬한 햇빛에 반사되고 있었다.

격식을 갖춘 개막식을 마치고 밤늦도록 관람을 했다. 관람을 마치고 리왕지(李旺記) 요릿집에서 식사를 한 차례 하고 나서 다시 주즈성(朱植生)선생이 특별히 마련한 술자리에 참석했는데, 남방의 백야(白夜)도 역시 좀 썰렁한 가을의 기운이었다. 왜냐하면 한 차례의 소낙비가 길거리에서 한가하게 놀던 사람들을 꿈나라로 들어가라고 재촉했고, 길거리 가로등의 유리 덮개도 물이 침전되는 것같이 깨끗이 씻어주었기 때문이었다. 피곤한 여행자의 깊은 밤의 비애는 문득 숙소로 돌아오는 차안에서 얼굴을 내밀다 마치 머나먼 이국에서 비행기나 기차에서 한 차례 동석 한 적이 있는 그다지 친숙하지 않는 동행자를 우연히 보게 된 것과 같았다. 이러한 느낌은 일찍이 느껴보지 못한 것인데, 이것은 바로 깊은 밤 여행하고 난후 피로함과 애잔한 마음이 더해진 것이리라.

두 번째 날에는 좀 더 일찍 일어났다. 말라카로 가는 친구의 차에 편승하기 위해서였다. 곧 차에 올라 남서쪽을 향해 산을 올라갔다 다시 내려왔다. 고무나무 농원과 야자수 숲 사이에서 유턴하여 곧장 단평(丹平)의 검문소를 통과하고 나니 오히려 분위기가 약간 달라졌다. 모텔과 같이 정교하고 아름답게 지어진 말레이 사람들의 아답옥(亞答屋)이라는 전통 주택가에는 크고 작은 야자수의 그림자와 한 그루의 나무가 서있는 작은 다리, 무거운 짐을 싣고 목에 두 개의 봉우리가 달린 우마차, 작은 산의 평지와 밀림을 오가는 원시 말레이 인들의 풍경과 잘 조화를 이루고 있었다. 이와 같은 장식들은 분명 나에게 남양 산야의 여행을 잘 전해주고 있었다. 그러나 우연히 고개를 돌려 차가 평원으로 질주해 들어오는 곳을 보았더니, 곧 하늘이 열리면서 논에는 짙푸른 벼 잎들이 심어져 있었고, 논두렁의 나무 그늘 아래로 피부가 까무잡잡한 농부들이 묵묵히 쉬고 있었다. 이 풍경은 마치 고국 강남의 드넓은 들판과 흡사했다. 바로 5, 6월 땅을 갈고 김을 매느라 홍이 나는 때인 것이다.

말라카에 도착하여 해변에 있는 "평따시리(彭大希利)" 휴게소에 들러 잠시 휴식을 취한 다음, 곧 명승지를 탐방하는 여정에 올랐다. 안내하는 사람이 앞서 길을 가는데 바로 허바오런(何葆仁)선생이 대신 초청해 준 천잉쩐(陳應楨), 리준샤(李君俠), 후잰런(胡健人) 등 몇 분의 선생들이다.

우리의 답사계획은 말라카의 서쪽 해변의 화교은행에서 출발하여, 성 프란체스 교회 문 앞을 지나, 시청이 있는 성 바오로 산에 들려 승기산(升旗山)이라 부르는 옛날 성 바오로 교회당의 폐허를 찾아 먼저 경의를 표하려는 것이었다.

둘레가 겨우 7백 20만 평방마일인 말라카는 역사적으로나 전설적으로 볼 때, 좀 과장해서 남양군도 중 최고의 도시라는 말을 나는 오래전에 들은 적이 있다. 말라카라는 이름의 유래는 들리는 말에 의하면 이러하다. 14세기 중엽, 싱가포르의 말레이 인들이 자바에서 온 외적들에게 침략을 당하자 추장 쓰깐다(斯干達)가 군중을 인솔하고 이곳으로 피신을 하였다. 나무 밑에서 쉬고 있던 추장은 우연히 사람들에게 이 나무의 이름이 무엇이냐고 물었더니 말라카라고 대답을 했다. 그런 연유로 이 지방의 이름이 그때부터 말라카로 정해지게 되었다는 것이다. 그리고 5, 6백 년 수령의 이 말라카나무는 지금까지도 독립된 성 바오로 산 아래의 구식 부두의 하역장이 있는 해변에 자라고 있는데 나뭇가지와 잎이 어지럽게 뻗어 있다. 뜻밖에도 이 나무가 가리고 있는 그늘 속에서 정확히 일개 중대 이상의 병력이 야영할 수 있다.

그 밖에 말라카란 이름과 관련된 유래로는 추장이 개와 사슴이 싸우고 있는 것을 보았는데 개가 오히려 사슴에게 상처를 입었다는 전설에서 유래되었다는 설이 있고, 말라카가 자바 계통의 말로 "망명"이라는 의미가 있다는 설, 또 자바 계통의 사람들이 말하는 "큰 항구"라는 음이 무속의 영향으로 말라카로 변음된 것이라는 설 등이 있다.

이런 이야기들은 오히려 별 상관이 없다. 왜냐하면 우리들의 목적은 단지 옛날의 유물인 건축물들을 찾아보고, 또 지금 구경할 수 있는 경치를 볼 수 있으면 그만이기 때문이다. 그래서 말라카 강을 건너서 고색창연한 네덜란드 건축양식인 시청사의 대문을 보고, 또 수세기 전의 펑껑(彭鏗)노인의 설화를 좀 들어보려고 한다.

이 대문은 모두 강화벽돌과 기와를 겹쳐 쌓아 만들어졌는데, 마치 낮은 홍예문과 같은 모양이다. 통로는 정교하게 조각된 장방형의 석벽으로 되어있고, 천장에 의외로 아주 작은 종각모양의 탑이 있다.

여기에서 간단하게라도 기술하지 않을 수 없는 말라카의 역사가 있다. 먼저 이곳은 당연히 싱가포르 서쪽에서 온 말레이 인들이 개척한 땅이다. 이는 14세기 중엽의 일이다. 맨 먼저 송대의 중국서적(제번지(諸藩志))에서 '번창한 거대한 항구를 가진 왕국'이란 글을 볼 수 있지만 말라카의 이름은 보이지 않는다. 명조의 정화(鄭和)[1]가 남양으로 내려오기 전후에 이르러 말라카란 이름이 점차 알려지기 시작했다. 이는 14세기 말엽의 일이다. 16세기 초년에 포르투갈사람 Diogo, Lopez de, Segueira 등이 5척의 배를 몰고 통상을 하기 시작했는데, 곧 말라카가 서구와 교통을 시작한 시점이다. 1511년 말라카가 Alfonso, Dal Bugergue에게 정복당한 이후, 남양군도의 시장은 포르투갈사람에게 독점되었다. 그 후 네덜란드사람들이 상권을 계승하였고, 1641년에 말라카는 네덜란드가 지배하게 되었다. 현재 남아있는 말라카의 사적으로는 네덜란드사람들이 지은 건축물과 묘비가 제일 많다. 실제로 네덜란드사람들은 이곳에서 일백 여 년 동안 찬란한 역사를 가졌다. 1795년

---

1 명대의 환관, 항해가. 본성은 마(馬) 자는 산보(三保). 아시아·아프리카와 경제·문화 교류에 큰 공헌을 했다.

나폴레옹 1세의 전쟁이 아직 끝나기 전에 말라카의 관할권이 영국의 동인도공사(東印度公司)로 넘어갔다. 1815년 비엔나조약의 결과로, 옛날에 살던 네덜란드사람들에게 반환되었다. 1824년 런던회의 이후 영국은 마침내 수마트라 섬을 받고 말라카의 통치권을 네덜란드에게 돌려주었다.

말라카의 이 짧은 역사에 관해 간단하게 말한다면 수백 자에 불과하다. 그러나 이 사이에 생긴 유혈전투와 나라와 정의를 위해 목숨을 바친 무명영웅들의 위대한 업적을 어느 누가 자세하고 진지하게 설명해 줄 수 있겠는가!

그러므로 성 바오로 산 아래에 있는 시청사의 대문을 지금도 사람들은 "쓰타이투어후쓰(斯泰脫乎斯)"의 대문이라고 지어 부르고 있다. 이 "쓰타이투어후쓰"라는 것은 바로 네덜란드 글자로 Stadt-Huys라는 음을 말하는 것이다. 이는 곧 영문의 Town-House 또는 City-House와 같은 뜻이다.

우리들은 시청사의 전면을 돌아본 후, 도서관 2층을 통과하여 열병대로 갔다. 폐허가 된 성 바오로 성당의 문 앞에 다다랐을 때, 전면에 있는 망루의 깃발은 이미 내려지고 없었다. 태양이 서쪽으로 기울고 있는 것으로 보아 오후 4시쯤이나 된 것 같았다. 위대했던 성 바오로성당이 허물어져 잔해만 남아 있었지만, 그러나 당시의 화려했던 위용을 짐작할 수는 있었다. 4, 5백 년 동안 비바람에 의해 몇 개의 옥탑이 무너져버렸는데, 주변의 성벽과 정전위에 돌을 깐 옥상은 변함없이 우뚝 솟아 마치 태산 위의 반석 같은 모양을 하고 있었다. 나는 삼보공(三寶公)이 여기에 왔을 때의 주변 광경을 떠올리면서 중국인들이 해외식민지사업을 잘 처리하지 못했음을 유감스럽게 생각했다. 현재 강대

국들에게 강산의 반을 농락당하고 있는 것은 국민들이 모험심이 없고 국가계획이 주도면밀하지 못하며 원대한 계획이 없다는 약점 등 때문이다.

시청사의 건축물 전부와 성 바오로 산의 폐허를 말라카시 사적보존위원회가 정부로 하여금 보호해 주도록 요청하였다는 이야기를 들었다. 그래서 수백 년이 지난 오늘까지도 우리는 당시의 네덜란드식 주택과 성 바오로 교회당 안의 상면에 격자무늬의 철판을 덮은 석굴을 볼 수가 있는 것이다. 16세기 중엽에 성 프란시스 사비에르(聖芳濟, St. Francis Xavier)라는 사람이 중국에서 선교 사업을 하다가 병으로 죽었다는 석굴의 유래가 있다. 유해를 고아(Goa)로 옮기기 전에 이 석굴에다 5개월 간(1553년 3월부터 동년 9월까지) 매장했던 것이다. 폐허로 변한 앞뒤는 모두 무덤으로 덮여있다. 특히 프란시스 사비에르의 유해가 있었던 곳에는 4, 5백 년 이전의 묘비들이 수없이 진열되어 있었다. 묘비들 중에는 네덜란드 문자로 된 비명이 제일 많고, 그 사이로 한두 개의 포르투갈 문자의 비명도 있었다.

성 바오로 산의 관람을 마친 우리의 차는 "Pengda Shale" 대로를 따라 곧장 동쪽의 성 요한산의 성루를 향해 달렸다. 이 산꼭대기의 성루 역시 포르투갈 사람들이 건축한 것인데, 대포의 구멍이 내지를 향하고 있음은 본토 사람들의 습격을 방지하기 위한 의도가 분명했으며 포대의 참호가 지금까지도 여전히 견고했다. 듣기에 또 지하갱도가 하나 있다는데, 산꼭대기에서 해변의 복탈로(福脫路)의 오래된 옆문까지 통행이 가능하다고 한다. 이 때 석양의 노을은 바닷물을 검푸른 남색으로 물들이고 성루를 검붉게 만들고 있었다. 나는 성벽이 허물어진 곳에 홀로 서서 동쪽에 있는 말레이 남쪽에서 가장 높은 산을 바라보며 묵묵히 원대 살안문(薩雁門)[2]의 시 "여섯 영웅은 봄에 가버리고 소식이 없구나"[3]의 금릉부회고(金陵怀古)를 생각하였다.

성요한(聖約翰)산을 내려와 남양에서 제일 유명하다는 비행기모양의 신식병원 앞의 Bukit Palah 아래를 지나다가, 청운정이 있는 공동묘지가 보여 삼보전(三寶殿)을 향해 경의를 표시하고 있을 때 땅에서는 이미 태양 빛을 볼 수 없었다.

삼보전은 청운정(靑雲亭) 공동묘지가 있는 삼보산의 서북쪽 기슭에 있다. 문은 동북쪽을 향하고 있고, 문 앞에 있는 몇 그루의 큰 상사수(相思樹)에는 깃발이 달려 있었다. 삼보전의 후면에 삼보정(三寶井)이 있다. 듣기에 우물의 물맛이 달콤하고 시원하여서 능히 병을 치료할 수 있다고 믿은 사람들은 불원천리를 마다하지 않고 모두 이 물을 얻으러 온다고 했다. 공동묘지의 고분 중에는 황(皇)자가 선명한 비문이 있는데, 듣기에 아직도 두 개나 있다고 했다. 그러나 나는 오히려 공동묘지의 북쪽 기슭, 삼보전에서 약 수백 보쯤 떨어진 곳에 있는 황(黃)씨의 고분을 생각하고 있었다. 비문에는 "현고유홍황공(顯考維弘黃公), 비수달사씨묘(妣壽妲謝氏墓), 황명임융중동곡단(黃明壬戎仲冬谷旦), 효남황자(孝男黃子), 황진동립(黃辰同立)"이라고 새겨져 있었는데, 응당 삼백여 년 전 황무지를 개척한 우리의 조상일 것이다.

저녁에 허바오런 선생이 초대한 좌석이 끝나자, 우리들은 또 남양에서 제일 오래된 중국식 사찰인 청운정으로 가서 참배를 했다. 청운정은 명나라의 유민들이 남양으로 도망을 온 후, 세력을 모아서 교민의 이익을 키워나가던 최고의 공공 건축물이다. 이 사찰의 뒤편에 있는 신전에

---

2 샤두라(薩都剌)(1308-1390?) 산서(山西) 대현(代縣) 사람.

3 육대호화(六代豪華), 춘거야(春去也), 경무소식(更無消息)

는 두 분의 명대 표관(表冠)을 모시고 있다. 머리카락과 수염이 정결한 인물상과 장수를 기원하는 신주에는 개기갑국(開基甲國)의 갑필단방양(甲必丹芳楊)인 정(鄭)공과 계리굉업(繼理宏業)의 갑필단군상(甲必丹君常)인 이(李)공의 이름이 적혀 있었다. 이 사찰의 근처에 비각이 하나 있는데 그 비각 안에 두 개의 비석이 세워져 있다고 한다. 두 분의 영웅 사적이 기록되어 있다고 하는데, 밤은 어둡고 등불이 준비되지 않아 읽어 볼 기회를 놓치고 말았다.

말라카의 오백 년 고적을 대충 바쁘게 보니 반나절 안에 구경을 다 하였다. 여관으로 돌아오기 전, 우리는 또 중국의 큰길과 골목과 같이 구부러진 낭야(娘惹)대로를 지났다. 황혼의 가로등 밑에서 담소를 나누며 걷고 있는데도 이국의 거리를 여행하고 있다는 느낌이 전혀 들지 않았다. 말라카는 실로 이름 있는 옛 도시였다. 특히 우리 중국 사람들이 보기에 더욱 그러하였다.

숙소로 돌아와 목욕을 마친 후, 담배를 물고 복도에 있는 등의자에 드러누워 있다가 머리를 들어 수평선 위의 하늘을 쳐다보았다. 별빛을 바라보다 갑자기 이상한 생각이 떠올랐다. 마침 그 때 여관의 종업원이 명함을 한 장 들고서 낯선 사람 한 분을 나에게 소개했다. 우리들은 세상사에 관해서 한차례 긴 담소를 나누게 되었다. 대화중에는 아직은 인도적이지 못한 사실, 비장하게 투쟁한 영웅들의 고사 그리고 애절한 정사에 사로잡힌 이야기들이 있었다. 이 낯선 사람을 보내고 나서 시계를 보니 이미 새벽 3, 4시가 되어있었다. 나는 다시 한 번 이 괴상한 손님의 태도나 수사법 등을 회상해 보았다. 그는 결코 현대인이 아니라는 것을 알 수 있었다. 다시 한 번 그의 명함을 보려고 했지만 찾을 수가 없었다. 다음날 만약 종업원에게 어젯밤 모시고 왔던 그 손님(아마도 중국 동포이거나, 아니면 선교사 복장을 한 외국인일 것이다)이 도대체 누구냐고 묻는다면, 종업원들은 모두 모르는 사람이라고 할 것이고 이런 일도 없었다고 할 것이다. 이것은 매우 기가 막힌 소설 소재가 아니겠는가? 더욱이 지금 제목도 정했으니 《고성야화(古城夜話)》 혹은 《말라카의 야화(馬六甲夜話)》라고 지어 부르면 되지 않겠는가?

나는 거듭 생각하다가 벌써 몇 대의 궐련을 다 피우고 나서, 끝내 해풍의 유혹을 뿌리치지 못하고 깊은 꿈속으로 빠져들었다. 다음날 오후에 전과 마찬가지로 아스팔트 대로를 반나절이나 달렸다. 마파(麻坡)와 합주파(峇株巴)가 관할했던 양 나루터에 이르러 황혼의 그림자가 유불장제교(柔佛長堤橋)를 비출 때, 나는 다시 싱가포르의 시내로 돌아왔다. 《말라카의 야화》 혹은 《고성야화》라 부르는 이 한편의 환상의 대화록(Imaginary Conversations)은 하루의 여정에서 생각해낸 것이다.

참고 : 말라카란 수목은 일종의 작은 제목(齊木)으로써 학명은 대극과(大戟科, Euphor Biaceae)에 속한다. 전설에서 말라카 해변의 큰 수목을 말라카 나무라 부르는 것은 오해이다. 말라카 수목의 학명으로는 3가지 이름이 있다.

첫째로, Emblic Officinalis, Gaertu.

둘째로, Eubic Pectinata, Prdl.

셋째로, Phy llamthus emblic, Linn.

무명 : Melaka 혹은 Malaka(源出梵文)

속작 : Kaya Laka, Laka Laka, Joalong(혹은 Dulang라는 음의 착오라고 함).

Semang 語 : Kik

과와(瓜哇) 語 : Kemlaka

순다(Sunda)열도 語 : Malaka

수마트라(Sumatra) 語 : Balaka 혹은 Balakgka

사이암(Siam) 語 : Kam Taut, Makam Paun, Makam Pawai

이 수목은 남양각지에 널리 퍼져있다. 과실은 기이하게 물에 우려서 먹고 약으로도 쓴다. 건과일은 붉은 설사(赤痢)에 좋다. 머리에 바르면 머리 통증을 치료하며, 구토에도 조제한다. 사람들이 자주 그 즙으로 위가 허약해 설사하는 것을 치료하는 것과 부합하며 외용은 뼈를 치료하는데 쓰인다. 발효시키면 황달병과 기침 및 소화불량을 치료할 수 있다. 선과(鮮果)는 설사에 쓴다. 그 잎을 약으로 쓰는데 오한과 신열을 치료한다. 나무껍질도 약으로 쓰는데 위에 관한 질병에 쓰인다. 나무는 붉은 판재를 만든데 쓰인다. 또 열매, 잎, 껍질은 모두 염료로 쓰인다.

■ 역자소개

엄영욱

전남대학교 대학원에서 문학박사학위를 받았다. 전남대학교 동아시아연구소 소장, 중국학과 교수로 재직 중이다. 저서로는《정신계의 전사-노신》(2005년도 대한민국학술원 우수학술도서 선정),《중국근대문학사상 연구》(공저: 2009년도 문화체육관광부 우수학술도서 선정),《동아시아의 생사관》(공저: 2009년도 문화체육관광부 우수학술도서 선정) 등이 있다. 번역서로는《아Q정전》등이 있고 논문으로는〈중국문학에 나타난 성〉등이 있다.

남기성

한려대학교 중국어통역학과를 졸업하고 한국외국어대학교 대학원 중어중문학과에서 문학석사학위를 받았다. 현재 전남대학교 동아시아연구소 객원연구원이다. 논문으로는〈욱달부 기행산문연구〉(석사학위논문)가 있다.

위다푸 산문집

인쇄 | 2013년 2월 1일
발행 | 2013년 2월 8일

역자 | 엄영욱 · 남기성
발행인 | 지병문
발행처 | 전남대학교출판부

등록 | 1981. 5. 21. 제53호
주소 | 500-757 광주광역시 북구 용봉로 77
전화 | (062) 530-0571~2, **마케팅부** 530-0573
팩스 | (062) 530-0579
홈페이지 | http://www.cnup.co.kr

값 18,000원

ISBN 978-89-97620-94-4 (93820)

이 도서의 국립중앙도서관 출판시도서목록(CIP)은 e-CIP홈페이지(http://www.nl.go.kr/ecip)와 국가자료공동목록시스템(http://www.nl.go.kr/kolisnet)에서 이용하실 수 있습니다.
(CIP제어번호 : CIP2013000467)